Inhalt

JESUS – EINE UNENDLICHE GESCHICHTE

LEUTE UM JESUS

DAS CHRISTENTUM AUF ERFOLGSKURS – PAULUS

DIE ERSTEN TAUSEND JAHRE

Liebe Kolleginnen und Kollegen!

Das Wort **»Fundgrube«** klingt verheißungsvoll. Es regt unsere Fantasie an und weckt in uns Suchinstinkte. Wer in einer »Fundgrube« stöbert, darf hoffen, etwas zu finden, das er gut gebrauchen kann. Er gleicht einem Schatzgräber, der auf der Suche nach Überraschungen ist. So ähnlich versteht sich die vorliegende Fundgrube, die Texte und Bilder als Bausteine für einen zeitgemäßen Religionsunterricht enthält.

Die Fundgrube stellt Arbeitsmaterialien für problemorientierte Einstiege zur Verfügung und will Aufgabenstellungen ermöglichen, die über rein kognitive Zielsetzungen hinausgehen. Auf jeden Fall möchte sie einen korrelativen Religionsunterricht erleichtern und Perspektiven aufzeigen, die im Horizont der Schülerinnen und Schüler liegen. Oft kann sie auch zu neuen Fragestellungen hinführen, die für Schülerinnen und Schüler bedeutsam sind.

Die »Fundgrube« bezieht sich auf das neue Programm des Unterrichtswerks »Religion – Sekundarstufe I«, das zwischen den Jahren 2000 und 2002 erschienen ist. Sie ersetzt die ältere »Fundgrube«, die erstmals 1983 für das Vorgängerwerk zusammengestellt worden war. Dieser Vorläufer weist 20 Jahre nach seinem Erscheinen einen gewissen Modernitätsrückstand auf und kann deshalb heutigen Ansprüchen nicht mehr in jeder Hinsicht genügen.

Die **neue »Fundgrube«** wurde gründlich in Konzept und Durchführung überarbeitet. Sie unterscheidet sich von ihrer Vorgängerin im Wesentlichen in vier Punkten.

(1) Die neue »Fundgrube« erscheint nicht mehr nur in einem Band, sondern in **drei Bänden**. Das Materialangebot ist spürbar erweitert worden. Durch die Aufteilung in drei Bände sind die Texte und Bilder genauer auf die Altersstufe der Schülerinnen und Schüler bezogen. Sie können so entwicklungspsychologische Gegebenheiten eher berücksichtigen. Zugleich lässt sich so besser auf die Kapitel der jeweiligen Schulbücher eingehen.

(2) Die neue »Fundgrube« enthält bis auf wenige bewährte Texte aus der alten »Fundgrube« völlig **andere Texte** als früher. Sie wollen dem heutigen Lebensgefühl besser entsprechen und den Anforderungen eines modernen Religionsunterrichts genügen.

(3) Die neue »Fundgrube« folgt einer anderen **Gliederung**. Alle Texte sind in der **Reihenfolge** angeordnet, die der Abfolge der Kapitel in den drei Schulbüchern entspricht. Diese Anordnung soll die Arbeit der Kolleginnen und Kollegen erleichtern. Innerhalb der Kapitel werden die Texte meist in der Reihen folge der einzelnen Abschnitte vorgestellt, ohne dass diese explizit genannt werden. Die Benutzer werden unschwer erkennen, wozu der jeweilige Text am ehesten passt.

Natürlich sind auch **andere Zuordnungen** denkbar und sinnvoll als die, die hier vorgenommen wurden. Es darf unterstellt werden, dass die Kolleginnen und Kollegen mit den vorgegebenen Texten fantasievoll umgehen und noch viele andere Verwendungsmöglichkeiten entdecken. Im Anhang wird auf S. 206 in einem Register auf weitere Zuordnungen hingewiesen.

(4) Die neue »Fundgrube« versucht die **veränderte Einstellung der Schüler/innen** zu berücksichtigen und dem veränderten Konzept des Religionsunterrichts zu entsprechen, das für die drei neuen Schulbücher entwickelt wurde. Es rechnet damit, dass die Schülerinnen und Schüler heute eine sehr viel stärkere **Distanz zu Glaube und Kirche** haben als früher und die kirchliche Binnensprache weitgehend nicht mehr verstehen. Es stützt sich aber auch auf die Erfahrung, dass Interesse und innere Anteilnahme geweckt

werden können und daher ein fruchtbarer Religionsunterricht gerade auch heute möglich ist. Dazu können die vielen Texte beitragen, die nicht unmittelbar für kirchliche Zwecke geschrieben worden sind.

In dieser Fundgrube gibt es **verschiedene literarische Formen**. Die häufigste Textsorte ist die **Erzählung**, weil das Erzählen eine besonders ergiebige Unterrichtsmethode ist. Erzählungen und Bilder prägen sich im Allgemeinen am leichtesten der Erinnerung ein. Sie haben gegenüber lehrhaften Texten mit ihren Begriffen und Abstraktionen den Vorteil, an lebendigen Personen oder Situationen etwas mitzuteilen oder aufzuzeigen, was für die Unterrichtsthematik wichtig ist. Sie sind ein Medium ganz eigener Art und gerade für den Religionsunterricht von besonderem Wert, zumal die Gehalte der religiösen Traditionen schon immer am ehesten in Erzählungen erschlossen wurden. Dafür sei hier nur auf die Bibel hingewiesen.
Neben den Erzählungen finden sich in diesem Band auch andere literarische Formen wie **Gedichte, biographische Texte, historische Quellen, Fallbeispiele, Sachinformationen, Aphorismen, Meditationen, Gebete** u. a. Hinzu kommen einige Bilder wie Fotos, Zeichnungen, Holzschnitte, Karikaturen u. a.
Ganz bewusst wurden nur ausnahmsweise längere Texte aufgenommen, weil sie den Band zu rasch gefüllt hätten. Es erschien richtiger, in der Regel kürzere Texte auszuwählen, weil diese meist eher im Unterricht Platz finden. Den Kolleginnen und Kollegen bietet die neue »Fundgrube« die Chance, auch solche Texte in den Alltag des Unterrichts einzubringen, die nicht in den Schulbüchern stehen. Auf die Weise lassen sich - so ist zu hoffen - mit Materialien, die die Schülerinnen und Schüler nicht kennen, überraschende Akzente setzen.
Kürzungen in den Texten sind durch Punkte (...) markiert. Die **Überschriften** wurden oft vom Herausgeber formuliert.
Die aufgenommenen **Abbildungen** (Fotos, Karikaturen, Zeichnungen, Skizzen usw.) sind gelegentlich nicht den Texten zuzuordnen, bei denen sie stehen. Sie passen auf jeden Fall zu den entsprechenden Kapiteln im Unterrichtswerk »Zeit der Freude«.

Bonn, im Oktober 2002
Werner Trutwin

Methoden zum Umgang mit den Materialien

Die »Fundgrube« versteht sich nicht nur als Lesebuch, sondern vor allem auch als Arbeitsbuch. Ihre Texte und Bilder lassen sich sich auf vielfältige Weise im Religionsunterricht einsetzen. Sie können, wenn sie richtig verwendet werden, methodisch anregende Arbeitsweisen fördern. Für die konkrete Unterrichtsarbeit ist jeweils zu fragen, ob sie als Einstieg mit einem Überraschungseffekt (»Initialzündung«) oder als Grundlage für selbständige Schülerarbeit oder als Zusammenfassung einer Unterrichtseinheit eingesetzt werden sollen.
Hier sei nur knapp auf ein paar Möglichkeiten hingewiesen, die allerdings nicht durchgängig bei allen Texten gegeben sind:

- Man kann einen Text **vorlesen**. Aber oft ist es besser, ihn in einem freien Lehrervortrag zu **erzählen**. Dazu bedarf es in der Regel einer eingehenden Vorbereitung. Aber die Mühe lohnt sich. Meist ist die freie Rede lebendiger und anschaulicher als das Vorlesen eines Textes. Statt des Lehrers/der Lehrerin kann auch eine Schülerin/ein Schüler die Lektüre oder die freie Nacher zählung übernehmen, vorausgesetzt, er/sie hatte die Möglichkeit, sich darauf gut vorzubereiten.
- Bei der Textarbeit sind die heute gängigen **Methoden zur Texterschließung** zu beachten und einzuüben. Bei der Arbeit genügt nie die Beantwortung der Frage: Wie findet ihr diesen Text? Vielmehr sollen die Schülerinnen und Schüler lernen, u. a. auf Folgendes zu achten: der Autor und seine Zeit, die literarische Gattung, die Intentionen des Textes, die Adressaten, die Sprache, Begriffe, Bilder und Metaphern, die Fremdwörter, die Personen und Situationen, der Aufbau, die überraschenden Wendungen, die Pointe(n), der Bezug zum Thema des Religionsunterrichts, die (unterschiedliche) Wirkung auf die Zuhörer. Nicht selten wird es nötig sein, Verstehenshilfen zu geben, wenn der Text aus einer anderen Zeit oder Gesellschaft stammt, z. B. bei alten Mythen, religiösen Texten, historischen Quellen, Zeugnissen aus anderen Religionen, Märchen und Legenden. Erfahrungsgemäß haben manche Schülerinnen und Schüler Schwierigkeiten mit den Texten, die nicht aus ihrer eigenen Welt stammen.
- Bei manchen Texten empfiehlt es sich, die Vorlage nicht bis zum Ende vor zutragen, sondern an einer geeigneten Stelle zu **unterbrechen** und die Klasse zu fragen, wie die Geschichte **weitergehen** könnte. Hier ergeben sich oft anregende Diskussionen. Die Fortsetzung der Geschichte kann auch zum Thema einer mündlichen oder schriftlichen Hausaufgabe werden. Am Schluss steht dann die Lektüre des Endes der Geschichte und evtl. noch ein Vergleich mit den Ideen der Klasse. Folgendes Zeichen weist darauf hin, wo dieses Verfahren möglich erscheint: →←
- Manchmal sollte man die Schülerinnen und Schüler eine ähnliche oder eine kontrastierende **Geschichte erfinden** bzw. ein entsprechendes **Gedicht schreiben** lassen. Sie sollten aus ihrer eigenen Erfahrung kommen oder ihrer eigenen Fantasie entspringen.
- Viele Texte lassen sich in die **Projektarbeit** einbeziehen, wie sie für die entsprechenden Themen in den Unterrichtsbüchern angeregt werden.
- Einige Szenen der Erzählungen können zur Grundlage eines **Rollenspiels** werden, das von Schülerinnen und Schülern eingeübt und evtl. auch – mit Erweiterungen – bei einem Klassen- oder Schulfest dargeboten wird.
- Manche Texte regen zu einem **Mal- oder Zeichenwettbewerb** an. Dabei werden Situationen, Personen und Symbole des Textes aus der Sphäre des Geschriebenen in die Sphäre des Bildes transformiert.

Zeit der Freude

1
Die Erzählung stellt die alte Frage, was und wer ein Mensch ist. Sie lässt die eher traditionellen Antworten wie aufrechter Gang, Aussehen, Sprache, Geschichtlichkeit usw. nicht gelten. Stattdessen zählt vor allem Freude, Dank und Liebe.

- Vor der Lektüre: Versucht eine Antwort auf die Titelfrage zu geben.
- Nach der Lektüre: Diskutiert die verschiedenen Antworten auf die Frage der Tiere und vergleicht sie mit euren eigenen Antworten.
- Welche Antwort gibt der christliche Glaube?

→T. 22

HUNDERT KLEINE FREUDEN SIND TAUSEND MAL MEHR WERT ALS EINE GROSSE.
Johannes Kepler (Astronom)

1. Bist du ein Mensch?

Am Tag, als das Gras nach unten wuchs und die Vögel rückwärts flogen, berief der König der Tiere eine Vollversammlung ein. Auf der Tagesordnung stand als einziges Thema: »Was ist der Mensch?« Allgemeine Zustimmung fand ein gemeinsamer Vorschlag der Läuse und Flöhe – denn die haben am meisten mit den Menschen zu tun, die Tiere sollten doch einen offenen Tag durchführen, um die Menschen kennen zu lernen. Nachdem das Risiko sorgfältig durchgesprochen war, denn es ist immer ein Risiko, Menschen zu begegnen, beschlossen die Tiere einen Tag der offenen Tür.
Die Vögel hatten die Einladung in alle Welt zu tragen; und so geschah es. Es sollte ein Fest der Begegnung werden, ein Fest der fröhlichen Kreatur. Die Hyänen bekamen den Auftrag, an den Grenzen Posten zu stehen, Wache zu halten und jeden Gast, der vorgab, ein Mensch zu sein, nach seinem Ausweis zu fragen, um die Identität zu prüfen.
Nun kam der erste Mensch an die Grenze der Tiere. Würdevoll erhob sich die Hyäne, ging auf den Fremdling zu und fragte ihn: »Bist du ein Mensch?«
»Ja«, sagte der Zweibeiner. »Womit kannst du dich als Mensch ausweisen?«, fragte die Hyäne. »Nenne mir drei unveränderliche Kennzeichen.«
Ohne zu zögern antwortete der Gefragte: »Du siehst, ich gehe aufrecht, du siehst, dass ich wie ein Mensch aussehe, du hörst, dass ich wie ein Mensch spreche! Ich bin ein Mensch.« →←
»Das genügt uns nicht«, sagten die Tiere und wiesen den Gast ab.
Nach kurzer Zeit kam ein anderer und wollte in das Reich der Tiere. Auch ihm wurde gesagt, er solle sich durch drei unveränderliche Kennzeichen als Mensch ausweisen. Er überlegte einen Augenblick und sagte: »Ich bin von einem Menschen gezeugt, und von einem Menschen geboren, also bin ich ein Mensch; ich denke über die Vergangenheit nach, und ich plane für die Zukunft, also bin ich ein Mensch.«
»Schon besser«, sagte die Hyäne, »wir wollen es mit dir versuchen, obwohl auch du uns die eigentliche Antwort schuldig geblieben bist.«
Noch viele kamen an die Grenze der Tiere und ihre Antworten waren: Ich fühle, ich habe einen Beruf, ich habe Geld, ich habe Macht, ich habe eine Wohnung, ich habe Waffen und vieles andere mehr.
Aber die Tiere waren enttäuscht. Schon wollten sie den Tag der offenen Tür absagen, da kamen drei singende Kinder.
»Warum singt ihr?«, fragte die Hyäne.
»Weil wir uns freuen«, antworteten die Kinder.
»Warum seid ihr gekommen?«, fragte die Hyäne weiter.
»Weil wir euch danken«, antworteten die Kinder.
»Und warum kommt ihr zu dritt?«, wollte die Hyäne wissen.
»Weil wir uns so lieben«, riefen die Kinder und überschritten einfach die Grenze und wurden herzlich aufgenommen.
»Ja, das sind Menschen!«, sagte die weise Eule. »Denn sie reden nicht von Kennzeichen, sondern sie sind es selbst: Freude, Dank und Liebe.«
Es wurde ein herrlicher Tag und die Tiere begannen zu hoffen.

Peter Spangenberg

2. Was ist Leben? →←

An einem schönen Sommertag war um die Mittagszeit eine Stille im Wald eingetreten. Alles Lebendige schien für eine Weile innezuhalten.
Da steckte der Buchfink sein Köpfchen hervor und fragte: »Was ist das Leben?« Im Nu schwand alle Ruhe dahin. Jegliche Kreatur war tief betroffen über diese schwere Frage. Eine Rose entfaltete gerade ihre Knospe und schob behutsam ein Blatt ums andere heraus. Sie sprach: »Das Leben ist eine Entwicklung.«
Leichter veranlagt war der Schmetterling. Heiter flog er von einer Blume zur anderen, naschte da und dort und sagte: »Das Leben ist lauter Freude und Sonnenschein.«
Drunten am Boden schleppte sich eine Ameise mit einem Strohhalm, zehnmal länger als sie selbst, und sagte: »Das Leben ist nichts als Mühe und Arbeit.«
Vorbei kam eine Biene auf dem Heimweg von einer gelben Blume und meinte dazu: »Das Leben ist ein Wechsel von Arbeit und Vergnügen.«
Wo so kluge Reden geführt wurden, steckte der Maulwurf seinen Kopf aus der Erde und sagte: »Das Leben ist ein Kampf im Dunkeln.«
Die Elster, die selbst nichts weiß und nur vom Spott über andere lebt, sagte: »Was ihr für weise Reden führt! Man sollte meinen, dass ihr sehr gescheite Leute seid!«
Es hätte nun einen großen Streit gegeben, wenn nicht ein feiner Regen eingesetzt hätte, der sagte: »Das Leben besteht aus Tränen, nichts als Tränen.«
Der Regen zog weiter zum Meer. Dort brandeten die Wogen und warfen sich mit aller Gewalt gegen die Felsen, kletterten daran in die Höhe, fielen mit gebrochener Kraft ins Meer zurück und stöhnten: »Das Leben ist ein stetes vergebliches Ringen um Freiheit.«
Hoch über ihnen zog majestätisch der Adler seine Kreise. »Das Leben ist ein Streben nach oben.«
Nicht weit davon stand eine Weide, die hatte der Sturm schon zur Seite geneigt. Sie sprach: »Das Leben ist ein Sich-Neigen unter eine höhere Macht.«
In der Nacht ging ein Mann durch die menschenleeren Straßen nach Hause. Er kam von einer Lustbarkeit und sagte vor sich hin: »Das Leben ist ein ständiges Suchen nach Glück und eine Kette von Enttäuschungen.«
Auf einmal flammte in ihrer strahlenden Schönheit die Morgenröte auf. Sie sprach: »Wie ich, die Morgenröte, der Beginn des kommenden Tages bin, so ist das Leben der Anbruch der Gotteszeit.«

Dietrich Steinwede

2

Tiere fragen, was das Leben ist. Alle hier gegebenen Antworten sind wichtige Teilaspekte. Sie beruhen auf unterschiedlichen Erfahrungen.

- Vor der Lektüre: Was ist das Leben? Die Antworten sollen – eventuell schriftlich – in einem Satz gegeben werden.
- Nach der Lektüre:
  - Wie erklärt ihr euch die verschiedenen Antworten?
  - Welcher stimmt ihr am meisten zu?
  - Welche lehnt ihr am ehesten ab?
  - Welche Antwort geben Christen?

3
Ein König stellt seinen beiden Söhnen eine Aufgabe, die sie ganz verschieden lösen.

- Wie findet ihr die Lösungen der beiden Söhne?
- Was kann das Licht bewirken?
- Warum brauchen die Menschen das Licht?
- Warum sagt Jesus von sich: »Ich bin das Licht der Welt« (Joh 5,9)?

3. Zuckerrohr und Licht

Ein König hatte zwei Söhne. Als er alt wurde, da wollte er einen der beiden zu seinem Nachfolger bestellen. Er versammelte die Weisen seines Landes und rief seine beiden Söhne herbei. Er gab jedem der beiden fünf Silberstücke und sagte: »Ihr sollt für dieses Geld die Halle in unserem Schloss bis zum Abend füllen. Womit, das ist eure Sache.«
Die Weisen sagten: »Das ist eine gute Aufgabe.«
Der älteste Sohn ging davon und kam an einem Feld vorbei, wo die Arbeiter dabei waren, das Zuckerrohr zu ernten und in einer Mühle auszupressen. Das ausgepresste Zuckerrohr lag nutzlos umher. Er dachte sich: »Das ist eine gute Gelegenheit, mit diesem nutzlosen Zeug die Halle meines Vaters zu füllen.« Mit dem Aufseher der Arbeiter wurde er einig, und sie schafften bis zum späten Nachmittag das ausgedroschene Zuckerrohr in die Halle. Als sie gefüllt war, ging er zu seinem Vater und sagte: »Ich habe deine Aufgabe erfüllt. Auf meinen Bruder brauchst du nicht mehr zu warten. Mach mich zu deinem Nachfolger.« Der Vater antwortete: »Es ist noch nicht Abend. Ich werde warten.«
Bald darauf kam der jüngere Sohn. Er bat darum, das ausgedroschene Zuckerrohr wieder aus der Halle zu entfernen. So geschah es, dann stellte er mitten in die Halle eine Kerze und zündete sie an. Ihr Schein füllte die Halle bis in die letzte Ecke hinein.
Der Vater sagte: »Du sollst mein Nachfolger sein. Dein Bruder hat fünf Silberstücke ausgegeben, um die Halle mit nutzlosem Zeug zu füllen. Du hast nicht einmal ein Silberstück gebraucht und hast sie mit Licht erfüllt. Du hast sie mit dem gefüllt, was die Menschen brauchen.«

Volksgut

4
Die jungen Adler lernen fliegen, indem sie ihre Angst überwinden und ihre Fähigkeiten kennen lernen.

- Kennt ihr ähnliche Situationen aus eurem Leben, aus dem Leben der Menschen?

→ T. 23

4. Wie junge Adler fliegen lernen

Wisst ihr, wie das zugeht, wenn junge Adler das Fliegen lernen? Leute, die sich im Gebirge Sinai auskennen, haben dies anschaulich geschildert. Der Adlerhorst, das Nest, in dem die Jungen aufgewachsen sind, befindet sich hoch oben auf einer Felsklippe, über einem tiefen Abgrund. Wenn die Jungen so weit sind, dass sie »flügge« werden sollen, werden sie vom alten Adler aus dem Nest gejagt. Die Jungen piepsen und sträuben sich; sie können ja noch nicht fliegen. Aber der alte Adler lässt nicht locker. Und plötzlich packt er das erste der Jungen mit seinen Krallen, fliegt über den Abgrund und lässt es fallen. Das Junge zappelt mit den Flügeln und versucht zu fliegen; aber es gelingt nicht, und es stürzt, und immer schneller fällt der hilflose kleine Vogel in den Abgrund. Der Zuschauer denkt schon: Bald muss es am Boden zerschellen. Plötzlich schießt der alte Adler, der ruhig seine Kreise gezogen hat, steil nach unten, fängt das Kleine im Fallen auf und trägt es wieder nach oben, und das Spiel beginnt von neuem, und langsam lernt der junge Adler seine Flügel zu gebrauchen; er kann selber fliegen und mit großen Schwüngen die Luft durchschneiden.

Adolf Exeler

5. Vom Rätselraten des Kleinen Mannes und der Kleinen Frau

Wenn der Kleine Mann älter wird – die Kleine Frau bleibt immer jung! – möchte er sein Gedächtnis, seine Merkfähigkeit ein bisschen üben und seine geistige Frische erhalten, ohne nochmals in die Schule gehen zu müssen. Rätselraten, vor allem Kreuzworträtsel ermuntern, sobald der Anfang geglückt ist, etwas binnen kurzem erfolgreich zu Ende zu bringen. Der Kleine Mann findet es überhaupt spannend, hinter Rätsel zu kommen, die in Dingen und Ereignissen und vor allem in Menschen stecken: warum Frieden im Großen wie im Kleinen nicht möglich wird, obwohl ihn letztlich alle wollen und alle den Krieg verabscheuen, falls sie nicht an ihm verdienen; oder der Kleine Mann wie auch die Kleine Frau fragen, warum die Religionen der Welt, zumindest die christlichen Glaubensgemeinschaften nur so mäßig zueinander neigen, obgleich unzählige Menschen seit undenklichen Zeiten der Sache mit Gott so viel Bedeutung zumessen. Schließlich möchten sie wissen, weshalb jemand, der sich nicht um andere kümmert und nur seinen eigenen Vorteil sucht, im Leben unverschämtes Glück hat, während manche Kleinen Leute, die gut zu anderen sind und wenig an sich selbst denken, von Unglück, Unfällen und Krankheiten überhäuft werden.
Den Großen Mann und die Große Frau kümmern die Rätsel nicht so sehr. Sie nehmen das wahr, was oben und vorn, augenfällig und gewinnträchtig ist. Sie scheuen die Rätsel wegen der vielen Wenn und Aber und Vielleicht, die darin stecken.
Der Kleine Mann und die Kleine Frau ahnen immer mehr, wie verschlüsselt, wie voller Bilder, Zeichen und Bedeutungen Rätsel sind, was für Welten in ihnen lebendig sind und dass das größte, unheimlichste und gleichzeitig abenteuerlichste Rätsel der Mensch selbst ist. »Stell dir vor«, strahlt der Kleine Mann die Kleine Frau an: »Da singt etwas in dir.« »Und auch in dir«, strahlt die Kleine Frau zurück, »ein richtiges Lied.« »Und dass du mich lieb hast, bedeutet das Lied«, flüstert er. »Und das Lied hat unzählige Strophen«, sagt sie leise und geht auf ihn zu.

Stephan Reimund Senge

5
Während der Kleine Mann und die Kleine Frau aufmerksam und offen sind für die Rätsel des Lebens, interessieren sich der Große Mann und die Große Frau für die geheimnisvollen Fragen des Lebens nicht. Trotzdem – oder gerade deshalb – sind die »Kleinen« glücklicher als die »Großen«.

- Welche Rätselfragen zum Leben habt ihr selbst?
- Wer gibt euch Antworten?
- Sollte man über die Rätsel des Lebens nachdenken oder nicht?
- Denkt über den Satz nach: Der Glaube kann nicht alle Rätsel lösen, wohl aber wach halten.

→ T. 115

6. Die Tulpe

Die Tulpe

Dunkel
war alles und Nacht.
In der Erde tief
die Zwiebel schlief,
die braune.
Was ist das für ein Gemunkel,
was ist das für ein Geraune?,
dachte die Zwiebel, plötzlich erwacht.
Was singen die Vögel da droben
und jauchzen und toben?Von Neugierde gepackt,
hat die Zwiebel einen langen Hals gemacht
und um sich geblickt
mit einem hübschen Tulpengesicht.

Da hat ihr der Frühling entgegengelacht.

Josef Guggenmos

7
Die Feldmäuse sehen ein, dass sie nicht nur von Körnern, Nüssen, Weizen und Stroh leben können, sondern auch Sonnenstrahlen, Farben und gute Worte brauchen. Sie brauchen auch eine so außergewöhnliche Gestalt wie Frederick, der voller Fantasie, Humor und Lebensfreude ist.

- Was ist wichtiger: Körner, Nüsse, Weizen und Stroh oder Licht Farben und gute Worte?
- Warum brauchen wir Freude, Fantasie und Gespür?
- Freude und Religion: Was haben sie miteinander zu tun?

➔ T. 10

7. Frederick

Rund um die Wiese herum, wo Kühe und Pferde grasten, stand eine alte, alte Steinmauer. In dieser Mauer nahe bei Scheuer und Kornspeicher wohnte eine Familie schwatzhafter Feldmäuse. Aber die Bauern waren weggezogen, Scheuer und Kornspeicher standen leer. Und weil es bald Winter wurde, begannen die kleinen Feldmäuse Körner, Nüsse, Weizen und Stroh zu sammeln. Alle Mäuse arbeiteten Tag und Nacht. Alle – bis auf Frederick.
»Frederick, warum arbeitest du nicht?«, fragten sie. »Ich arbeite doch«, sagte Frederick, »ich sammle Sonnenstrahlen für die kalten, dunklen Wintertage.« Und als sie Frederick so dasitzen sahen, wie er auf die Wiese starrte, sagten sie: »Und nun, Frederick, was machst du jetzt?« »Ich sammle Farben«, sagte er nur, »denn der Winter ist grau.« Und einmal sah es so aus, als sei Frederick halb eingeschlafen. »Träumst du, Frederick?«, fragten sie vorwurfsvoll. »Aber nein«, sagte er, »ich sammle Wörter. Es gibt viele lange Wintertage und dann wissen wir nicht mehr, worüber wir sprechen sollen.« Als nun der Winter kam, und der erste Schnee fiel, zogen sich die fünf kleinen Feldmäuse in ihr Versteck zwischen den Steinen zurück. In der ersten Zeit gab es noch viel zu essen, und die Mäuse erzählten sich Geschichten über singende Füchse und tanzende Katzen. Da war die Mäusefamilie ganz glücklich!
Aber nach und nach waren fast alle Nüsse und Beeren aufgeknabbert, das Stroh war alle, und an Körner konnten sie sich kaum noch erinnern. Es war auf einmal sehr kalt zwischen den Steinen der alten Mauer, und keiner wollte mehr sprechen.
Da fiel ihnen plötzlich ein, wie Frederick von Sonnenstrahlen, Farben und Wörtern gesprochen hatte. »Frederick!«, riefen sie, »was machen deine Vorräte?«
»Macht die Augen zu«, sagte Frederick und kletterte auf einen großen Stein. »Jetzt schicke ich euch die Sonnenstrahlen. Fühlt ihr schon, wie warm sie sind? Warm, schön und golden?« Und während Frederick so von der Sonne erzählte, wurde den vier kleinen Mäusen schon viel wärmer. Ob das Fredericks Stimme gemacht hatte? Oder war es ein Zauber?
»Und was ist mit den Farben, Frederick?«, fragten sie aufgeregt. »Macht die Augen zu«, sagte Frederick. Und als er von blauen Kornblumen und roten Mohnblumen im gelben Kornfeld und von grünen Blättern am Beerenbusch erzählte, da sahen sie die Farben so klar und deutlich vor sich, als wären sie aufgemalt in ihren kleinen Mäuseköpfen.
»Und die Wörter, Frederick?« Frederick räusperte sich, wartete einen Augenblick, und dann sprach er wie von einer Bühne herab: »Wer streut die Schneeflocken? Wer schmilzt das Eis? Wer macht lautes Wetter? Wer macht es leis? Wer bringt den Glücksklee im Juni heran? Wer verdunkelt den Tag? Wer zündet die Mondlampe an? Vier kleine Feldmäuse wie du und ich wohnen im Himmel und denken an dich.
Die erste ist die Frühlingsmaus, die lässt den Regen lachen.
Als Maler hat die Sommermaus die Blumen bunt zu machen.
Die Herbstmaus schickt mit Nuss und Weizen schöne Grüße.
Pantoffeln braucht die Wintermaus für ihre kalten Füße.
Frühling, Sommer, Herbst und Winter sind vier Jahreszeiten. Keine weniger und keine mehr. Vier verschiedene Fröhlichkeiten.«
Als Frederick aufgehört hatte, klatschten alle und riefen: »Frederick, du bist ja ein Dichter!« Frederick wurde rot, verbeugte sich und sagte bescheiden: »Ich weiß es ihr lieben Mäusegesichter!«

Leo Lionni

8. Der Elefant, der sang

Der Elefant hieß Kai-to. Er war winzig klein und stand unter dem Bauch seiner Mutter. Die Gräser sah er, die Blumen und die Füße der anderen Elefanten. Das war seine Welt.
Aber er war anders als die anderen Elefanten. Er sang.
»Psst!«, zischte die Mutter. »Sei still! Elefanten singen nicht!«
Da sperrte Kai-to das Lied in sich ein und schwieg.
Doch eingesperrte Lieder wollen frei sein. Als Kai-to größer wurde, trat er unter dem Bauch seiner Mutter hervor. Den Himmel sah er und den geheimnisvollen Urwald mit seinen Tieren.
Da konnte Kai-to nicht länger still sein. Er hob die Stimme und sang:
»Ruhe!«, brüllte die Elefantenherde. »Noch nie hat ein Elefant gesungen! wir können nicht dulden, dass du singst!«
Der Leitelefant hatte zum Glück nichts gemerkt. Er war schon alt und hörte nicht gut. Er sah übrigens auch nicht gut. Manchmal fiel er in ein Loch und die ganze Herde stolperte hinterher. Aber sie folgte ihm trotzdem.
Tag für Tag zogen die Elefanten auf ihren Elefantenstraßen dahin. Der Leitelefant, der einen weißen Reiher auf dem Rücken trug, ging immer voraus. Sie tranken und fraßen und badeten. Und wenn sie untertauchten, hielten sie nur die Rüsselspitzen über Wasser.
Kai-to aber sang. Unterwegs sang er, wenn sie rasteten, und manchmal sang er sogar mit vollem Mund. Einmal geschah es, dass er nachts im Traum sang. Da wurden alle alten Elefanten böse.
Die jungen Elefanten mochten Kai-to. Und sie mochten sein Lied.
»Sing!«, riefen sie.
Und sie stellten sich im Kreis um ihn auf und lauschten.
Eines Tages jedoch hatte sich der Leitelefant die Ohren besonders gründlich gewaschen. Da hörte er Kai-tos Lied.
»Noch nie hat ein Elefant gesungen«, sagte er. »Also ist es verboten!« Und er jagte Kai-to fort. Wer aber einmal aus der Herde ausgestoßen wird, darf nie wieder zurückkehren.
Die Elefanten zogen weiter die Elefantenstraßen entlang. Sie tranken und fraßen und badeten. Kai-to folgte ihren Spuren. Manchmal sang er. Und wenn es auch traurig oder zornig klang, so war es trotzdem ein Lied.
»Kai-to singt«, sagten die jungen Elefanten.

Unruhe überkam sie. Sie klatschten mit ihren mächtigen Ohren und hoben die Rüssel gegen den Leitelefanten.
Die Alten aber taten, als merkten sie nichts. Sie stellten sich taub.
»Kai-to soll wiederkommen!«, riefen die Jungen.
Drohend stellten sie sich dem Leitelefanten in den Weg.
»Wenn Kai-to nicht zurückkommt, gehen wir auch!«
»Das ist noch nie geschehen«, sagte der Leitelefant.
»Denk nach!«, riefen die anderen. »Es ist Zeit!«
Der Leitelefant hatte schon lange nicht mehr nachgedacht.
»Ich brauche Ruhe«, bat er.
Aber die Affen in den Bäumen kreischten wie eh und je.

8

Der Elefant Kai-to ist ein Original. Er singt und tut damit etwas, was gegen die Tradition der Elefanten steht. Dabei stößt er auf Widerstand bei den Alten, findet aber Freunde bei den Jungen. Am Ende finden die Alten und die jungen einen gemeinsamen Weg.

- Wieso fällt Kai-to aus seiner Rolle?
- Welche Auswirkungen hat das für ihn, für die alten und die jungen Elefanten?
- Aus der Rolle fallen – wann ist das gut, wann nicht?
- Singen – was bedeutet und bewirkt das?

→ T. 9

9. Der Vogel hat Humor

Es sitzt ein Vogel
auf dem Leim,
er flattert sehr
und kann nicht heim.
Ein schwarzer Kater
schleicht herzu,
die Krallen scharf,
die Augen gluh.
Am Baum hinauf
und immer höher
kommt er dem
armen Vogel näher.
Der Vogel denkt:
Weil das so ist
und weil mich doch
der Kater frisst,
so will ich keine
Zeit verlieren,
will noch ein wenig
quinquilieren,
und lustig pfeifen
wie zuvor. –
Der Vogel, scheint mir,
hat Humor.

Wilhelm Busch

10

Ein Mann möchte seine Hose kürzen lassen und bittet drei Frauen vergeblich um ihre Hilfe. Später machen sie sich aber alle doch an die Aufgabe.

- Drei Frauen wollen einem Mann eine Freude machen – warum misslingt das?
- Warum hat eine gute Absicht manchmal keine gute Wirkung?

»Das ist alles noch nie geschehen«, sagte der Leitelefant, »dass ein Elefant singt, dass man sich gegen mich stellt und dass ich denken muss.«
»So geschieht dies alles zum ersten Mal«, sagten die Jungen. »Hol Kai-to zurück!«
»Ich würde gegen ein Elefantengesetz verstoßen.«
»Und?«, fragten die Jungen.
»Es ist ein altes Gesetz«, sagte der Leitelefant.
»Wenn ein Gesetz alt ist, so muss es darum nicht gut sein«, riefen die jungen Elefanten. »Hol Kai-to!«
Da fügte sich der Leitelefant, und er ging zu Kai-to. Kai-to aber, der sich bedroht fühlte, warf vorsichtshalber mit Kokosnüssen.
»Wir holen dich zurück!«, schrien seine Freunde. »Dich und dein Lied!«
Da freute sich Kai-to, denn es ist nicht gut, allein zu sein.
Als sie ihm einen Blumenkranz umhängen wollten, fraß er ihn auf.
»Ich bin nichts Besonderes«, sagte er. »Ich bin nur jung, und ich singe.«
»Jag ihn fort!«, riefen seine Freunde und zeigten auf den Leitelefanten.
»Ich habe Erfahrung«, sagte der Leitelefant. »Ich weiß, wo die Wasserlöcher sind und vieles mehr.«
»Wir wollen miteinander gehen«, sagte Kai-to. »Du bist erfahren, und ich habe gute Augen.«
So zogen sie los. Viele Reiher waren plötzlich am Himmel und auf jeden Elefantenrücken setzte sich einer von ihnen.
Seit damals geschieht es öfter, dass Elefanten geboren werden, die unter dem Bauch ihrer Mutter schon singen.

Gina Ruck-Pauquèt

10. Anlass zur Freude

Ein Mann in den besten Jahren hatte sich eine Hose gekauft. Sie gefiel ihm sehr gut, wenn auch die Hosenbeine um etwa drei Zentimeter zu lang waren. Er dachte sich: Ich habe in meinem Haushalt drei Frauen; eine von ihnen wird die Kürzung besorgen. Zu Hause hängte er die Hose an den Haken und trug seiner Frau sein Anliegen vor. Doch diese war gerade nicht in bester Stimmung und zeigte ihm die kalte Schulter. Auch bei seiner Schwiegermutter konnte er nicht landen. Sie war in eine Lektüre vertieft und wollte sich nicht stören lassen. Als er ihr Zimmer verließ, stieß er im Hausflur auf seine Tochter. Es sah so aus, als hätten sich die Damen abgesprochen, denn auch die Tochter erklärte, dass ihr die Sache sehr ungelegen komme, da sie gerade ausgehen wolle. Da packte den dreimal Abgewiesenen der Zorn. Lautstark erklärte er, dass mit ihm vor Mitternacht nicht zu rechnen sei, und schlug hinter sich die Haustüre zu.
Es dauerte nicht lange, bis die Ehefrau erkannte, dass jetzt etwas geschehen musste. Unauffällig griff sie nach der Hose, nahm die Kürzung vor und hängte sie an ihren Platz zurück. Aber auch in der Schwiegermutter wuchs die Reue. Geräuschlos schlich nun sie zur Hose und schnitt drei Zentimeter weg. Als die Tochter gegen 23 Uhr nach Hause kam und die Hose am Haken hängen sah, da war auch sie bereit, ihre Gesinnung zu ändern. »Jetzt wird er sich freuen«, dachte sie, als sie die Arbeit beendet hatte. Und wie er sich bei seiner Rückkehr freute ...

Johannes Niederer

11. Nacht im Hotel

Herr Schwamm ist vom Land in die Stadt gekommen. Da im Hotel kein Einzelzimmer mehr zu haben ist, entschließt er sich zögernd, mit einem Fremden, der sich auf Krücken durch das Leben schleppt, ein Doppelzimmer zu teilen. Der Fremde liegt bereits zu Bett und bittet Herrn Schwamm, kein Licht zu machen. Damit der Ankömmling nicht über seine Krücken und den Koffer fällt, dirigiert er ihn durch die Dunkelheit. Zögernd sagt Herr Schwamm nach einer Weile seinen Namen. Damit beginnt zwischen den beiden ein Gespräch.

»Sind Sie zu einem Kongreß hierhergekommen?«, fragt der andere. »Nein«, sagt Herr Schwamm. »Wahrscheinlich habe ich den merkwürdigsten Grund, den je ein Mensch hatte, um in die Stadt zu fahren.« »Wollen Sie in der Stadt Selbstmord begehen?« Mit banger Fröhlichkeit in der Stimme erwidert ihm Schwamm, dass Gott ihn davor bewahren möge; er habe einen Sohn, einen kleinen Lausejungen, und seinetwegen sei er hier. Der Junge sei zwar gesund, aber äußerst sensibel. Er reagiere bereits, wenn ein Schatten auf ihn falle. Daher sei er sehr bedroht. »Warum begeht er nicht Selbstmord?«, fragt der andere, der seinen Namen nicht nennt. »Aber hören Sie, ein Kind wie er, ungereift, in solch einem Alter«, entgegnete ihm Schwamm. »Warum sagen Sie das? Nein, mein Junge ist aus folgendem Grunde gefährdet: Jeden Morgen, wenn er zur Schule geht – er geht übrigens immer allein dorthin –, jeden Morgen muss er vor einer Schranke stehen bleiben und warten, bis der Frühzug vorbei ist. Er steht dann da, der kleine Kerl, und winkt, winkt heftig und freundlich und verzweifelt . … Dann geht er in die Schule, und wenn er nach Hause kommt, ist er verstört und benommen, und manchmal heult er auch. Er ist nicht imstande, seine Schularbeiten zu machen, er mag nicht spielen und nicht sprechen: Das geht nun schon seit Monaten so, jeden lieben Tag. Der Junge geht mir kaputt dabei!« Da der Fremde noch nicht durchschaut, was den Jungen zu solchem Verhalten veranlasst, fährt Schwamm fort: »Sehen Sie …: Der Junge winkt, und – wie er traurig sieht – es winkt ihm keiner der Reisenden zurück … Er winkt, und keiner winkt zurück; man kann die Reisenden natürlich nicht dazu zwingen, und es wäre absurd und lächerlich, eine diesbezügliche Vorschrift zu erlassen, aber …« Der Fremde beginnt zu erahnen, was den Zimmergenossen in die Stadt bewegt hat: »Und Sie, Herr Schwamm, wollen nun das Elend Ihres Jungen aufsaugen, indem Sie morgen den Frühzug nehmen, um dem Kleinen zu winken?« Herr Schwamm bejaht. »Mich«, fuhr der Fremde fort, »gehen Kinder nichts an. Ich hasse sie und weiche ihnen aus, denn ihretwegen habe ich – wenn man's genau nimmt – meine Frau verloren. Sie starb bei der ersten Geburt.« Herr Schwamm nimmt diese Worte mit Anteilnahme auf und spürt, dass er jetzt würde einschlafen können. Doch bevor es dazu kommt, fragt ihn der andere: »Und Ihnen kommen keine Bedenken bei Ihrem Vorhaben? Offener gesagt: Sie schämen sich nicht, Ihren Jungen zu betrügen? Denn, was Sie vorhaben, Sie müssen es zugeben, ist doch ein glatter Betrug, eine Hintergehung.« Schwamm ist empört: »Was erlauben Sie sich!« Mit diesen Worten bricht er das Gespräch ab, verschwindet unter der Decke und schläft bald ein.

Als er am anderen Morgen erwacht und sich im Zimmer umsieht, bemerkt er, dass er allein ist. Verwundert schaut er auf die Uhr. Da überfällt ihn der Schrecken. Es ist ihm klar, dass er den Frühzug heute nicht mehr erreichen wird. Da er es sich nicht leisten kann, eine weitere Nacht zu bleiben, kehrt er am Nachmittag niedergeschlagen und enttäuscht nach Hause zurück.

11

Ein Vater will seinem Sohn, dessen Freundlichkeiten nicht erwidert werden, eine Freude machen. Ein anderer Mann, der vom Leben hart geprüft ist, kommt ihm zuvor. Damit bereitet er dem Jungen eine große Freude.

- Herr Schwamm und der andere: Worin sind sie verschieden? Was haben Sie gemeinsam?
- Wie könnten wir jemandem eine Freude machen?

Sein Sohn öffnet ihm die Tür. Er ist außer sich vor Freude. Überglücklich wirft er sich dem Vater entgegen und hämmert mit den Fäusten gegen seine Schenkel. »Einer hat gewinkt, einer hat ganz lange gewinkt«, rief er. »Mit einer Krücke?«, fragt der Vater. »Ja, mit einem Stock. Und zuletzt hat er sein Taschentuch an den Stock gebunden und es so lange aus dem Fenster gehalten, bis ich es nicht mehr sehen konnte.«

Siegfried Lenz

12
Die lustige Geschichte zeigt: Wer die Angst bei anderen nicht ernst nimmt, will meistens verheimlichen, dass er selbst seine Ängste hat.

12. Vom Vater, der die Wand hochging

Ein Vater ärgerte sich oft über seinen Jungen, weil der ihm zu ängstlich war. Der Junge hatte nämlich Angst vor fremden großen Hunden, er hatte Angst vor den beiden frechen Mädchen nebenan, und er hatte Angst, wenn das Licht im Treppenhaus plötzlich ausging.
»Und so einer will mein Sohn sein!«, rief der Vater. »Ich könnte die Wände raufgehen!«
Das tat er dann. Er ging vor Wut die Wand hoch. Als er aber an die Zimmerdecke kam, fiel er vor Schreck wieder herunter. Da oben saß nämlich eine Spinne.

Ursula Wölfel

13
Ein Mädchen beschreibt, wie elend es sich fühlt und warum es Angst hat. Es stellt zwei ernste Fragen.

- Schreibt dem Mädchen einen Brief, in dem ihr auf seine beiden Fragen eingeht.
- Könnt ihr einen ähnlichen Brief schreiben, in dem ihr eure Angst beschreibt?

→ T. 16

13. Brief eines Mädchens

Liebe Mama!
Ich weiß nicht mehr, was ich machen soll. Ich fühle mich so schlecht, traurig, wertlos, bescheuert.
Bist du sehr böse auf mich?
Ich traue mich nicht in die Schule. Warum, weiß ich nicht. Das Gefühl ist in mir eingegraben, ganz tief. Es sagt mir immer: Du traust dich nicht, du kannst es nicht.
Ich habe Angst vor Morgen. Eigentlich vor jedem Tag, besonders dann, wenn es ein langer Tag ist. Wovor ich Angst habe, weiß ich nicht. Aber ich habe Angst.
Wie werde ich sie los? Ich kann mir nicht vorstellen, dass man sie überhaupt loswerden kann.
Ich habe vor den Schulaufgaben Angst. Ich habe Angst, dass ich schlechte Noten bekommen.
Ich habe sooo viel Angst. Viel zu viel!!!
Ich will sie loswerden. Aber das geht nicht. Sie ist viel zu stark, groß, riesig, mächtig. Sie ist so groß wie der höchste Berg und das tiefste Tal. So groß wie vom Himmel bis zur Hölle.
Warum kann man Angst nicht einsperren oder umbringen?!?
Was soll ich tun?!?

N. N., 13 Jahre

14. Was uns Angst macht

Wenn es auf dem Boden knistert und knarrt,
wenn etwas leise hinter der Holzbeige* scharrt,
wenn der Himmel schwarz und dunkel ist,
wenn es donnert und blitzt,
wenn ein Stier uns entgegenrennt,
wenn es hagelt und brennt,
wenn der Sturm an den Läden rüttelt
und die Kronen der Bäume schüttelt.
Wenn wir durch einen Wald spazieren
und plötzlich die Richtung verlieren,
wenn hinter den Büschen Gespenster lauern
und hinter den Steinen Gestalten kauern,
wenn sich Riesen im Traum verstecken
und uns mitten in der Nacht wecken,
wenn uns die Mutter in den Keller schickt,
wenn vor uns ein Mäuslein erschrickt.

Max Bolliger

15. Was uns die Angst nimmt

Vater und Mutter und vertraute Gesichter,
im Dorf und in der Stadt die Lichter.
Die Sonne, die uns am Morgen weckt,
das Kätzchen, das sich in unsern Arm versteckt.
Im Bett Teddybären und Puppen,
Sterne, die durchs Fenster gucken.
Bruder, Schwester, Neffen und Nichten
und in der Schule die schönen Geschichten.
Alles, was jeden Tag mit uns lebt,
und am Abend das Gutenachtgebet.

Max Bolliger

14/15

- Welche Zeilen der Gedichte möchtet ihr streichen, wenn ihr an euch selbst denkt?
- Könnt ihr auch einige Zeilen ergänzen?

* Holzbeige = Holzstapel

Edvard Munch (1863–1944), Der Schrei, um 1893.

16
Ein Junge, der sich in der Nacht ängstigt, spricht mit seinem Vater, der verständnisvoll auf seine Angst reagiert.

- Was haltet ihr von der Antwort des Vaters?
- Warum antwortet der Vater nicht nur mit Worten?

➔ Mk 4, 35-41 (zum ersten Abschnitt → ZdF S. 11)

16. Du brauchst keine Angst mehr zu haben

Es ist Nacht. Ich habe Angst. Ich habe geträumt: Da kommt ein großer Sturm! Ich kann den Wind hören. Ich sehe die weißen Wellen. Sie kommen auf mich zu. Sie sind so hoch wie ein Haus. Ich sitze in einem Boot. Die Wellen sind viel größer. Sie kommen in mein Boot. Der Wind schüttelt mein Boot. Ich kann mich nicht mehr festhalten. Die Wellen sind noch stärker. Der Wind ist stärker. Ich habe große Angst. Da bin ich aufgewacht. Es ist Nacht. Ich rufe nach meinem Vater. Er schläft. Ich komme aus meinem Bett. Ich gehe zu ihm. Ich wecke meinen Vater auf. Ich erzählte ihm den Traum und dass ich Angst habe.
Er legt seinen Arm um mich. Ich bin ganz nahe bei ihm. Er sagt: »Es ist gut, dass du gekommen bist. Jetzt können wir miteinander sprechen. Du kannst mir alles erzählen. Dann ist die Angst nicht mehr so schlimm.«
Er sagt: »Jeder hat Angst. Nicht nur im Traum. Ich habe auch Angst.« Ich frage meinen Vater: »Was machst du, wenn du Angst hast?« Er sagt: »Ich spreche mit einem Freund. Der lacht nicht. Der hat mich gern. Der versteht mich.«
Ich frage meinen Vater: »Ist die Angst dann weg?« Er sagt: »Nein. Die Angst ist nie ganz weg. Aber sie ist dann nicht mehr so schlimm. Wer einen Freund hat, der ist gut dran. Der ist nicht allein. Der kann sagen: Hilf mir, ich habe Angst.« Ich frage meinen Vater: »Und wer keinen Freund hat? Was macht der?« Er sagt: »Der ist mit seiner Angst allein. Das ist schwer. Der kann mit niemand darüber sprechen. Jeder braucht einen Menschen, der ihn gern mag, der ihn lieb hat, der ihm hilft, der mit ihm spricht, der ihm eine Freude macht.« Mein Vater sagt: »Jetzt schlaf wieder ein. Du brauchst keine Angst mehr zu haben.«

Markus Hartenstein

17
Ein Großvater hilft seinem Enkel mit Rat und Tat, seine Angst zu überwinden, indem er ihm anschaulich zeigt: »Man muss durch die Angst durch.«

- »Man muss durch die Angst durch« – Was bedeutet dieser Satz?
- Kennt ihr selbst Situationen, in denen ihr Angst überwunden habt?

17. Die verschlossene Tür

Ich muss damals acht Jahre alt gewesen sein, als ich im Hause meiner Großeltern die Tür entdeckte, die mir Angst machte. Sie befand sich oben auf dem Dachboden des alten Gebäudes.
Es war eine gewöhnliche, braune Tür aus unbearbeitetem Holz. Einige Male war ich schon mit Großvater oben auf dem Dachboden gewesen, aber die Tür war mir noch nie aufgefallen.
»Opa, woher kommt die Tür?«, fragte ich.
»Woher soll sie kommen, sie ist schon immer da«, antwortete Großvater gleichmütig. Er suchte unter all dem Gerümpel nach leeren Flaschen.
»Und wohin führt sie?«, fragte ich weiter.
»Nirgendwohin«, sagte er, blies den Staub von einer Flasche und stellte sie zu den übrigen in den Korb.
»Nirgendwohin? Das gibt es doch gar nicht. Ich meine: Wenn man da durchgeht, wo kommt man da hin?«
»Man kann nicht durchgehen.«
»Habt ihr den Schlüssel verloren?«
»Nein, sie ist nicht abgeschlossen«, sagte er und lachte ein wenig. »Du kannst sie öffnen, wenn du dich traust, die Spinnweben wegzuziehen.«
Ich trat auf die Tür zu, streckte den Zeigefinger aus und wischte damit die Spinnweben fort, die vom Türgriff herabhingen. Irgendetwas hinderte mich daran, den Griff zu fassen, niederzudrücken und die Tür aufzuziehen.
An diesem Abend konnte ich lange nicht einschlafen. Immer musste ich an

die Tür denken, die ich nicht geöffnet hatte und die ins Nirgendwo führte. Schließlich schlief ich doch ein und träumte von einer Tür, aus der eine große Hand griff, die mich hindurchziehen wollte. Ich sträubte mich dagegen, schrie und schlug um mich, bis Großmutter kam und mich wachrüttelte.
Während des Tages vergaß ich die Tür. Aber am Abend im Bett kam die Angst wieder. Und wieder hatte ich einen Alptraum, in dem eine riesige Tür eine Rolle spielte.
»Heute Nacht hast du wieder im Schlaf geschrien«, sagte Großvater beim Frühstück. »Sag schon, was ist da los?«
»Ich fürchte mich vor der Tür«, gestand ich.
»Vor der Tür?«, fragte er verständnislos.
»Vor der Tür auf dem Dachboden.«
Er schien zu begreifen. »Die Tür, die du aufmachen wolltest und dann doch nicht geöffnet hast«, sagte er. »Da gibt es nur ein Mittel: Wir gehen zusammen nach oben und öffnen sie.«
Er nahm mich an die Hand, und wir stiegen gemeinsam die Treppen hoch zum Dachboden. Vor der Tür blieb er stehen.
»Mach auf!«, sagt er.
»Kannst du sie nicht aufmachen?«, fragte ich.
»Nein«, sagte er. »Wenn man Angst hat, gibt es nur ein Mittel dagegen: Man muss durch die Angst durch. Wenn du die Tür öffnest, wirst du dich nie mehr vor ihr fürchten.«
Ich stand vor der Tür und streckte die Hand nach dem Griff aus. Ich fand es lächerlich. Aber ich schaffte es nicht, diese Tür aufzumachen. Mein Mund war trocken, meine Hände zitterten. Ich fühlte Schweißtropfen auf meiner Stirn.
»Bitte, Opa, mach du die Tür auf«, bat ich.
Er schüttelte den Kopf. »Du musst es selber tun«, sagte er.
Mit einem Ruck riss ich den Türgriff nach unten und zog die Tür auf: Dahinter war nichts als eine rote Backsteinmauer.
»Du hast es geschafft«, sagte der Großvater erleichtert. »Siehst du, es ist genauso, wie ich es gesagt habe, die Tür führt nirgendwohin.«
»Aber warum ist da eine Mauer?«, fragte ich.
»Früher haben dieses Haus und das Nachbarhaus zusammengehört, man konnte von einem Dachboden zum anderen gehen«, erklärte er. »Als mein Vater das Haus gekauft hat, ließ er die Türöffnung zumauern. Darum ist da jetzt eine Mauer.«
Natürlich habe ich später noch oft Angst gehabt, auch als Erwachsener. Aber Großvaters Rezept, dass man »durch die Angst durchgehen müsse«, hat mir immer geholfen.

Paul Maar

18. Manchmal

manchmal
kriech ich
in mich hinein
und bin
ganz klein

doch irgendwann
komm ich
wieder raus
und wachse
über mich
hinaus

Claudia Höly

19
Kurzfassung der Biographie Anne Franks, eines jüdischen Mädchens, das 1945 im Konzentrationslager Bergen-Belsen starb. Angst als Lebensthema.

- Was wisst ihr über die NS-Zeit und die Verfolgung der Juden?
- Kennt ihr Beispiele für den Satz: Böse Menschen machen anderen Angst.

➔ ZdF S. 238 (Korczak und die Kinder)

19. Anne Frank – Angst vor Verfolgung

Anne Frank hatte Angst, das jüdische Mädchen aus Amsterdam. Es war die Zeit, als Hitlers Soldaten Holland besetzt hatten. Hitler hasste die Juden. Er verfolgte sie.
Anne Frank war vierzehn Jahre alt. Sie musste den gelben Stern tragen. Sie durfte nicht mehr in der Straßenbahn fahren. Sie durfte nur in einem jüdischen Geschäft einkaufen und nur nachmittags von drei bis fünf. Sie durfte nicht ins Kino gehen. Abends durfte sie überhaupt nicht auf die Straße. Hitler hatte alles verboten. Die Juden trauten sich kaum noch, etwas zu tun. Und dann kam die Zeit, wo die Juden verhaftet und in Konzentrationslager eingesperrt wurden. Hitler wollte sie ausrotten. Abend für Abend rasten die Militärautos der deutschen SS durch die Straßen von Amsterdam, um Juden aufzuspüren und zu verschleppen. Keiner entging seinem Schicksal.
Anne Frank hatte Glück. In einem alten Hinterhaus in der Prinsengracht von Amsterdam war ein gut getarntes Versteck, wenige Zimmer und eine Küche. Dort verbarg sie sich mit ihrer Familie und einigen Bekannten. Acht Menschen lebten hier zwei Jahre lang auf engstem Raum, abgeschnitten von der Außenwelt. Nur wenige Freunde wussten von dem Versteck. Sie brachten heimlich zu essen. Was Anne Frank in dieser Zeit erlebt und gefühlt hat, hat sie aufgeschrieben: Immer habe ich Angst, schreibt sie, dass wir entdeckt und erschossen werden. Das lastet wie ein schrecklicher Druck auf mir. Aber noch habe ich mein warmes Bett. Wie viele meiner Freundinnen müssen jetzt irgendwo draußen in Wind und Wetter schrecklich leiden. Wie viele sind vielleicht schon umgekommen.
Es ist wie eine Sklavenjagd in früherer Zeit. Ich sehe es oft im Geiste vor mir: Reihen guter, unschuldiger Menschen mit weinenden Kindern, kommandiert von ein paar furchtbaren Kerlen, geschlagen und gepeinigt und vorwärtsgetrieben, bis sie umsinken. Niemand ist ausgenommen. Die Alten, Babys, schwangere Frauen, Kranke, Sieche, alles, alles muss mit in den Tod.
Mir ist so bange, wenn ich an alle denke, die nun ausgeliefert sind an diese grausamsten Henker aller Zeiten. Und all das nur, weil sie Juden sind.
Man müsste weinen, wenn man an seinen Nächsten denkt, schreibt Anne Frank. Eigentlich müsste man den ganzen Tag weinen. Aber so bete ich aus tiefstem Herzen zu Gott, dass er ein Wunder geschehen lässt und einige von uns am Leben erhält.
Anne Frank blieb nicht am Leben. Im August 1944 brach die deutsche Polizei in das Versteck ein. Anne Frank wurde nach Deutschland verschleppt. Sie kam in das Konzentrationslager Bergen-Belsen. Dort starb sie im März 1945.
Was sie aufgeschrieben hatte, fanden Freunde im Hinterhaus unter alten Zeitungen.

Nach den Aufzeichnungen der Anne Frank

20. Angst

Plötzlich überfiel ihn wieder die Angst. Es wurde dämmrig. Schlafen. Er musste irgendwo schlafen. Er war jetzt schon müde. Und Hunger hatte er auch. Vor lauter Kino hatte er vergessen, sich noch was zum Essen zu kaufen. Er setzte sich unter einen Baum. Lehnte den Kopf an den Stamm. Presste die Hände ins Gras. Hier würde er bleiben, bis es Nacht war. Hier würde er schlafen.
Die Polizisten suchen Kinder hoch zu Pferd. Das wusste er aus dem Fernsehen. Und gerade weiter draußen. Aber er war so müde. Ameisen krabbelten an seiner Hand hoch. Er schlenkerte den Arm wie verrückt. Nein. Hier konnte er nicht schlafen. All die fremden Laute, die er jetzt in der Dämmerung deutlicher als zuvor hörte. Sie waren ihm nicht vertraut wie der Lärm der Stadt. War das ein Tier, was da schrie? Und das Knacken. Was war das? Das Rauschen der Fabriken kam näher, war plötzlich wieder weiter weg. Der Baum, unter dem er saß, wurde dunkel, immer dunkler, gespenstisch. Er sprang auf. Wieder ging er und ging. Die Straßen wurden heller in der Stadt. Menschen hasteten an ihm vorbei. Stießen ihn an. Manche blieben lachend vor einem Schaufenster stehen. Gingen aufeinander zu. Gingen zusammen weiter. Dem Jungen schien es, als liefe er ständig im Kreis. In einem Schaufenster flimmerten farbige Mattscheiben. Fernsehen. Wenn sie sein Bild im Fernsehen zeigen würden! Dass er das vergessen hatte. Er ging schneller. Er wusste, dass seine Eltern ihn suchten. Ob die Polizei ihn auch schon suchte? Sein Bild? Sein Bild im Fernsehen? Wieder kroch Angst in ihm hoch. Nicht mehr wegen der Fünf, nein. Die schien ihm jetzt ganz klein gegen sein Weglaufen. Er war nicht zu Hause. Er war nicht da, wo er hingehörte. Er war hier ganz allein in der Stadt.
Er stand an der Ampel und wartete auf Grün. Eine Hand legte sich auf seine Schulter. Er fühlte es wie einen Schlag. »Na, so spät noch aus der Schule?« Ein Mann lachte ihn an. Nahm die Hand wieder von seiner Schulter.
»Ja. Ja, ja!« Das schrie der Junge fast und sein Mund verzerrte sich ganz gegen seinen Willen zu einem breiten Grinsen.
»Dann wird's aber Zeit, dass du nach Hause kommst!«
Die Ampel sprang auf Grün und der Mann verschwand in der Menge. Der Junge schluckte. All die Zeitungsgeschichten von Männern, die Kinder mitnahmen, fielen ihm wieder ein. Die sie anfassten, erschlugen, erdrosselten. Was hätte er mit ihm gemacht? Jetzt, wo es Nacht war, wo er so ganz allein war?
Und der Ranzen. Ja, der Ranzen. So spät lief kein Kind mehr mit einem Ranzen herum. Er musste in eine Gegend gehen, wo er sich auskannte. Knapp hinter der Schule war ein Neubau.
Er zitterte vor Angst. Die Plastikplanen vor den leeren Fensterrahmen scharrten. Die Leuchtreklame vom Haus gegenüber zuckte: an, aus, an, aus. Hell, dunkel, hell, dunkel. Er lag mit dem Kopf auf seinem Ranzen. Unter sich hatte er ein paar von den Zeitungen geschoben, die da herumlagen.
Ein paar Straßen weiter waren seine Eltern.
Plötzlich schien ihn die ganze Stadt mit tausend Augen anzusehen. Es kam ihm vor, als flüsterte das ganze Haus: »Du! Wie kannst du das nur tun! Wir finden dich! Wir finden dich ja doch! »
Ja, wo immer er hingehen würde in dieser Stadt, sie würden ihn finden. Hell, dunkel. Das Licht zuckte. Es lachte ihn aus. Alle lachten sie ihn aus. Weil er davongelaufen war. Wie er alles bedacht hatte, nur nicht seine Angst. Die schnürte ihm den Hals zu und er schluckte und schluckte. Was

20

Ein Junge geht wegen einer schlechten Note nicht nach Hause, weil er Angst hat. Aber unterwegs befallen ihn ganz andere Ängste. Am Ende wagt er es, zu seinen Eltern zu gehen. Dort wird er liebevoll aufgenommen.

- Angst wie äußert sie sich in dieser Geschichte?
- Was würdet ihr einem Mädchen oder Jungen sagen, das sich nicht mehr nach Hause traut?
- Eine moderne Geschichte des verlorenen Sohnes? (Lk 15, 11-24)

sollte er sagen? Was sollte er bloß sagen, wenn seine Eltern ihn fanden? Das Zeugnis mit der Fünf wurde kleiner und kleiner. Heute früh hatte er Mut, jetzt hatte er nur noch grenzenlose Angst, so allein. »Wenn ich jetzt nach Hause gehen würde?« Leise, ganz leise hatte er sich selbst gefragt. Und seine Angst fiel zusammen wie ein riesiger Luftballon. Er setzte sich auf.
Seine Eltern hatten sicher Angst um ihn. Vielleicht dachten sie, er sei tot. In einer Illustrierten war mal das Bild eines Jungen, der sich wegen einer Fünf aufgehängt hatte. Ja. Sie würden froh sein, dass er nur weggelaufen war. Ja. Ja. Er war sich so sicher. Er hörte ihre Stimmen im Ohr: »Mein armer Junge!« »Doch nicht wegen einer Fünf!« »Ich habs doch gar nicht so gemeint!« »Wie gut, dass du wieder da bist!« »Wie gut . . .«
Er fror nicht mehr, Er war nicht mehr müde. Er rannte und rannte. Er klingelte. Die Frau aus dem ersten Stock über ihnen machte auf. »Da bist du ja! Na, wie siehst du denn aus, komm, mein Häschen, komm . . .« Sie legte ihm den Arm um die Schultern. Während sie ihn an seine Wohnungstür brachte, redete und redete sie. Wie sie alle gewartet hätten, wer ihn gesucht hatte, wo sie gesucht hatten und ... Da stand seine Mutter in der Tür. Hinter ihr der Vater. Sie sahen ihn an.

Susanne Kilian

21
Eine junge Palme zeigt, wie sie mit einer ungewöhnlichen Belastung fertig wird.

- Was sollte der Stein bewirken?
- Was hat er bewirkt?
- Kennt ihr ähnliche Situationen wie die der Palme?

21. Die Last der Palme

Durch eine Oase ging ein finsterer Mann, Ben Sadok. Er war so gallig in seinem Charakter, dass er nichts Gesundes und Schönes sehen konnte, ohne es zu verderben.
Am Rande der Oase stand ein junger Palmbaum in bestem Wachstum.
Der stach dem finsteren Ben Sadok in die Augen. Da nahm er einen schweren Stein und legte ihn der jungen Palme mitten in die Krone. Mit einem bösen Lachen ging er nach dieser Heldentat weiter.

Die junge Palme schüttelte sich und bog sich und versuchte, die Last abzuschütteln. Vergebens. Zu fest saß der Stein in ihrer Krone. Da krallte sich der junge Baum tiefer in den Boden und stemmte sich gegen die steinerne Last. Er senkte seine Wurzeln so tief, dass sie die verborgene Wasserader der Oase erreichten, und stemmte den Stein so hoch, dass die Krone über jeden Schatten hinausreichte. Wasser aus der Tiefe und Sonnenglut aus der Höhe machten eine königliche Palme aus dem jungen Baum.
Nach Jahren kam Ben Sadok wieder, um sich an dem Krüppelbaum zu freuen, den er verdorben. Er suchte vergebens. Da senkte die stolzeste Palme ihre Krone, zeigte den Stein und sagte: »Ben Sadok, ich muss dir danken, deine Last hat mich stark gemacht.«

Aus Afrika

Pablo Picasso (1881–1973), Claude und Paloma, 1950.

22. Lied des Menschen

Ich bin ein Mensch; doch bild ich mir nicht ein
Ich könnt im Dunkeln besser sehn als Eulen,
Ich könnte lauter als die Wölfe heulen
Und könnte stärker als ein Löwe sein.

Ich bin ein Mensch; doch glaub ich nicht, ich sei
So glücklich wie Delfine, wenn sie springen,
So selig wie die Meisen, wenn sie singen,
Auch nicht so schnurrig wie ein Papagei.

Ich bin ein Mensch und doch in jedem Tier,
In Laus und Adler, Raupe, Pfau und Schnecke.
Sie sind die fernsten Ahnen, und ich stecke
In jedem Tier, und jedes steckt in mir.

Doch bin ich Mensch in ganz besondrem Sinn.
Wenn Tiere schnurrig sind, verspielt und heiter,
Dann sind sie schnurrig, heiter und nichts weiter.
Ich aber weiß es, wenn ich glücklich bin.

Was Tiere sind, das sind und bleiben sie.
Ein Wolf bleibt Wolf. Ein Löwe bleibt ein Löwe.
Doch ich kann alles sein, Delfin und Möwe.
Ich bin ein Mensch. Ich habe Phantasie.

James Krüss

22
- Worin ist der Mensch nicht besser als die Tiere?
- Worin überragt er sie?

23. Der Adler

Ein Mann ging in einen Wald, um nach einem Vogel zu suchen, den er mit nach Hause nehmen könnte. Er fing einen jungen Adler, brachte ihn heim und steckte ihn in den Hühnerhof zu den Hennen, Enten und Truthühnern. Und er gab ihm Hühnerfutter zu fressen, obwohl er ein Adler war, der König der Vögel.
Nach fünf Jahren erhielt der Mann den Besuch eines naturkundigen Mannes. Und als sie miteinander durch den Garten gingen, sagte der: »Der Vogel dort ist kein Huhn, er ist ein Adler!« – »Ja«, sagte der Mann, »das stimmt. Aber ich habe ihn zu einem Huhn erzogen. Er ist jetzt kein Adler

23
Wie ein dressierter und ängstlicher Adler endlich zu seiner Bestimmung findet: Der Blick in die Sonne macht ihn frei.

- Vergleicht Adler und Huhn miteinander.
- Wie kann man Menschen dressieren?

- Was kann sie wieder frei machen?
- Wofür ist die Sonne hier ein Symbol?

→ T. 4

24
Colombin, der sich schwächer, dümmer und feiger als andere fühlt, ist doch etwas Besonderes: Er ist Colombin.

- Was gefällt euch an Colombin, was nicht?
- Warum kann Colombin trotz mancher Fehler stolz auf sich sein?
- Was denkt ihr: Wie beurteilen viele Leute heute Colombin?
- Was müsste ein Christ von ihm halten?

→ T. 196

Paul Klee (1879–1940), Es will nicht hinein, 1939.

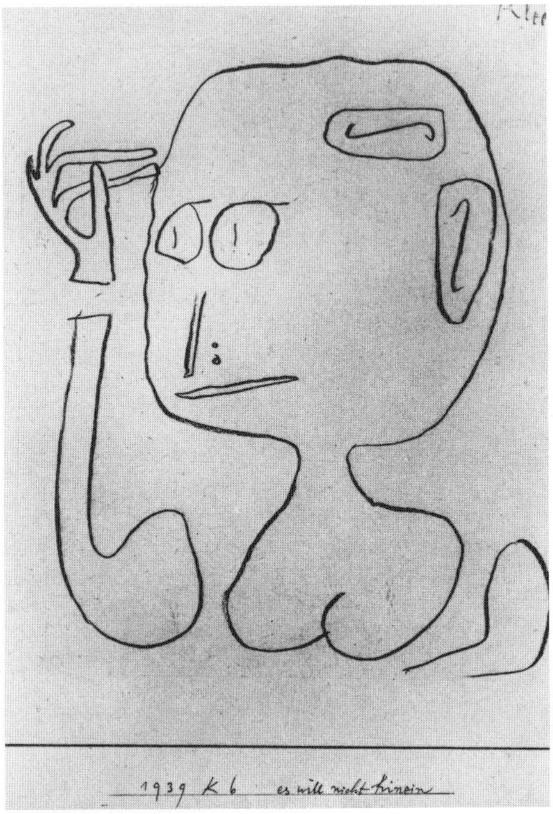

mehr, sondern ein Huhn, auch wenn seine Flügel drei Meter breit sind.« – »Nein«, sagte der andere. »Es ist noch immer ein Adler, denn er hat das Herz eines Adlers. Und das wird ihn hoch hinauffliegen lassen in die Lüfte.« – »Nein, nein«, sagte der Mann, »er ist jetzt ein richtiges Huhn und wird niemals wie ein Adler fliegen.«
Darauf beschlossen sie, eine Probe zu machen. Der naturkundige Mann nahm den Adler, hob ihn in die Höhe und sagte beschwörend: »Der du ein Adler bist, der du dem Himmel gehörst und nicht dieser Erde: breite deine Schwingen aus und fliege!« – Der Adler saß auf der hochgereckten Faust und blickte um sich. Hinter sich sah er die Hühner nach ihren Körnern picken und er sprang zu ihnen hinunter. Der Mann sagte: »Ich habe dir gesagt, er ist ein Huhn.« – »Nein«, sagte der andere, »er ist ein Adler. Versuche es morgen noch einmal.«
Am anderen Tag stieg er mit dem Adler auf das Dach des Hauses, hob ihn empor und sagte: »Adler, der du ein Adler bist, breite deine Schwingen aus und fliege!« Aber als der Adler wieder die scharrenden Hühner im Hofe erblickte, sprang er abermals zu ihnen hinunter und scharrte mit ihnen.
Da sagte der Mann wieder: »Ich habe dir gesagt, er ist ein Huhn.« – »Nein«, sagte der andere, »er ist ein Adler und er hat noch immer das Herz eines Adlers. Lass es uns noch ein einziges Mal versuchen: Morgen werde ich ihn fliegen lassen.« Am nächsten Morgen erhob er sich früh, nahm den Adler und brachte ihn hinaus aus der Stadt, weit weg von den Häusern an den Fuß eines hohen Berges. Die Sonne stieg gerade auf, sie vergoldete den Gipfel des Berges, jede Zinne erstrahlte in der Freude eines wundervollen Morgens. Er hob den Adler hoch und sagte zu ihm: »Adler, du bist ein Adler. Du gehörst dem Himmel und nicht dieser Erde. Breite deine Schwingen aus und fliege!« Der Adler blickte umher, zitterte, als erfülle ihn neues Leben, – aber er flog nicht. Da ließ ihn der naturkundige Mann direkt in die Sonne schauen. Und plötzlich breitete er seine gewaltigen Flügel aus, erhob sich mit dem Schrei eines Adlers, flog höher und höher und kehrte nie wieder zurück.

Aus Afrika

24. Colombin

Am Hofe gab es starke Leute und gescheite Leute, der König war ein König, die Frauen waren schön und die Männer mutig, der Pfarrer war fromm und die Küchenmagd fleißig – nur Colombin, Colombin war nichts.
Wenn jemand sagte: »Komm, Colombin, kämpf mit mir«, sagte Colombin: »Ich bin schwächer als du.«
Wenn jemand sagte: »Wie viel gibt zwei mal sieben?«, sagte Colombin: »Ich bin dümmer als du.«
Wenn jemand sagte: »Getraust du dich, über den Bach zu springen«, sagte Colombin: »Nein, ich getraue mich nicht.« Und wenn der König fragte: »Colombin, was willst du werden?«, antwortete Colombin: »Ich will nichts werden, ich bin schon etwas, ich bin Colombin.«

Peter Bichsel

25. Alle sind aber nicht so

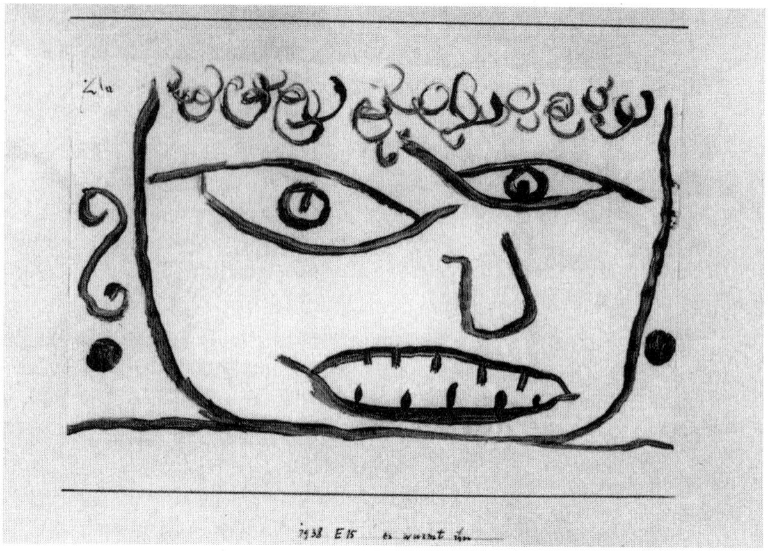

Paul Klee (1879–1940), Es wurmt ihn, 1938.

Der Junge wusste nicht recht, was er tun sollte, deshalb blieb er einfach stehen und schaute den Mann mit großen Augen an. Schließlich klappte der sein Buch wieder zu – wie vorher, mit dem Finger zwischen den Seiten – und knurrte: »Hör zu, mein Junge, ich kann Kinder nicht leiden. Heutzutage ist es zwar Mode, dass alle Welt ein Mordsgetue mit euch veranstaltet – aber ich nicht! Ich bin ganz und gar kein Kinderfreund. Für mich sind Kinder nichts als blöde Schreihälse, Quälgeister, die alles kaputt machen, die die Bücher mit Marmelade voll schmieren und die Seiten zerreißen, und die sich den Teufel darum scheren, ob die Erwachsenen vielleicht auch ihre Sorgen und Kümmernisse haben. Ich sag dir das nur, damit du gleich weißt, woran du bist. Außerdem gibt es bei mir keine Bücher für Kinder, und andere Bücher verkaufe ich dir nicht. So, ich hoffe, dass wir uns verstanden haben!«
Alles das hatte er gesagt, ohne dabei die Pfeife aus dem Mund zu nehmen. Nun klappte er sein Buch wieder auf und setzte seine Lektüre fort.
Der Junge nickte stumm und wandte sich zum Gehen, aber irgendwie schien ihm, dass er diese Rede nicht so unwidersprochen hinnehmen konnte, deshalb drehte er sich noch einmal um und sagte leise:
»Alle sind aber nicht so.«

Michael Ende

25
Ein alter grämlicher Antiquar hat von Kindern keine gute Meinung.

- Diskutiert, ob der Mann mit seinen Äußerungen über Kinder Recht hat oder nicht.
- Wie könnte der Junge seine Antwort begründen?

→ T. 50

26. Du und ich

Du und ich

Du bist anders als ich,
ich bin anders als du,
Gehen wir aufeinander zu,
schauen uns an,
erzählen uns dann,
was du gut kannst,
was ich nicht kann,
was ich so treibe,
was du so machst,
worüber du weinst,
worüber du lachst,
ob du Angst spürst bei Nacht,
welche Sorgen ich trag,
welche Wünsche du hast,
welche Farben ich mag,
was traurig mich stimmt,
was Freude mir bringt,
wie wer was bei euch kocht,
wer was bei uns singt …
Und plötzlich erkennen wir
– waren wir blind? –
dass wir innen uns
äußerst ähnlich sind.

Karlhans Frank

27
Der kleine Zauberer spürt, wie schwierig es ist, einen Freund zu finden und, wenn man einen gefunden hat, ihn zu behalten. Aber er schafft es am Ende doch, weil er lernt, den Freund so zu verstehen, wie er ist.

- Warum ist es für den Zauberer schwer, einen richtigen Freund zu finden?
- Wie wird er mit der Enttäuschung fertig, als die Eule ihn verlässt?
- Diskutiert auch das Verhalten der Eule.

27. Der Zauberer findet einen Freund

Früher war der kleine Zauberer stets vergnügt und guter Dinge. Aber jetzt war er manchmal traurig. Da setzte er sich auf einen Baumstumpf und dachte so vor sich hin. Die Äpfel sind reif, dachte er, und ich habe niemanden, mit dem ich einen Apfel teilen könnte. Die Pilze wachsen im Wald, aber da ist keiner, der sich mit mir darüber freut. Und er stellte sich vor, wie schön es wäre, wenn er einen Freund hätte.

Da kam ein Junge daher. Der kleine Zauberer stand schnell auf und fragte ihn: »Willst du mein Freund sein?« – »Ich habe schon einen Freund, der heißt Ottokar«, er widerte der Junge und ging vorüber.

Da ging der kleine Zauberer zum Häschen und fragte: »Willst du mein Freund sein?« Doch das Häschen schüttelte nur den Kopf mit den langen Ohren. Da fragte er das Reh: »Willst du mein Freund sein?« Das Reh gab ihm zur Antwort: »Nein, ich habe schon zwei Freunde. Mit denen spiele ich immer zusammen.« Da ging der kleine Zauberer in seiner Not sogar zum Wildschwein und fragte: »Willst du nicht mein Freund sein?« Doch das Wildschwein grunzte nur: »Nein!« und beachtete ihn dann gar nicht mehr. »Auch gut!«, dachte der kleine Zauberer, »dann werde ich mir einen Freund zaubern.« Und er setzte sich wieder auf seinen Holzstumpf, hob den Zauberstab und sagte einen Zauberspruch. Dann machte er schnell die Augen ein bisschen zu, wegen der Überraschung, und als er sie wieder öffnete, saß neben ihm eine winzige Eule.

»Beim Hokuspokus!«, rief der kleine Zauberer überrascht, »ich hatte mir meinen Freund etwas größer vorgestellt!« – »Einen Freund kann man überhaupt nicht zaubern«, erklärte die Eule und sie klappte ihre wurstscheibenrunden Augen auf und zu. »Einen Freund muss man gewinnen. Und dabei kommt es nicht darauf an, wie groß jemand ist oder wie jemand aussieht.«

Da bemühte sich der kleine Zauberer die Freundschaft der winzigen Eule zu gewinnen. Sie sangen miteinander, der kleine Zauberer trug die Eule auf seiner Hand spazieren und nachts im Mondenschein tanzten sie manchmal ein Tänzchen. Ja, und eines Tages waren sie wirklich Freunde geworden, und das war sehr schön.

Aber da geschah es, dass sie in einen goldenen Buchenwald kamen. »Schau nur«, schrie plötzlich die Eule und sie zeigte auf eine dunkle Höhle in einem Baum. »Da will ich wohnen!« – »Aber«, sagte der kleine Zauberer, »du kannst mich doch nicht verlassen. Du bist mein Freund.« – »Ja«, antwortete die Eule und schon war sie in die Baumhöhle geschlüpft, »aber ich bin eine Eule und eine Eule muss in einem Baum wohnen, das war schon immer so! Bitte, erlaub es mir! Dann bin ich glücklich. Und wenn man seinen Freund wirklich gern hat, dann muss man ihm helfen, dass er glücklich ist.«

»Wenn man seinen Freund wirklich gern hat«, wiederholte der kleine Zauberer noch einmal den Satz der Eule, »dann muss man ihm helfen, dass er glücklich ist.« Und er schenkte der Eule zum Abschied eine weiße Blume. Aber jeden Monat einmal besuchte der kleine Zauberer die winzige Eule. Und so sind sie für immer Freunde geblieben.

Gina Ruck-Pauquèt

28. Ich mag mich

Tanja hat rotes, krauses Haar und graugrüne Augen. Ihr Gesicht ist rund und rosa und voller Sommersprossen. Im Sommer muss sie aufpassen: Sie kriegt schnell einen Sonnenbrand. Braun ist sie noch nie geworden. Sie ist jetzt schon fast so groß wie Erwachsene. Bis gestern konnte sie rotes Kraushaar nicht ausstehen und graugrüne Augen schon gar nicht. Leute mit Sommersprossen fand sie furchtbar hässlich. Aber gestern, aber gestern …

Als sie so alt war, dass sie sich im Spiegel erkannte und sich nicht mehr »Tanja«, sondern »ich« nannte, begriff sie, dass ihre Mutter anders aussah als sie selbst, nämlich braunhaarig und braunäugig und braungebrannt. Und sie hörte die Mutter oft sagen: »Wo hast du nur deinen Feuerschopf und die Hexenaugen her? Und welcher Troll hat dir Sommersprossen ins Gesicht geblasen, mein Tanjakind?«

Da weinte Tanja und schluchzte: »Ich will kein' Feuerschops! Ich will so ssön sein wie du!«

Als sie schon in den Kindergarten ging, las ihr die Mutter jeden Abend ein Märchen vor. Im Märchenbuch waren viele Bilder. Am längsten betrachtete Tanja das Bild von Schneewittchen. So hätte sie gern ausgesehen: langes, schwarzes, glattes Haar, rote Wangen und eine schneeweiße Haut ohne braune Punkte. Die Schönste im ganzen Land. – Als sie in die Schule kam, gafften die anderen Tanjas rotes Haar an, bis sie sich daran gewöhnt hatten. Tanja aber starrte zur Lehrerin hinüber. Die hatte silberweißes, gewelltes Haar und eine silbrig funkelnde Brille.

»Wenn ich doch auch so aussähe«, dachte Tanja sehnsüchtig.

Im zweiten Schuljahr kam eine neue Schülerin in die Klasse. Sie hieß Sujata und war aus Indien. Sie hatte lange schwarze Zöpfe und eine braune Haut. Tanja musste immerzu hinüberschielen zu ihr und in der Nacht träumte sie, dass sie selbst so aussähe wie Sujata. Ein wunderschöner Traum.

Einmal kam Tante Marie-Luise auf Besuch. Sie hatte dunkelbraune Dauerwellen. »Aber in Wirklichkeit hat sie rote Haare«, sagte die Mutter zu Tanja. »Sie lässt sie sich färben.«

Tante Marie-Luise schenkte Tanja eine große Puppe. Die hatte rotes Kraushaar, graugrüne Augen und aufgetupfte Sommersprossen. »Als wär's eine Zwillingsschwester von dir«, sagte Tante Marie-Luise zu Tanja. »Ich hab lange suchen müssen, bis ich sie fand. Und sie ist nicht billig gewesen. Gefällt sie dir?«

»Nein«, antwortete Tanja heftig und stopfte die Puppe in den Flickenkoffer auf dem Dachboden.

Da war Tante Marie-Luise sehr gekränkt.

Tanja spielte am liebsten mit Steffi. Das war die Blondeste und Blauäugigste aus der ganzen Klasse. Aber Steffi hatte viele Freundinnen und wollte nicht nur mit Tanja spielen. Da weinte Tanja und dachte: »Das liegt bestimmt daran, dass ich so hässlich bin. Niemand lässt sich gern mit mir sehen.«

Als die Klasse ein Theaterstück einübte, wollte Tanja unbedingt die Fee spielen. Dafür musste sie eine blonde Perücke tragen und ihre Sommersprossen überpudern.

»Wie du aussiehst!«, rief die Mutter und hatte Mühe, nicht zu lachen. »Wie irgendein fremdes Kind.«

Aber Tanja kam sich wunderschön vor und lief noch einen Tag nach der Aufführung als Fee herum.

Als Tanja nun schon älter war, sah sie im Fernsehen oft Sängerinnen mit ganz schwarzer Haut und schwarzem Kraushaar. In den dunklen Ge-

28

Tanja, ein junges Mädchen, liebt weder ihre Haare noch ihre Augen. Sie mag auch ihr Gesicht nicht. Wenn sie andere Mädchen sieht, beneidet sie diese um ihr Aussehen bis ein Junge sie schön findet.

- Woran liegt es, dass Tanja sich nicht mag?
- Wann ändert sie ihre Einstellung?
- Ist es wichtig, dass man sich mag?
- Sich selber mögen (lieben) eine wichtige Aufgabe für Christen? Kennt ihr das Hauptgebot der Bibel (→ Mk 12, 28-31)?

→ T. 38

sichtern schimmerten Augen und Zähne weiß. Tanja hätte gern so ausgesehen. Alles, alles, nur nicht rothaarig und sommersprossig sein!
Zu Karneval färbte sie sich Gesicht und Haare schwarz. Aber nun erkannte sie niemand. Und keiner fand sie schön. Steffi, die sich als Pippi Langstrumpf verkleidet hatte, merkte im Vorübergehen, dass die Farbe nicht echt war, und sagte: »Ob das wieder abgeht?«
Aber gestern, gestern, als sie ganz allein neben einem Wasserbassin im Park saß und ihrem Spiegelbild Fratzen schnitt, kam ein rothaariger, sommersprossiger Junge vorbei, pfeifend, blieb stehen, sah sie an und sagte: »Mann, bist du schön!«
Tanja schaute sich verwundert um. Aber hinter ihr stand niemand. »Meinst du mich!«, fragte sie. »Schön? Ich?«
»Hast du das etwa noch gar nicht bemerkt?«, rief er lachend. »Du bist die Schönste, der ich je begegnet bin. Prachtvoll, die rote Mähne und die seltenen graugrünen Augen. Und so eine wunderschön gesprenkelte Haut!«
Er zog eine Handvoll dicker roter Kirschen aus seiner Hosentasche und reichte ihr die Hälfte davon. Gemeinsam aßen sie sie auf, spuckten die Kerne hinter sich in die Hecke, und dann zeigte der Junge Tanja sogar den Baum, von dem er die Kirschen gestohlen hatte.
»Du bist die erste, der ich ihn zeige«, sagte er. »Weil ich dich mag, Rotschopf.« Und sie kletterten in den Baum hinauf, aßen sich satt und matt und spuckten den Leuten, die tief unter ihnen vorbeigingen, Kerne auf den Kopf.
Als Tanja gestern Abend heimkam, hatte sie über jedem Ohr ein Kirschenpärchen hängen. Sie summte. Kaum war sie im Haus, rannte sie auf den Dachboden hinauf, kramte Tante Marie-Luises Puppe heraus und setzte sie im Wohnzimmer mitten aufs Sofa.
»Nanu«, sagte die Mutter, »du mochtest sie doch nicht leiden. Oder?«
»Das hat sich geändert«, sagte Tanja und begann sich vor dem Spiegel zu kämmen. Sie wandte den Kopf hierhin und dahin, während sie sich betrachtet, wie man einen Schatz betrachtet, den man eben vom Grund des Meeres herausgeholt hat. Dann drehte sie sich zur Mutter um und sagte: »Nämlich – ich mag mich jetzt.«

Gudrun Pausewang

29

Eine kleine Schnecke möchte das größte Schneckenhaus der Welt haben. Ihr Vater erzählt ihr eine Geschichte, aus der sie lernt, dass ihr Wunsch böse Folgen haben kann. Mit ihrem kleinen Haus wird sie sehr glücklich.

- Manchmal haben Mädchen und Jungen Wünsche wie die kleine Schnecke. Kennt ihr Beispiele?
- Stellt eine Liste mit Wünschen von Jungen und Mädchen zusammen und fügt dann in einem zweiten Schritt hinzu, wie sich diese Wünsche auswirken können.

29. Das größte Haus der Welt

Auf einem saftigen Kohlkopf leben ein paar Schnecken. Leise wandern sie über den ganzen Kohl und tragen ihre Häuser von Blatt zu Blatt. Sie suchen ein zartes Häppchen zum Knabbern.
»Wenn ich erwachsen bin«, sagte eines Tage eine kleine Schnecke zu ihrem Vater, »dann will ich ein ebensolches Haus wie du haben, nein, ich will das größte Haus der Welt haben!« »Das ist dumm«, antwortete der Vater, »manche Dinge sind besser, wenn sie klein sind.« Zufällig ist der Vater die klügste Schnecke auf dem ganzen Kohlkopf. Und er erzählt eine Geschichte.
Es war einmal eine kleine Schnecke, die war genauso groß wie du. Sie sagte zu ihrem Vater: »Wenn ich erwachsen bin, dann möchte ich ein ebensolches Haus wie du haben, nein besser: Ich möchte das größte Haus der Welt haben.«
»Manche Dinge sind besser, wenn sie klein sind«, antwortete der Vater. »Sieh zu, dass dein Haus klein bleibt und bequem zu tragen ist.«
Aber die kleine Schnecke wollte nicht hören. Sie verkroch sich in den Schatten eines großen Kohlblattes. Dort drehte und verdrehte sie sich, sie druckste, zuckte, zerrte und wandte sich, bis sie entdeckte, wie man sein

Haus wachsen lassen kann. Das Haus wuchs und wuchs, und die anderen Schnecken auf den Kohlblättern staunten und sagten: »Wir beneiden dich so! Du hast bestimmt das größte Haus der Welt.«
Die kleine Schnecke wand sich und drehte und druckste weiter und arbeitete, bis ihr Haus so groß war wie ein Kürbis. Dann spürte sie, wie sie große spitze Türmchen und Türme, Bückelchen und Buckel wachsen lassen konnte. Sie brauchte nur ihren Schwanz in dem Haus eilig hin und her zu bewegen. Durch das emsige Drucksen und Drücken und Quetschen konnte sie auch noch leuchtende Farben auf die Buckel machen. Dabei war ihr Herz voller Wünsche und jeder Wunsch wurde zu einem herrlichen Muster. Nun wusste sie, dass sie das größte und schönste Haus der Welt hatte und dass alle anderen sie beneideten. Sie war stolz und glücklich.
Ein Schwarm von Schmetterlingen flatterte auf sie zu. »Seht da, eine Kirche!«, rief einer. »Nein«, sagte ein anderer, »ein Zirkus!« Kein Schmetterling merkte, dass er über ein Schneckenhaus hinweggeflogen war. Eine Familie Frösche war gerade auf dem Weg zu einem fernen Teich. Sie blieben stehen und waren verwundert und andächtig. »Wir haben nie etwas Tolleres gesehen!«, erzählten sie später einem Vetter. »So eine kleine Schnecke – und sie hatte ein Haus wie ein Geburtstagskuchen!« Aber eines Tages hatten die Schnecken alle Blätter gegessen und von dem saftigen Kohl waren nur noch ein paar holzige Stängel übrig. Sie wanderten zu einem anderen Kohlkopf. Aber, oje, oje, die kleine Schnecke konnte nicht mitkommen, ihr Haus war viel zu schwer. Sie musste allein zurückbleiben und es gab nichts mehr zu essen für sie. Ihr Hunger wurde immer größer und sie wurde immer weniger und schließlich blieb nichts von ihr übrig als das Haus. Und auch das zerbröckelte nach und nach in kleine Stücke, bis es ganz weg war.
Das ist das Ende der Geschichte. Fast hätte die kleine Schnecke geweint. Doch dann fällt ihr das eigene Haus wieder ein.
»Ich lasse es so klein, wie es ist«, denkt sie. »Und wenn ich groß bin, werde ich hingehen, wohin ich will.«
Und so geht sie eines Tages leicht und fröhlich los, um sich die Welt anzusehen. Dünne Blätter bewegen sich im Wind, andere hängen schwer auf den Boden herunter. Wo die dunkle Erde aufgebrochen ist, glitzern Kristalle in der Sonne. Da sind bunt gescheckte Pilze und hohe Stängel, von denen kleine Blumen winken. Sie sieht einen Tannenzapfen liegen in einer Spitzendecke vom Schatten der Farne und glatte Kieselsteine in Nestern aus Sand, rund wie die Eier der Turteltauben. Flechten hängen von den Felsen, die borkige Rinde wärmt die Bäume. Süß schmecken die frischen Knospen und sind kühl vom Morgentau. Die kleine Schnecke ist sehr glücklich.

Leo Lionni

30. Fragen

Rechte, sagst du, soll ich haben?
In einer Konvention sollen sie stehen?
Eigens für Kinder gemacht?
Auch für mich?
Feierlich unterzeichnet?
Mit vielen Seiten?
Und vierundfünfzig Artikeln?
Dich beeindruckt das?
Was ich davon halte?

Ich sage es dir,
wenn aus Papier
Wirklichkeit geworden ist.
Wenn du aus Paragraphen
Taten gemacht hast.
Das willst du doch?

Hans-Martin Große-Oetringhaus

31. Farbenlehre

Die Menschheit
ist wie ein Regenbogen:
farbenprächtig und bunt.
Alle Farben sind da.
Würde nur eine fehlen,
der Bogen wäre bald
ganz verschwunden.
Die Menschen
sollten daraus lernen.

Hans-Martin Große-Oetringhaus

31

- Was wisst ihr von Menschen mit verschiedenen Hautfarben? Wie sind sie bei uns angesehen? Ein Bild: → ZdF S. 18.
- Mit »Farbe« muss nicht nur die Hautfarbe gemeint sein. Worin unterscheiden sich die Menschen auch grundlegend?
- Wozu sind all die verschiedenen Eigenheiten gut?
- Christen glauben, dass alle Eigentümlichkeiten der Menschen von Gott geschaffen sind. Welche Bedeutung hat dieser Glaube?

32. Die drei Söhne

Drei Frauen wollten Wasser holen am Brunnen. Nicht weit davon saß ein Greis auf einer Bank und hörte zu, wie die Frauen ihre Söhne lobten.
»Mein Sohn«, sagte die erste, »ist so geschickt, dass er alle hinter sich lässt …«
»Mein Sohn«, sagte die zweite, »singt so schön wie eine Nachtigall! Es gibt keinen, der eine so schöne Stimme hat wie er.«
»Und warum lobst du deinen Sohn nicht?«, fragten sie die dritte, als diese schwieg.
»Ich habe nichts, wofür ich ihn loben könnte«, entgegnete sie. »Mein Sohn ist nur ein gewöhnlicher Knabe. Er hat etwas Besonderes weder an sich noch in sich …«
Die drei Frauen füllten ihre Eimer und gingen heim. Der Greis ging langsam hinter ihnen her. Die Eimer waren schwer und die abgearbeiteten Hände schwach. Deshalb machten die Frauen eine Ruhepause, denn der Rücken tat ihnen weh …
Da kamen ihnen drei Knaben entgegen. Der erste stellte sich auf die Hände und schlug Rad um Rad – und die Frauen riefen:
»Welch ein geschickter Junge!«
Der zweite sang so herrlich wie die Nachtigall, und die Frauen lauschten andachtsvoll und mit Tränen in den Augen.
Der dritte Knabe lief zu seiner Mutter, hob die Eimer und trug sie heim …
Da fragten die Frauen den Greis: »Was sagst du zu unseren Söhnen?« »Wo sind eure Söhne?«, fragte der Greis verwundert. »Ich sehe nur einen einzigen Sohn!«

Leo Tolstoi

32

Drei Mütter haben ganz unterschiedliche Söhne. Ein alter Mann sagt ihnen, was er von jedem Einzelnen hält.

- Warum urteilen die Mütter über ihre Söhne anders als der Greis?
- Wie könnte der alte Mann seine seltsame Antwort begründen?
- Könnt ihr die Erzählung in eine Zeichnung umsetzen?

33. Trotzdem

Wenn die Mama morgens schreit:
Aufstehn, Kinder, höchste Zeit!
sagt ein richtig braves Kind:
Die spinnt.

Zähneputzen, frische Socken,
und zum Frühstück Haferflocken,
Vaters Sprüche: Das macht stark!
Alles Quark.

Wer am Morgen ohne Schimpfen,
Fluchen, Stinken, Naserümpfen
etwa brav zur Schule geht
der ist blöd.

Rülpsen, Spucken, Nasenbohren,
Nägel kauen, schwarze Ohren,
schlimme Worte jede Masse
Klasse!

Und wenn Papa abends droht:
Schluss mit Fernsehn, Abendbrot!
schreit doch jedes Kind im Haus:
Raus!
Trotzdem:
Kinder, schützt eure Eltern!

Hans Adolf Halbey

34. Was ein Kind gesagt bekommt

Der liebe Gott sieht alles.
Man spart für den Fall des Falles.
Die werden nichts, die nichts taugen.
Schmökern ist schlecht für die Augen.
Kohlentragen stärkt die Glieder.
Die schöne Kinderzeit, die kommt
nicht wieder.
Man lacht nicht über ein Gebrechen.
Du sollst Erwachsenen
nicht widersprechen.
Man greift nicht zuerst
in die Schüssel bei Tisch.
Sonntagsspaziergang macht frisch.
Zum Alter ist man ehrerbötig.
Süßigkeiten sind
für den Körper nicht nötig.
Kartoffeln sind gesund.
Ein Kind hält den Mund.

Bertolt Brecht

34

- Was meinen die einzelnen Sprüche, die Kinder oft gesagt bekommen?
- Welche sind heute kaum mehr zu hören, welche sind noch aktuell?
- Welche könntet ihr hinzufügen?

35

- Welche anderen unfreundlichen Äußerungen werfen sich Mädchen und Jungen heute oft an den Kopf?
- Wie sollte man mit solchen Sprüchen umgehen?

35. Der Sperling und die Schulhof-Kinder

Ein Sperling, der von ungefähr
zu einem Schulhof kam,
erstaunte über das, was er
auf diesem Hof vernahm.
Ein Mädchen sprach zu Meiers Franz:
»Du alter Esel du!«
Da sprach der Franz: »Du dumme Gans
bist eine blöde Kuh!«
Der Walter sprach zum dicken Klaus:
»Mach Platz, du fetter Ochs!«
Da rief der Klaus: »Du fade Laus,
pass auf, dass ich nicht box!«
Zum Peter sprach Beate nun:
»Du Affe, geh hier weg!«
Da rief der Peter: »Dummes Huhn,
ich weiche nicht vom Fleck!«
Der Sperling meint, er hört nicht recht.
Es tönte allenthalb:
»Du Schaf! Du Floh! Du blöder Hecht!
Du Hund! Du Schwein! Du Kalb!«
Der kleine Sperling staunte sehr.
Er sprach: »Es schien mir so,
als ob ich auf dem Schulhof wär;
doch bin ich wohl im Zoo!«

James Krüss

36

- Kennt ihr ähnliche Situationen aus eurer Klasse oder Familie oder eurem Freundeskreis?
- Was sollte man da tun?

➔ T. 48

36. Dickes Kind

Hinter der Gartentür
Steht ein dickes Kind
Ein ganz dickes Kind
Hau ab du fettes Kind
Rufen die Kinder
Das erste tritt
Das zweite spuckt
Das dritte schimpft

Jetzt weint das dicke Kind
Über sein dickes Gesicht
Rollen stille Tränen
In das laute Lachen
Der Kinder
Sie hören nicht
Wie eine Haustür
Leise zuklappt

Rainer Hohmann

37. Zu schwer?

In einer kleinen Stadt sitzt auf einer großen Treppe ein kleines Mädchen und weint. Sie hat ihren Schulranzen neben sich abgestellt und wischt sich die dicken Tränen vom Gesicht. Ich setzte mich neben sie und frage vorsichtig: »Warum weinst du denn?« Sie schluchzt: »Ist so schwer!«
»Ist dein Schulranzen mit all den Büchern dir zu schwer?« – »Nein, der ist doch puppig leicht!« – »Ist die Schule zu schwer, verlangen die Lehrer zu viel, schaffst du deine Aufgaben nicht?« – »Nein, das Lernen ist doch nicht schwer!« – »Ja, was ist dann so schwer für dich, dass du so weinst?« Da sagte das sechsjährige Mädchen verblüffend einfach und ehrlich: »Das ganze Leben ist zu schwer, ich glaub', ich schaffe es nicht.«

Axel Kühner

37
Ein kleines Mädchen weint, weil es glaubt, ihr ganzes Leben sei zu schwer.

- Wie kommt das Mädchen zu seiner Auffassung vom Leben?
- Was könntet ihr dem Mädchen sagen?

38. Tim will nicht mehr Tim sein

Eines Tages ging Tim zu seinem Vater in die Werkstatt und sagte:
»Bald habe ich Geburtstag!«
»Was wünschst du dir?«, fragte der Vater.
»Ach, gar nichts«, antwortete Tim. »Nur, dass ich nicht mehr Tim sein muss.«
»Du möchtest wohl lieber anders heißen«, meinte der Vater. »Dann will ich mir einen schönen neuen Namen für dich ausdenken. Wie findest du Adolar? Oder Dagobert? Das klingt doch großartig! Oder ich denke mir etwas ganz Neues aus. Vielleicht nenne ich dich Zaunkönigsohn? Oder Kikuli Kokulorus?«
Aber Tim machte immer noch ein trauriges Gesicht. Er sagte:
»Du verstehst mich nicht, Vater. Ich will keinen neuen Namen. Tim gefällt mir sehr gut. Ich möchte einfach nicht mehr ich sein. Ein anderer Junge möchte ich sein.«
»Hm«, machte der Vater und fuhr sich mit der Hand durch die Haare.
»Das ist sehr schwierig. Wie möchtest du denn sein?«
»Groß!«, sagte Tim. »Und dünn! Heute haben die Kinder in der Schule ein Lied von mir gesungen. Das heißt:
Tim der Dicke, geht über die Brücke;
und der Tim macht plumps! Da macht die Brücke rums.
Das haben sie sich ausgedacht. Und alle haben mitgesungen und gelacht. Ich habe mich furchtbar geärgert.«
»Das war falsch«, meinte der Vater. »Du hättest auch lachen sollen. Ich glaube, es hat einmal einen berühmten König gegeben, der hieß Tim der Dicke. Von dem haben die Leute auch immer solche Spottlieder gesungen. Aber er hat einfach gelacht und mitgesungen. Und weil der so lustig und klug war, hat ihn eine ganz schlanke, wunderschöne Prinzessin geheiratet. Sie bekamen sechs Kinder. Drei spindeldürre Prinzen und drei kugelrunde kleine Prinzessinnen. Und immer waren sie lustig und vergnügt.«
Aber Tim war nicht vergnügt.
»Ich bin doch kein König!«, rief er ärgerlich. »Wenn ich ein König wäre,

38
Ein Junge möchte nicht mehr er selbst sein, sondern ein anderer werden, weil er sich nicht gefällt, da er glaubt zu dick zu sein. Der Vater zeigt ihm, dass er gut ist, wie er ist.

- Warum möchte Tim anders sein als er ist?
- Welche Gedanken des Vaters helfen ihm nicht?
- Mit welchem Hinweis kann der Vater ihn umstimmen?

→ **T. 28** (letzte Aufgabe)

ließe ich alle frechen Kinder verhauen! Oder ich würde mich einfach auf mein Pferd setzen und ganz weit fort reiten. Aber ich muss ja immer hier bleiben und mich auslachen lassen. Ich bin eben nur ein armer Keller-Schuster-Junge!«
»Ach!«, sagte der Vater. »Ich glaube, du möchtest auch andere Eltern haben! Das wird ja immer schlimmer!« Und er fuhr sich wieder mit der Hand durch die Haare. Wie ein trauriger Igel sah er nun aus.
»Nein! Nein!«, rief Tim schnell. »Ich habe euch doch so lieb! Ich will nie und nie andere Eltern haben!« Und er gab dem Vater einen Kuss.
»Siehst du!«, sagte der und lachte. »Und wir wollen nie und nie einen anderen Tim haben! Uns gefällst du am allerbesten von allen Kindern auf der Welt.«

Ursula Wölfel

39
- Versucht selbst ein Gedicht oder einen Text zu schreiben mit dem Titel:
  »Meine Mutter heißt ...«
  »Mein Vater heißt ...«
- Wie unterscheidet es sich vom Gedicht des koreanischen Mädchens?

39. Meine Mutter heißt Sorge

Meine Mutter heißt Sorge.
Im Sommer sorgt sie sich um Wasser,
im Winter sorgt sie sich um Kohle,
und das ganze Jahr sorgt sie sich um Reis.

Am Tage sorgt sie sich um das Essen,
in der Nacht sorgt sie sich um die Kinder,
jeder Tag ist ausgefüllt mit Sorgen.

So heißt meine Mutter Sorge,
mein Vater heißt Zorn,
er ist oft betrunken,
und ich – ich heiße: Tränen und Seufzer.

Gedicht eines 12-jährigen Mädchens aus Korea

40
Ein Bericht über Kinderarbeit in der Dritten Welt.

- Welche Chancen haben wir, Kindern in der Dritten Welt zu helfen?

➔ ZdF S. 26, 212

40. Report Kinderarbeit

In der Teppichindustrie knüpfen sie vierzehn oder mehr Stunden am Tag in dunklen, stickigen Räumen.
Sie schuften auf Plantagen, deren Produkte auch nach Deutschland exportiert werden. Sie kriechen den ganzen Tag durch nur 90 cm hohe Tunnel in Bergwerken, dabei schleppen sie Körbe mit schweren Steinen.
Sie hocken bei über 40 °C in Zündholzfabriken und tauchen im Akkord bis zu zwölf Stunden lang Hölzer in heißes Wachs und Schwefel. Sie werden ihren Eltern abgekauft und landen in Bordellen, die auch von deutschen Touristen besucht werden. Sie wühlen im stinkenden Müll nach Papier, Glas und Metall.
Sie putzen Touristen die Schuhe, die das vielleicht sogar ganz amüsant und exotisch finden.
Sie rennen sich den ganzen Tag die Hacken ab, um aus ihrem Bauchladen Streichhölzer, Süßigkeiten und andere Kleinigkeiten zu verkaufen. Als Hausmädchen rackern sie sich von früh bis spät ab, um ihre Herrschaften zufrieden zu stellen.
Sie schleifen zehn Stunden am Tag Edelsteine, die auch von unserem Land importiert werden.
Unter Einsatz ihres Lebens springen sie im dichtesten Verkehr zwischen den Autos herum und versuchen, Zeitungen zu verkaufen.

41. Meh

Er heißt Mehmet. Aber nur seine Eltern und die Lehrerin nennen ihn bei seinem richtigen Namen. Die Kinder rufen ihn einfach Meh. Er hat sich daran gewöhnt.
Meh wohnt in einem Block an der breiten Ausfahrtstraße. Der gehört der Maschinenfabrik, in der Mehs Vater arbeitet. In diesem Block ist Meh geboren. Hier fühlt er sich zu Hause.
Meh geht in die erste Klasse. Sein Schulweg führt ihn durch eine Unterführung. Das Schulhaus liegt auf der anderen Seite der Straße. Meh geht gern zur Schule. Meh lacht oft. Die andern Kinder mögen ihn.
Meh hat Rechnen und Schreiben gelernt. Am liebsten liest er. Die Lehrerin lobt ihn. Die Welt ist voller Worte. Meh entdeckt jeden Tag neue. Auch die Betonwände der Unterführung sind vollgeschrieben.
TÜRKEN RAUS! buchstabiert er. Mehmet ist ein Türkenkind.

Max Bolliger

41
Ein Türkenkind in Deutschland erlebt Ausländerfeindlichkeit?

- Was wollt ihr Meh sagen?
- Was würdet ihr denen sagen, die solche Sprüche verbreiten und aufschreiben?

42. Gesine schaltet nicht um

Am vergangenen Donnerstag setzte sich Gesine vor den Fernseher und schaltete ihn ein. Da kam gerade ein Bericht über hungernde Kinder in Afrika.
Eigentlich hatte Gesine den Märchenfilm »Dornröschen« sehen wollen, im anderen Programm. Aber sie schaltete nicht um, sondern blieb sitzen und rührte sich nicht. Sie konnte einfach nicht wegsehen, wenn die afrikanischen Kinder sie mit ihren großen Augen ansahen. Sie konnte nicht begreifen, wie man so leben konnte, nur noch Haut und Knochen! Als ihnen eine Rotkreuzhelferin Suppe in den Napf schöpfte, schlürften sie heißhungrig. Und fast alle waren ganz nackt.
Auf dem Tischchen neben dem Fernseher stand ein Teller mit Süßigkeiten und Knabberzeug. Mutti sorgte immer dafür, dass dieser Teller nicht leer wurde. Aber Gesine hatte jetzt keinen Appetit. Und als sie das Kind sah, das an einer schmutzigen Mauer lehnte und schon so kraftlos war, dass es den Napf mit der Suppe nicht mehr halten konnte, ja nicht einmal imstande war, die Fliegen zu verjagen, die in seinen Augenwinkeln saßen, da spürte sie ganz deutlich im Magen, dass sie jetzt unmöglich irgendetwas essen konnte. Wie groß die Augen dieses Kindes waren! Es sah Gesine an, nur Gesine.
»Komm essen!«, hörte sie Mutti aus dem Esszimmer rufen. Gewiss, es war Abendessenszeit, und Vati wartete nicht gern. Man musste gleich aufstehen und hinübergehen, wenn man ihn nicht verärgern wollte. Gesine seufzte und schaltete den Fernseher aus.
Aber als sie dann vor ihrem Teller saß und der Kakao duftete und mitten auf dem Tisch so viele Käsesorten auf der Drehplatte schimmerten und Vati sich ein dickes Stück Butter nahm, da musste sie plötzlich losweinen, so laut und so schrecklich, dass Vati und Mutti sie ganz entsetzt anstarrten.

Gudrun Pausewang

42
Ein Mädchen reagiert auf einen Fernsehfilm über hungernde Kinder in Afrika.

- Wenn ihr schon einmal einen ähnlichen Film gesehen habt wie ist es euch dabei und danach ergangen?

43. Kindergedicht

Honig, Milch und Knäckebrot –
manche Kinder sind in Not.
Götterspeise, Leibgericht –
kennen manche Kinder nicht.
Wurst und Käse, Vollkornbrot –
manche Kinder sind schon tot.
Zucker, Ei und Früchtequark –
macht nur manche Kinder stark.

Jürgen Spohn

44
Peter reagiert auf eine Ausstellung zum Thema »Hunger« mit praktizierter Nächstenliebe (Spende), aber auch mit der religiös-theologischen Frage (»Theodizee»), warum Gott das Leiden zulässt. Dabei erhält er ganz unterschiedliche Antworten.

- Peter erhält auf seine Frage insgesamt fünf Antworten:
  drei von Schüler/innen
  eine vom Religionslehrer
  eine von seiner Oma.
  Mit welchen Antworten seid ihr einverstanden, mit welchen nicht? Warum?

44. Peter hat eine Frage

Im Pfarrsaal ist eine Ausstellung zum Thema »Hunger«. An großen Plakatwänden hängen Fotos und Zeichnungen. Auf einem Foto sieht Peter viele Kinder, die auf einer großen Müllhalde stehen, und er erfährt, dass es viele Menschen gibt, die hier etwas zu essen suchen. Ein anderes Bild zeigt ein Kind mit einer Hand voll Reis.
»Viele Kinder haben nicht mehr als so eine Handvoll Reis zu essen – am Tag«, erklärt Peters Mutter. Lange steht Peter vor dem Foto von zwei Kindern, die auf dem Gehsteig neben der Straße liegen und schlafen. Sie sind nur mit einem Stück Zeitungspapier zugedeckt.
Beim Ausgang erhält jeder Besucher eine kleine Pappschachtel. Sie ist ringsum bedruckt mit Fotos von hungernden Menschen. Obenauf ist ein schmaler Schlitz. »Dein Opfer für Menschen, die hungern und Not leiden«, steht darunter. »Darin kannst du Geld sammeln«, erklärt die Mutter und wirft gleich ein paar Münzen ein. »Das Geld wird dann in die Länder geschickt, in denen viele Menschen in Not sind, zum Beispiel nach Afrika.«
Zu Hause leert Peter seine Spardose. Langsam wirft er Münze für Münze in die Schachtel. Eigentlich hatte er angefangen, für ein Computerspiel zu sparen … Die letzte Münze wirft er in die Spardose zurück, als neuen Start sozusagen.
Den ganzen Nachmittag über muss Peter an die hungernden Kinder denken. Am Abend erzählt er dem Vater von der Ausstellung.
»Eines verstehe ich nicht«, sagt er. »Wenn Gott doch alles kann und auf uns alle aufpasst, warum lässt er dann zu, dass so viele Menschen verhungern?«
»Das ist eine schwere Frage«, sagt der Vater, »auf die es keine schnelle Antwort gibt.«
Am nächsten Tag platzt Peter in der Religionsstunde sofort mit seiner Frage heraus.
»Warum lässt Gott zu, dass so viele Menschen hungern?«, fragt er.
Der Religionslehrer gibt die Frage an die anderen Kinder weiter. »Was meint ihr dazu?«
»Weil sie nicht genug beten«, sagt Sophie.
»Mein Vater sagt, sie sind zu faul zum Arbeiten«, ruft Robert.
»Vielleicht will Gott sie bestrafen«, sagt Georg.
»Wir wissen es nicht«, sagt der Religionslehrer. »Aber du hast die Möglichkeit, mit deiner Spende etwas Gutes zu tun.«
Am Nachmittag besucht Peter die Großmutter im Altersheim. Sie sitzt im Sessel beim offenen Fenster. Peter setzt sich neben sie und erzählt von der Schule. Er weiß, die Oma interessiert sich für alles. Deshalb erzählt er schließlich auch von der Ausstellung.
Die Oma hört aufmerksam zu. Sie lässt sich genau berichten, was die Kinder in seiner Klasse auf seine Frage geantwortet haben.
»Weißt du es?«, fragt Peter. »Weißt du, warum Gott zulässt, dass Menschen verhungern?«
Eine Weile sitzt die Oma ganz still.
»Deine Frage ist falsch gestellt«, sagt sie dann. »Nicht Gott lässt es zu, sondern die Menschen.«

Jutta Modler

45. Ich könnte wunderbar sein

Lieber Gott,
du weißt, ich könnte wunderbar sein:
immer ehrlich und freundlich
und brav und gehorsam,
ordentlich gekämmt und sauber hinter den Ohren,
fleißig in der Schule,
Bücher und Hefte ohne Eselsohren
Und im Spielzeugschrank alles in Reih und Glied.

Aber du weißt auch, lieber Gott,
wie mühsam das ist.
Ich schaff' das so gut wie nie.
Es ist so viel einfacher und leichter,
seine miese Laune an anderen auszulassen
und faul und unordentlich zu sein
und zu schwindeln.
Und es macht Spaß,
den großen Leuten Streiche zu spielen
und das zu tun, was sie verbieten.

Und alles weißt du und verstehst du.
Also, bitte vergiss nie, wie wunderbar ich wäre,
wenn ich so wäre, wie ich sein könnte.
Ich versprech' dir: Ich geb' mir auch Mühe.
Oft.
Manchmal.

Gudrun Pausewang

46. Die Liebe bricht den Bann

Eines Tages ging die schöne Prinzessin im Wald spazieren, als sie einem Frosch begegnete. Der Frosch grüßte sie mit ausgesuchter Höflichkeit. Die Prinzessin erschrak bis ins Mark, als sie den Frosch mit menschlicher Stimme sprechen hörte. Doch der Frosch sprach: »Ihre Königliche Hoheit, in Wahrheit bin ich gar kein Frosch. Ich bin ein Prinz. Eine böse Hexe hat mich in einen Frosch verwandelt.«

Die Prinzessin hatte ein mildes Herz und erwiderte: »Kann ich irgendetwas tun, um diesen Zauber zu brechen?« – »Ja«, antwortete der Frosch, »die Hexe sagte, dass der Bann gebrochen sei, wenn ich eine Prinzessin fände, die ich liebte und die drei Tage und drei Nächte bei mir bliebe. Dann würde ich wieder in einen Prinzen verwandelt.«

Die Prinzessin konnte sogar schon den Prinzen in dem Frosch sehen. Sie nahm ihn mit in den Palast, worauf alle riefen: »Was für ein widerliches Geschöpf trägst du da mit dir herum?« Doch sie entgegnete: »Nein, das ist kein widerliches Geschöpf, sondern ein Prinz!«

So behielt sie den Frosch Tag und Nacht bei sich – auch bei Tisch. Und nachts, wenn sie schlief, saß er auf ihrem Kopfkissen. Nach drei Tagen und drei Nächten wachte sie auf und sah den schönen jungen Prinzen, der ihr voll Dankbarkeit die Hand küsste, denn sie hatte den Zauber gebrochen und ihn wieder zum Prinzen werden lassen, der er gewesen war.

Ein Märchen

46
Eine schöne Prinzessin verwandelt durch ihre Liebe einen Frosch in einen Prinzen.

- Das Märchen hat einen guten Sinn. Könnt ihr den herausfinden?
- Kennt ihr Beispiele dafür dass die Liebe Menschen verändern (verwandeln) kann?

47. Lieber Gott!

Ich bin wütend.
Ich bin traurig.
Ich bin einsam.
Immer bin ich an allem schuld.
Immer hacken alle auf mir herum.
Immer bin ich der Böse.
»Jeder Mensch ist
ein genialer Gedanke Gottes«,
sagt unser Religionslehrer.
Ob meine Familie das auch weiß?

48. Aber um Gottes willen

Meine Mutter spielte früher ein Spiel mit mir, das hieß: »ABER UM GOTTES WILLEN, DAS BIN JA ICH!«
Es geschah alles eines Tages, als ich acht oder neun Jahre alt war. Ich erinnere mich nicht mehr genau daran, aber ich erinnere mich deutlich, dass Mutter und ich an einem sehr schönen Nachmittag die Straße entlang gingen.
Es geschah ganz plötzlich, dass ich mich vor Lachen ausschütten wollte, und als Mutter mich fragte, was denn so komisch sei, zeigte ich auf eine sehr, sehr, sehr dicke Dame, die wie eine Ente gerade vor uns herwatschelte.
Jäh, wie vom Blitz getroffen, blieb Mutter stehen. Sie ließ meine Hand los. Sie lächelte nicht und ihre ersten Worte, die ich nicht verstand, klangen unwillig. Dann beugte sie sich nieder, bis unsere Gesichter ganz nahe beieinander waren, und sagte: »ABER UM GOTTES WILLEN, DAS BIN JA ICH! Kannst du das sagen, mein Kind?«
Ich wiederholte es, aber ich begriff nicht, was es bedeutete. Da sagte Mutter: »Wir wollen ein Spiel daraus machen: Jedes Mal, wenn du jemand siehst, der zu dick oder zu dünn ist, schieläugig oder krummbeinig, launisch oder entstellt oder nicht hübsch – so stelle dir vor, dass du in seiner Haut steckst und er in deiner.«
Das gefiel mir. Und ich spielte das Spiel immer wieder und übte es von Jahr zu Jahr: »ABER UM GOTTES WILLEN, DAS BIN JA ICH!«

Gloria Swanson

48
Eine Mutter zeigt ihrer Tochter einen guten Weg, über andere Leute nicht zu lachen. Sie soll versuchen, sich mit diesen zu identifizieren.

- Was haltet ihr von dem Rat der Mutter?
- Wann könntet ihr diesem Rat auch selbst folgen?

→ T. 36

49. Angelika

49
Eine Klasse bereitet einem neu hinzugekommenen Mädchen eine unerwartete Freude zum Geburtstag.

- Angelika: Was ist das für ein Mädchen?
- Wie findet ihr die Idee des Lehrers?
- Wie findet ihr das Verhalten der Klasse?
- Sucht eine Situation, in der ihr ähnlich handeln könnt.

Seit einigen Wochen ist ein neues Mädchen in der Klasse. Es heißt Angelika. Ein merkwürdiges Mädchen ist das. Manchmal ist es laut und frech und stört den Unterricht – und manchmal fängt es plötzlich an zu weinen, und niemand weiß den Grund. Man darf es auch nicht danach fragen. Man muss warten, bis sie aufhört, und freundlich zu ihr sein. So macht der Lehrer das auch. Er ist geduldig mit Angelika: Sie muss früher viel Trauriges erlebt haben.
An einem Sonnabend legt der Lehrer ein Päckchen auf Angelikas Pult.
»Das darfst du Montag, wenn du wach wirst, aufmachen!«, sagt er.
»Weshalb?«, fragte Angelika.
»Weil du dann Geburtstag hast!«
Die anderen staunen: Sie wissen schon Wochen im Voraus, wann ihr Geburtstag ist, und Angelika muss es vom Lehrer erfahren!
Angelika kann nicht bis Montag warten. Sie packt ihr Geschenk sofort aus: eine rote Bleistifttasche mit einem Reißverschluss. »Vielen Dank!«, sagt sie. Kein anderes Kind hat jemals ein Geburtstagsgeschenk vom Lehrer bekommen.
Nachdenklich gehen die Kinder nach Hause.
Am Montag kommen sie früher als sonst zur Schule. Der Lehrer ist noch nicht da, Angelika auch noch nicht. Alle haben Päckchen mitgebracht. Tina hat eine Tafel Schokolade, Lisa ein blaues Taschentuch, Georg ein Buch, Hannes bringt Buntstifte, Kai Pfefferminztaler, Antje eine Kerze, und Lutz hat daheim noch ein ganz neues Lineal gefunden. Petra hat einen roten Lutscher besorgt, Jonas einen Marzipanwürfel. Alles haben sie selbst ausgesucht, bezahlt und eingepackt. Nur Peter hat Angelikas Geburtstag vergessen. Er vergisst immer etwas: Jetzt ärgert er sich. Aber halt! – Er hat noch einen Groschen in der Tasche. Den will er Angelika schenken, eingewickelt in grünes Löschpapier.
Als der Lehrer kommt, ist Angelikas Tisch geschmückt. Der Blumenstrauß steht in einer Vase, die Kerze im Halter, alle kleinen Geschenke sind zurechtgelegt. Zwei Jungen gehen auf den Flur: Angelika darf erst in die Klasse kommen, wenn die Kerze brennt. So, es ist soweit – jetzt! Angelika steht an der Tür und staunt. Die Gardinen sind zugezogen, das Kerzenlicht strahlt, auf ihrem Tisch liegen die Päckchen. Die Klasse singt: »... Guten Morgen, liebe Geli, dein Geburtstag ist heut! ...« Alle gratulieren ihr, geben ihr die Hand, und die Jungen machen sogar einen Diener. Angelika sagt nichts. Nur ihre Augen leuchten. Erst mittags, ehe sie alle nach Hause gehen, bedankt sie sich. Sie sagt: »Das war der schönste Geburtstag in meinem Leben! Ich hab' gar nicht gewusst, dass ihr mich leiden mögt!«

Cili Wethekam

Otto Dix (1891–1969), Der Größte

50

Bastian Balthasar Bux, die Hauptfigur in Michael Endes »Die unendliche Geschichte«, ist am Anfang des Romans von einem Buch fasziniert, das er bei einem alten Antiquar findet. Mit diesem Buch wird er viele Abenteuer erleben und Entdeckungen machen. Es führt ihn in eine fantasievolle Welt.

- Warum ist B.B.B. von diesem Buch fasziniert?
- Hat euch auch schon einmal ein Buch in eine andere Welt versetzt?
- Warum heißt das 6. Kapitel in ZdF »Jesus – eine unendliche Geschichte«?

→ T. 25

50. Bastian Balthasar Bux und das Buch

Bastian wurde sich bewusst, dass er die ganze Zeit schon auf das Buch starrte, das Herr Koreander vorher in Händen gehalten hatte und das nun auf dem Ledersessel lag. Er konnte einfach seine Augen nicht abwenden davon. Es war ihm, als ginge eine Art Magnetkraft davon aus, die ihn unwiderstehlich anzog.

Er näherte sich dem Sessel, er streckte langsam die Hand aus, er berührte das Buch – und im gleichen Augenblick machte etwas in seinem Inneren »klick!«, so als habe sich eine Falle geschlossen. Bastian hatte das dunkle Gefühl, dass mit dieser Berührung etwas Unwiderrufliches begonnen hatte und nun seinen Lauf nehmen würde.

Er hob das Buch hoch und betrachtete es von allen Seiten. Der Einband war aus kupferfarbener Seide und schimmerte, wenn er es hin und her drehte. Bei flüchtigem Durchblättern sah er, dass die Schrift in zwei verschiedenen Farben gedruckt war. Bilder schien es keine zu geben, aber wunderschöne, große Anfangsbuchstaben. Als er den Einband noch einmal genauer betrachtete, entdeckte er darauf zwei Schlangen, eine helle und eine dunkle, die sich gegenseitig in den Schwanz bissen und so ein Oval bildeten. Und in diesem Oval stand in eigentümlich verschlungenen Buchstaben der Titel:

Die unendliche Geschichte

Es ist eine rätselhafte Sache um die menschlichen Leidenschaften, und Kindern geht es damit nicht anders als Erwachsenen. Diejenigen, die davon befallen werden, können sie nicht erklären, und diejenigen, die nichts der-

gleichen je erlebt haben, können sie nicht begreifen. Es gibt Menschen, die setzen ihr Leben aufs Spiel, um einen Berggipfel zu bezwingen. Niemand, nicht einmal sie selbst, könnten wirklich erklären warum. Andere ruinieren sich, um das Herz einer bestimmten Person zu erobern, die nichts von ihnen wissen will. Wieder andere richten sich zugrunde, weil sie den Genüssen des Gaumens nicht widerstehen können – oder denen der Flasche. Manche geben all ihr Hab und Gut hin, um im Glücksspiel zu gewinnen, oder opfern alles einer fixen Idee, die niemals Wirklichkeit werden kann. Einige glauben, nur dann glücklich sein zu können, wenn sie woanders wären, als sie sind, und reisen ihr Leben lang durch die Welt. Und ein paar finden keine Ruhe, ehe sie nicht mächtig geworden sind. Kurzum, es gibt so viele Leidenschaften, wie es verschiedene Menschen gibt.
Für Bastian Balthasar Bux waren es die Bücher.
Wer niemals ganze Nachmittage lang mit glühenden Ohren und verstrubbeltem Haar über einem Buch saß und las und las und die Welt um sich her vergaß, nicht mehr merkte, dass er hungrig wurde oder fror –
Wer niemals heimlich beim Schein einer Taschenlampe unter der Bettdecke gelesen hat, weil Vater oder Mutter oder sonst irgendeine besorgte Person einem das Licht ausknipste mit der gutgemeinten Begründung, man müsse jetzt schlafen, da man doch Morgen so früh aus den Federn sollte –
Wer niemals offen oder im Geheimen bitterliche Tränen vergossen hat, weil eine wunderbare Geschichte zu Ende ging und man Abschied nehmen musste von den Gestalten, mit denen man gemeinsam so viele Abenteuer erlebt hatte, die man liebte und bewunderte, um die man gebangt und für die man gehofft hatte, und ohne deren Gesellschaft einem das Leben leer und sinnlos schien –
Wer nichts von alledem aus eigener Erfahrung kennt, nun, der wird wahrscheinlich nicht begreifen können, was Bastian jetzt tat.
Er starrte auf den Titel des Buches und ihm wurde abwechselnd heiß und kalt. Das, genau das war es, wovon er schon geträumt und was er sich, seit er von seiner Leidenschaft befallen war, gewünscht hatte: eine Geschichte, die niemals zu Ende ging! Das Buch aller Bücher!
Er musste dieses Buch haben, koste es, was es wolle!

Michael Ende

52 (zu S. 43)
Momo, ein tüchtiges, originelles Mädchen, kann viele Dinge nicht, die andere Leute auch nicht können. Aber sie kann zuhören, wenn man ihr etwas erzählt. Mit dieser Kunst kann sie vielen helfen und viel Gutes bewirken.

- Warum ist es so schwer, richtig zuzuhören, wenn ein anderer spricht?
- Warum ist diese Fähigkeit so wichtig?
- Warum braucht man diese Fähigkeit auch für das Verständnis der Bibel?

→ T. 197

51. Der goldene Schlüssel

Zur Winterszeit, als einmal ein tiefer Schnee lag, musste ein armer Junge hinausgehen und Holz auf seinem Schlitten holen. Wie er es nun zusammengesucht und aufgeladen hatte, wollte er noch nicht nach Hause gehen, sondern erst Feuer anmachen und sich ein bisschen wärmen. Da scharrte er den Schnee weg und auf dem Erdboden fand er einen kleinen goldenen Schlüssel. Nun glaubte er, wo der Schlüssel sei, müsse auch das Schloss dazu sein. Er grub in der Erde und fand ein eisernes Kästchen. Wenn der Schlüssel nur passt! dachte er, es sind gewiss kostbare Sachen in dem Kästchen. Er suchte, aber es war kein Schlüsselloch da. Endlich entdeckt er eins, aber so klein, dass man es kaum sehen konnte. Er probierte und der Schlüssel passte. Da drehte er einmal herum, und nun müssen wir warten, bis er vollends aufgeschlossen und den Deckel aufgemacht hat. Dann werden wir erfahren, was für wunderbare Sachen in dem Kästchen lagen.

Brüder Grimm

51
Ein Junge findet im Schnee einen goldenen Schlüssel, mit dem er ein geheimnisvolles Kästchen öffnen kann.

- Was vermutet ihr in dem Kästchen?
- Wozu braucht man Schlüssel?
- Auch die Bibel braucht einen goldenen Schlüssel. Ahnt ihr, was man dann finden kann?

52. Momo kann zuhören

So kam es, dass Momo sehr viel Besuch hatte. Man sah fast immer jemand bei ihr sitzen, der angelegentlich mit ihr redete. Und wer sie brauchte und nicht kommen konnte, schickte nach ihr, um sie zu holen. Und wer noch nicht gemerkt hatte, dass er sie brauchte, zu dem sagten die andern: »Geh doch zu Momo!«

Dieser Satz wurde nach und nach zu einer feststehenden Redensart bei den Leuten der näheren Umgebung. So wie man sagt: »Alles Gute!« oder »Gesegnete Mahlzeit!« oder »Weiß der liebe Himmel!«, genauso sagte man also bei allen möglichen Gelegenheiten: »Geh doch zu Momo!«

Aber warum? War Momo vielleicht so unglaublich klug, dass sie jedem Menschen einen guten Rat geben konnte? Fand sie immer die richtigen Worte, wenn jemand Trost brauchte? Konnte sie weise und gerechte Urteile fällen?

Nein, das alles konnte Momo ebenso wenig wie jedes andere Kind.

Konnte Momo dann vielleicht irgendetwas, das die Leute in gute Laune versetzte? Konnte sie zum Beispiel besonders schön singen? Oder konnte sie irgendein Instrument spielen? Oder konnte sie – weil sie doch in einer Art Zirkus wohnte – am Ende gar tanzen oder akrobatische Kunststücke vorführen?

Nein, das war es auch nicht.

Konnte sie vielleicht zaubern? Wusste sie irgendeinen geheimnisvollen Spruch, mit dem man Sorgen und Nöte vertreiben konnte? Konnte sie aus der Hand lesen oder sonst wie die Zukunft voraussagen?

Nichts von alledem.

Was die kleine Momo konnte wie kein anderer, das war: Zuhören. Das ist doch nichts Besonderes, wird nun vielleicht mancher Leser sagen, zuhören kann doch jeder.

Aber das ist ein Irrtum. Wirklich zuhören können nur ganz wenige Menschen. Und so wie Momo sich aufs Zuhören verstand, war es ganz und gar einmalig.

Momo konnte so zuhören, dass dummen Leuten plötzlich sehr gescheite Gedanken kamen. Nicht etwa, weil sie etwas sagte oder fragte, was den anderen auf solche Gedanken brachte, nein, sie saß nur da und hörte einfach zu, mit aller Aufmerksamkeit und aller Anteilnahme. Dabei schaute sie den anderen mit ihren großen, dunklen Augen an und der Betreffende fühlte, wie in ihm auf einmal Gedanken auftauchten, von denen er nie geahnt hatte, dass sie in ihm steckten.

Sie konnte so zuhören, dass ratlose oder unentschlossene Leute auf einmal ganz genau wussten, was sie wollten. Oder dass Schüchterne sich plötzlich frei und mutig fühlten. Oder dass Unglückliche und Bedrückte zuversichtlich und froh wurden. Und wenn jemand meinte, sein Leben sei ganz verfehlt und bedeutungslos und er selbst nur irgendeiner unter Millionen, einer, auf den es überhaupt nicht ankommt und der ebenso schnell ersetzt werden kann wie ein kaputter Topf – und er ging hin und erzählte alles das der kleinen Momo, dann wurde ihm, noch während er redete, auf geheimnisvolle Weise klar, dass er sich gründlich irrte, dass es ihn, genauso wie er war, unter allen Menschen nur ein einziges Mal gab und dass er deshalb auf seine besondere Weise für die Welt wichtig war.

So konnte Momo zuhören!

Michael Ende

53. Es ist schwer, die Bibel auszulegen

In einem edelmännischen Dorf trifft ein Bauer den Herrn Schulmeister im Felde an. »Ist's noch Euer Ernst, Schulmeister, was Ihr gestern den Kindern zergliedert habt: So dich jemand schlägt auf deinen rechten Backen, dem biete den anderen auch dar (Mt 5, 39)?« Der Herr Schulmeister sagt: »Ich kann nichts davon und nichts dazu tun. Es steht im Evangelium.« Also gab ihm der Bauer eine Ohrfeige, und die andere auch, denn er hatte schon lang einen Verdruss auf ihn. Indem reitet in einiger Entfernung der Edelmann vorbei und sein Jäger: »Schau doch nach, Joseph, was die zwei dort miteinander haben.« Als der Joseph kommt, gibt der Schulmeister, der ein starker Mann war, dem Bauern auch zwei Ohrfeigen, und sagte: »Es steht auch geschrieben: ›Mit welcherlei Maß ihr messet, wird euch wieder gemessen werden. Ein voll gerüttelt und überflüssig Maß wird man in euren Schoß geben (Mt 7, 2).‹«; und zu dem letzten Sprüchlein gab er ihm noch ein halbes Dutzend drein. Da kam der Joseph zu seinem Herrn zurück und sagte: »Es hat nichts zu bedeuten, gnädiger Herr; sie legen einander nur die Heilige Schrift aus.«
Merke: Man muss die Heilige Schrift nicht auslegen, wenn man's nicht versteht, am allerwenigsten so. Denn der Edelmann ließ den Bauern noch selbige Nacht in den Turm werfen auf 6 Tage, und dem Herrn Schulmeister, der mehr Verstand und Respekt vor der Bibel hätte haben sollen, gab er, als die Winterschule ein Ende hatte, den Abschied.

Johann Peter Hebel

53
Ein Bauer und ein Lehrer legen die Bibel zwar dem Wortlaut nach, aber trotzdem falsch aus. Die Bibelstellen werden nur für ihre eigenen Interessen zitiert. Ein Edelmann bestraft die beiden.

- Wieso legen Bauer und Schulmeister hier die Bibel falsch aus?
- Was kann und soll man tun, wenn man ein Bibelwort nicht versteht?
- Welche Worte der Bibel möchtet ihr gern erklärt haben?

54. Die gestohlene Bibel

Der Vater Gelasios besaß eine kostbare Bibel aus Pergament, und er legte sie, damit jeder der Brüder sie lesen konnte, in die Kirche. Eines Tages kam ein fremder Mönch vorbei, sah die kostbare Bibel, stahl sie und lief fort damit in die Stadt. Dort suchte er einen Käufer und fand schließlich einen Interessenten, dem er sie für sechzehn Goldtaler anbot. Der Mann war sich nicht sicher, ob der Preis für die Bibel wirklich gerechtfertigt war, und sagte: »Gib sie mir, damit ich sie einem Sachverständigen zeigen kann, und dann will ich sie dir zahlen.« Der Mönch willigte ein, und der Käufer begab sich mit der Bibel zu Vater Gelasios.
Der Vater sah, dass es seine Bibel war, verlor aber kein Wort darüber, sondern sagte nur: »Kaufe sie, es ist eine gute Bibel und wirklich den Preis wert, den er dir genannt hat.« Der Käufer ging zurück und sagte, weil er einen geringeren Preis erzielen wollte, zu dem Dieb: »Ich habe sie dem Vater Gelasios gezeigt, und der sagte, sie sei wertvoll, jedoch nicht den Preis wert, den du verlangst.« »Und sonst hat er nichts gesagt?« »Nein«, antwortete erstaunt der Käufer. »Dann will ich die Bibel doch nicht verkaufen«, sagte der Mönch, nahm sie und begab sich voller Reue zu Gelasios. Der alte Mann aber wollte die Bibel nicht zurücknehmen. Wie der Mönch ihn jedoch eindringlich bat und sagte: »Wenn Ihr sie nicht zurücknehmt, werde ich niemals meine Ruhe haben«, nahm er sie wieder an sich. Der Mönch aber wurde sein Schüler und blieb bis zu seinem Tode bei ihm.

Öser D. Bünker

54
Ein Mönch stiehlt eine kostbare alte Bibel, wird aber von dem Besitzer beschämt, als er sie verkaufen will. Er gibt sie zurück und verändert sein Leben.

- Worin besteht der eigentliche Wert der Bibel, auch wenn es sich um eine einfache Ausgabe handelt?

➔ Eine kostbare alte Bibel: → ZdF 34, 35, 37

55
Der ägyptische Gott Theuth erfindet die Schrift. Als er seine Erfindung vor Thamus, einem ägyptischen König, preist, weist dieser auch auf weniger gute Folgen dieser Erfindung hin.

- Diskutiert darüber, wozu die Schrift gut ist und überlegt auch, warum die Schrift nicht nur gute Seiten hat.
- Warum können wir heute auf die Schrift nicht mehr verzichten?
- Es gab und gibt viele Leute, die Bibeltexte auswendig konnten, ohne die Bibel lesen zu können. Wie denkt ihr darüber?
- Manche alten Bibeltexte wurden, bevor sie aufgeschrieben wurden, mündlich weitergegeben. Warum konnte das gut gehen, ohne dass der Text verfälscht wurde?

➔T. 60

55. Die Erfindung der Schrift

Sokrates erzählte einmal die folgende Geschichte.
Ich habe vernommen, dass in Ägypten seit langem ein Gott verehrt wird, der Theuth heißt. Dieser hat zuerst die Zahlen, dann die Mathematik und Sternkunde, ferner allerlei Spiele und schließlich sogar die Buchstaben erfunden.
Einmal kam Theuth zu Thamus, der König über ganz Ägypten war. Er regierte in der großen Stadt, welche die Griechen das ägyptische Theben nennen. Theuth zeigte dem König seine Künste und meinte, man müsse sie den anderen Ägyptern beibringen. Der König aber fragte, was für einen Nutzen seine Erfindungen hätten. Nun versuchte Theuth ihm die einzelnen Erfindungen zu erklären. Der König wusste die eine zu tadeln, die andere zu loben. Als Theuth schließlich zu den Buchstaben kam, sagte er zum König: »Diese Kenntnis, o König, wird die Ägypter klüger und ihr Gedächtnis besser machen. Denn sie ist ein Hilfsmittel für die Klugheit und für das Erinnern.«
Der König aber erwiderte: »O du ideenreicher Theuth! Der eine kann die Kunst hervorbringen, der andere kann sie beurteilen und ahnen, welchen Schaden und welchen Nutzen sie denen bringt, die sie gebrauchen. So hast du jetzt als Vater der Buchstaben aus Voreingenommenheit das Gegenteil von dem gesagt, was sie tatsächlich bewirken. Die Buchstaben werden die Leute, die sie kennen lernen, vergesslich machen. Sie werden nun auf die Schrift vertrauen. Sie werden mit Hilfe fremder Zeichen von außen her, nicht aber von innen aus sich selbst heraus ihre Erinnerung schöpfen. Du hast nur einen Ersatz für das Erinnern erfunden. Auch Klugheit vermittelst du den Schülern nur zum Schein, nicht in Wahrheit. Denn sie werden durch die Schrift zu eingebildeten Vielwissern, obwohl sie doch Nichtswisser sind. Mit ihnen wird schwer umzugehen sein, da sie sich etwas auf ihre Klugheit einbilden, ohne wirklich klug zu sein.«

Platon (427–347 v. Chr.), griechischer Philosoph

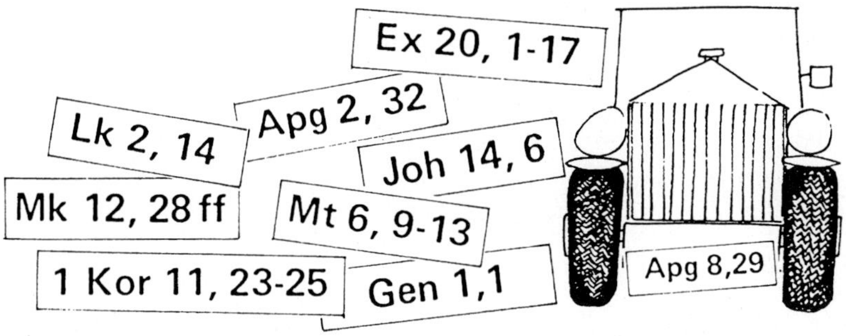

56
Ein protestantischer Prediger wird mit seiner Familie auf eine Insel verschlagen. Luthers Katechismus ist das einzige Buch, das ihnen hier verbleibt. Aus ihm lernen die Kinder, die Enkel und weitere Generationen. Das hat merkwürdige Folgen, von denen hier heiter die Rede ist.

- Was hat sich im Lauf von anderthalb Jahrhunderten geändert?
- Warum muss man die alte Bibel immer wieder neu lesen, damit sie auch in der Gegenwart verstanden wird?

56. Das einzige Buch auf einer Insel

Zu Anfange des vorigen Jahrhunderts wollte ein abgesetzter Lutherscher Prediger aus der Pfalz mit seiner Familie … sich nach einer von den Kolonien des britischen Amerika begeben. Das Schiff, worauf er überging, scheiterte an einer kleinen Bermudischen Insel, und von dem Schiffsvolke ersoff außer der Familie des Predigers fast alles. Der Prediger fand diese Insel so angenehm, so gesund, so reich an allem, was zur Unterhaltung des Lebens gehörte, dass er es sich gern gefallen ließ, die Tage seiner Wallfahrt daselbst zu beschließen. Der Sturm hatte unter anderm eine kleine Kiste an das Land getrieben, in welcher bei allerlei Gerätschaft für seine Kinder auch ein Katechismus Lutheri sich befand. Es versteht sich, dass dieser Katechismus bei gänzlichem Mangel aller andern Bücher ein sehr kostbarer

Schatz für ihn wurde. Er fuhr fort, seine Kinder daraus zu unterrichten, und starb. Die Kinder unterrichteten ihre Kinder wieder daraus und starben. Nur erst vor zwei Jahren ward wieder einmal ein englisches Schiff, auf welchem ein hessischer Feldprediger war, an diese Insel verschlagen. Der Feldprediger … ging mit einigen Matrosen, die frisches Wasser einnehmen sollten, ans Land und erstaunte nicht wenig, sich auf einmal in einem ruhigen lachenden Tale, unter einem nackten, fröhlichen Völkchen zu finden, das Deutsch sprach, und zwar ein Deutsch, in welchem er nichts als Redensarten und Wendungen aus Luthers Katechismus zu hören glaubte. Er ward neugierig darob, und siehe, er fand, dass das Völkchen nicht allein mit Luthern sprach, sondern auch mit Luthern glaubte, und so orthodox glaubte als nur immer ein Feldprediger. Einige Kleinigkeiten ausgenommen. Der Katechismus war, wie natürlich, in den anderthalbhundert Jahren aufgebraucht, und sie hatten nichts davon mehr übrig als die Bretterchen des Einbandes. »In diesen Bretterchen«, sagten sie, »steht das alles, was wir wissen.« – »Hat es gestanden, meine Lieben!«, sagte der Feldprediger. – »Steht noch, steht noch!«, sagten sie. »Wir können zwar selbst nicht lesen, wissen auch kaum, was Lesen ist, aber unsere Väter haben es ihre Väter daraus herlesen hören. Und diese haben den Mann gekannt, der die Bretterchen geschnitten. Der Mann hieß Luther und lebte kurz nach Christo.«

Marc Chagall (1887–1985), Der Lehrer.

Gotthold Ephraim Lessing

57. Das letzte Buch

57
Kinder sehen in einem Museum das letzte Buch als Ausstellungsstück.

- Warum lesen manche Kinder gern, andere nicht?
- Was tritt heute oft an die Stelle eines Buches?
- Was meint ihr: Wäre es eine Segen oder ein Gewinn, wenn es keine Bücher mehr gäbe?
- Was würde aus der Bibel, wenn die Menschen keine Bücher mehr hätten und auch nicht mehr lesen könnten?

Das Kind kam heute spät aus der Schule heim. Wir waren im Museum, sagte es. Wir haben das letzte Buch gesehen. Unwillkürlich blickte ich auf die lange Wand unseres Wohnzimmers, die früher einmal mehrere Regale voller Bücher verdeckt haben, die aber jetzt leer ist und weiß getüncht, damit das neue plastische Fernsehen darauf erscheinen kann. Ja und, sagte ich erschrocken, was war das für ein Buch? Eben ein Buch, sagte das Kind. Es hat einen Deckel und einen Rücken und Seiten, die man umblättern kann. Und was war darin gedruckt, fragte ich. Das kann ich doch nicht wissen, sagte das Kind. Wir durften es nicht anfassen. Es liegt unter Glas. Schade, sagte ich. Aber das Kind war schon weggesprungen, um an den Knöpfen des Fernsehapparates zu drehen. Die große weiße Wand fing an sich zu beleben, sie zeigte eine Herde von Elefanten, die im Dschungel eine Furt durchquerten. Der trübe Fluss schmatzte, die eingeborenen Treiber schrien. Das Kind hockte auf dem Teppich und sah die riesigen Tiere mit Entzücken an. Was kann da schon drinstehen, murmelte es, in so einem Buch.

Marie Luise Kaschnitz

58
Augustinus (354–430) hat in seinen »Selbstbekenntnissen« (lat.: »Confessiones«) sein eigenes Leben beschrieben und bewertet. Darin legt er auch dar, wie – er nach jahrelangen Irrwegen zum christlichen Glauben findet. Die Bibel spielt dabei eine zentrale Rolle.

- Was wisst ihr vom Leben des Augustinus bis zu diesem Augenblick (→ ZdF S. 40)?
- Was bedeutet es, dass ausgerechnet ein Kind dem großen Gelehrten einen Weg zeigt?
- Wie benutzt Augustinus die Bibel hier?
- Welche Bedeutung hat diese Szene für sein weiteres Leben?
- Habt ihr auch eine Bibelstelle, die für euer Leben wichtig ist? – Wenn ja, schreibt sie in schöner Schrift auf, gebt dem Text einen Rahmen und hängt ihn wie ein Bild bei euch auf.

58. »Nimm und lies!«

Ich schrie – ich weiß nicht , was alles. Ich stürzte hinaus in den Garten. Ich war wie von Sinnen. Ich zitterte im Geist und ergrimmte, dass ich den Schritt nicht tun konnte zu Gott, nach dem mich so sehr verlangte. Ich raufte mir die Haare. ich schlug mich an die Stirn: Woher dies Unfassliche? Immer wieder schrie ich laut: »Ja, gleich soll's geschehen!« Ich blieb stehen, ich schöpfte Atem. Gleichzeitig brach ich in Tränen aus. Ich warf mich zu Boden unter einem Feigenbaum: »Wie lange noch, Herr, wie lange …?«
Da auf einmal hörte ich die Stimme … Aus dem Nachbarhaus … Die Stimme eines Knaben oder eines Mädchens im Singsang: »Nimm und lies! – Nimm und lies …!«
Augenblicklich war ich wie verwandelt. Ich war imstande, mich zu besinnen, ob bei irgendeinem Spiel der Kinder ein solches Leierliedchen üblich wäre. Ich fand nichts in meiner Erinnerung. Ich sprang vom Boden auf. Ich weinte nicht mehr. Ich wusste keine andere Deutung, als dass mir Gott befehle, das Buch zu öffnen und die Stelle zu lesen, auf die ich zuerst träfe. Ich lief dorthin. Ich ergriff das Buch. Ich schlug auf. Ich las den Abschnitt, auf den mein Auge fiel: »Nicht in Schmausereien und Trinkgelagen, nicht in Schlafzimmern und Unzucht, nicht in Zank und Neid … nein, ziehet an den Herrn Jesus Christus. Er soll euer Handeln bestimmen« (Röm 13, 14). Weiter wollte ich nicht lesen. Und weiter war es auch nicht nötig. Denn kaum war dieser Satz zu Ende, strömte mir Gewissheit als ein Licht ins Herz, dass alle Nacht des Zweifels verschwand.
Ich legte ein Merkzeichen ins Buch, schloss es und erzählte alles – schon ganz ruhig – einem Freund. Er schlug das Buch wieder auf, las noch einmal die Stelle und las weiter: »Der Schwachen im Glauben nehmt euch an« (Röm 14,1). Das bezog er auf sich selbst. – Wir aber gingen hinein zur Mutter, sagten ihr's. Sie freute sich. Wir erzählten, wie alles gekommen war. Sie jubelte und immer wieder lobte sie Gott. Und auch ich betete: »Du hast mich gewandelt hin zu dir. Zerrissen hast du meine Bande. Preisen soll dich mein Mund.«
Wer war ich? Wie war ich? – Mein Geist war frei in mir und ich redete leicht mit dir, meinem Gott, meinem Herrn, meinem Heil …
Und ich beschloss vor dem Angesicht Gottes, ohne großen Aufwand den Dienst meiner Zunge zurückzuziehen vom Markt der Geschwätzigkeit. Ich wollte ein Christ werden.

Dietrich Steinwede, nach dem Selbstzeugnis Augustins in den »Bekenntnissen«

59. Nicky und des Jairus Tochter

Der Arzt kam. Er untersuchte Nicky nur kurz. »Ich schicke Ihnen sofort einen Krankenwagen«, sagte er. »Wenn Sie wollen, können Sie über Nacht bei ihm in der Klinik bleiben.« Frau Betzner sah Lisa fragend an.
»Natürlich bleibst du bei ihm. Ich komme schon zurecht. Nicky braucht dich jetzt mehr als ich.«
»Tapferes Mädchen«, sagte Dr. Weiß.

Der Krankenwagen kam. Die Sanitäter legten Nicky auf eine Trage und brachten ihn vorsichtig die vielen Treppen hinunter. Die Mutter umarmte Lisa. Sie drückte sie für einen Augenblick ganz fest an sich. Dann war sie weg.
Lisa sah aus dem Küchenfenster. Der Krankenwagen mit dem zuckenden blauen Licht bog in schneller Fahrt um die Ecke.
Auf einmal fühlte sie sich sehr alleine und überhaupt nicht mehr tapfer. Sie ging durch alle Räume. Die Haustüre, die Türen zum Schlafzimmer ihrer Mutter und zu Nickys Zimmer schloss sie ab. Sie machte eine schnelle Katzenwäsche und zog ihren Schlafanzug an. Dann schaltete sie den Fernsehapparat in der Wohnküche ein. Eigentlich war Fernsehen am Abend für Lisa das Höchste. Wenn ihre Muter zu Hause war, musste sie um neun Uhr ins Bett. Das war meistens mitten in einem Film. Heute konnte sie so lange fernsehen, wie sie wollte. Aber heute machte es ihr keinen Spaß.
Nicky hatte nicht einmal die Augen geöffnet, als die Krankenpfleger ihn auf die Trage legten. Lisa hatte Angst.
Sie schaltete das Fernsehgerät aus. Unruhig ging sie in der Wohnküche hin und her. Sie öffnete den Kühlschrank und schloss ihn wieder. Sie hatte keinen Hunger.

Schließlich beschloss sie, zu Bett zu gehen und vor dem Einschlafen noch etwas zu lesen. In dem schmalen Regal neben dem Fenster standen in der obersten Reihe ihre Lieblingsbücher. Manche davon stammten noch aus der Zeit, als ihre Mutter ein Kind war. Was sollte sie nehmen? Etwas Lustiges? Etwas Spannendes? Sie konnte sich nicht entscheiden. Nicht einmal ihr absolutes Lieblingsbuch, »Die rote Zora«, reizte sie heute.
Plötzlich fiel ihr etwas ein. Wo hatte sie es nur hingelegt? Auf nackten Füßen tappte sie in den Flur. Auf dem Dielenschrank lag Mutters Halstuch, zwei Paar Handschuhe, ein paar Zeitungen für den Papiercontainer und Nickys gehasste Bommelmütze. Unter der Mütze fand sie das flache Päckchen. In ihrem Zimmer angekommen, schloss Lisa die Türe und knipste das Nachttischlämpchen an. Auch das Deckenlicht ließ sie brennen. Sie kletterte in ihr Bett, zog die Decke hoch bis über die Schultern und stopfte sich das Kopfkissen fest in den Rücken. Dann öffnete sie das Päckchen und schlug die Bibel auf.
Unentschlossen durchblätterte sie die Seiten und betrachtete zunächst einmal die Zeichnungen, Fotos und Landkarten. Am Ende des Buches gab es

59
Lisa ist erschüttert, dass Nicky plötzlich in ein Krankenhaus eingeliefert werden muss. Nicht einmal das Fernsehen kann sie von ihrer Angst und Unruhe ablenken. Als sie in der Bibel liest, stößt sie auf eine Stelle, die sie wieder zuversichtlich macht: Mk 5, 2144 (Mt 9, 18ff; Lk 6, 40ff).

- Lest die Bibelstelle von der Erweckung der Tochter des Jairus und erzählt sie mit eigenen Worten vor der Klasse. Welche Fragen habt ihr dazu? Was bewirkt dieser Text bei Lisa?

➔ T. 94, 101, 123, 180

Otto Dix (1891–1969), Die Tochter des Jairus, 1960.

ein Inhaltsverzeichnis. Lisa fuhr mit dem Zeigefinger die Spalten entlang. Was sollte sie zuerst lesen? »Die Taufe im Jordan«? »Die Berufung der ersten Jünger«? »Die Predigt in der Synagoge von Kafarnaum«?
Das interessierte sie heute alles nicht.
»Jesus heilt die Schwiegermutter des Petrus«.
Lisa setzte sich auf. Das war schon besser. Sie suchte weiter. »Jesus heilt einen Aussätzigen«. »Jesus heilt einen Gelähmten«. »Jesus erweckt das Töchterchen des Jairus«. Da war es!
Die Geschichte zog Lisa sofort in ihren Bann. Sie handelte von einem jungen Mädchen. Es war schwer krank.
»Wie Nicky!«, dachte Lisa.
Jairus, der Vater des Mädchens, kam zu Jesus und bat ihn, es wieder gesund zu machen. Aber noch bevor Jesus sich auf den Weg machte, kamen Freunde und sagten, das Kind sei schon tot.
Tot? Nicky wird doch nicht sterben? Lisa presste beide Hände auf ihren Magen. Mit Mühe zwang sie sich zum Weiterlesen.
Jesus ging mit Jairus zu seinem Haus. Er sagte: »Das Kind ist nicht tot, es schläft nur.«
Nicky schlief auch so tief, dass man Angst bekam, er würde nicht wieder wach.

Jesus schickte alle Leute weg. Nur die Eltern und drei Jünger durften bleiben. Jesus nahm das Kind bei der Hand und sagte zu ihm: »Mädchen, ich sage dir, steh auf!« Das Mädchen stand sofort auf und konnte sogar im Zimmer herumgehen. Jesus sagte, sie sollten ihm etwas zu essen geben.
Den Schluss der Erzählung las Lisa mit angehaltenem Atem. Wie schön das war! Sie las die Stelle gleich noch einmal. Ob das Mädchen wirklich etwas gegessen hatte? Wahrscheinlich. Wenn es schon wieder herumlaufen konnte, dann hatte es sicherlich auch Hunger.
Sobald Nicky aus dem Krankenhaus kam, würde sie ihm Schokoladenpudding mit Vanillesauce kochen. Nicht die Sorte, die man einfach mit kalter Milch verquirlt, sondern so einen altmodischen umständlichen, mit kochender Milch und angerührtem Pulver. Den mochte Nicky so gerne.
Lisa schloss die Augen. »Jesus, mach ihn bitte wieder gesund«, murmelte sie. »So wie das kranke Mädchen. Bitte!«

Renate Günzel-Horatz

60

Gutenberg (um 1400–1468) erfindet die modernen Schrifttypen, mit denen er auch zum ersten Mal die Bibel drucken kann. Er erläutert Dr. Humery seine Erfindung, wird aber zunächst von einem Gehilfen um den Gewinn aus seiner Erfindung betrogen. Erst mit Hilfe seines Freundes Dr. Humery kann er seine Werkstatt gründen und nun mit wenigen Buchstaben seine berühmte Bibel drucken.

60. Gutenberg druckt zum ersten Mal die Bibel

Hochgewachsen steht der fünfundfünfzigjährige Meister hinter dem eisenbeschlagenen Tisch. Unter der runden Kappe quillt eine Fülle brauner Locken hervor, die vom ersten leichten Grau durchzogen sind. Der gewaltige Bart umrahmt ein offenes Gesicht. »Warum so misstrauisch, Doktor?«, fragt Gutenberg. »Meine Erfindung dürfte das Geld schon wieder einbringen, das man hineinsteckt. Darauf kommt es euch und dem Rat der Stadt doch vor allem an.«
»Versteht uns recht, Meister. Wir sind eben Leute, die rechnen gelernt haben.« »Doktor Humery, ihr seid ein gelehrter Mann und wisst, wie hoch die Preise sind, die Liebhaber für schöne Bücher bezahlen? Adel, Geistliche, und vornehme Bürger, ja sogar die armen Dorfschulmeister, sammeln Bücher. Wer ein gutes Buch hat, hält es für seinen höchsten Besitz. In den

Straßburger und Mainzer Verlagen sitzen Tag und Nacht Dutzende von Schönschreibern und vervielfältigen in mühseliger Arbeit alte und neue Bücher. Jedes Kloster hält sich seine Bücherschreiber und Buchmaler für die wertvollsten Bücher. Was unsere Zeit braucht wie das Brot, das sind Bücher, Bücher und nochmals Bücher ...«
»Ihr erzählt mir nichts Neues, Meister!«
Doktor Humery tritt ungeduldig von einem Fuß auf den anderen. Gutenberg geht an einen Tisch im Hintergrund, auf dem einige schwere Folianten liegen. Er hebt einen davon auf und streichelt liebevoll über den wundervollen Einband.
»Da seht dieses Buch, Doktor! Es wurde in jahrelanger Mühe von einem klösterlichen Schreiber zu Windsheim bei Zwolle geschrieben und von den Benediktinern gebunden. Was sagt ihr zur Handschrift?«
»Sehr hübsch«, sagt der Doktor, nachdem er einige Zeit in dem Buch geblättert hat. »Mir scheint, am Anfang sei die Schrift gleichmäßiger und runder. Weiter hinten unterlaufen Fehler, die Schrift wird eckiger, unruhiger und lässiger ...«
»Gut beobachtet, Doktor! Auf Seite 40 hat nämlich der Schreiber gewechselt. Der alte Pater Geert ist gestorben und der junge Dachs, der das Werk fortgesetzt hat, verstand sein Handwerk nicht so gut. Das Buch ist demnach recht ungleichmäßig und fehlerhaft.«
»Ja, ja«, erwidert Doktor Humery ein wenig von oben herab. »Kritisieren ist leicht. Bessermachen schon schwieriger. Man hat bisher im Buchhandel wenig von einem Meister Gutenberg vernommen ...«
Der große Mann im Schurzfell lächelt.
»Nun, Herr Kanzler, was würdet ihr sagen, wenn dieser unbekannte Meister Gutenberg aus Mainz das ganze Büchergeschäft über den Haufen würfe? Wenn er das Geheimnis besäße, eine ganz gleichmäßige Schrift ohne Feder und Pinsel aufs Papier zu setzen, und wenn er es so schnell könnte, dass am Ende eines Jahres nicht ein Buch, sondern ein Dutzend, ja vielleicht ein paar hundert Bände fertig dalägen? Wenn dieser Gutenberg also die Bücher wohlfeil, gut und für jedermann erschwinglich machen würde?«
Doktor Humery blickt den Meister prüfend aus den Augenwinkeln an. Dann nickt er unschlüssig und meint, die Verheißung sei nicht übel, wie es aber mit der Ausführung stehe.
Wieder nimmt Gutenberg ein Buch auf, diesmal ein kleines zerlesenes Heftchen. »Da, seht die Grammatik, nach der die Buben in den Schulen Latein lernen! Sie ist aus lauter ganz geschnittenen Holztafeln gedruckt. Darin steckt meine Erfindung schon zur Hälfte.« Doktor Humery blickt Gutenberg fragend an.
»Ach, Meister! Was wollt ihr mit solch einem Schulheftchen! Es mag ja sein, dass fleißige Mönche ein paar Seiten in Spiegelschrift ins weiche Lindenholz schneiden und dann die Blätter abziehen. Aber versucht doch so etwas mit der Heiligen Schrift! Da würdet ihr hundert Jahre alt werden und euer Buch käme teurer als jede Handschrift!«

- Durch welche Idee ist Gutenberg weltberühmt geworden?
- Was haltet ihr von der Erfindung Gutenbergs?
- Welche Auswirkungen hatte seine Erfindung für die Bibel?

➔ T. 55, 57

Johannes Gutenberg greift in eines der gefächerten Kästchen und entnimmt ihm eine Handvoll kleiner, bleierner Stäbchen. Am Ende jedes Stäbchens ist ein winziger Stempel eingeschnitten: ein Schriftzeichen in Spiegelansicht. Als Gutenberg es schwärzt und aufs Papier drückt, kommt ein großes E zum Vorschein.
»Ich will euch den Grundgedanken meiner Erfindung erklären«, sagt er. »Ich habe die Bibel in ihre 25 Grundzeichen – die Buchstaben, große und kleine, und einige Satzzeichen, zerlegt. Aus dieser Handvoll Zeichen lässt sich jedes Buch der Welt zusammensetzen.«
»Aber ihr werdet tausendmal tausend E oder A brauchen! Das läuft demnach aufs gleiche hinaus!«, ruft der Doktor, der immer noch nicht begreift.
»Das ist einfach«, antwortet Gutenberg ohne Zögern. »Habe ich einmal die Gussform für ein schönes E geschaffen, so kann ich in der Stunde wohl hundert oder mehr Buchstaben in Blei gießen. Die reihen unsere Setzer dann im Handhaken zur Zeile, die Drucker schwärzen sie, und die Presse sorgt für gleichmäßigen Abdruck.«
Jetzt holt Doktor Humery seine Brille aus dem Futteral, setzt sie auf und starrt nachdenklich in das Gewimmel winziger Stempel, die in alphabetischer Ordnung in dem Kästchen liegen. Er hat nicht alles verstanden, hat aber doch das Gefühl, dass hier etwas Großartiges und Neues entsteht. »Meister Fust«, sagt er zu seinem Begleiter, der triumphierend dabeisteht, »ich beglückwünsche euch! Soweit ich sehe, habt ihr niemals vorher euer Geld besser angelegt. Der Vertrag mit diesem Tausendsassa ist pures Gold wert.«
Der Vertrag ist tatsächlich bares Geld. Meister Fust macht ein Vermögen damit. Geschickt legt er den Erfinder herein. Als dieser jeden Pfennig in die Werkzeuge und Buchstaben zum Druck seiner 42-zeiligen Bibel gesteckt hat, fordert Meister Fust das ganze Darlehen zurück.
Natürlich kann Gutenberg in diesem Augenblick nicht bezahlen. So übernimmt Fust Werkstatt, Buchstabenkästen, Bibelsatz und Erfindung. Der Geselle Peter Schöffer erweist sich als falsch. Er verrät seinen Herrn Gutenberg und gibt sich dazu her, die neue Fustsche Werkstatt zu leiten. Andere Buchdruckergesellen gehen auf Wanderschaft und tragen die Schwarze Kunst in fremde Städte. Bald entstehen Druckereien in Nürnberg, Augsburg, Venedig, Paris und London. Die Druck-Erzeugnisse werden billiger, mehr junge Leute als bisher können studieren. Bald kommen auch Flugblätter und Zeitungen auf. Das Volk erfährt nun mehr von den Weltereignissen als zuvor.
Vor allem aber verhindert die Buchdruckerkunst, dass große Gedanken und Dichtungen, Erfindungen und Entdeckungen der Menschheit verloren gehen. Was erst einmal gedruckt und in Tausenden von Stücken in die Welt verstreut ist, muss fortdauern.
Johannes Gutenberg freilich scheint zunächst ruiniert.
Da aber bietet ihm Dr. Konrad Humery ein Darlehen an. Mit Hilfe seines neuen Freundes richtet Gutenberg in Mainz eine größere Werkstatt ein, die alsbald die wunderschöne Bibel mit 36 Zeilen hervorbringt.
Das gedruckte Buch tritt seinen Siegeszug durch die Welt an.

Otto Zierer

61. Ein unerhörter Ruf – Abraham

Sternenklare Nacht in der Wüste Sinai. Hebräische Nomaden, die aus Kanaan gekommen sind, sitzen mit ägyptischen Kaufleuten aus einer nahen Stadt vor ihren Zelten an einem Feuer. Die Frauen singen, die Kinder spielen. Alle freuen sich auf das Essen, das gerade am Feuer hergerichtet wird: ein junges Lamm und frisch gebackenes Brot. Die Männer sind zufrieden, weil sie heute gute Geschäfte gemacht haben. Die Ägypter haben Kamelwolle erhalten, dafür haben sie den Nomaden Messer aus Eisen und silberne Becher geliefert. Ein Gespräch zu später Stunde zwischen einem Hebräer und einem Ägypter:

Hebräer: Ihr Ägypter seit ein kluges Volk. Ihr könnt große Pyramiden und Tempel errichten, den Nil bändigen, herrlichen Schmuck aus Gold und Silber herstellen.

Ägypter: Und im Krieg schlagen wir alle unser Feinde.

Hebräer: Ja, wenn ich unser Volk damit vergleiche – ich denke nicht nur an uns Nomaden, sondern auch an die anderen Israeliten, die in Kanaan wohnen –, dann kommt mir Israel schwach und unbedeutend vor.

Ägypter: Trotzdem habt ihr etwas, das euch stark macht. Ihr seid anders als all die anderen Völker. Ich habe nie verstanden, was das eigentlich ist.

Hebräer: Du denkst sicher an unseren Glauben. Wir glauben an einen Gott, und wir glauben, dass uns dieser Gott aus allen Völkern besonders ausgewählt hat.

Ägypter: Genau das verstehe ich nicht.

Hebräer: Ich will versuchen, dir das zu erklären. Dazu erzähle ich dir eine alte Geschichte. Sie handelt von einem Nomaden, der mit all seinen Leuten von Mesopotamien nach Kanaan zog.

Ägypter: Was soll daran Besonderes sein? Das haben viele andere Nomaden auch getan.

Hebräer: Ja, aber der Mann, von dem ich spreche, ging nicht aus eigenem Antrieb. Er zerschlug die Götzenbilder seines Vaters und verließ seine Heimat, weil ihn Einer rief. Es war Gott, neben dem es keine anderen Götter gibt. Unerhört war die Aufforderung Gottes, aber unerhört war auch das Versprechen, das Gott ihm gab.

Ägypter: Wer war dieser Mann?

Hebräer: Sein Name war Abraham.

Ägypter: Warum ist er für euch so wichtig?

Hebräer: Gott schloss mit ihm einen feierlichen Bund. Darin verpflichtete sich Abraham auf Gottes Wegen zu gehen. Gott versprach ihm dafür Kinder und Land und eine große Zukunft. – Was Gott dem Abraham gesagt hat, gilt auch für uns. Denn er ist unser Stammvater.

Werner Trutwin

61

Ein Hebräer versucht einem Ägypter in der Wüste zu erklären, worin das Besondere des Volkes Israel besteht, indem er vom Stammvater Abraham erzählt.

- Lest folgende Bibelstellen: Gen 12,1-3; 13,14-18; 15,5.

→ T. 230

62

Eine etwas respektlos heitere Nacherzählung der Bibeltexte, die von Isaak und Rebekka, Esau und Jakob handeln. Gott ist hier DER GROSSE BOSS (Gen 27).

- Beschreibt die wichtigsten Gestalten: Isaak und Rebekka, Esau und Jakob.
- Sollten solche Geschichten in der Bibel stehen?
- Was fällt auf, wenn ihr diese Geschichte mit dem Bibeltext vergleicht? Geht die Nacherzählung »zu weit« oder ist sie eurer Meinung nach »o.k.«?

62. Der große Betrug: Isaak und Rebekka, Esau und Jakob

Isaak hat keine Ahnung vom dem Tauschhandel zwischen seinen beiden Leibesfrüchten. Er kümmert sich überhaupt nicht mehr viel um die Wirtschaft, weil er schlecht sieht. Grauer Star auf beiden Augen. Eines Tages ruft er seinen Erstgeborenen zu sich. »Ich glaub, ich muss mich so langsam von der Verpflegung abmelden«, sagt er zu Esau. »Geh und schieß mir einen Hasen; ich möchte mich noch mal so richtig satt dran essen. Dann segne ich dich und du übernimmst hier das Kommando.«

Esau marschiert mit Pfeil und Bogen zur Jagd, Rebekka aber, die an der Tür gelauscht hat, eilt zu ihrem Muttersöhnchen Jakob. »Jockel«, sagt sie atemlos, »dein Vater hat Esau auf die Jagd nach einem Abschiedsessen geschickt. Er will deinen Bruder segnen und ihm alles vermachen, bevor er hinüber ist. Hol rasch einen Ziegenbock! Wir braten ihn mit allen Schikanen, dann bringst du ihn deinem Vater und behauptest, das sei Hasenrücken nach Gutsherrenart. Bestimmt wird er dich für deinen Bruder halten und als Alleinerben einsetzen.«

Jakob ist nicht auf den Kopf gefallen. »Alles schön und gut, Mama – und wenn mir der alte Herr einen Kuss gibt? Dann merkt er doch, was die Sonnenuhr geschlagen hat. Ich hab 'ne Haut wie 'n Kinderärschchen, der Edom aber fühlt sich an wie 'n Stachelschwein.« Edom ist Esaus Uz-Name.

»Lass mich nur machen«, sagt Rebekka. »Aber du mach dalli mit dem Bock!« Jakob spurtet zu den Herden und kommt völlig außer Odem zurück. Der Ziegenbock wird raffiniert gebraten und mit Grünkohl garniert. Dann zieht Rebekka ihrem Herzblatt den Sonntagsausgehanzug von Esau an, setzt ihm dessen Jägerhütl auf und wickelt ihm ein kurzhaariges Fell um Arme und Hals. Derart getarnt, trägt Jakob das vollbeladene Tablett zu dem Sehbehinderten.

Die Täuschung glückt. »Wenn ich nicht wüsste, dass es Hasenbraten ist, würde ich es für Ziege halten«, scherzt Isaak.

»Er war nicht mehr ganz heurig, der Meister Lampe«, erklärt Jakob mit schlecht verstellter Stimme.

Der Alte wird misstrauisch: »Du sprichst heut fast wie Jakob, Esau! Komm, lass dich mal streicheln.« Er krault Jakobs pelzige Unterarme. »Jungejunge, du wirst immer haariger!« Er zieht Jakobs Kopf herunter und tief die Luft ein. »Wie herrlich du nach Wald und Waidwerk riechst!« Dann gibt er ihm seinen Segen. Der GROSSE BOSS möge ihm ewige Fettlebe bescheren, Völker sollen ihm dienen, ganze Stämme zu Füßen liegen. Auch über seinen Bruder soll er herrschen. »Verflucht sei, wer dir flucht, gesegnet sei, wer dich segnet!«

Kaum hat Jakob das Sterbezimmer seines Vaters verlassen, stürmt Esau in die Küche und beginnt zu brutzeln. Der Duft von gespicktem Hasenrücken weht Vater Isaak lieblich um die Nase, als Esau serviert. »Ich hab meine Henkersmahlzeit doch schon verspeist«, witzelt der Todeskandidat, satt bis zum Gehtnichtmehr.

Esau ist baff. »Du machst mir Laune! Vor drei Stunden hetzt du mich vor lauter Hunger in den Forst, – wieso bist'n auf einmal so satt?«

Fassungslos richtet Isaak sich auf und blinzelt aus trüben Augen. »Um des GROSSEN BOSSES willen, du bist Esau? Wer war denn dann der Jäger, der mir den Hasen gebracht hat?«

»Du hast falschen Hasen gegessen, Vater!«, heult Esau auf. »Du hast den Verkehrten gesegnet! Mach fix und segne mich auch, bevor du das Zeitliche segnest!«

Isaak schüttelt bedrückt den Kopf. »Segen bleibt Segen, ich kann ihn nicht zurücknehmen. Ich weiß auch, wer ihn sich erschlichen hat: dein Bruder Jakob! Seine Stimme kam mir gleich so komisch vor.«
»Dieser hinterlistige Schuft!«, wütet Esau. »Er macht seinem Namen wirklich alle Ehre! Jetzt hat er mich zum zweitenmal überlistet. Erst luchst er mir das Erstgeburtsrecht fürn paar Löffel Suppe ab, nun kassiert er auch noch deinen Segen. Den Bruder mach ich fertig!«
Rebekka verlässt ihr Lauscherplätzchen am Schlüsselloch und eilt zu ihrem Liebling. »Es braut sich was zusammen, Jockel!«, sagt sie hastig. »Esau will dich umbringen; du musst für 'ne Weile verduften! Wie wär's, wenn du meinen Bruder Laban in Haran besuchst? Wenn Edom sich beruhigt hat, schick ich dir 'ne eilige Kamelpost, und du kommst retour.«
Jakob packt rasch seine Sachen, während seine Mutter zu ihrem Mann geht und ihm raffiniert den schwarzen Peter zuschiebt. »Was sagst du dazu, Männe: Der Jakob will heiraten!«
»Warum soll er nicht?«, fragt Isaak verwundert. »In seinem Alter war mir auch so, bis du dann gekommen bist, Schätzchen.« Wenn er gut gegessen hatte, nannte er sie immer Schätzchen.
»Ich hab ja auch nichts dagegen, aber soll er etwa so'n mieses Mädchen von hier nehmen? Die passen doch gar nicht in die Familie!«
»Natürlich nicht!« Isaak denkt nach. »Wie wär's, wenn wir ihn zu deinem Bruder nach Haran schicken? Der hat bestimmt einen Haufen hübscher Töchter.«
»Wenn du meinst ...« Wenige Stunden später ist von Jakob nur noch 'ne Staubwolke zu sehen.

Fred Denger

63. Mirjam – des Mose Schwester

63

Mirjam, die Schwester des Mose und Aarons, hasst zunächst die Ägypter, weil sie ihren kleinen Bruder Mose mit sich genommen haben, kann aber ihren Hass überwinden.

- Wer kann die Geschichte von Mose, dem Binsenkörbchen, Mirjam und der Tochter des Pharao nacherzählen (Ex 2,1-10)?
- Wie erklärt ihr euch, dass Mirjam die Ägypter zunächst hasst, aber dann ihren Hass überwindet?

»Kommst du mit?«, fragt Eliseba.
»Nein«, sagt Mirjam.
»Und Aaron, dein Bruder?«
Mirjam lacht leise.
»Sicher, wenn du dabei bist.«
Eliseba errötet.
Die von Aaron vor einigen Wochen beim Fischen entdeckte Bucht ist zum Treffpunkt junger Hebräer geworden. Stundenlang diskutieren sie, erzählen von erlittenen Demütigungen durch ägyptische Vögte. Aber jeder Widerstand wird im Keim erstickt.

Mirjam befühlt die auf dem Ufersand ausgelegte Wäsche. Sie ist trocken, noch warm von der Sonne. Mirjam beginnt die Tücher zusammenzufalten. Mit der Hand fährt sie sorgsam über ein feines durchsichtiges Gewebe. Es ist ihr Schleier, den sie nur an Feiertagen trägt.
Aus dem Schilf steigt eine aufgeschreckte Ente und flattert über das Wasser davon.
Hinter der Flussbiegung taucht eine königliche Barke auf. Der Wind trägt den beiden Mädchen den gleichmäßigen Schlag der Ruder zu, dazwischen Musik, Harfen und Flöten.
Mirjam und Eliseba blicken von der Arbeit auf.
»Die Prinzen und Prinzessinnen«, sagt Eliseba, »sie beten die sinkende Sonne an.«

Elisebas Bruder verkauft selbstgeflochtene Strohmatten in der Stadt.
»Auch Ägypter kaufen bei ihm«, sagt sie stolz.
Mirjam versucht die Gestalten auf dem Boot zu erkennen, doch die Dämmerung hat sie in Schatten verwandelt.
»Weißt du, dass die Prinzessinnen unter ihren Perücken kahl geschoren sind?«, fragt Eliseba.
Mirjam antwortet nicht.
Seit sie ihren kleinen Bruder hier im Schilf versteckte, seit eine Prinzessin ihn aus dem Wasser zog, sind Jahre vergangen.
»Sie schminken sich, träufeln den Saft der Tollkirsche in die Augen, um sie groß und glänzend zu machen.«
Mirjam hört nicht mehr, was Eliseba erzählt.
Sie erinnert sich, wie die Prinzessin Mose liebkoste. »Ich will ihn behalten«, hatte sie gesagt. Einfach so: »Ich will ihn behalten.«
Obwohl die Prinzessin dem Kleinen damals das Leben rettete, steigt der Hass in Mirjam hoch.
»Im Palast in Theben soll es Hunderte von Dienern geben, Gärtner, Bäcker, Perückenmacher, Mundschenke, Hofköche, Gold – und Silberschmiede …«
Eliseba seufzt, von Neid erfüllt. »Vielleicht sitzt Mose jetzt auf der Barke, isst von goldenen Tellern, trinkt aus goldenen Bechern, ein schwarzer Sklave fächelt ihm Kühle zu, die Prinzessin streichelt ihn …«
»Schweig!«, sagt Mirjam.
Stumm beenden sie die Arbeit.
Auf dem Kopf tragen die Mädchen die Wäschekörbe nach Hause.

Marc Chagall (1887–1985), Mirjam tanzt mit den Frauen zur Feier der Errettung Israels (Ex 15,20-21), 1956.

Bei der hebräischen Siedlung trennen sie sich. Zwischen den Lehmhütten spielen einige Kinder. Ziegen und Schafe knabbern an mageren Grasbüscheln.
Mirjam sieht plötzlich alles mit anderen Augen.
Amram, der Vater, sitzt auf der Erde, bricht Brot, isst ein Stück Ziegenkäse dazu. Das Licht eines Öllämpchens fällt auf sein Gesicht.
Bei Mirjams Eintritt leuchten seine Augen auf.
»Du kommst spät«, sagt die Mutter.
Aaron steht vor einem Becken mit Wasser und wäscht sich den Ziegelstaub von Körper und Gesicht.
»Beeil dich!«, sagt er zu Mirjam.
»Nein, ich habe keine Lust mitzukommen«, sagt Mirjam.
Der Vater faltet die Hände, murmelt Gebete.
Mirjam nimmt ihr Tamburin und geht in die Nacht hinaus.
Am Himmel leuchten Sterne.
Leise fangen ihre Finger auf dem kleinen Instrument zu trommeln an. Sie lässt die Glöckchen erklingen und singt ein altes Lied, das sie bei den Hirten gehört hat.
Mirjam spielt und spielt.
Das Gefühl des Hasses, das sie eben noch erfüllt hat, löst sich auf.
Die Nacht wird hell.
Mirjam sieht in die Zukunft.

Max Bolliger

64. Das Bildnis des Mose

Als Mose Israel aus dem Lande Ägypten geführt hatte und die Kunde davon zu den Völkern gedrungen war, erfasste sie Furcht und Staunen, und sie verwunderten sich bass über den Mann, der solche Heldentaten vollbracht hatte. Ein arabischer König aber begehrte sehnlich, den Sohn Amrams zu sehen, und sandte einen erlesenen Maler in das Lager der Ebräer mit dem Auftrage, ihm von dem Führer der Stämme Jakobs ein Bildnis zu verfertigen. Der Künstler ging hin, bildete die Gestalt Moses ab und brachte die Tafel seinem Fürsten. Da ließ der König die Weisen kommen und gab ihnen auf, aus dem Bilde das innere Wesen und den Charakter des Dargestellten herauszulesen und das Geheimnis seiner Kraft aus seinen Zügen zu ergründen. Die Weisen beschauten das Bildnis und gaben dem König einstimmig folgende Antwort: Nach dem, was wir sehen, zu urteilen, muss der berühmte Mann, das wollen wir unserm Herrn gestehen, ein Mensch von böser Veranlagung, voll Hochmut, Habgier und heftiger Triebe sein, einer, in dem man alle Laster, die die menschliche Seele herabwürdigen, vermuten kann. Da ergrimmte der König und sprach: Ihr verhöhnt mich wohl; von überallher höre ich nichts als Ruhmvolles über den herrlichen Mann. Nun erschraken die Untergebenen, die Geschichtsforscher und Künstler, und suchten sich mit demütiger Stimme zu rechtfertigen. Die Weisen gaben dem Maler die Schuld und sagten, dass die Zeichnung falsch sei; der Künstler wiederum schob die Schuld auf die Beurteiler, die das Bild nicht zu deuten verstünden.

Da nun der König die Wahrheit wissen wollte, begab er sich in eigener Person mit seinen Reitern in das Lager Israels. Er kam und sah noch von der Ferne das Angesicht Moses, des Mannes Gottes. Er holte das Bildnis hervor und verglich es mit der lebendigen Erscheinung, und siehe, es stimmte mit dieser überein. Dessen verwunderte sich der Fürst ohne Maßen. Er suchte das Zelt des Propheten auf, bückte sich und fiel vor ihm auf sein Angesicht und erzählte, was ihm mit dem Werke des Künstlers widerfahren war. Er sprach: Sei mir gnädig, du Mann Gottes! Ehe ich dein Antlitz geschaut hatte, glaubte ich, dass die Arbeit des Malers misslungen wäre; nun ich dich von Angesicht schaue, sehe ich, dass die Gesichtsdeuter, die an meinem Tische speisen, mich betrogen haben, und dass das, was sie treiben, Afterkunst ist.

Da erwiderte Mose dem Fürsten und sprach: Nicht so, mein Herr; sowohl deinem Bildner als deinen Weisen ist recht zu geben. Wäre ich nicht von Natur, wie mich dir die Nachdenklichen schilderten, ich gliche einem verdorrten Stück Holz, von dem man gleichfalls sagen kann, dass es von Untugenden frei ist. Jawohl, mein Herr, ich stehe nicht an, dir zu bekennen, dass all die Fehler, die die Geschichtsdeuter aus meinem Bilde herausgelesen haben, und noch viele andere in mir vorhanden sind, dass ich aber durch die Kraft meines Willens ihrer Herr geworden bin, so dass das Gegenteil davon nunmehr meine zweite Natur ausmacht. Das ist der Grund dafür, dass ich solchen Namen errungen habe, und dass ich verherrlicht werde im Himmel da oben und auf der Erde da unten.

Jüdische Erzählung

64

Die nichtbiblische (legendarische) jüdische Erzählung geht auf den Doppelcharakter des Mose ein. Er hat seine großen Stärken, aber auch beachtliche Schwächen. Im Bild eines Künstlers wird die Problematik anschaulich.

- Was sagt das Bild des Mose, das der Künstler angefertigt hat?
- Wie denken die Weisen des Königs von Mose?
- Wer hat Recht?
- Was erfährt der König bei Mose selbst?
- Deutet das Wort »Du sollst dir kein Bild von Gott machen« (Ex 20, 4), das sich auf Gott bezieht, auch auf Mose und andere Menschen.

Marc Chagll (1887–1985), Mose, 1956.

65

Eine Katze hat drei Namen: einen für den Hausgebrauch, einen ausgefallenen und einen, den nur sie selbst weiß.

- Lest zum Gedicht Ex 3,13-14.
- Lassen sich, wenn ihr über den (die) Namen Gottes sprecht, auch drei Unterschiede ausmachen?

➔ **T. 76, 211, 224**

65. Wie heißen die Katzen?

Wie heißen die Katzen? gehört zu den kniffligsten Fragen
Und nicht in die Rätselecke für jumperstrickende Damen.
Ich darf Ihnen, ganz im Vertrauen, sagen:
Eine jede Katze hat drei verschiedene Namen.
Zunächst den Namen für Hausgebrauch und Familie,
Wie Paul oder Moritz (in ungefähr diesem Rahmen),
Oder Max oder Peter oder auch Petersilie –
Kurz, lauter vernünft'ge, alltägliche Namen.
Oder, hübscher noch, Murr oder Fangemaus
Oder auch, nach den Mustern aus klassischen Dramen
Iphigenie, Orest oder Menelaus –
Also immer noch ziemlich vernünft'ge, alltägliche Namen.

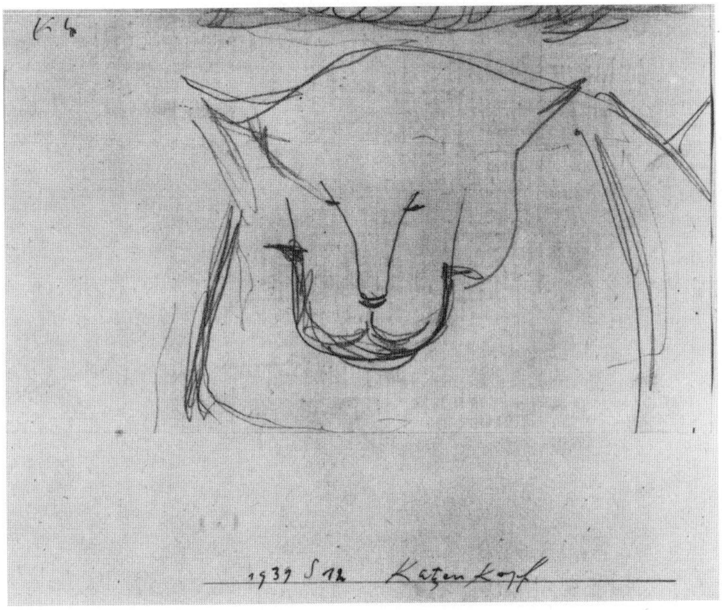

Paul Klee (1879–1940), Katzenkopf, 1939.

Doch nun zu dem nächsten, dem zweiten:
Den muss man besonders und anders entwickeln.
Sonst können die Katzen nicht königlich schreiten,
Noch gar mit erhobenem Schwanz perpendikeln.
Zu solchen Namen zählt beispielsweise
Schnurroaster, Tatzitus und Katastrophal,
Krallinine, Nick Kater und Kratzeleise –
Und jeden der Namen gibt's nur einmal.

Doch schließlich hat jede noch einen dritten!
Ihn kennt nur die Katze und gibt ihn nicht preis,
Da nützt kein Scharfsinn, da hilft kein Bitten.
Sie bleibt die einzige, die ihn weiß.
So oft sie versunken, versonnen und
Verträumt vor sich hinstarrt, ihr Herren und Damen,
Hat's immer und immer den gleichen Grund:
Dann denkt sie und denkt sie an diesen Namen –
Den unaussprechlichen, unausgesprochenen,
Den ausgesprochen unaussprechlichen,
Geheimnisvollen dritten Namen.

T. S. Eliot

66. Zehn Worte auf zwei Tafeln

Marc Chagall (1887–1985), Mose empfängt die Gesetzestafeln.

Heute ist die Synagoge von Hebron gut besucht. Die Leute sind gekommen, um einen weitgereisten Rabbi predigen zu hören. Man sagt von ihm, dass er gut reden kann. Alle sind sofort aufmerksam, als er anfängt:

»Ich war lange in anderen Ländern. Ich kenne die Sitten der Ägypter und Babylonier, der Menschen aus der Wüste und in den Städten. Unter ihnen gibt es viele gute Leute. Aber manches, was ich dort sah, hat mir nicht gefallen. Die meisten von ihnen verehren viele Götter. Sie machen sich Bilder von ihren Göttern und führen ihre Namen ständig im Mund. Einen Tag, an dem sie selbst und ihre Sklaven ruhen dürfen, kennen sie nicht. Sie arbeiten dauernd und haben keine Zeit zur Besinnung. Junge Leute verstoßen ihre Eltern, wenn diese alt geworden sind und nicht mehr arbeiten können. Der Rat der Alten ist den Jungen nicht wichtig. Nicht einmal das menschliche Leben ist bei manchen Völkern heilig. Ich habe gesehen, wie sie Sklaven und sogar ihre eigenen Kinder töteten. Die Männer betrügen ihre Frauen, und die Familien haben keinen Bestand. Tag und Nacht muss man fürchten, dass einem das Eigentum gestohlen oder dass man unterwegs ausgeplündert wird. Weder zu Hause noch vor Gericht kann man sich auf das Wort der anderen verlassen. Als ich jetzt nach Israel zurückkam, dachte ich, hier sei alles besser. Aber ich habe mich getäuscht. Manchmal kann ich das Volk Gottes gar nicht mehr von den anderen Völkern unterscheiden. Habt ihr denn vergessen, wie die Zehn Worte lauten, die Mose auf Sinai auf zwei Tafeln für euch geschrieben hat?«

Werner Trutwin

66

Ein Rabbi legt in einer Synagoge dar, dass die Zehn Gebote bei anderen Völkern oft nicht befolgt werden. Er kritisiert aber auch, dass sie in Israel vergessen zu sein scheinen.

- Schreibt die Zehn Gebote (Ex 20, 2-17) auf.
- Wie ergeht es Völkern und einzelnen Menschen, wenn sie die Gebote befolgen und wenn sie sie nicht befolgen?
- Wer kann die Zehn Gebote auswendig?

67. Das Land der Verheißung

Zadok: Zählt noch einmal die wichtigsten Geschenke Gottes für unser Volk auf!

Gad: Die Thora – das sind die Zehn Gebote und all die Weisungen Gottes.

Dan: Und außerdem hat Gott unsere Vorfahren aus Ägypten befreit. Er hat sie am Schilfmeer gerettet.

Zadoik: Beide Antworten sind gut. Aber es fehlt noch etwas, das uns bis auf den heutigen Tag geblieben ist und das wir hoffentlich immer haben werden.

Benjamin: Meinst du das Land? Das Land Israel?

Zadok: Gut, Benjamin. Ohne das Land könnten wir nicht das Volk Israel sein. Gott hat es zuerst dem Abraham versprochen. Mose sollte die Israeliten hierhin führen. Aber Mose starb, bevor er das Land betreten konnte.

Gad: Wer hat unsere Vorfahren denn hierhin geführt?

Zadok: Es war Josua, der Nachfolger des Mose.

Dan: Kannst du uns davon erzählen, was damals geschehen ist?

Zadok: Ja, gern. Der König hat neulich einige seiner Leute beauftragt im ganzen Land nach Geschichten aus jener Zeit zu forschen. Über-

67

Zur Zeit des Königs David, in einer Schule in Jerusalem. Zadok, ein alter Lehrer, unterrichtet die Jungen vornehmer Leute aus Israel. Seine Schüler sollen einmal in den Dienst des Königs treten oder als Priester im Heiligtum wirken. Heute sollen sie etwas über das Land Israel erfahren.

- Haben Christen auch ein Land, das ihnen von Gott verheißen und gegeben ist?
- Was wisst ihr über das Land Israel heute?

➔T. 61

all haben die alten Leute den Boten des Königs erzählt, was sie noch wussten. Unsere Schreiber haben es dann aufgeschrieben. Jetzt kann es nicht mehr vergessen werden.

Gad: Wir haben gehört, dass die Geschichten, die der König von der Einnahme des Landes hat sammeln lassen, sehr spannend sind.

Zadok: Da habt ihr Recht. Nicht alle sind fromm. Manche klingen abenteuerlich, andere erscheinen uns wunderbar. Heldentaten, Liebesgeschichten und lustige Begebenheiten sind dabei.

Benjamin: Ich bin ganz neugierig. Nenn uns einmal ein paar Namen!

Zadok: Den Josua habe ich euch schon genannt. Von dem wissen wir am meisten. Von anderen Männern und Frauen, die man »Richter« nennt, kennen wir meist nur einzelne Taten. Am bekanntesten sind der kluge Gideon und der verrückte Simson.

Dan: Ich finde es ja gut, dass der König solche alten Erzählungen hat sammeln lassen. Aber warum tut er das?

Zadok: Sie sollen uns daran erinnern, dass das Land, in dem wir Leben, Gottes Geschenk für uns ist. Gott hat die Verheißung an Abraham erfüllt.

Gad: Nun fang endlich an und erzähle uns eine von diesen Geschichten.

Werner Trutwin

68

Die Religion der Kanaanäer hat den Israeliten schwer zu schaffen gemacht. Bis zum Babylonischen Exil waren für viele die Göttergestalten Baal, der Herr über die Natur, und Aschera (Astarte), die Garanten der Fruchtbarkeit, attraktiver als der Gott Israels. Die folgende Geschichte will zeigen, wie schlicht und lebendig die Frömmigkeit eines Kanaanäers gewesen sein mag, der sich die Geburt eines Sohnes wünscht. Ihr Ausgang ist bewusst positiv gestaltet, damit sichtbar wird, wie groß die Anziehungskraft dieses Glaubens war.

- Baal und Aschera: Warum sollten die Israeliten keine Fruchtbarkeitsgötter haben?
- Warum verehrten sie diese Gottheiten manchmal doch und brachten ihnen Opfer dar?
- Vergleicht Baal, Aschera und den Gott Israels miteinander.

68. Baal und Aschera – Gott und Göttin der Fruchtbarkeit

Vor mehr als 3000 Jahren lebte in einer Stadt im Lande Kanaan ein Kaufmann namens Piream. Er wohnte in der Gasse der Kaufleute. Das Untergeschoss seines Hauses war voll von Krügen, Körben und Säcken. Von den fremden Händlern kaufte er Eisen, Purpur, Stoffe, getrocknete und gesalzene Fische. Er verkaufte ihnen, was die Bauern und Sklaven außerhalb der Stadt anbauten oder was die Handwerker in der Stadt anfertigten: Wein, Öl, Honig, Mandeln, Pistazien, Salben, Schmuck und Töpfereien.
Piream war beliebt und hatte eine große Kundschaft. Auch die Priester schätzten ihn. Sie kauften bei ihm die Stoffe für ihre Gewänder.
Piream hätte zufrieden sein können. Aber etwas fehlte zu seinem Glück.
Am Abend, als die Sonne untergegangen war und seine Kinder auf den Bastmatten im Zimmer schliefen, saß er auf einem Stuhl und starrte in die Dunkelheit.
Auf Pireams lange schwarze Haare legte sich eine Hand.
»Du denkst an unser Kind?«, sagte die Frau.
»An unseren Sohn«, erwiderte Piream.
Orpa strich ihrem Mann über das Haar. Vier Töchter hatte sie ihm geboren. Nun erwartete sie in den nächsten Tagen ihr fünftes Kind.
»Ich will einen Sohn, Orpa«, sagte Piream leise. »Eglon hat drei Söhne. Schon jetzt helfen sie ihm im Geschäft. In ein paar Jahren schickt er sie mit den Karawanen nach Tyrus und Ägypten. Dann kann er besser und billiger einkaufen als ich. Die Leute werden ihn mehr achten als mich. Wenn ich alt bin, habe ich niemanden, der meinen Laden führt.«
»Wir werden Schwiegersöhne haben«, sagte Orpa.
»Ich will einen eigenen Sohn«, beharrte Piream. »Ich will einen, der meinen Namen trägt. Morgen gehe ich zu den Priestern und sage ihnen, dass ich ihnen zwei goldene Schüsseln für Baal und drei Gewänder für die Pries-

terinnen der Aschera schenke, wenn mir ein Sohn geschenkt wird. Dazu werde ich den schönsten Stier opfern, der zu finden ist.«
»Es wäre gut, wenn du es Baal und Aschera jetzt schon sagen würdest«, sagte Orpa und strich ihm wieder übers Haar. »Hol im Laden ein paar Gaben! Das wird sie freuen.«
Piream stand auf. Er zündete eine Öllampe an und stieg auf der Treppe außerhalb des Hauses in den Laden. Aus einem Sack nahm er eine Handvoll Weizen. Dann ging er wieder hinauf.
Das Zimmer hatte eine Nische. Dort standen zwei kleine Tonfiguren; ein Mann und eine Frau. Piream legte Öl und Korn vor die Figuren. Dann nahm er den Tonmann in die Hand, küsste ihn und sagte leise: »Beschütz mein Haus, Baal, schütze es vor Feuer und bösen Geistern! Beschütze meine Frau und meine Kinder! Gib dem Land Regen!«
Piream stellte die Figur behutsam wieder hin und ergriff die Tonfrau. Auch diese küsste er.
»Lass das Korn wachsen, Aschera!«, sagte er. »Gib den Ölbäumen fette Früchte und den Reben süße Trauben! Gib dem Land Fruchtbarkeit! Und mach, dass das Kind ein Sohn wird! Ich will dir und Baal einen Stier opfern. Einen wunderbaren, starken, prächtigen Stier. Gib mir dafür einen Sohn!«
Piream stellte Aschera neben Baal. Er war jetzt ruhiger. Er küsste seine schlafenden Kinder. Dann löschte er die Öllampe.
Am anderen Morgen warf Piream sein kostbarstes Stück Tuch über die Schulter. Mit einer goldenen Gewandnadel befestigte er die Zipfel über der Brust. Orpa hatte Mühe aufzustehen. »Ich glaube, das Kind kommt heute«, sagte sie. Piream stieg die enge Stufengasse stadtaufwärts zum Tempel.
Vor dem Eingang stand ein Priester, der das Heiligtum hütete. Er begrüßte Piream.
Piream brachte sein Anliegen und sein Gelübde vor.
Der Priester nickte: »Baal und Aschera werden sich über deine Geschenke freuen. Wenn wir heute opfern, werden wir dein Anliegen in unsere Gebete einschließen. Geh getrost nach Hause.«
Piream ging noch nicht heim. Vor dem Altar ragte ein Holzpfahl aus dem Boden. Piream kniete nieder, schloss die Augen und sagte leise: »Aschera, meine Frau bekommt heute ihr Kind. Mach, dass es ein Sohn wird. Du hast meinem Nachbarn Eglon drei Söhne gegeben. Du wirst mir einen einzigen nicht versagen. Du kannst alles. Du machst das Feld und die Tiere und die Menschen fruchtbar. Ich gebe deinen Priesterinnen drei schöne Gewänder, durchwoben mit Goldfäden. Gib mir einen Sohn!«
Dann ging er auf die andere Seite des Altars, wo ein schwarzer Stein stand. Piream legte seine Hand auf ihn und sagte: »Wenn ich Vater eines Sohnes bin, schenke ich dir zwei goldene Schüsseln für das Opferfleisch!«
Als Piream nach Hause kam, war die Gasse voller Leute. »Du hast ein Kind geschenkt bekommen!«, riefen die Frauen ihm zu. »Einen Sohn!«
Piream stieß das Volk auseinander und eilte die Treppe hinauf. Auf einer Bastmatte lag Orpa. In den Armen hielt sie ein Büblein.
Piream war außer sich vor Freude. Er küsste seine Frau, streichelte das Kind und ging wieder auf die Gase. »Holt eure Becher!«, rief er der Menge zu. »Ich spende euch zwei Krüge Wein!«
Bis spät am Abend lachten und sangen die Leute vor dem Haus.
Am andern Tag bestellte Piream beim Goldschmied zwei goldene Schalen und beim Schneider drei Gewänder für die Priesterinnen. Dann brachte er die Gaben in den Tempel und opferte Baal und Aschera den versprochenen Stier.

Werner Laubi

69. Die Geschichte von Goliath und David in Reime gebracht

1.
War einst ein Riese Goliath
Gar ein gefährlich Mann!
Er hatte Tressen[1] auf dem Hut
Mit einem Klunker[2] dran,
Und einen Rock von Drap d'argent[3]
Und alles so nach advenant[4].

2.
An seinen Schnurrbart sah man nur
Mit Gräsen[5] und mit Graus,
Und dabei sah er von Natur
Pur wie der - aus.
Sein Sarras[6] war, man glaubt es kaum,
So groß schier als ein Weberbaum.

3.
Er hatte Knochen wie ein Gaul,
Und eine freche Stirn,
Und ein entsetzlich großes Maul,
Und nur ein kleines Hirn;
Gab jedem einen Rippenstoß
Und flunkerte und prahlte groß.

4.
So kam er alle Tage her
Und sprach Israel Hohn.
»Wer ist der Mann? Wer wagt's mit mir?
Sei Vater oder Sohn,
Er komme her der Lumpenhund,
Ich bax 'n nieder auf den Grund.«

5.
Da kam in seinem Schäferrock
Ein Jüngling zart und fein;
Er hatte nichts als seinen Stock,
Als Schleuder und den Stein,
Und sprach: »Du hast viel Stolz und Wehr,
Ich komm im Namen Gottes her.«

6.
Und damit schleudert' er auf ihn,
Und traf die Stirne gar;
Da fiel der große Esel hin
So lang und dick er war.
Und David haut' in guter Ruh
Ihm nun den Kopf noch ab dazu.

7.
Trau nicht auf deinen Tressenhut,
Noch auf den Klunker dran!
Ein großes Maul es auch nicht tut;
Das lern vom langen Mann;
Und von dem kleinen lerne wohl:
Wie man mit Ehren fechten soll.

Matthias Claudius (1740–1815)

1 bunte Borten
2 Quaste
3 Silbertuch
4 Mode
5 Grauen
6 Säbel mit großer Klinge

- Lest dazu 1 Sam 17.

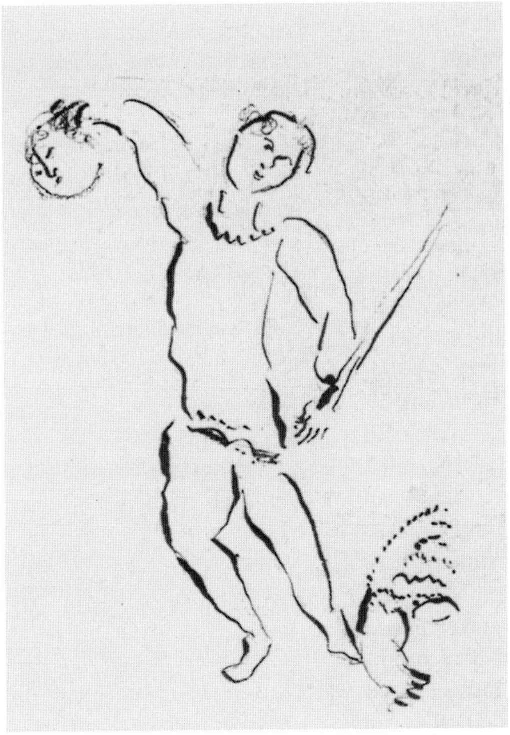

Marc Chagall (1887–1985),
David besiegt Goliath, 1956.

70. Das Urteil des Salomo

Marc Chagall (1887–1985), Salomos Urteil, 1956.

Zum König Salomo kamen zwei Frauen. Und die erste Frau sprach: Mein König, ich und diese andere Frau, wir wohnen in ein und demselben Haus. Und ich bekam ein Kind. Es war ein Junge. Und drei Tage später bekam sie ihr Kind. Es war auch ein Junge. Und niemand sonst war in dem Haus, nur wir beide. Und in der Nacht geschah es, da starb der Sohn dieser Frau. Sie hatte ihn im Schlaf erdrückt - aus Versehen. Und da, da stand sie auf in der Nacht. Sie kam an mein Bett. Ich schlief. Sie nahm meinen Sohn aus meinen Armen und legte ihren Sohn hinein. Und als ich am Morgen aufwachte, da hatte ich ein totes Kind im Arm. Ich erschrak. Aber dann sah ich genau hin. Und siehe: Es war gar nicht mein Sohn.
So redete die eine Frau vor dem König.
Die andere Frau aber sprach: Nein, das ist nicht war. Das Kind gehört mir. Ich bin die rechte Mutter. Gib mir das Kind!
Da sagte die erste: Es ist mein Kind! König, gib mir das Kind.
Da sagte die zweite: Das ist nicht wahr! Mir gehört das Kind!
König Salomo sah sie an, bald die eine, bald die andere. Dann sprach er: Wie kann ich wissen, wer hier Recht hat? ➔➔ Holt mir ein scharfes Schwert. Beide Frauen sollen Ruhe haben. Beide bekommen ihr Kind.
Sie brachten das Schwert. Da sprach der König: Nehmt das lebende Kind! Teilt es in der Mitte durch! Jede Frau bekommt die Hälfte!
Da aber schrie die erste Frau auf: Lass es nicht töten! Nein! Die andere kann es haben. König, lass es nicht töten!
Die andere aber sprach vor dem König: König, tu wie du willst. Lass das Kind mit dem Schwert zerteilen. Dann hat jede ihr Recht.
Da sprach der König: Ich kenne die rechte Mutter. Und er sah die erste Frau an: Du bist es. Du willst, dass es lebt. Hab keine Angst. Nimm dein Kind und geh! Ich wollte euch prüfen, euch beide. Du hast die Prüfung bestanden.
Und alle Leute überall im Lande hörten von diesem Wort des Königs Salomo. Und sie sagten: Unser König ist sehr klug und gerecht. Gott hat ihm Weisheit gegeben.

Nach 1 Könige 3,16-28

70
Die weltberühmte Erzählung von den beiden Müttern und einem toten Kind soll zeigen, welch große Weisheit dem König Salomo von Gott geschenkt wurde.

- Könnt ihr die Szene in einem Spiel mit verteilten Rollen aufführen? Personen: 2 Mütter, Salomo. Gegenstände: Puppe, Krone usw.

➔➔ Wie würdet ihr geurteilt haben?

71. Das geliehene Ei

Einst hielten die Knappen Davids gemeinschaftlich ihre Mahlzeit ab, und es wurden ihnen gekochte Eier aufgetragen. Einer der Jünglinge war hungriger als die andern und verzehrte seinen Teil vor ihnen. Als dann die übrigen zu essen begannen, schämte er sich, dass seine Schüssel leer war, und sprach zu seinem Nebenmann: Borge mir ein Ei. Der Kamerad antwortete: Ich will es gerne tun, wenn du mir vor Zeugen versprichst, mir das Ei zu der Zeit, wann ich es verlangen werde, zurückzuerstatten samt dem vollen Ertrag, den es mir bis dahin eingebracht haben würde. Der Knabe verpflichtete sich vor allen Tischgenossen, das zu erfüllen. Nach langer Zeit erinnerte ihn der Freund an die Schuld. Der Jüngling antwortete: Das Darlehen bestand nur in einem Ei. Der Freund aber verlangte viel mehr, und so gingen sie beide zum König David. Vor dem Tore zum Palast sahen sie Salomo, den Sohn des Königs, sitzen. Er hatte zur Gewohnheit, alle, die

71
Auch diese legendarische Geschichte, die nicht aus der Bibel stammt, zeigt auf, dass Salomo voll Weisheit war. Am Beispiel eines Eies wird deutlich, dass er besser beobachten konnte als seine Mitmenschen.

- Was hat die Erzählung mit der Religion / dem Glauben der Juden zu tun?
- Was würdet ihr getan haben?

zu David in einer Angelegenheit kamen, nach dem Grunde ihres Besuches zu fragen. Als nun die zwei Knaben erschienen, wollte er gleichfalls den Grund wissen, weshalb sie gekommen seien. Die Jünglinge erzählten ihm ihren Fall. Da sprach Salomo: Tragt meinem Vater den Zwist vor; wenn ihr zurückkehrt, sagt mir, wie er euch beschieden hat.
Also ließen sich die Knappen vom König David vernehmen, und der Kläger stützte sich auf die Aussagen der Zeugen und erzählte von der Bedingung, unter der der Borg geschehen war. Danach hätte der, der das Ei erhalten habe, dem, der es gegeben habe, allen Gewinn zu zahlen, den man von einem Ei in solch einer langen Zeit habe.
Darauf sprach König David zu dem Angeklagten: Du hast deine Schuld zu tilgen. Da sagte der Jüngling: Ich weiß nicht, wie viel ich zu zahlen habe. Der Freund stellte nun vor dem König eine Rechnung auf und führte Folgendes aus: In einem Jahr wird aus einem Ei ein Küchlein; das Jahr darauf bringt dieses Huhn achtzehn Küchlein; im dritten Jahr erzeugen die achtzehn gleichfalls je achtzehn, und so weiter jedes Jahr. Also war die winzige Schuld zu einer Riesenforderung angewachsen, und der Knabe verließ den Gerichtssaal des Königs voll Bangigkeit. Am Schlosstor sprach ihn wieder Salomo an und fragte: Wie war das Urteil des Königs? Der Jüngling erwiderte: Ich werde genötigt, für alles aufzukommen, was mein Freund, wie er sagt, an dem Ei verloren hat, und siehe, das macht eine große Summe aus. Da sagte Salomo: Höre auf meine Stimme; ich will dir einen guten Rat geben. Der Jüngling antwortete: Mögest du lange leben! Salomo sprach: Geh aufs Feld hinaus und mache dir an einem gepflügten Acker zu schaffen, an dem die Regimenter des Königs täglich vorbeiziehen. Nimm ein Maß gekochter Bohnen mit und wirf, wenn du die Streiter kommen siehst, eine Handvoll davon in die Erde. Wer dich nun fragt, was du tust, dem sage: Ich säe gekochte Bohnen. Fragt man dich dann: Wer hat denn je gesehen, dass man gekochte Früchte als Saat verwende? so antworte: Wer hat je gesehen, dass aus einem gekochten Ei ein Küchlein werde?
Der Jüngling säumte nicht, diese Weisung zu befolgen, stellte sich an den bezeichneten Ort und streute den wunderlichen Samen in die Feldfurchen. Als die Söldner vorbeizogen, fragten sie den Knaben: Was machst du hier? Er antwortete: Ich will gekochte Bohnen zum Keinem bringen. Da meinten die Streiter: Hat man je gehört, dass Gekochtes weitersprieße? Der Jüngling entgegnete: Hat man je gehört, dass ein gesottenes Ei sich zu einem Küchlein verwandle? Und jede vorbeiziehende Truppe stellte dieselbe Frage und erhielt dieselbe Antwort, bis die Geschichte zu den Ohren des Königs drang. Da ließ David den Jüngling abermals zu sich kommen und fragte ihn: Wer hat dir eingegeben, so zu verfahren? Der Knabe antwortete: Ich bin selbst auf den Ausweg verfallen. David aber sprach: Ich erkenne die Hand Salomos in diesem Treiben. Da gestand der Jüngling die Wahrheit und sagte: Bei deinem Leben, mein Herr und König, dein Sohn Salomo hat diesen Rat ersonnen von Anfang bis zu Ende. Nunmehr ließ David den Prinzen rufen und sprach zu ihm: Wie fällt dein Urteil in dieser Sache aus? Salomo gab zur Antwort: Wie soll der Jüngling für Dinge einstehen, die man nicht als vorhanden ansehen kann? Ein Ei, das in kochendem Wasser gar geworden ist, kann nicht als ein künftiges Küchlein betrachtet werden. Hierauf sprach David zu dem Jüngling: Gib deinem Gläubiger nur ein Ei zurück.
Daher heißt es: »Herr, verleih dein Gericht dem Könige und deine Gerechtigkeit des Königs Sohne.«

Jüdische Erzählung

72. Susanna

In Babel lebte ein Judäer namens Jojachin, der hatte ein gottesfürchtiges Weib mit Namen Susanna. Er war reich und wurde von allen geehrt, und in seinem Hause pflegten sich seine Stammesgenossen zu versammeln. Zu dem Hause gehörte auch ein weiter Garten, und Susanna erging sich darin und badete daselbst. Dazumal hatte man zwei Älteste erwählt, das Volk zu richten. Als sie nun die Schönheit der Hausherrin sahen, entbrannten sie in unzüchtiger Lust zu ihr. Anfangs verbargen sie ihre Gedanken einer vor dem andern, doch eines Tages, nachdem das Volk das Gebäude verlassen hatten, schlichen sie sich heimlich in den Garten, begegneten einander dort und gestanden sich gegenseitig ihr Vorhaben ein. Daraufhin beschlossen sie, das nichtswürdige Werk gemeinsam auszuführen. Sie passten die Gelegenheit ab, da Susanna sich zum Baden in den Hain begeben und ihre zwei Mägde fortgesandt hatte, um Salböl zu holen. Die Dienerinnen verriegelten die Pforte zum Garten, aber die beiden Greise hatten sich schon zwischen den Bäumen versteckt, und als Susanna die Kleider ablegte, um ins Wasser zu steigen, kamen die Ruchlosen hervor, ergriffen sie und sprachen zu ihr: Sei uns zu Willen, und weigerst du dich, so werden wir aussagen, wir hätten dich mit einem Jüngling ertappt. Da erschrak Susanna, aber sie sprach bei sich: Diesen Frevlern werde ich nicht entrinnen, besser also, ich falle in Gottes denn in der Menschen Hand. Und sie erhob ein großes Geschrei und rief: Herr, errette mich von diesen Bösewichtern! Nun schrien auch die beiden Alten wider sie; das Haus lief zusammen, die Knechte öffneten die Tür und hörten, wie die beiden Greise Susanna des Ehebruchs bezichtigten. Da erstaunten alle ihre Freunde und Verwandten und ihr ganzes Gesinde über diese Beschuldigung, denn noch nie hatte irgendwer etwas Böses gegen das Weib vorgebracht.
Am folgenden Tage versammelte sich das Volk im Gerichtshaus, und die beiden Ältesten erhoben sich, klagten Susanna an: Wir haben sie im Garten gesehen, sie schickte ihre zwei Mägde weg, und da kam ein Jüngling und ruhte bei ihr; wir eilten herzu, um ihn festzunehmen, aber der Knabe entwischte uns. Die Menge schenkte diesem Zeugnis Glauben, denn die Ältesten galten als rechtschaffen und ohne Sünde. Man führte Susanna vor die Ältesten und verurteilte sie zum Tode. Da sie nun gesteinigt werden sollte, erhob sie ihre Augen zum Himmel und betete: Du wahrhafter Richter, der du meine Unschuld kennst, erlöse mich vor der ungerechten Strafe und lass mich nicht als Sünderin vor dem Volke gelten!
Da erweckte Gott den Daniel, und der rief aus: Herr, sprich mich frei von der Schuld am Tode dieser Gerechten! Das Volk fragte: Was redet dieser hier? Daniel antwortete: Ist es denn in Israel Brauch, ein Todesurteil zu fällen, ohne dass der Sachverhalt geprüft worden sei? Lasst mich den Fall noch einmal vornehmen und untersuchen! Also wurde Susanna von der Richtstätte zurückgeführt. Auch die beiden Verleumder erschienen und wiederholten ihre Lüge. Nunmehr ließ Daniel die beiden Alten voneinander trennen und vernahm jeden besonders. Er fragte den ersten: Unter was für einem Baume hast du die Frau mit dem Jüngling gesehen? Der antwortete: Unter einer Terebinthe. Da sagte Daniel: Du bist überführt, denn ein solcher Baum wächst in dem ganzen Garten nicht. Er ließ sich den zweiten bringen und stellte an ihn dieselbe Frage. Und der antwortete: eine Platane. Also wurde die Bosheit der beiden Alten vor allem Volke offenbar. Man tat ihnen, wie sie der unschuldigen Susanna zu tun gedacht hatten.

Jüdische Erzählung

72
Die schöne Susanna, eine fromme jüdische Frau, wird beim Baden von zwei Alten überrascht, die sie verführen wollen. Da sie entrüstet ablehnt, verleumden die beiden Susanna. Daniel kann ihren guten Ruf retten, indem er geschickt argumentiert (Daniel 13).

- Beschreibt das Verhalten
  - der beiden Alten
  - der Susanna
  - des Daniel.
- Warum steht eine solche Geschichte in der Bibel?
- Kennt ihr auch andere Erzählungen von Daniel?

Julius Schnorr von Carolsfeld (1794–1872), Der Prophet Daniel (Dan 5), 1860.

73
- Wasser und Gott – Warum können wir beide miteinander vergleichen?
- Warum kann der Text anregend sein, wenn man zu beten versucht?

→ T. 169, 170

73. Die Fische im Wasser

Die Fische eines Meeres sprachen zueinander: »Man behauptet, dass unser Leben vom Wasser abhängt. Aber wir haben noch niemals Wasser gesehen. Wir wissen nicht, was Wasser ist.« Nach langem Überlegen machten sich einige Fische auf den Weg zu einem weisen Fisch, der im Meer wohnte, und stellten ihm die Frage, was Wasser sei.
Als der Fisch sie angehört hatte, sagte er: »O, ihr dummen Fische! Im Wasser lebt und bewegt ihr euch. Aus dem Wasser seid ihr gekommen, zum Wasser kehrt ihr zurück. Ihr lebt im Wasser und wisst es nicht.«
So lebt der Mensch in Gott. Gott ist in allen Dingen, und alle Dinge sind in Gott. Und doch fragte der Mensch: Kann es Gott geben? Was ist Gott?

Aus einer alten Klosterschrift

Albrecht Dürer (1471–1528), Betende Hände, 1508.

74. Der Mumpf

Am Grunde eines Teiches im Sumpf,
zwischen Algen und Wassergrün,
da saß vor seinem Haus ein Mumpf
und mumpfte so vor sich hin.

Eine Mümpfe, die ihres Weges kroch,
blieb atemlos bei ihm stehn
und keucht: »Ach Mumpf, so denk dir doch,
ich hab' einen Menschen gesehn!

Einen richtigen Menschen mit Arm und Bein
und einem schönen Gesicht!«
Da knurrte der Mumpf: »Lass die Kinderei'n!
Denn Menschen gibt es doch nicht.

's längst bewiesen, dass außer dem Teich
ein Leben nicht möglich wär'.
Und Menschen, die sind – entschuld'ge nur gleich!
doch bloß eine Kindermär.

Drum wende dich lieber zur Wirklichkeit:
unserm nahrhaften Schlick und Schleim.
Und vor allem sag mir, wie findest du
mein neues, prächtiges Heim!«

Da lachte die Mümpfe ihn einfach aus:
»Ach, Mumpf, lass dein dummes Geschniefel!
Worin du da wohnst, dein neues Haus
ist ein alter Kinderstiefel!«

Manche Menschen sagen nach diesem Gedicht:
»Ach was, einen Mumpf – den gibt es doch nicht!«

Michael Ende

75. Den lieben Gott erfinden

»Sie bauen wieder eine neue Straße«, sagt Jörg, »und fällen unsren Kletterbaum.« – »Und reißen den Spielzaun ein«, begehrt Kathrin auf. »Vielleicht jagen sie die Kinder bald davon«, vermutet Rhaban und rückt seine Brille zurecht. Jörg lässt einen Käfer über den Handrücken laufen und streckt vorsichtig den Arm aus. Der Käfer krabbelt über den Ellenbogen und macht sich schließlich am Hemdkragen des Jungen zu schaffen.
»Wir brauchen eine neue Idee«, verkündet Rhaban. Kathrin denkt angestrengt nach. »Wir müssten etwas erfinden«, bringt sie schließlich hervor. »Etwas erfinden, was es bisher noch nicht gibt«, grübelt Jörg. »Dummkopf«, schilt Kathrin. »Man erfindet immer etwas, was es bisher noch nicht gibt.« – »Stimmt«, pflichtet Rhaban bei. Sein rotes Taschentuch hängt aus der Hosentasche. »Wir müssten erfinden«, überlegt Kathrin leise. »Lauter!«, befiehlt Jörg. »Wir müssten erfinden«, wiederholt sie – das wäre lustig! – sie bricht in Lachen aus. »Nun sag schon.« Rhaban ist ungeduldig. »Erfinden, wie man es anstellt, dass man nicht mehr in die Schule oder abends ins Bett gehen muss. – Na, wie gefällt euch das?« »Prima«, gesteht Jörg zu. »Mädchen sind manchmal klug.« – »Auch erfinden, dass man nicht mehr zum langweiligen Geburtstag von Onkel Alwin und Tante Christine muss«, meint Rhaban. »... und erfinden, dass andauernd Fernsehen und Video ist«, sagt Jörg und nickt eifrig. »Das gibt es schon.«
Kathrin runzelt mit der Stirn, »und es ist eine dumme Erfindung und auf die Dauer langweilig.« »Weißt du was Spannenderes?«, will Jörg wissen. »Ich hab eine verrückte Idee.« Das Mädchen tut geheimnisvoll. »Schon wieder eine!«, kichert Rhaban. »Klar, schon wieder«, bekräftigt sie. »Das wäre sicher die tollste Erfindung.« – »Und?« – Kathrin zögert, als scheue sie sich den Gedanken auszusprechen; und dann sagt sie es: »Wir könnten den lieben Gott erfinden.« Die Jungen antworten nicht. Vielleicht bleiben ihnen die Worte im Mund stecken, etwa zwischen den Zähnen hängen oder unter der Zunge. Die Sonne schaut ein bisschen durch den Kletterbaum, gleitet über den Spielzaun und lächelt in eine Pfütze. Die Jungen schweigen immer noch. Ein Lastwagen brummt über die Kreuzung mit den Ampeln. Kathrin sucht den Himmel nach Vögeln ab. »Wenn jetzt ein Fischreiher angeflogen käme!«, wünscht sie sich, »oder ein roter Milan.«
Jörg räuspert sich. »Den lieben Gott erfinden ... gibt's den nicht schon? Meine Mutter ruft immer: OhGott, ohGott!, wenn die Milch anbrennt oder der Briefträger eine Rechnung bringt ... und dann muss ich manchmal in die Kirche gehen, wo doch der liebe Gott sein soll.« – »Ich glaube«, antwortete Kathrin und zieht ihre Schuhe und Strümpfe aus, »das ist der falsche liebe Gott.«
»Und wir wollen den richtigen erfinden?«, fragt Rhaban und wischt über die Brille, weil sich eine Fliege darauf niedergelassen hat. »Gewiss«, antwortet das Mädchen zuversichtlich. »Und später bekommen wir für diese Erfindung eine Belohnung?«, erkundigt sich Jörg. »Zuerst müssen wir arbeiten«, schlägt Rhaban vor. »Morgen geht's los!«, ordnet Kathrin an. »Nach der Schule treffen wir uns an dieser Stelle.« – »Und dann steht demnächst in der Zeitung«, grinst Jörg: »Sie haben den lieben Gott erfunden: Jörg ...« – »Falsch!«, berichtigt Rhaban, »erst die Frauen.« – »Also Kathrin, Jörg und Rhaban. – Stimmt's jetzt?« Wolken schieben sich vor die Sonne, Mücken spielen unter dem Kletterbaum, und eine Hummel sitzt auf einem Löwenzahn, der schon ein wenig grau vom Straßenstaub ist.

Stephan Reimund Senge

75

Drei Kinder ärgern sich in dieser Geschichte, die von einem Zisterzienser geschrieben ist, über einen neuen Straßenbau. Stattdessen suchen sie nach neuen Ideen. Nach allerlei missglückten Versuchen schlägt Kathrin vor, den lieben Gott zu erfinden, da der liebe Gott, von dem sie gelegentlich hören, der falsche liebe Gott ist. Die drei sind von dieser Idee sehr angetan.

- Kann man Gott erfinden?
- Wie könnte die Erfindung aussehen?

➔ T. 76, 88

76
Die Idee, den lieben Gott zu erfinden, wird konkret. Abraham, ein schwarzer Kater, liefert allerlei Anregungen.

- Kann man Gott mit einem Kater vergleichen?
- Kennt ihr andere Dinge / Tiere / Pflanzen / Menschen, an denen ihr Eigenschaften findet, die ihr Gott zuschreiben möchtet?

→ T. 65, 211, 224

76. Abraham

Abraham kaut an einem Grashalm, macht einen Satz zum nächsten Löwenzahn und guckt verträumt in die Runde. Abraham ist schwarz, 28 Zentimeter lang und ein Kater. Er lebt im Bereich eines Pfarrhauses; im Garten, unter Hecken, im Keller unter einem Gitter, im Wohnzimmer zwischen und hinter Bücherwänden, Stofftieren, verschlungenen Gardinen und gedeckten Kaffeetischen. Kathrin, Rhaban und Jörg sitzen auf dem Rasen und schauen Abraham zu.

»Es gibt schon tolle Sachen auf der Welt«, beginnt das Mädchen. »Nur kriegt man sie nicht so leicht.« Jörg richtet sich leise auf und krabbelt auf Händen und Knien über die Blumenwiese. Doch Abraham bemerkt die Annäherung, dreht das Köpfchen mit den grünen Augen, springt munter davon und schlängelt sich durch den Türspalt ins Haus. »So 'n Biest!«, ruft Jörg, stellt sich auf die Beine und gesellt sich wieder den anderen zu. »Wir müssen uns also anstrengen, wenn wir etwas noch Tolleres erfinden wollen«, meint Rhaban. »Und etwas, wo so viel Leben drin ist«, sagt Kathrin. »Und jemanden, den man nicht fassen kann«, erläutert Rhaban, »den lieben Gott nämlich.«

»Ich weiß nicht, ob wir einen ›lieben‹ Gott erfinden sollen«, fragt Jörg. »›Es gab schon viele liebe Götter‹, schimpft mein Opa manchmal, im Krieg sei unser Haus durch Bomben zerstört, und jemand sei dabei umgekommen. Ob das ein böser Gott war?« – »Vielleicht war der liebe Gott verreist oder hielt gerade eine Predigt, oder er frühstückte«, überlegt Rhaban. »Oder es gibt ihn noch gar nicht, den lieben Gott«, stellt das Mädchen fest. »Wir müssen ihn einfach erfinden.«

»Wenn ich mir Abraham angucke, komme ich auf eine Idee«, erklärt Jörg. »Auf welche?«, brummt Rhaban. Er bricht einen Grashalm ab und wickelt ihn um einen Zeigefinger. »Der liebe Gott muss jemand sein, der noch nicht vorgefertigt ist, bei dem man nicht genau weiß, was jetzt kommt.« – »Klar«, denkt Jörg weiter, »nicht wie eine Puppe im Puppentheater mit Schnüren und so ...« – »Jemand«, meint Kathrin, »der wie Abraham unversehens nach vorn oder seitwärts springt, sich zusammenkauert oder über den Teppich kugelt, vor einem Mauseloch verharrt oder sich auf dem Schoß kuschelt und dabei vor Wohlbehagen schnurrt.« – »Und jemand«, fügt Rhaban hinzu, »bei dem die Leute stehen bleiben, weil er so putzig und schön und anziehend ist.« – »Und der liebe Gott lässt sich nicht packen«, fällt Jörg noch ein. »Wer vor dem Gebüsch, in dem Abraham verschwunden ist, auf sein Wiederherauskommen wartet, kann schwarz werden. Er ist längst über alle Berge.«

»Wir werden also einen lieben Gott erfinden, der nie wo drin ist«, sagt Kathrin, »den man nie festmachen und festhalten kann.« – »und von dem niemand weiß, wie er so richtig ist«, nickt Rhaban. »Man muss also hinterher kriechen wie hinter Abraham und ihn suchen«, stellt sich Jörg vor. – »Und plötzlich ist er da!«, lacht Kathrin, »vielleicht unter dem Schreibtisch, oder er räkelt sich auf meinen Hausschuhen.« – »Vielleicht ist er auch plötzlich in meinem Kopf, und alles, was ich denke, hat was mit dem lieben Gott zu tun«, gibt Rhaban zu bedenken.

»Wir haben schon eine Menge Baumaterial für unsere Erfindung«, sagt Jörg verschmitzt und streckt seine linke Hand nach Abraham aus. Der tut einen Sprung, blickt zurück und spaziert bedächtig, Pfote vor Pfote, davon.

Stephan Reimund Senge

77. »Betest du nich?«

»Betest du nich?«, fragte Anna Fynn.
»Naja, schon, nachher, wenn ich auch schlafen gehe.«
»Ich will aber mit dir zusammen beten«, sagte sie. So knieten wir beide vor dem hässlichen Sofa, und Anna betete:
»Mister Gott, hier spricht Anna. Vielen Dank, das Fynn mich lieb hat. Das wollte ich dir bloß schnell sagen. Und jetzt schlaf gut.«
Mister Gott bekam einen Gutenachtkuss in die Luft – irgendwie würde er ihn schon erreichen.

Fynn

77

- Wie findet ihr Annas Abendgebet?

➔T. 83, → ZdF S. 81

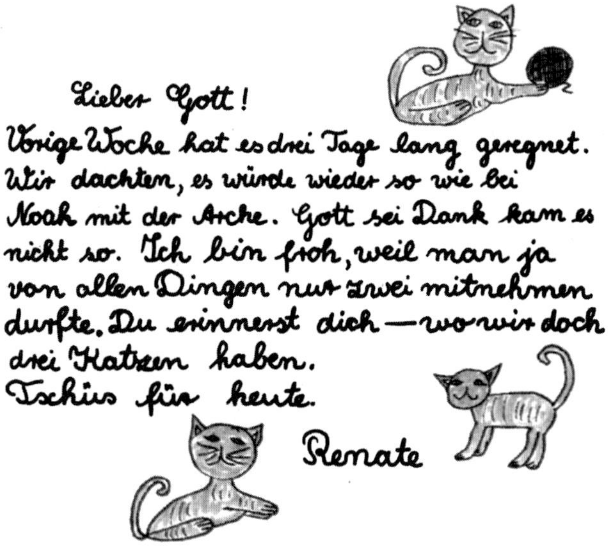

78. Vom Beten erschöpft

Der Meister erzählte die Geschichte von dem Astronauten, der von einer Weltraumfahrt mit fünfhundert Erdumkreisungen zurückgekehrt war. Als man ihn fragte, wie er sich fühle, sagte er: »Völlig erschöpft! Stellen Sie sich vor, wie oft ich das Morgen, Mittags, Abend und Nachtgebet sprechen musste, das meine Religion vorschreibt.«

Anthony de Mello

79. Markus kann keinen Regen gebrauchen

Die ganze Woche hatten sie sich schon auf das Picknick gefreut: Christina, Kathrin und Markus. Sogar Wolfi, der kleine Bruder, war durchs Haus getappelt und hatte »Pittnitt! Wolfi auch Pittnitt!« gerufen. Das schönste Fest des Jahres sollte es werden. Frikadellen sollte es geben, hartgekochte Eier, Rosinenbrötchen und Hefekranz. Ja, und Zitronentee natürlich und …
Und nun regnet es! Regen ist gar kein Ausdruck für das, was da vom dunkelgrau verhangenen Himmel herabrauscht und gegen die Fenster klatscht. Zu welcher Himmelsrichtung man auch hinausschaut: Nirgendwo ist auch nur das kleinste helle Fleckchen zwischen den düsteren Wolken zu erblicken. Markus starrt maßlos enttäuscht auf das Unwetter draußen. »Er hat doch Recht, der Thomas!«, brummt er.
»Was weiß er denn, der Thomas?«, erkundigt sich der Vater.
»Er erzählt allen, dass Beten Quatsch ist. Da hab' ich gesagt: Das stimmt nicht! Und nun? Was ist nun? Jeden Abend hab ich gebetet: ›Lass es nicht regnen, lieber Gott!‹ und gestern, weißt du, als die ersten Wolken gekommen sind – oh Papi, was meinst du, wie oft ich es da zwischendurch noch gesagt hab! – Und nun guck' dir das an da draußen! Thomas hat's ja gleich gewusst: Es gibt keinen Gott, der sich anhört, was Kinder zu ihm sagen.«
Gleichmäßig rauscht der Regen. Ein großer Vater und ein kleiner Junge gucken zusammen hinaus.
»Weißt du, Markus«, sagt der Vater, »Wolfi bittet mich dreimal täglich um Dinge, die ich ihm nicht geben kann. Aber ich habe durchaus nicht den Eindruck, dass er deshalb denkt, es gäbe mich nicht …«

79

Markus hat sich auf ein Picknick gefreut, das aber sehr verregnet. Dabei hatte er doch um gutes Wetter gebetet. Von seinem Vater und seiner Mutter erfährt er, dass er ein falsches Verständnis des Betens hat.

- Welche Vorstellung hat Markus vom Beten?
- Warum ist diese Vorstellung fragwürdig?
- Was haltet ihr von dem Satz: »Es gibt keinen Gott, der sich anhört, was Kinder zu ihm sagen»?

»Dich kann man ja auch sehen!«, meint Markus.
Da kommt die Mutter herein. »Gerade hat Tante Gerda angerufen«, erzählt sie. »Wisst ihr, was sie sagt? Sie ist ja so glücklich, dass es heute regnet! Das Korn auf den Feldern hinter ihrem Haus war nämlich schon fast vertrocknet. Die Bauern dort in Stakensdorf sind froh über jeden Tropfen, der vom Himmel fällt.«
Markus kommt es vor, als sähen die Wolken draußen auf einmal anders aus.

Friderun Krautwurm

80
Ein Meister erklärt einem König, was er tun muss, um Gott zu finden. Er muss still werden und meditieren.

80. Stille

Ein großer König im Morgenland besuchte seinen Meister und sagte ihm: »Ich bin ein äußerst beschäftigter Mann, kannst du mir sagen, was ich tun muss, um mit Gott vereint zu sein? Aber antworte mir in nur einem Satz!«
Darauf entgegnete der Meister: »Ich werde dir sogar nur mit einem einzigen Wort antworten!«
»Und wie lautet dieses Wort?«, fragte der König.
Der Meister sagte: »Stille!«
»Und wie kann ich Stille finden?«, hakte der König nach.
»Meditation!«, gab der Meister zurück. Meditation bedeutet im Verständnis des Ostens, nichts zu denken, jenseits allen Denkens.
Darauf fragte der König: »Und was ist Meditation?«
Der Meister antwortete nur: »Stille!«
»Wie werde ich sie entdecken?«
»Stille!«
»Wie werde ich die Stille entdecken?«
»Meditation!«
»Was ist denn nun Meditation?«
»Stille!«

Anthony de Mello

Marc Chagall (1887–1985), Baum, aus einer Zeichnung zum Hohenlied.

81. Ich bin ein Baum

Eines Tages steht Anna auf einer Wiese.
Es ist fast dunkel.
Aber es ist immer noch warm
und es regnet ein bisschen.
Und Anna träumt.
»Ich bin ein Baum«, denkt sie.
»Meine Zehen sind die Wurzeln,
die sich ins Gras bohren.
Meine Beine sind der Stamm,
meine Arme die Äste
und meine Finger die Zweige.
Wenn der Wind weht,
schaukle ich hin und her,
vor und zurück.
So.
Und das ist schön ...«

Hans Peterson

82. Wo ist Gott?

Ein Junge lässt am Strand bei herrlichem Wind seinen Drachen steigen. Als seine Schnur völlig abgerollt ist, sieht man den Drachen gar nicht mehr, so hoch ist er in die Wolken hineingeschwebt. Ein älterer Herr tritt zu dem Jungen und fragt ihn, was er da mache. »Ich lasse meinen wunderschönen Drachen steigen!«, sagt der Junge stolz. »Aber ich sehe gar keinen Drachen«, sagte der Mann. »Ich sehe ihn auch nicht«, antwortet der Junge, »und doch ist er da, ich fühle, wie er zieht.« – Wie oft fragen uns Menschen danach, wo Gott ist. Er ist doch nicht zu sehen. Nein, wir sehen ihn auch nicht. Aber wir spüren, wie er zieht, mit seiner Liebe und Treue, seiner Barmherzigkeit und Wahrheit zieht er unser Leben in seine Nähe und ans Ziel.

Axel Kühner

82

Einen Drachen, der zum Himmel steigt und von Wolken bedeckt wird, können wir nicht sehen.

- Warum ist der Drachen ein Hinweis auf Gott?

83. »Gott ist ganz ganz ganz groß«

Anna gab die Hoffnung nicht auf und erklärte ihrem Freund Fynn weiter: »Wenn du ein Kind bist, dann verstehst du alles. Mister Gott sitzt auf einem goldenen Thron; er hat einen langen weißen Bart und einen Schnurrbart, und eine Krone hat er auf dem Kopf. Und alle um ihn rum singen die ganze Zeit wie die Verrückten. Immerzu Hymnen und so Zeug. Kein Mensch kann das aushalten.

Und Mister Gott macht einfach alles, wenn man bloß nett genug darum bittet. Er kann Willy nebenan eine Warze auf die Nase machen zur Strafe, weil er Millie verhaut, wenn sie nicht genug Geld abliefert. All so was macht er ganz fabelhaft, und darum ist er so wichtig, und man benützt ihn die ganze Zeit. Und'n bisschen später, dann denkt man ganz was anderes, und Mister Gott ist immer schwieriger zu verstehen. Aber es geht noch gerade. Dann kommt einem plötzlich vor, als wenn er uns nicht mehr verstehen will. Jetzt hört er einfach nicht mehr zu. Er sieht es plötzlich nicht ein, dass man unbedingt ein neues Fahrrad braucht. Und dann kriegt man auch keins. Und dann versteht man ihn schon viel weniger. Und wenn man noch älter wird, so wie ich oder so wie du, Fynn, dann ist es schon wieder schwieriger. Und dabei wird er irgendwie kleiner. Und man versteht ihn nur noch so viel wie viele andere Sachen, die auch schwierig sind. Die ganze Zeit in deinem Leben bröckeln da Stücke von ihm ab. Und dann kommt der Punkt, da sagst du, du verstehst ihn überhaupt nicht mehr. Siehst du, und dann ist er wieder ganz ganz ganz groß. So groß wie er in Wirklichkeit ist. Und wumm, da lacht er dich aus, weil du so blöd warst.«

Fynn

83

Anna entwickelt ein altersgemäßes Verständnis von Gott. Zuerst versteht man ihn gut, dann kaum mehr. Erst wenn man ihn gar nicht mehr versteht, versteht man ihn richtig.

- Anna beschreibt, wie sich das Verständnis von Gott entwickelt und verändert. Welche Stufen (Phasen) unterscheidet sie?
- Wie denkt ihr darüber?

→ T. 77

84. Der Frosch im Brunnen

Ein Frosch hatte seit langer Zeit in einem Brunnen gelebt. Er war dort geboren und aufgewachsen und war immer noch ein kleiner und unbedeutender Frosch. Nun fiel eines Tages ein anderer Frosch, der im Meer lebte, in den Brunnen. »Woher kommst du?«, fragte der Frosch im Brunnen. »Ich komme aus dem Meer«, sagte der andere Frosch. »Das Meer, wie groß ist das? Ist es so groß wie mein Brunnen!«, fragte der Frosch im Brunnen und machte einen Satz von der einen Seite des Brunnens auf die andere.

»Mein Freund«, sagte der Frosch vom Meer, »wie kannst du das Meer mit

84

Ein Frosch, der in einem Brunnen lebt, trifft einen Frosch, der aus dem Meer kommt. Er kann nicht verstehen, dass dessen Meer größer als sein Brunnen ist.

- Warum glaubt der Frosch im Brunnen nicht an die Größe des Meeres?
- Welche Menschen sind ähnlich beschränkt wie dieser Frosch?
- Was hat die Erzählung mit Religion zu tun?

deinem kleinen Brunnen vergleichen?« Da machte der Frosch im Brunnen einen zweiten Sprung und fragte: »Ist dein Meer so groß?« – »Was sagst du da für einen Unsinn und vergleichst das Meer mit deinem Brunnen?«, sagte der Frosch vom Meer.
»Nun denn«, sagte der Brunnenfrosch, »nichts kann größer sein als mein Brunnen. Es kann nichts Größeres geben als dies. Du bist ein Lügner. Scher dich weg!«

Swami Vivekananda (1862–1902), indischer Mönch, Reformer des Hinduismus (der Religion Indiens)

85. Fisch ist Fisch

In einem Teich lebten ein Fisch und eine Kaulquappe. Eines Tages war aus der Kaulquappe ein Frosch geworden. Der hüpfte ans Ufer und verschwand auf der Wiese. Es verging eine lange Zeit, in der der Fisch nichts mehr von der Kaulquappe, die zum Frosch geworden war, hörte und sah. Aber eines Tages war der Frosch wieder da. Voller Aufregung fragte der Fisch: »Wo bist du gewesen?«
»Ich bin an Land gegangen und habe seltsame Dinge gesehen«, sagte der Frosch.
»Was hast du denn gesehen?«, fragte der Frosch neugierig.
»Bunte Vögel, die in der Luft fliegen, und Kühe mit Hörnern, die mit vier Beinen auf der Wiese stehen und Gras fressen. Und Menschen, die aufrecht auf zwei Beinen gehen, Kleider am Leib tragen und Hüte am Kopf haben.«
Der Fisch hatte nun lauter aufregende Bilder im Kopf. Er stellte sich das so vor: Fische, die Flügel haben und in der Luft fliegen, Fische mit vier Beinen, die auf der Wiese stehen und Gras fressen, und Fische, die aufrecht auf zwei Beinen gehen und Hüte aufhaben.
»Ich muss sie sehen!«, dachte der Fisch und sprang ans Ufer. Er wäre da jämmerlich verendet, wenn ihn der Frosch nicht rechtzeitig gesehen und ins Wasser zurückgeschubst hätte. Dort war seine Welt. Fisch ist Fisch.

Leo Lionni

85
Ein Fisch, der nur im Wasser lebt, hört von einem Frosch von einer Welt, in der es Vögel, Kühe und Menschen gibt. Er kann sich diese Wesen nur fischartig vorstellen.

- Warum kann sich der Fisch Vögel, Kühe und Menschen nur als Fische vorstellen?
- Vergleicht diesen Fisch und seine Vorstellungen mit Bildern, die sich Menschen von Gott machen.

➔ Ex 20,4; **T. 84, 89**

86. Bitten der Kinder

Die Häuser sollen nicht brennen.
Bomber sollt man nicht kennen.
Die Nacht soll für den Schlaf sein.
Leben soll keine Straf sein.
Die Mütter sollen nicht weinen.
Keiner sollt müssen töten einen.
Alle sollen was bauen.
Da kann man allen trauen.
Die Jungen sollen's erreichen.
Die Alten desgleichen.

Bertolt Brecht

87. Wo Liebe ist, da ist auch Gott

Als der Schuster Martin in der Bibel las, kam er zu der Stelle, wo der reiche Pharisäer Jesus bei sich zu Gaste bat; und las weiter, wie ein sündiges Weib seine Füße salbte und sie mit Tränen benetzte, und wie er sie rechtfertigte; und er las:
»Dann sagte er, der Frau zugewandt, zu Simon: Siehst du diese Frau? Ich kam in dein Haus, und du gabst mir kein Wasser für meine Füße; sie aber hat meine Füße mit ihren Tränen benetzt und mit ihren Haaren getrocknet. Du gabst mir keinen Kuss; sie aber hat seit meinem Eintritt unaufhörlich meine Füße geküsst. Du salbtest mein Haupt nicht mit Öl; sie aber hat meine Füße mit Salböl gesalbt« (Lk 6,44-47).
Wieder nahm Martin die Brille ab, legte sie aufs Buch und dachte wieder nach: Der Pharisäer war offenbar so einer wie ich. Auch ich habe nur an mich gedacht. Dass ich meinen Tee trinken kann, dass ich im Warmen sitze und es sauber habe; an einen Gast aber denke ich nicht. An mich denke ich wohl, aber um den Gast kümmere ich mich nicht. Wer ist aber der Gast? Der Herr selbst. Kehrte er bei mir ein, würde ich wohl so handeln?
Martin stützte den Kopf auf beide Hände und bemerkte nicht, wie er einschlief. »Martin!«, klang es plötzlich wie ein Hauch an sein Ohr. Martin fuhr aus dem Schlummer auf und fragte: »Wer ist da?«
Er wandte sich um, blickte nach der Tür – da war niemand. Dann schlummerte er wieder ein. Plötzlich hörte er deutlich:
»Martin! Martin! Sieh morgen auf die Straße, ich werde kommen!« Martin erwachte, stand vom Stuhl auf und fing an, sich die Augen zu reiben. Er wusste selbst nicht – hatte er die Worte im Traum oder im Wachen gehört. Dann drehte er die Lampe aus und legte sich schlafen.
Am andern Morgen vor Tagesanbruch erhob sich Martin, betete zu Gott, heizte den Ofen an, setzte Kohlsuppe und Buchweizengrütze ans Feuer, brachte die Teemaschine in Ordnung, band seine Schürze um und setzte sich zur Arbeit ans Fenster …
Da ging der Hausknecht in Filzstiefeln vorüber, dann der Wasserträger, dann erschien vor dem Fenster der alte Soldat, der unter dem Zaren Nikolaus gedient, in alten geflickten Filzstiefeln, mit einer Schaufel in der Hand. An den Filzstiefeln erkannte Martin ihn. Der Alte hieß Stjepanytsch und wohnte bei einem Kaufmann in der Nachbarschaft, der ihm aus Barmherzigkeit Obdach gewährte. Seine Arbeit bestand darin, dass er dem Hausknecht half. Stjepanytsch begann vor Martins Fenster den Schnee wegzuschaufeln. Er sah ihn an und machte sich wieder an seine Arbeit.
Bin vor Alter närrisch geworden, lachte Martin über sich selbst: Stjepanytsch schafft den Schnee weg, und ich denke: Christus kommt zu mir …
Er sah wieder durchs Fenster und schau! – Stjepanytsch hatte die Schaufel gegen die Wand gelehnt und wärmte sich oder ruhte aus. Ein alter gebrochener Mann! Hatte offenbar nicht einmal Kraft, Schnee zu schaufeln. Martin dachte: Soll ich ihm nicht Tee zu trinken geben? Der Samowar kocht so schon über. Martin steckte die Ahle ein, stand auf, stellte den Samowar auf den Tisch, goss Tee ein und klopfte an die Fensterscheibe. Stjepanytsch wandte sich um und trat ans Fenster. Martin winkte ihm und ging die Tür öffnen.
»Komm herein, wärm dich etwas«, sagte er, »bis wohl durchgefroren, was?«
»Gott steh mir bei; wirklich, als wenn einem die Knochen zerbrächen«, sagte Stjepanytsch. Dann trat er ein, schüttelte den Schnee ab und reinigte die

87

Der arme Schuster Martin fragt sich nach der Lektüre der Bibel, ob er auch Jesus bei sich aufnehmen würde. Als er etwas einnickt, spricht Jesus im Traum zu ihm und sagt, dass er morgen zu ihm kommen wolle. Erfreut wartet er nun auf sein Erscheinen. Aber er sieht vor seinem Haus nur einen alten Soldaten, der beim Schneekehren friert. Er nimmt ihn freundlich auf und lässt ihn sich wärmen. Danach beobachtet er den Streit zwischen einer alten Frau und einem Jungen um einen gestohlenen Apfel. Diesen Streit kann Martin gütig schlichten. Am Ende erkennt er, dass er in diesen drei Gestalten Jesus selbst begegnet ist.

- Beschreibt den Schuster Martin und die drei Personen, die er trifft.
- Was haben die drei Personen mit Jesus zu tun?
- Lest den ganzen Text Mt 25,31-46 und schreibt die Taten auf, die man Jesus selbst antut, wenn man sie für Menschen tut.
- Mit etwas Fantasie kann man diese Erzählung mit verteilten Rollen spielen. Macht einen Versuch.

Füße, um keine Spuren auf dem Fußboden zu hinterlassen. Er schwankte hin und her.
»Mach dir keine Mühe, ich werde schon aufwischen, das ist meine Sache. Komm, setz dich«, sagte Martin. »Da, trink Tee.«
Martin goss zwei Glas ein, schob eins dem Gaste hin, goss sein Glas in die Untertasse und begann zu pusten.
Stjepanytsch trank sein Glas aus, stellte es mit dem Boden nach oben hin, legte das Stück, von dem er abgebissen, darauf und bedankte sich. Martin sah aber deutlich, dass er gern noch mehr gehabt hätte.
»Trink noch eins«, sagte er und goss sich und dem Gast noch ein Glas ein. Martin trinkt seinen Tee und blickt dabei heimlich auf die Straße.
»Du erwartest wohl jemand?«, fragte der Gast.
»Ob ich jemand erwarte! Ich mag nicht einmal sagen, auf wen ich warte. Ich warte und warte auch nicht, mir ist da ein Wort ins Herz gedrungen. Ist es Einbildung, oder nicht, ich weiß selbst nicht.« …
»Nun trink doch«, sagte Martin. Aber Stjepanytsch bekreuzigte sich, dankte, schob das Glas fort und stand auf.
»Ich danke dir, Martin«, sagte er, »du hast mich bewirtet und Leib und Seele erquickt.«
»Geh mit Gott und sprich einmal wieder vor; bist mir stets willkommen«, sagte Martin.
Stjepanytsch ging fort, Martin aber goss sich den Rest Tee ein, trank aus, räumte das Geschirr ab und setzte sich wieder zum Fenster an die Arbeit, einen Absatz zu steppen. Er steppt und blickt fortwährend durchs Fenster – er wartet auf Christus, denkt immer an ihn und an seine Werke. Und durch seine Gedanken gehen allerhand Reden des Heilandes …
Jetzt sieht Martin, wie vor seinem Fenster ein altes Hökerweib stehen bleibt. Sie trägt einen Korb aus Baumrinde mit Äpfeln. Es sind nur noch wenige übrig, offenbar hat sie fast alle verkauft. Und auf der Schulter hat sie einen Sack mit Spänen. Wahrscheinlich hat sie sie irgendwo auf einem Bau gesammelt und geht jetzt nach Hause. Man sieht, wie der Sack ihr die Schulter niederdrückt. Sie will ihn auf die andere Schulter legen, setzt ihn auf das Pflaster, stellt den Korb mit den Äpfeln nieder und beginnt die Späne im Sack zusammenzuschütteln. Und während sie den Sack durchschüttelt, kommt da ein Junge mit zerrissener Mütze angerannt, nimmt einen Apfel aus dem Korb und will davonlaufen.
Aber die Alte bemerkt es, dreht sich um und hält den Jungen am Ärmel fest. Der Junge fängt an zu schlagen und will sich losreißen, aber die Alte packt ihn mit beiden Händen, schlägt ihm die Mütze vom Kopf und reißt ihn an den Haaren. Der Junge schreit, die Alte schimpft.
Martin hatte nicht einmal Zeit, die Ahle einzustecken, er warf sie auf den Fußboden, sprang zur Tür, stolperte auf der Treppe und ließ die Brille fallen. Wie Martin auf die Straße gelaufen kommt, packt die Alte den Jungen gerade am Schopf und schilt, sie will ihn zur Polizei bringen; der Kleine verteidigt sich und lügt: »Ich habe ihn nicht genommen«, sagt er, »warum schlägst du mich, lass mich los!«
Martin brachte sie auseinander, nahm den Knaben am Arm und sagte: »Gib ihn frei, Mütterchen, verzeih ihm um Christi willen!«
»Ich werd's ihm so geben, dass er ein Jahr daran denken soll! Ich bring den Spitzbuben zur Polizei.«
Martin beginnt die Alte zu bitten:
»Mütterchen, lass ihn laufen, er wird es nicht wieder tun. Lass ihn um Christi willen laufen.«

Die Alte ließ ihn los, der Knabe wollte weglaufen, Martin aber hielt ihn fest. »Bitt die Frau um Verzeihung«, sagte er, »und tu das nicht wieder; ich hab gesehen, wie du ihn genommen hast.«
Der Junge fing an zu weinen und bat um Verzeihung.
»Nun siehst du wohl! Und jetzt nimm den Apfel, er ist dein.«
Martin nahm ihn aus dem Korb und gab ihn dem Jungen. »Ich bezahl ihn, Mütterchen«, sagte er zu der Alten.
»So verdirbst du die Taugenichtse«, sagte die Alte, »man muss ihn derart belohnen, dass er eine Woche lang daran denkt.«
»Ach, Mütterchen«, sagte Martin, »so denken wir wohl, aber Gott denkt anders.« …
Sie wollte den Sack auf die Schulter heben, da sprang der Junge herzu und sagte: »Lass mich ihn tragen, Großmütterchen, ich hab denselben Weg.«
Die Alte nickte und lud dem Knaben den Sack auf. Und dann gingen sie nebeneinander die Straße entlang, und die Alte hatte vergessen, das Geld für den Apfel von Martin zu fordern. Martin stand da, betrachtete sie lange und hörte, wie sie im Gehen immer miteinander sprachen.
Martin begleitete sie eine Weile mit den Augen, dann kehrte er ins Haus zurück. Auf der Treppe fand er die Brille, sie war nicht zerbrochen. Er hob die Ahle auf und setzte sich wieder an die Arbeit. Als er ein wenig gearbeitet hatte, konnte er schon nicht mehr einfädeln … Nun legte er sein Werkzeug beiseite, fegte die Abfälle zusammen, sammelte Borsten, Spitzen und Pfriemen, nahm die Lampe, stellte sie auf den Tisch und langte das Evangelium vom Bord.
Er wollte das Buch an der Stelle aufschlagen, wo er gestern ein Stück Saffianleder als Lesezeichen eingelegt hatte, das Buch öffnete sich aber an einer anderen Stelle. Und als Martin beim Aufschlagen war, fiel ihm der gestrige Traum ein. Und als er gerade daran dachte, hörte er plötzlich ein Geräusch, als wenn sich jemand hinter ihm rührte und ginge. Martin drehte sich um und sah: Da stehen wirklich Leute in der dunklen Ecke; er kann aber nicht erkennen, wer sie sind. Und eine Stimme flüstert ihm ins Ohr:
»Martin! Martin! Hast du mich nicht erkannt?«
»Wen?«, sagte Martin.
»Mich«, sagte die Stimme. »Ich bin es ja.«
Und aus der dunklen Ecke trat Stjepanytsch, lächelte und verging wie eine Wolke …
»Und das bin ich«, sagte eine Stimme. Und die Alte und der Junge traten aus der dunklen Ecke hervor, und die Frau lächelte, und der Junge lachte, und auch sie verschwanden.
Und Martin wurde fröhlicher ums Herz. Er bekreuzigte sich, setzte die Brille auf und las im Evangelium an der Stelle, wo es aufgeschlagen war. Und oben auf der Seite las er:
»Denn ich war hungrig, und ihr habt mich gespeist. Ich war durstig, und ihr habt mich getränkt. Ich war ein Gast, und ihr habt mich beherbergt …«
Und unten auf der Seite las er noch:
»Was ihr einem dieser meiner geringsten Brüder getan habt, das habt ihr mir getan« (Mt 25,40).
Und Martin begriff, dass der Traum ihn nicht betrogen hatte.

Leo Tolstoi

Siegfried Macht

GEBET
GEBEt
GEBet
GEbet
Gebet
gebet

VOM HAUPTWORT ZUM TUWORT

88

Noch einmal geht es darum, den lieben Gott zu erfinden (→ T. 75, 76). Ein Schritt dazu wäre, für ihn Zeit zu haben und schon einmal das zu tun, was wir von ihm erwarten, z. B. einen Vater anrufen, der keine Zeit mehr für seine Kinder hat, weil er Lust auf eine andere Frau bekommen hat.

- Gott erfinden – den Vater von Jörg anrufen: Was hat beides miteinander zu tun?

88. Zeit für den lieben Gott haben

»Morgen ist Sonntag«, meint Rhaban. »Länger schlafen«, gähnt Jörg, »keine Schule und faulenzen und dauernd Sportschau und Krimis sehen können.« – »Und unsere Erfindung?«, fragt Kathrin nach. »Erfinden ist nicht leicht, wenn alles schon da ist, worauf man Lust hat«, überlegt Rhaban. »Habt ihr noch Lust auf was?«, erkundigt sich Jörg vorsichtig. »Wir müssten uns Lust machen«, nickt das Mädchen, »zum Beispiel Lust auf den lieben Gott.« – »Und wie geht das?« – »Vielleicht Zeit haben«, nickt Kathrin. »Wenn ich eine Freundin besuche, hab ich Zeit für sie und sie hat Zeit für mich.« – »Klar: Wenn ich ins Kino will und mich schon zwei Tage vorher darauf freue«, bestätigt Rhaban, »nehme ich mir Zeit dafür.«

»Zeit für den lieben Gott haben«, sagt Jörg, »ist schon komisch ...« – »und langweilig, finden unsere Nachbarn«, erzählt Rhaban. »Und mein Opa sagt, dafür sei noch immer Zeit, obwohl er schon einen und einen halben Schlaganfall hatte und täglich eine Kindertasse voll Tabletten schlucken muss.«

»Der hat also keine Lust auf den lieben Gott«, glaubt Kathrin. »Zumindest merkt keiner was davon«, nickt Jörg.

»Und was ist mit uns?«, grinst Kathrin. »Vielleicht kriegen wir noch mehr Lust auf ihn«, denkt Rhaban nach, »wenn wir ihn erfinden.« – »Vorher möchte ich erfinden«, lässt Jörg verlauten, »dass meine Eltern wieder Lust aufeinander bekommen.« – »Die haben sie verloren, was?«, nickt Rhaban. »Mein Vater hat Lust an einer anderen Frau bekommen«, sagt Jörg wie unbeteiligt und doch mit einer unbestimmten Angst unten im Hals. »Früher haben wir immer toll gespielt.« – »Und jetzt hat er keine Zeit mehr.« Rhaban schaut ihn teilnahmsvoll an. »Vielleicht rufst du mal bei ihm an«, schlägt Kathrin vor. »Hab ich schon«, murmelt Jörg. »Vielleicht noch mal«, rät das Mädchen, »nachher vom Häuschen aus. Ich geb dir das Geld.« Sie drückt ihm drei Münzen in die Hand.

»Ehe wir den lieben Gott erfinden, der bei deinem Vater anruft und sicher auch bei deiner Mutter«, meint Rhaban vergnügt, »fängst du schon mal mit dem Anrufen an.« – »Schön, dass morgen Sonntag ist«, denkt Jörg und macht sich auf den Weg.

Stephan Reimund Senge

89

Obwohl der Lehrer Kathi sagt, dass Gott anders ist als unsere Vorstellungen von ihm, macht sie sich ihre eigenen Bilder von Gott.

- Was haltet ihr von dem Wort des Lehrers?
- Was haltet ihr von Kathis Vorstellungen?
- Passt beides zusammen?

→ Ex 20, 4

89. Wie Kathi sich Gott vorstellt

»Gott ist ganz anders als wir«, sagt der Lehrer zu den Kindern. »Er ist ein Geheimnis. Wir Menschen können ihn uns nicht vorstellen.«

»Ich will ihn mir aber vorstellen!«, ruft Kathi.

Der Lehrer lacht.

»Du kannst es ja versuchen, Kathi. Nur darfst du ihm nicht vorschreiben, dass er so sein muss, wie du ihn dir vorstellst.«

»Natürlich nicht«, sagt Kathi.

Und Kathi denkt nach und denkt sich Bilder aus:

Hätte Gott einen Mantel, so wäre er aus Sternen und Meer gemacht und mit Vögeln bestickt. Die Vögel, die könnten singen.

Hätte Gott Füße wie wir, so würde er barfuß gehen, damit er den Sand zwischen den Zehen spürt, das kühle Moos auf den Steinen im Bach, den harten Beton. Er würde alles spüren wollen.

Hätte Gott eine Stimme wie wir, er würde lachen und weinen, und Kathi könnte schon am Klang seiner Stimme merken, wie er es meint.

Manchmal hätte er eine Stimme wie der Schaffner in der Straßenbahn: »Mädchen, jetzt halt dich fest, jetzt kommt eine blöde Kurve!«
Manchmal hätte er eine Stimme wie Jakob, wenn sie gestritten haben: »Kathi, magst du mich nicht fragen, ob ich dir wieder gut bin?«
Manchmal hätte er eine Stimme wie Kathis Mutter, wenn sie am Abend die Decke um Kathi festdrückt und sagt: »Jetzt schlaf gut, du bist meine ganz liebe Kathi.«

Lene Mayer-Skumanz

90. Ogottogott und Herrgottnocheins

90
- Kennt ihr ähnliche Sprüche?
- Was haltet ihr davon?

Sieben Beispiele für leichtfertiges Reden von Gott

- Das junge Mädchen auf der Straße bleibt erschrocken stehn. »Ach du lieber Gott«, sagt es zu der Freundin. »Guck dir das an. Meine neuen Strümpfe, und schon wieder ein Loch!«

- In einer Gaststätte in der Garderobe. Die Frau vor dem Spiegel macht sich die Haare. Ihr Mann guckt noch einmal ins Portemonnaie. »Gott sei Dank«, sagt er, »dass ich die fünfzig Euro noch eingesteckt habe. Sonst hätte es nur noch zu Würstchen gelangt!«

- Der Regen strömt. Die Autos spritzen durch die Pfützen. Einige Fußgänger empören sich: »Herrgottnocheins! Können die nicht ein bisschen Rücksicht nehmen!«

- »Ogottogott«, jammert ein Fräulein auf dem Bahnhof. Sie hat schon dreimal ihre Handtasche durchwühlt. »Ich habe meinen Fahrschein nicht mehr. Ogottogott, was mache ich denn bloß!«

- Unten im Hof wird Fußball gespielt. Nicht ohne Lärm. Ein Mann im zweiten Stock öffnet das Fenster, ruft hinaus: »Himmelherrgott, ihr Bande! Könnt ihr nicht ein bisschen leiser sein!«

- Eine Mutter, die es eilig hat, zieht ihr Kind an der Hand. Das kleine Mädchen stolpert: »Mami?! Ich glaube, dass ich mal auf die Toilette muss!« Die Mutter stöhnt: »Aber Eri, das hätte dir doch weiß Gott noch zu Hause einfallen können!«

- »Sind die Benzinpreise denn schon wieder gestiegen!« Ein Autofahrer erkundigt sich an der Tankstelle. Der Tankwärter bestätigte: »Gott sei's geklagt!« Ob er wirklich vorhat, es Gott zu klagen?

Marieluise Bernhard-von Luttitz

"ICH WOLLTE SOWIESO GERADE BETEN!"

91
Die Erzählung zeigt, wie ein Psalm (130) entstanden sein kann. Ein Vater hat zunächst Freude an seinem Sohn. Doch als dieser größer wird, macht er ihm viel Kummer. Später kommt es ganz zum Bruch zwischen beiden. Der Vater ist verzweifelt und fragt sich, ob er Schuld an dieser Entwicklung trägt. In der Not formt er ein Gebet.

- In welcher Situation ist das Gebet entstanden?
- In welchen anderen Situationen kann man es beten?

91. Aus Tiefen rufe ich dich

Als Abbir klein war, hatten sie viel Freude an ihm. Er war ein lebhafter und fröhlicher Junge und zudem das einzige Kind. Die Mutter umsorgte ihn und erfüllte ihm jeden Wunsch. Als Fünfjähriger lernte er reiten. Der Vater war stolz und sah ihn schon als Teilhaber am Geschäft mit den Pferden. Im nächsten Jahr hatte seine Ehefrau eine Totgeburt und starb in den Wehen. Der Junge war untröstlich. Auch Jaschar trug schwer an dem Verlust und konnte sich nicht entschließen, eine andere Gefährtin zu suchen. Die bewährte Magd übernahm die Hausfrauenpflichten und versorgte Vater und Sohn. Aber Abbir tanzte ihr auf der Nase herum.
In diesen Jahren zwang der Aufbau des Geschäfts den Vater zu längeren Reisen ins Ausland. Der Meisterknecht sollte während seiner Abwesenheit die Erziehung des Sohnes übernehmen. Er verstand sich gut auf das Zähmen von wilden Fohlen. Doch der Junge war anders als die Fohlen. Wenn Jaschar von seinen Reisen heimkam, musste er sich lange Klagen über Streiche und Unflätigkeiten des Sohnes anhören. Er kannte den Spruch der Lehrer Israels, dass nur der Vater den Sohn liebt, der die Rute braucht, wenn Strafe nötig ist: So griff er oft zur Rute, und das Zusammensein des Vaters mit dem Sohn war mehr schmerzhaft als zärtlich.
Der Schullehrer lobte Abbir, weil er die Tora und die heiligen Schriften schneller lernte als die anderen Schüler, aber ebenso häufig klagte er über ihn, weil er freche Fragen stellte und nicht glauben wollte, was geschrieben stand.
Als Abbir achtzehn war, kam es zum letzten Streit zwischen ihm und dem Vater. Anlass dazu war ein lahmer Hengst. Der Vater behauptete, dass der Sohn ihn lahm geritten habe. Dieser bestritt es. Ein Vorwurf zog den anderen nach sich. Beide beschuldigten sich gegenseitig. Jeder schrie dem anderen den eigenen Hass ins Gesicht. Der Vater griff nach dem Stock, um den Sohn zu züchtigen. Dieser war schneller und versetzte dem Vater einen Faustschlag auf das Kinn. Jaschar sank ohnmächtig zu Boden. Als er wieder zu sich kam, war Abbir weg. Die Geldtruhe war aufgebrochen. Es fehlte ein großer Betrag.
Der Sohn blieb lange verschollen. Erst nach zwei Jahrzehnten erzählte man dem Vater in der Hauptstadt, was aus Abbir geworden sei und wie es in seinem Haus zugehe. Hatte er bei der Erziehung etwas falsch gemacht? Hätte er sein Geschäft vernachlässigen und sich mehr um seinen Sohn kümmern müssen? War er nicht ein Vater wie alle andern gewesen? Hatten sie alle versagt, weil viele der Jungen den Glauben der Väter gering achteten? Solche Fragen bedrückten ihn, als er wieder einmal auf dem Rückweg von der Hauptstadt war. Daheim, als die Magd ihm das Wasser zum Waschen von Händen und Füßen hinstellte, konnte er sich nicht freuen. Als sie ihm köstliche Speise und Trank vorsetzte, spürte er nur, was ihm fehlte. Er wartete und wartete – worauf? Dass der Sohn bereit werde, einen Schritt zur Versöhnung zu tun? Dass er selber den Mut finde, eine Brücke über den Graben zu bauen? Oder dass der Prophet Elija wiederkomme und sein Werk an ihnen beiden tue? Von ihm hatte er gelesen, dass er kommen und das Herz der Väter den Söhnen zuwenden werde und das Herz der Söhne ihren Vätern. In der Nacht träumte er, man habe ihn, wie einst Josef, in eine wasserlose Zisterne gestoßen. Vergebens bemühte er sich, die Wände hochzuklettern.
Als er am anderen Morgen sein Gebet sprach, fügte er aus der Bedrängnis seines Herzens noch die Worte hinzu:

»Aus Tiefen rufe ich dich, Herr,
höre meine Stimme!
Lass deine Ohren aufmerken auf mein lautes Flehen.
Wenn du auf Verfehlungen achten willst, Herr,
wer kann da bestehen?
Ja, bei dir ist die Vergebung, dass man dich fürchte.
Ich hoffte auf den Herrn, meine Seele hoffte:
seines Wortes harrte ich.
Meine Seele hofft auf den Herrn,
mehr als die Wächter auf den Morgen.
Israel harre auf den Herrn.
Denn beim Herrn ist die Gnade und viel Erlösung bei ihm.
Und er wird Israel erlösen von allen seinen Verschuldungen.«

Übersetzt nach K. Seybold
Walter Neidhart

92. Der andere Vater

»Du, Mutti?«
»Ja, Karin, was ist denn?«
»Wir haben doch davon erzählt, dass wir alle noch den anderen Vater haben. Dann hast du ja auch diesen anderen Vater?«
»Ja«, sagt die Mutter, »Gott ist auch mein Vater und Vatis Vater. Er ist auch Astrids und Michaels Vater.«
Karin denkt angestrengt nach. Dann sagt sie:
»Gut. – Aber dann bist du ja meine Schwester! Und Vati ist mein Bruder!«
Mutter lacht:
»Ja, du hast Recht. Das kann man so sagen.«

Hans Grewel

92
Karin findet heraus, dass wir alle Brüder und Schwestern sind, wenn Gott der Vater aller ist.

- Was bedeutet es, wenn alle Menschen Gott zum Vater haben?

93. Vater unser im Himmel

Der Spießer in uns betet das Vaterunser so:
Lieber Gott, du bist doch ein Vater. Dann sorg bitte dafür, dass es mir gut geht. Sorg dafür, dass ich beliebt bin und einen geachteten Namen bekomme. Sorg dafür, dass ich gut abschneide und in meinem Beruf vorwärtskomme.
Ich will mir noch einmal ein eigenes kleines Reich leisten können. Ein Häuschen und eine Familie.
Sorg dafür, dass ich erreiche, was ich mir vornehme. Ich will dann auch hin und wieder etwas tun, was du willst.
Vom Brot allein kann niemand leben, das weißt du. Gib mir auch immer das nötige Geld, dass ich so leben kann wie die andern, die sich auch alles leisten können. Ich weiß zwar nicht, was an mir nicht recht sein soll. Ich bin immer anständig gewesen. Aber wenn doch das eine oder andere nicht ganz in Ordnung war, dann wirst du mir das schon verzeihen. Und sorg auch dafür, dass die andern mir nichts zuleide tun, denn das hätte ich nicht um sie verdient.
Manchmal, das weißt du, möchte ich schon gerne etwas Verbotenes tun. Sorg dafür, dass ich es nicht tue. Es liegt ja doch an dir, ob ich es tue oder nicht. Die Versuchung machst ja doch du.

93
Gedanken, wie man dass Vaterunser nicht beten soll und wie man es ab und zu beten kann.

- Könnt ihr einen eigenen Versuch aufschreiben, wie man das Vaterunser nicht beten soll?
- Macht auch einen Vorschlag, wie man es heute sprechen kann.

Noch eines, das ist ganz wichtig, lieber Gott, dafür musst du sorgen: Dass ich nie krank werde, dass ich nie ein Unglück erlebe, z. B. einen Unfall mit meinem Fahrrad. Dass ich keine Schmerzen habe und dass ich einmal, wenn ich sterbe, nichts davon merke. Du bist doch Gott. Sie sagen: der liebe Gott. Dann sorg dafür, dass es mir gut geht. Denn sonst habe ich Angst vor morgen und vor dem nächsten Jahr und vor dem Tod und vor den Schmerzen und vor den anderen Leuten. Sorg dafür, denn es gibt ja auch für dich nichts Wichtigeres als mich.

Sollten wir es hin und wieder nicht so beten?:
Lieber Vater im Himmel, in meinem Herzen ist nur noch das Geld. Hilf mir, dass ich es vergesse;
in meinem Herzen sind nur noch Träume über mein Glück, und es ist doch so viel wichtiger, dass dein Reich kommt.
Ich werde so oft böse, wenn es nicht nach meinen Wünschen geht. Dabei ist dein Wille so viel wichtiger.
Gib mir das Brot, das ich heute nötig habe, und mach mich frei von aller Angst und Sorge.
Vergib, wenn ich mein Geld nicht redlich verdient habe. Wenn ich unbequem war. Und hilf mir, dass ich die nicht hasse, die mich ausnützen möchten.
Halte mich fest, wenn ich deine Hand verliere über der Jagd nach den schönen Dingen.
Mach mich frei von der Habgier, die unsre Gedanken beherrscht. Zuletzt wird doch alles dir gehören. Ich möchte es dir schon heute geben. Alles, auch mich selbst. Ich danke dir, dass du mir hilfst.

Jörg Zink

94

Kinder erhalten die Aufgabe, Gott zu malen. Lisa macht einen Versuch und betrachtet die Ergebnisse der anderen Kinder. Am besten hat ihr das Bild des Vaters mit seinen Kindern gefallen, obwohl sie selbst nichts Gutes über den Vater sagen kann.

- Was sagt ihr zu den Versuchen der Kinder, Gott zu malen?
- Macht auch selbst einen Vesuch und nehmt Stellung dazu.
- Gott ist wie ein Vater – was meint ihr dazu?
- Warum lässt der Islam das Vaterbild bei Gott nicht zu?

➔ T. 59, 101, 123, 180, 224

94. Ein Bild von Gott malen

Herr Falterbaum verteilte leere weiße Blätter und stellte einen Bastkorb mit Buntstiften, Filzschreibern und Wachsmalkreiden in die Mitte.
»Ich glaube«, sagte er, »die erste und wichtigste Frage zum Anfang unseres Kommunionkurses muss heißen: Glauben wir, dass es Gott gibt, und wenn ja, wie stellen wir uns ihn vor? Ich möchte euch deshalb bitten, ein Bild von Gott zu malen.« Acht Hände griffen zugleich in den Bastkorb, um sich die besten Stifte zu sichern, aber dann gab es eine lange Pause. Das war eine schwierige Aufgabe.
Lisa schaute aus dem Fenster … Die übrigen Kinder malten jetzt eifrig, aber Lisa fiel noch immer nichts ein. Sie begann zu kritzeln. Es entstand eine lange Linie, die sich in immer neuen Windungen und Kurven wie die Spur eines Eisläufers quer über das ganze Blatt zog. Das könnte auch eine Straße sein, dachte Lisa, und malte genau neben die erste Linie in immer gleichem Abstand noch eine zweite. Jetzt sah es aus wie ein verzwickter Weg. An seine Ränder malte sie Blumen und Gras, Schneemänner und kahle Bäume, schwarze Tannen und Rabenvögel, eine graue Felswand; einen Hund mit gefletschten Zähnen und einen kleinen dunkelblauen See mit Segelbooten. Ihre Straße begann jetzt am unteren Rand des Blattes in einer Blumenwiese und lief am oberen Ende neben dem Felsbrocken einfach aus dem Bild heraus. Das war natürlich kein Gottesbild. Lisa wusste selbst nicht, warum sie es gemalt hatte.

Herr Falterbaum sammelte die Blätter ein. Er mischte sie und legte sie in einen großen Kreis auf dem Tisch aus, damit alle sie anschauen konnten.
Lisa betrachtete das Bild, das ihr am nächsten lag: Auf einer Blumenwiese stand ein großer Mann. Sein roter Mund war lachend geöffnet. An jeder Hand hielt er ein Kind, einen Jungen und ein kleines Mädchen. Sie schauten zu ihm hoch und lachten auch. Die Sonne strahlte aus der linken oberen Ecke des Bildes, und die Luft war voller Bienen und Schmetterlinge.
»So ein blödes Bild«, dachte Lisa.
»Wo ist denn da Gott?«
Sie schaute sich die anderen Zeichnungen an. Fünf davon sahen sich sehr ähnlich. Auf ihnen gab es fast immer einen goldenen Sessel mitten in den Wolken. Darauf saß ein alter Mann in einem langen Gewand, mit einem weißen Bart und einem goldenen Schein um den Kopf. »Das glaube ich nicht«, dachte Lisa, »dass er so alt ist und so komisch angezogen.«
Auf dem Bild, das vor ihrer Freundin Katharina lag, war nichts weiter zu sehen als eine riesige, goldene Sonne. Sie war in die Mitte des Bildes gemalt, und ihre Strahlen schienen noch über die Ränder des Bildes hinaus zu reichen. Das gefiel Lisa sehr gut. Aber ein Gottesbild war das auch nicht, oder doch?
Während sie nach Hause ging, dachte Lisa noch einmal über den Kommunionunterricht und die Erklärungen von Herrn Falterbaum nach. Am besten von allen Bildern schien ihm das mit dem Vater und seinen beiden Kindern zu gefallen.
Gott ist für uns wie ein Vater, hatte er gesagt.
Und wie ist ein Vater? Die Kinder hatten viele Antworten:
Der Vater liebt uns. Er sorgt für uns.
Wir können uns auf ihn verlassen.
Der Vater ist unser bester Freund.
Er tröstet uns, wenn wir traurig sind.
Er hilft uns, wenn wir etwas nicht alleine können.
Er beschützt uns vor allem Bösen.
Der Vater ist immer für uns da.
Dann hatte er Lisa gefragt: »Weißt du noch etwas über den Vater?«
Lisa hatte den Kopf geschüttelt. Sie wusste noch vieles. Aber sie konnte doch nicht sagen:
Der Vater vertrinkt das Haushaltsgeld für den ganzen Monat.
Der Vater verprügelt die Mutter.
Der Vater kümmert sich um gar nichts.
Der Vater ist arbeitslos und wird immer wütend.
Mein Vater ist ein Penner, der betrunken auf der Parkbank sitzt.
Was hätte da wohl Herr Falterbaum gesagt?
Und was die anderen Kinder, die alle so schöne Sachen über Gott, den Vater wussten?

Renate Günzel-Horatz

95. Afrikanisches Gebet

Du erstaunst mich, Gott,
erfüllst mich mit Bewunderung.
Wenn ich auf eine Kobra trete, beißt sie mich.
Wenn ich eine Biene berühre, sticht sie mich.
Wenn ich eine Wespe reize,
wird sie nicht mit mir spielen.

Ein stechendes Insekt zertrete ich.
Eine Schlange, die zu nahe kommt, töte ich.
Eine Ameise, die sticht, lass ich nicht leben.

Aber wenn wir dich beißen,
schlägst du uns nicht weg, noch zertrittst du uns.
Du bläst Kühlung auf uns, wenn wir dich beißen.
Du hegst uns bei allen Wunden,
die entstehen, wenn wir dich beißen.

Du erstaunst mich Gott, verwunderst mich.
Wenn ich es wäre, würde ich die Welt zerstören.

96
Fünf Alltagsszenen, die problematisches Beten zeigen.

- Wie denkt ihr über das Gebet dieser Leute?
- Habt ihr selbst schon so ähnlich gebetet?
- Kennt ihr selbst ähnliche Beispiele?

96. Sollen wir so beten? Szenen aus dem Leben

- Ein junger Mann will mit seinem Auto in die Ferien fahren. Bevor er startet, betet er: »Herr Gott, behüte mich, damit ich heil zum Urlaubsort gelange und gesund in die Heimat zurückkomme.« Dann fährt er los: temperamentvoll, wild, rasant. Auf der Autobahn überholt er die meisten Wagen, egal ob rechts oder links. Verkehrsschilder mit Tempobeschränkung übersieht er. So kommt es zu einem Unfall, bei dem er schwer verletzt wird. Dabei hatte er doch gebetet.

- In der Stadt K. bricht am hellen Tag eine Panik aus. Mehrere Erdstöße, die ganz plötzlich auftreten, bringen viele Häuser zum Einsturz. Überall hört man das Bersten der Mauern, überall das Geschrei der Menschen. Keiner kann sagen, wie lange das Erdbeben noch dauern wird. Voll Verzweiflung betet Frau F: »Herr Gott, lass mich überleben, rette mich. Ich werde dir auch den zehnten Teil meines Vermögens opfern, wenn mein Haus stehen bleibt. Das Geld soll für die Armen sein. Hilf, bitte.« Das Haus von Frau F blieb stehen. Sie selbst kam mit dem Schrecken davon. An ihr Gebet wollte sie sich später nicht mehr erinnern.

- Der Geschäftsmann D. aus B. gilt in seiner Heimat etwas. Er ist Mitglied des Pfarrgemeinderates und arbeitet in einem katholischen Verein mit. Jeden Sonntag sieht man ihn im Gottesdienst, oft auch beim Empfang der Kommunion. Wenn die Gemeinde betet, stimmt er kräftig ein. Und wie er erst singen kann! Übrigens ist er ganz schön reich. Seine Einkünfte sind beträchtlich. Vor allem aus seinen beiden großen Mietshäusern zieht er einen hohen Gewinn. Die Zimmer und Kleinwohnungen vermietet er an ausländische Familien und Studenten. Er sagt immer: »Von denen kann man einen ordentlichen Preis verlangen. Die kommen sonst doch nirgends unter.«

- Kim (13) und Jan (11) beten jeden Tag zusammen mit den Eltern: »Vater unser im Himmel … Vergib uns unsere Schuld, wie auch wir vergeben unseren Schuldigern … Amen.« Neulich kam es zwischen den beiden Jungen zum Streit. Jan hatte Kim bei den Eltern verpetzt, als dieser in der Schule wegen einer dummen Sache aufgefallen war. Als die Familie wieder das Vaterunser betete, wurde Kim nachdenklich. Kurz darauf ging er zu Jan und sagte: »Wir haben beide etwas falsch gemacht. Aber deshalb müssen wir uns ja nicht ewig streiten.«

- Susanne (11) hatte vor Englischarbeiten immer Angst. Zugegeben – sie tat nicht viel dafür. Statt sich vorzubereiten, spielte sie lieber mit ihren Freundinnen. Vor der letzten Arbeit war es auch so. Als die Hefte ausgeteilt wurden, war sie ganz unruhig und betete leise: »Lieber Gott, lass mich die Arbeit wenigstens 4 schreiben. Ich will auch beim nächsten Mal mehr arbeiten.« Trotzdem bekam sie mangelhaft.

Werner Trutwin

97. Galiläa und Samaria

So ist es zu Zeit Jesu: In Galiläa wohnen Juden. In Judäa wohnen Juden. In Samaria aber wohnen Menschen, die den Juden fremd sind, die Samaritaner.
Die Juden gehen nicht nach Samaria. Wenn sie von Judäa nach Galiläa wollen oder umgekehrt, machen sie einen Umweg durch das Land östlich des Jordans. Sie wollen mit den Samaritanern nichts zu tun haben. »Die beten nicht in unserem Tempel, in Gottes Tempel in Jerusalem«, sagen sie, »Gott mag die Samaritaner nicht. Man muss sie verachten.«
Aber die Juden verachten sich auch untereinander. Die aus Judäa, aus der Hauptstadt Jerusalem, halten nicht viel von denen aus Galiläa. Sie sagen: Die aus Galiläa, die sind ja vom Lande. Was kann aus Galiäa schon Gutes kommen?!
Jesus kommt aus Galiläa.
Zwischen den Bergen von Galiläa liegt der See Gennesaret. Viele Fische gibt es darin. Jede Nacht fahren die Fischer hinaus, um ihre Netze auszuwerfen. Die Fischer wohnen in den Dörfern am See, in Magdala, in Betsaida, in Kafarnaum.
Manchmal gibt es einen Sturm auf dem See, ganz plötzlich, von einer Minute zur anderen.
Rings um den See ist fruchtbares Land: Kornfelder, Wiesen, Nussbäume, Feigenbäume, Olivenbäume. Es ist wie ein großer Garten.
Jesus wohnt in Nazaret. Das Dorf liegt an einem Berghang. Hier ist der Boden nicht so fruchtbar. Aber man schaut weit ins Land: Berge nach allen Seiten. Man schaut hinunter in die Ebene. Sie heißt Jesreel.
Eine Straße läuft dort unten, eine Handelsstraße. Sie kommt aus Ägypten im Süden und führt nach Damaskus im Norden. Händler ziehen dort, Karawanen, Kamele, Maultiere, Esel, beladen mit kostbaren Gütern, mit Seide und Teppichen, mit Gewürzen, Myrrhe und Balsam.
Wie alle anderen Juden müssen auch die Leute aus Nazaret Steuern zahlen, harte Steuern für die Römer und jedes Jahr die Tempelsteuer für den Tempel in Jerusalem.
Die Leute von Nazaret sind arm. Bauern pflügen und säen auf kleinen, steinigen Feldern. Sie schneiden das Korn mit der Sichel. Von silbriggrünen Bäumen ernten sie Olivenfrüchte. Sie pressen Öl daraus.
Hirten treiben Ziegen und Schafe über die trockenen Berghänge. Manchmal verläuft sich ein Tier. Dann muss der Hirte es lange suchen.
Josef aus Nazaret ist Handwerker, Zimmermann. Er bearbeitet das Holz aus den Wäldern um Nazaret. Er zimmert Balken und Bretter daraus. Er hat eine Zimmermannswerkstatt. Viele andere Handwerker gibt es in Nazaret, Töpfer und Weber, Schneider und Färber, Schmiede und Maurer, Korbflechter und Sandalenmacher.

Dietrich Steinwede

97
Informationen über Galiläa und Samaria zur Zeit Jesu, sowie über Nazaret, seine Heimatstadt.

- Sucht Galiläa, Samaria und Judäa auf einer Landkarte (→ ZdF S. 272). Welche Orte, Berge und Seen gibt es da? Fertigt auch selbst eine Karte an.
- Könnt ihr jeweils eine Szene aus dem Leben Jesu erzählen, die in Galiläa und Samaria spielt?

→ **T. 50** (zum Thema »Unendliche Geschichte«)

Otto Dix (1891–1969), Die Taufe Jesu, 1960.

98
Jüdische Pilger ziehen zum Pesachfest nach Jerusalem. Sie staunen über die Schönheit des Tempels und denken über seine Vorgeschichte nach. Der Empfang für die Pilger ist herzlich.

- Was wisst ihr vom Tempel in Jerusalem?
- Jesus im Tempel: Was könnt ihr davon erzählen?

98. Der Tempel

Übervoll sind die Straßen. Die Pilger drängen sich. Sie kommen über den Ölberg. Weingärten ringsum, Ölbaumhaine, Feigenbäume. Und da, da liegt sie vor ihnen, die Stadt Jerusalem, die Stadt des Friedens, auf drei Hügeln erbaut, herrlich mit ihren Mauern und Türmen, mit ihren Palästen und dem Gewirr der engen, winkligen Straßen. Und dort ragt er auf, weiß und golden schimmernd, wie ein sonnenbeglänzter Schneegipfel: der Tempel!
Es ist der 14. Nisan, der Tag vor dem Fest, der Rüsttag. Es ist um die Mittagszeit.
Ruben sieht die riesigen Mauern, die mächtigen Säulenhallen, die prächtigen Tore, strahlend im Lichte der Sonne, ja feuersprühend, dass die Augen sich schließen müssen, wie vor den Strahlen der Sonne selbst. Wer diesen Tempel gesehen hat, wird nie etwas Schöneres sehen.
Ruben sieht es: Überall wird noch gebaut. Tausende von Arbeitern sind am Werk. Seit 30 Jahren bauen sie schon. König Herodes fasste den Plan. König Herodes gab den Auftrag, Herodes der Große. Er gab das Geld, er und die Priester aus ihrem unermesslichen Tempelschatz. König Herodes ist tot. Aber es wird weitergebaut. Das meiste ist fertig. Man sieht, wie alles sein wird. Man sieht die hellen, abgezirkelten Steinblöcke der Mauern, die weißen Säulen der Marmorhallen, die Goldplatten am heiligen Tempelhaus, die Dächer aus edlem Zedernholz, die riesigen Tore, gold und silberbeschlagen.
Ruben weiß: Vorher stand dort ein einfacher Tempel, viele hundert Jahre lang. Die Vorfahren hatten ihn gebaut, als sie aus der Gefangenschaft zurück kamen, aus Babylon. Sie waren arm, sie hatten nicht viel. Und noch früher, bevor König Nebukadnezzar von Babylon die Stadt zerstörte, hatte dort schon einmal ein Tempel in Glanz und Pracht gestanden, vor tausend Jahren erbaut von König Salomo. Doch dieser Tempel war untergegangen in Rauch und Flammen. Jetzt bauten sie am dritten Tempel, riesenhafter als je zuvor, prachtvoller als Roms edelste Bauten; sie bauten am schönsten Bauwerk der Welt.
Ruben schaut auf den Tempel. Da, was ist das? Ein ungeheures Gedröhn erschüttert die Luft. Dichter Rauch steigt auf. Was ist das? Es kommt vom Tempel her. Ruben weiß: Es ist die Magrepha, die hunderttönige Schaufelpfeife. Jeder Jude in Jerusalem kennt diesen Ton. Es ist das Zeichen für den Beginn des Opfers. Die Frommen werfen sich nieder. Gott hat eine gewaltige Stimme.
Ruben hört die Silbertrompeten blasen, dreimal hintereinander; ein starker, schmetternder Ton,
einmal für Gott als den König,
einmal für Gott als den Schutzherrn,
einmal für Gott als den Richter der Welt.
Vorbei an Ölbaumgärten ziehen sie den Ölberg hinab. Die Straße quillt über von Pilgern. Wo werden sie Unterkunft finden? In einer der vielen Stadtherbergen? Oder in Zelten auf den Hügeln ringsum?
Sie kommen ins Kidrontal, gehen über den Bach Kidron. Dann steigen sie wieder empor. Vor ihnen ragt die Tempelmauer auf. Sie ziehen ein durch das große Tor. Sie werden begrüßt:
Gesegnet sei, der da kommt
im Namen des Herrn!
Endlich da. Endlich heiliger Boden unter den Füßen.

Dietrich Steinwede

99. Was soll ich mir wünschen?

99
Eine junge Israelin wünscht Frieden für sich, Jerusalem und ihr Volk.

Was soll ich mir wünschen, lieber Gott?
Ich habe alles,
was ich brauche.
Nur eins wünsche ich mir
doch nicht für mich allein,
für viele Mütter, Kinder, Väter,
nicht nur in diesem Land,
auch in fremden und feindlichen Ländern.

Ich will mir Frieden wünschen.
Ja, um Frieden bitte ich.
Und einem kleinen Mädchen
schlägst du sicher keine Bitte ab.
Du hast das Land des Friedens erschaffen,
in dem die Stadt des Friedens steht,
in der das Haus des Friedens war,
aber niemals, niemals Frieden …
Was soll ich mir wünschen, lieber Gott,
da ich doch alles habe?
Ich wünsche nur Frieden,
nur Frieden …

Schlomith Grossberg, 13, Jerusalem

100. Der Evangelist Lukas

100
Informationen über Lukas, sein Evangelium und den Anlass für dessen Entstehung.

- Was ist ein »Evangelium«? Wie viele gibt es davon in der Bibel? Welches hat Lukas geschrieben?
- Woher hat Lukas sein Wissen von Jesus?
- Was war der Anlass für die Abfassung seiner Schrift?
- Schreibt einen Text aus dem Evangelium nach Lukas heraus, der euch besonders gut gefällt. Hängt die Texte an einer Pinnwand in der Klasse auf und sprecht über eure Funde.

Lukas lebte in einem griechischen Land. Es waren 60 Jahre vergangen seit dem Tod von Jesus. Lukas war ein Christ. Er glaubte an Jesus Christus. Viele hatten ihm von Jesus erzählt. Er selbst war ein großer Erzähler, ein Schriftsteller.
Lukas sammelte alle Geschichten, die er von Jesus erzählen hörte. Er schrieb sie auf und brachte alles in eine gute Reihenfolge.
Es war eine Zeit, in der viele Menschen nach Jesus zu fragen begannen, in der viele Christen sagten: »Er sollte doch wiederkommen. Warum ist er noch nicht da? Er sollte doch Frieden bringen. Warum ist noch kein Frieden?«

Lukas malt die Madonna, Holzschnitt, 1488.

Es war die Zeit des Kaisers Domitian. Nach Nero war Vespasian gekommen, dann Titus. Jetzt herrschte Domitian. Er war grausam. Er verfolgte die Christen. Alle sollten ihm opfern, ihm, dem Kaiser. Aber die Christen wollten dem Kaiser nicht opfern. Sie glaubten an Jesus.
Und dann bekam Lukas eine Anfrage von Theophilus, einem angesehenen Mann: »Wer war Jesus wirklich?« Theophilus wusste schon viel von Jesus. Aber er wollte alles ganz genau wissen. »Wie ist das gewesen mit Jesus? Wie hat es angefangen? Wie war das mit seiner Geburt?«
Vielleicht hat Theophilus dem Lukas einen Brief geschrieben. Wir wissen es nicht. Aber sicher ist, dass Theophilus eine Antwort wollte von Lukas.
Und Lukas hat eine Antwort gegeben. Er schickte dem Theophilus eine ganze Schriftrolle voller Geschichten. Er schrieb dazu: »Viele haben es vor mir versucht, einen Bericht abzugeben über all das von Jesus, so wie die, die von Anfang an dabei waren, es erzählten. Auch ich, verehrter Theophilus, habe all die großen und wichtigen Ereignisse nachgeprüft. Und jetzt habe ich es dir der Reihe nach aufgeschrieben, damit du sehen kannst, dass alles sehr zuverlässig ist.«

Dietrich Steinwede

101
Auf der Insel Kreta haust in einem unwegsamen Labyrinth (Irrgarten) der furchtbare Stiermensch Minotauros, der alle 9 Jahre das Opfer von je 7 jungen Frauen und Männern fordert. Der junge Theseus aus Athen befreit Kreta von dem Ungeheuer. Ariadne, die Königstochter, hilft ihm dabei, indem sie ihm ein Wollknäuel mit auf den Weg in das Labyrinth gibt, das ihn sicher den Weg zurück finden lässt. – Am Ende seiner Erzählung stellt der Pfarrer ein paar knifflige Fragen.

- Warum kann man Jesus mit Theseus vergleichen?

➔ T. 59, 94, 123, 180

101. Theseus befreit die Insel Kreta vom Minotaurus

Pfarrer Möhrchen erzählt:
»Vor langer Zeit lebte auf der Insel Kreta ein König. Er hieß Minos. Er war reich und mächtig, hatte keine Feinde und lebte mit seiner Frau, seinen beiden Töchtern und seinem Sohn in einem wunderschönen, riesigen Palast. Die Insel war fruchtbar, und den Menschen ging es gut. Alle hätten zufrieden sein können.
Aber sie waren es nicht. Denn sie hatten ein schreckliches Geheimnis. Das Geheimnis hieß Minotauros. Das war ein Ungeheuer, halb Mensch und halb Stier. Es war eingeschlossen in eine Höhle tief unter der Erde, und damit es niemals hinausfinden könnte, hatte Minos von einem kunstfertigen Meister ein Labyrinth bauen lassen. Das ist ein Irrgarten mit unzähligen Wegen. Manche führen weiter hinein, manche enden wie eine Sackgasse, manche führen wieder zurück oder immer im Kreis herum. Und wer sich einmal drin verirrt hat, der findet nie wieder hinaus.
Ganz am Ende des Irrwegs, in der Mitte des Labyrinths, lebte der Minotauros in einer Höhle. Er schlief einen tiefen Schlaf. Aber in jedem neunten Jahr erwachte er brüllend und verlangte nach einem Opfer. Dann bebte die Erde der Insel, und alle hatten große Angst. In jedem neunten Jahr mussten dem Ungeheuer sieben der schönsten jungen Frauen und Männer geopfert werden. Die Unglücklichen wurden durch das Los bestimmt. Dann führte man sie in das Labyrinth, wo der Minotauros auf sie wartete. Niemand kehrte zurück.
Als die neun Jahre wieder einmal vorbei waren und sieben junge Männer und Frauen ausgewählt werden mussten, da meldete sich ein junger Held. Er hieß Theseus. Mutig stand er vor dem König Minos und verkündete: Niemand soll mehr sterben müssen. Ich alleine werde in das finstere Labyrinth hinabsteigen und den Minotauros töten. Dann werden wir alle von diesem Grauen befreit sein.
Des Königs jüngste Tochter Ariadne verliebte sich in den tapferen Theseus und hatte Angst, dass er selbst zu Tode käme. Vor allem hatte sie Angst, dass er nicht wieder aus dem Labyrinth herausfinden würde. Deshalb

schlich sie in der Nacht heimlich zu ihm und brachte ihm ein magisches Wollknäuel, das ihr der Baumeister des Irrgarten geschenkt hatte. ›Binde das Ende dieses roten Wollfadens an die Tür des Labyrinths‹, sagte sie zu Theseus, ›wenn du weitergehst, wird es sich abrollen und kleiner und kleiner werden. Wenn es zu Ende ist, wirst du in der innersten Kammer des Irrgartens angekommen sein. Dort schläft das Ungeheuer. Schlage ihm den Kopf ab, und komm dann zurück, indem du das Wollknäuel wieder aufrollst.‹ Theseus war hoch erfreut über ihre Hilfe, und alles geschah so, wie Ariadne vorausgesagt hatte. Theseus fand den Minotauros, erschlug ihn und erlöste die Menschen auf der Insel von dem Tod durch das Ungeheuer.«

Die Gruppe hatte während der ganzen Erzählung mucksmäuschenstill gesessen. Erst jetzt atmeten alle erleichtert auf. »Geht die Geschichte noch weiter?«, fragte Hedwig.
Pfarrer Möhrchen schüttelte den Kopf.
»Nein, sie ist zu Ende. Aber ich habe eine knifflige Aufgabe für euch. Wenn wir gleich aus der Kirche hinausgehen, dann achtet einmal auf den Vorraum. Hier ist vor mehr als 600 Jahren aus weißen Steinen in den dunklem Marmorboden ein Labyrinth eingelassen worden. In Frankreich gibt es so etwas in ganz vielen Kirchen, in Deutschland aber nur in einer einzigen, nämlich in dieser. Darauf bin ich auch ein bisschen stolz. Ich möchte, dass ihr euch einmal überlegt, was so ein Labyrinth eigentlich in einer Kirche zu suchen hat.« →←
Alle Gesichter drückten völlige Ratlosigkeit aus.
»Ich gebe euch noch eine kleine Hilfe: Theseus hat sein eigenes Leben riskiert, um das Böse zu vernichten und die Menschen von dem Ungeheuer zu erlösen. Kennt ihr jemanden, der etwas Ähnliches getan hat?
Und jetzt raus mit euch. Draußen scheint die Sonne!«

Renate Günzel-Horatz

102

Ein Junge spürt, wie die vom Großvater geschnitzten Figuren lebendig werden. Zuerst ist er erstaunt, dann aber traurig, weil er dem Krippenkind nichts mitgebracht hat. Das aber hat drei Wünsche an den Jungen. Sie sind ganz anders, als er erwartet hat.

- Was haltet ihr von den Wünschen des Jesuskindes?
- Warum sind die Geschenke für das Jesuskind in Wirklichkeit Geschenke für den Jungen?

102. Zwiegespräch an der Krippe

Ein kleiner Junge besuchte seinen Großvater. Er sah zu, wie dieser an einer mächtigen Krippenfigur schnitzte. Einige andere standen schon fertig auf dem Tisch. Und als er ein wenig müde seinen Arm auf die Tischkante legte, merkte der Junge, wie alle Gestalten lebendig wurden. Er war ganz erstaunt, dass er mit ihnen reden konnte. Und noch mehr: Hirten, Könige, Maria und Josef waren nicht mehr klein und er nicht mehr groß, sondern er ging mitten unter ihnen umher, ohne aufzufallen. Und so ging er mit ihnen in den Stall von Betlehem hinein. Und das Kind in der Krippe schaute ihn an.
Plötzlich bekam der Junge einen Schreck, und die Tränen traten ihm in die Augen.
»Warum weinst du denn?«, fragte das Jesuskind.
»Weil ich dir nichts mitgebracht habe.«
»Ich will aber gerne etwas von dir haben«, entgegnete das Kind.
Da wurde der Kleine rot vor Freude. »Ich will dir alles schenken, was ich habe«, stammelte er.
»Drei Sachen will ich von dir haben«, sagte das Jesuskind.
Da fiel ihm der kleine Junge ins Wort: »Meinen neuen Mantel, meine elektrische Eisenbahn, mein schönes Buch mit den vielen Bildern?«
»Nein«, erwiderte das Jesuskind, »das alles brauche ich nicht. Dazu bin ich nicht auf die Erde gekommen. Ich will von dir etwas ganz anderes haben.«
»Was denn?«, fragte der Junge erstaunt.
»Schenk mir deinen letzten Aufsatz!«, sagte das Jesuskind leise, damit es niemand anders hören sollte.
Da erschrak der Junge. »Jesus«, stotterte er ganz verlegen und kam dabei ganz an die Krippe und flüsterte: »Da hat doch der Lehrer drunter geschrieben: Ungenügend!«
»Eben deshalb will ich ihn haben.«
»Aber warum denn?«, fragte er.
»Du sollst mir immer das bringen, wo ›Ungenügend‹ drunter steht. Versprichst du mir das?«
»Ja, sehr gern!«, antwortete der Junge.
»Aber ich will noch ein zweites Geschenk von dir«, sagte das Jesuskind.
Hilflos guckte der kleine Junge. »Deinen Milchbecher!«, fuhr das Kind fort.
»Aber den habe ich doch heute zerbrochen«, entgegnete der Junge.
»Du sollst mir immer das bringen, was du im Leben zerbrochen hast. Gibst du mir auch das?«
»Das ist schwer. Hilfst du mir dabei?«
»Und nun mein dritter Wunsch«, sagte das Jesuskind. »Du sollst mir nun noch die Antwort bringen, die du der Mutter gegeben hast, als sie fragte, wie denn der Milchbecher kaputtgegangen sei.«
Da legte der Kleine die Stirn auf die Kante der Krippe und weinte. »Ich … Ich … Ich …«, brachte er unter Schluchzen mühsam heraus. »Ich habe den Becher umgestoßen, habe ich geantwortet. In Wahrheit habe ich ihn aber absichtlich auf die Erde geworfen.«
»Du sollst mir immer all deine Lügen, deinen Trotz, dein Böses, was du getan hast, bringen«, sagte das Jesuskind. »Und wenn du zu mir kommst, will ich dir helfen. Ich will dich annehmen in deiner Schwäche. Ich will dich an deiner Hand nehmen und dir einen guten Weg zeigen. Willst du dir das schenken lassen?«
Und der Junge schaute, hörte und staunte.

Herkunft unbekannt

103. Was ist die Hauptsache?

Otto Pankok (1893–1966), Die Geburt, 1933.

Die Tiere diskutierten über Weihnachten: Sie stritten, was wohl die Hauptsache an Weihnachten sei.
»Na klar, der Gänsebraten«, sagte der Fuchs, »was wäre Weihnachten ohne Gänsebraten?«
»Schnee«, sagte der Eisbär, »viel Schnee!« Und er schwärmte verzückt: »Weiße Weihnachten!«
Das Reh sagte: »Ich brauche aber einen Tannenbaum, sonst kann ich nicht Weihnachten feiern.«
»Aber nicht so viele Kerzen«, heulte die Eule, »schön schummrig und gemütlich muss es sein, Stimmung ist die Hauptsache.«
»Aber mein neues Kleid muss man sehen«, sagte der Pfau, »wenn ich kein neues Kleid kriege, ist für mich kein Weihnachten.«
»Und Schmuck!«, krächzte die Elster, »jedes Weihnachten kriege ich was: Einen Ring, ein Armband, eine Brosche oder eine Kette, das ist für mich das Allerschönste an Weihnachten.«
»Na, aber bitte den Stollen nicht vergessen«, brummte der Bär, »das ist doch die Hauptsache. Wenn es den nicht gibt und all die süßen Sachen, verzichte ich gerne auf Weihnachten.«
»Mach's wie ich«, sagte der Dachs, »pennen, pennen, das ist das Wahre. Weihnachten heißt für mich, mal richtig pennen!«
»Und saufen«, ergänzte der Ochse, »mal richtig saufen und dann pennen.« – Aber da schrie er »aua«, denn der Esel hatte ihm einen gewaltigen Tritt versetzt: »Du Ochse, denkst du denn nicht an das Kind?«
Da senkte der Ochse verschämt den Kopf und sagte: »Das Kind, ja, das Kind, das ist doch die Hauptsache.«
»Übrigens«, fragte er dann den Esel: »Wissen das die Menschen eigentlich?«

Mündliche Überlieferung

103
Tiere fragen danach, was für das Weihnachtsfest am wichtigsten ist. Sie geben Antworten, als seien sie Menschen. Am Ende weiß ausgerechnet der Esel eine gute Antwort.

- Wer könnte auch so sprechen wie die Tiere?
- Was ist für euch beim Weihnachtsfest die Hauptsache?

104. Krippenkind und Leidensmann

Der Pfarrgemeinderat hat beschlossen, eine neue Krippe anzuschaffen. Nach ausgiebiger Diskussion einigt man sich darauf, den Auftrag dem hiesigen Künstler Franz Oberhofer zu erteilen. »Haben Sie besondere Wünsche?«, fragt dieser, als man ihn informiert. »Die Figuren sollen aus Holz geschnitzt sein und dürfen nicht zu bunt bemalt werden. Alles andere überlassen wir dem Künstler«, sagt der Pfarrer.
Franz Oberhofer begibt sich an die Arbeit, schließlich soll die neue Krippe Weihnachten in der Kirche stehen. Zwei Monate schafft er an den Figuren von morgens bis abends. Am dritten Adventssonntag liefert er sein Werk ab. Erst zeigt er die Schafe, einige liegen, andere grasen.
»Naturgetreu getroffen«, sagt der Pfarrer und die anderen nicken, sie ver-

104
Ein Künstler erhält den Auftrag, für die Dorfgemeinde eine neue Krippe zu schnitzen. Als er die ersten Figuren zeigt, sind alle zufrieden. Aber als er das Krippenkind zeigt, sind einige erstaunt, andere entsetzt. Es sieht aus wie der Dornengekrönte.

- Warum hat der Künstler dem Krippenkind die Dornenkrone aufgesetzt und seine Wangen mit Blut befleckt?
- Wie würdet ihr reagieren, wenn ihr ein solches »Christkind« sehen würdet?

stehen etwas von den Tieren, denn sie haben selbst welche. Ebenso bewundern sie den Ochsen und den Esel, die angeblich mit in dem Stall weilten. Danach werden die Hirten vorgeführt, die als Erste zur Krippe kamen, um das Kind anzubeten. Kräftige Männer, manche gehen, einige knien. Die meisten tragen weite Mäntel und breite Hüte. Auch die Geschenke, die sie in den Händen halten, hat der Künstler nicht vergessen.
Nun präsentiert er die Heiligen Drei Könige: Kaspar mit langem Gewand, Melchior mit schwarzem Gesicht und Balthasar mit festlicher Robe. Alle drei bringen ihre Gaben mit. Jeder hält ein Kamel am Zügel. Diese Tiere fertigte Herr Oberhofer nach einer Vorlage.
Dann zeigt er Maria und Josef, das heilige Paar. Maria senkt liebevoll ihren Blick, während Josef mit ernster Miene auf das Kind schaut, das der Künstler als letzte Figur hervorholt.
Als er sie hochhebt, geht ein Raunen durch den Saal. Die Anwesenden sind überrascht, die meisten entsetzt. Das Gesicht des Kindes ist das Antlitz eine Mannes, an dessen Kinn ein Bart wächst, auf dessen Kopf die Dornenkrone drückt und über dessen Wangen Blut und Schweiß laufen.

Heribert Haberhausen

105
Ein Engel, der Tiere für den Stall in Betlehem sucht, weist den Löwen, Fuchs und Pfau ab. Er wählt den Ochsen und den Esel aus.

- Warum trifft der Engel seine Wahl?
- Welche Tiere hättet ihr in den Stall von Betlehem gelassen?

Geburt Jesu, Kapitell, 12. Jh., Südfrankreich.

105. Wie Ochs und Esel an die Krippe kamen

Als Josef mit Maria auf dem Weg nach Jerusalem war, rief ein Engel die Tiere heimlich zusammen, um einige auszuwählen, der heiligen Familie im Stalle zu helfen.
Als erster meldete sich natürlich der Löwe: »Nur ein König ist würdig, dem Herrn der Welt zu dienen«, brüllte er, »ich werde jeden zerreißen, der dem Kind zu nahe kommt!«
»Du bist mir zu grimmig«, sagte der Engel.
Darauf schlich sich der Fuchs näher. Mit unschuldiger Miene meinte er: »Ich werde sie gut versorgen. Für das Gotteskind besorge ich den süßesten Honig, und für die Wöchnerin stehle ich jeden Morgen ein Huhn!« »Du bist mir zu verschlagen«, sagte der Engel.
Da stelzte der Pfau heran. Rauschend entfaltete er sein Rad und glänzte in seinem Gefieder. »Ich will den armseligen Schafstall köstlicher schmücken als Salomo seinen Tempel!« »Du bist mir zu eitel«, sagte der Engel.
Es kamen noch viele und priesen ihre Künste an. Vergeblich.
Zuletzt blickte der strenge Engel noch einmal suchend um sich und sah Ochs und Esel draußen auf dem Felde dem Bauern dienen. Der Engel rief auch sie heran: »Was habt ihr anzubieten?« »Nichts«, sagte der Esel und klappte traurig die Ohren herunter, »wir haben nichts gelernt außer Demut und Geduld. Denn alles andere hat uns immer noch mehr Prügel eingetragen!« Und der Ochse warf schüchtern ein: »Aber vielleicht könnten wir dann und wann mit unseren Schwänzen Fliegen verscheuchen!« Da sagte der Engel: »Dann seit ihr die Richtigen!«

Nach einer Geschichte von Heinrich Waggerl

106. Vor Weihnachten

Käthe Kollwitz (1867–1945), Eltern am Weihnachtsbaum, 1917.

Die Geschäftstraße prangte im Weihnachtsschmuck. Zwischen den Lichterketten hingen Lautsprecher, die ununterbrochen ihr »Stille Nacht ...« auf die Köpfe der Vorübergehenden herabdröhnten. Unter den Angeboten der Kaufhäuser schienen die Schaufenster zu bersten.
Die alte Dame trippelte von Auslage zu Auslage. Sie hielt einen Schreibblock in der Hand. Auf den Blättern hatten sie die Namen derjenigen vermerkt, die sie beschenken wollte. Jetzt betrat sie eine Buchhandlung.
Mit ausgebreiteten Armen kam ihr der Buchhändler entgegen. »Gnädige Frau«, begrüßte er sie, »wie lange habe ich Sie nicht gesehen. Das freut mich, dass Sie mich wieder einmal besuchen. Wie geht es Ihnen denn?«
Die alte Dame reichte dem Buchhändler lächelnd die Hand. »Ich war ein wenig krank in den letzten Wochen«, erklärte sie leise, »doch nun geht es wieder. Ich muss ja auch die Weihnachtsgeschenke für die Kinder und meine Enkelchen besorgen.«
Der Buchhändler winkte einer Verkäuferin und geleitete die alte Dame zu einem Tisch. Dort rückte er ihr einen Stuhl zurecht, während die Verkäuferin den Tisch freimachte. Obwohl sich die Kundschaft im Laden drängte, widmete sich der Buchhändler nur der alten Dame. »Und womit darf ich Ihnen heute dienen?«, erkundigte er sich hilfsbereit.
»Ich suche etwas für meinen Sohn«, sagte die alte Dame, »das will ich ihm mitbringen ...«
»Ach«, fiel ihr der Buchhändler ins Wort, »in diesem Jahr werden Sie also die Festtage bei ihrem Sohn verbringen?«
»Ich denke, ja«, sagte die alte Dame. Ein wenig Trauer dämpfte ihre Stimme. »In den vergangenen Jahren hat es nicht so recht geklappt. Zuerst haben sie das neue Haus gebaut, da war noch kein Platz, um mich unterzubringen. Dann mussten sie einmal einen ausländischen Geschäftsfreund mit seiner Familie einladen und sie hatten das Haus voll. Im darauf folgenden Jahr ist dann ganz unerwartet die Heizung ausgefallen, da wollten sie mir nicht zumuten, mit ihnen in der Kälte auszuhalten. Im vergangenen Jahr war mein Sohn so überarbeitet, dass er zur Winterkur fahren musste. Für mich wurde wieder nichts aus Weihnachten. Aber in diesem Jahr, so hoffe ich, wird es gehen. Ich habe zwar noch keine Einladung, doch ich bin sicher, die kommt. Wissen Sie, ich bin eine alte Frau. In meinem Alter hat man nicht mehr so viele Weihnachtsfeste vor sich. Deswegen möchte ich gern noch einmal so richtig mit meinem Sohn, mit meiner Schwiegertochter und mit den Enkelkindern unter dem geschmückten Weihnachtsbaum sitzen. Vielleicht ist es zum letzten Mal!«

Hans Peter Richter

106
Eine alte Frau kauft für ihren erwachsenen Sohn Weihnachtsgeschenke ein, weil sie hofft, von ihm endlich wieder eingeladen zu werden.

- Wie beurteilt ihr die Hoffnung der alten Frau?
- Wie findet ihr das Verhalten des Sohnes?
- Kennt ihr ähnliche Situationen?

107. Hans-Peters schönstes Weihnachtsgeschenk

Hans-Peter hatte zu Weihnachten zwei genau gleiche Teddybären geschenkt bekommen, einen von der Großmutter und einen von Onkel Fritz. »Du kannst ja einen umtauschen«, sagte Hans-Peters Mutti.

107
Hans-Peter verschenkt zu Weihnachten einen schönen Teddybär an einen armen Jungen in Indien. Im nächsten Jahr wird er mit einer guten Gegengabe bedacht.

- Welchen Sinn hat es, zu Weihnachten zu schenken und beschenkt zu werden?

»Nein!«, gab Hans-Peter zur Antwort, »einen werde ich verschenken. Und zwar an einen Jungen, der so alt ist wie ich. An irgendeinen Jungen.«
»Und wie heißt der Junge, wo wohnt er denn?«
»Wie er heißt, weiß ich nicht. Und er wohnt … er wohnt in Indien.«
Da lachte der Vater: »Wie soll der Teddybär nach Indien kommen?«
Hans-Peter dachte nach. Und weil er in Hamburg wohnte und Hamburg eine Stadt ist, die einen großen Hafen hat mit vielen Schiffen, fiel ihm etwas ein: »Gibt es nicht Schiffe, die nach Indien fahren?«, fragte er.
»Die gibt es«, sagte der Vater. »Dann bitten wir einen Kapitän, der nach Indien fährt, er möge den Teddy mitnehmen.«
»Das machen wir«, sagte der Vater, »und verpacke den Teddy gut, denn bis Indien hat er eine weite Reise.«
Hans-Peter ging mit Vater zum Hafen. »Liegt hier ein Schiff, das bald nach Indien fährt?«, fragten sie. Ein Matrose zeigte auf ein Schiff, und so kletterten sie den Laufsteg hoch.
»Guten Tag, Kapitän«, sagte Hans-Peters Vater, als sie den Kapitän gefunden hatten, »mein Junge möchte einem kleinen Jungen in Indien seinen Teddybär schicken. Können Sie ihn mitnehmen?«
»Den Teddy oder den Jungen?«, lachte der Kapitän. Er hatte weiße Zähne im braunen Gesicht.
»Den Teddy natürlich«, gab Hans-Peters Vater lächelnd zurück, »den Jungen möchten wir gern behalten.«
Der indische Kapitän sagte, er wolle den Teddy gern mitnehmen. Und dann erzählte er, dass er zu Hause in Indien selbst einen kleinen Jungen habe, und ob er den Teddy bekommen könnte.
Hans-Peter überlegte. Dann fragte er: »Ist das dein Schiff?«
»Ja, das ist mein Schiff.«
»Dann bist du reich«, sagte Hans-Peter, »dann kannst du deinem Jungen selbst einen Teddy kaufen. Mein Junge ist nicht reich, der hat keinen Teddy, und der kriegt auch keinen, wenn ich ihm nicht einen schicke.«
»Gut«, sagte der Kapitän, »es gibt genug arme Jungen in Indien.« Er ließ sich Hans-Peters Namen und Adresse sagen und dann gingen Hans-Peter und sein Vater nach Hause.
Sie dachten, der Junge in Indien würde einen Brief schreiben, dass der Teddy gut angekommen sei. Aber es kam kein Brief. Auch keine Karte. Nichts, gar nichts. Es verging viel Zeit und Hans-Peter dachte nicht mehr an den Jungen in Indien. Es wurde wieder Weihnachten. Es war eine Stunde vor der Bescherung. Da klingelte es. Hans-Peter ging und öffnete. Draußen stand der indische Kapitän und brachte ein kleines Paket für Hans-Peter und einen Brief. Den musste er übersetzen, denn er war indisch geschrieben:

Lieber Hans-Peter!
Ich habe dein Geschenk bekommen und danke dir sehr dafür. Ich schicke dir ein Tongefäß mit Reis. Lass ihn dir gut schmecken. Das Gefäß hat mein Vater gemacht. Er ist Töpfer. Außerdem schicke ich dir noch eine Kette aus bunten Federn. Diese Kette habe ich selbst gemacht. Bei uns gibt es viele Vögel mit solchen Federn.
Es grüßt dich dein Freund Sadhu

Hans-Peter bekam viele schöne Geschenke an diesem Weihnachtsabend. Die schönsten waren für ihn das Tontöpfchen mit Reis und die Vogelfederkette. Er trug die Kette den ganzen Abend und war sehr glücklich, dass er einen Freund in Indien hatte.

Mira Lobe

108. Dinis Christfest-Wunsch

Dini hat alles, was sie sich wünscht: Drei Schränke voll Kleider und Pullover. Einen eigenen Farbfernseher, einen Heimcomputer und ein Videogerät. Sie besitzt 72 Puppen, drei Teddybären und über 300 CDs.
»Was soll ich dir zum Christfest schenken?«, seufzt der Vater. »Du hast doch schon alles, was man sich nur wünschen kann. Das beste wird sein, ich schenke dir einen goldenen Zweihunderteuroschein.«
Dinis Eltern sind reich. Geld spielt bei ihnen keine Rolle.
Die Mutter sagt: »Ich schenke dir einen fernlenkbaren Puppenwagen mit Elektromotor.«
»Von mir bekommst du einen leuchtenden Bernsteinring mit eingebauter Taschenlampe«, schmunzelt der Opa.
Die Oma meint: »Ich stricke dir eine Schutzhülle für Zahncremetuben – aus allerfeinster Angorawolle.«
Bruder Ricky tut sehr geheimnisvoll: »Von mir bekommst du eine vollautomatische Bleistift-Spitzmaschine aus Silber.«
Dini ist traurig. »Ich will keine vollautomatische Bleistift-Spitzmaschine. Ich will keine Schonhülle für Zahncremetuben, keinen Puppenwagen mit Elektromotor, keinen in der Nacht leuchtenden Taschenlampenring und auch keinen goldenen Zweihunderteuroschein. Da sind doch alles unnütze Sachen.«
»Ja, was möchtest du dann?«, fragt die Mutter erstaunt.
»Eure Liebe und Zuneigung.«
Der Vater überlegt lange. Dann schüttelt er bedenklich den Kopf: »Aber Dini«, meint er, »was du für ausgefallene Wünsche hast. Liebe und Zuneigung kann man doch nicht kaufen.«
»Ja, darum!«, sagt Dini.

Bruno Horst Bull

108
Das reiche Mädchen Dini will keine teuren und keine unsinnigen Geschenke. Es möchte von seinen Eltern Liebe und Zuneigung.

- Was sind Geschenke, die man nicht kaufen kann?
- Warum sind sie so wertvoll?

109. Euro-Weihnachten

»Ich bin Erika. Bald kommt Weihnachten. Ich schenke Vati ein Tischfeuerzeug zu Euro 22,50. Vati schenkt Michael Tischtennisschläger zu Euro 22,–. Michael schenkt Mutti eine Schälmaschine zu Euro 19,50. Mutti schenkt mir CDs im Wert von Euro 18,–. 4 Euro 50 muss ich noch bekommen. Von wem? Ich bin so gespannt auf Weihnachten.«

Robert Gernhardt

109
- Wie rechnet ihr zu Weihnachten?

110. An jenem Morgen

In Gedanken versetzte er sich in jene frühere Zeit zurück. Fünfzehn Jahre war er damals alt gewesen und lebte noch auf dem Hof des Vaters. Er liebte seinen Vater sehr. Aber er wusste das erst an jenem Tag kurz vor Weihnachten, als er zufällig gehört hatte, wie sein Vater zu der Mutter sagte: »Mary, es ist mir schrecklich, Rob so früh wecken zu müssen. Er wächst so rasch und braucht seinen Schlaf. Ich wollte, ich könnte ohne ihn fertig werden!« – »Das kannst du nicht«, erwiderte die Mutter. »Außerdem ist er kein Kind mehr. Es ist an der Zeit, dass er mehr zupackt.« – »Ja«, meinte der Vater. »Aber jedenfalls ist es mir arg, ihn zu wecken.« Da wusste er, dass sein Vater ihn lieb hatte.

110
Rob, ein 15-jähriger Junge, macht seinem überlasteten Vater zu Weihnachten eine besonderer Freude, indem er schon gegen 3 Uhr die Kühe melkt. Der Vater ist gerührt und dankbar.

- Hilfe für eure Eltern: ein mögliches Weihnachtsgeschenk?

Otto Dix (1891–1969), Drei Könige, 1960.

Jetzt gab es kein Herumtrödeln mehr und er beeilte sich am Morgen, wenn auch noch taumelnd vor Schlaf. Und dann lag er in jener Nacht vor Weihnachten, als er fünfzehn war, still da und schaute zu seinem Dachfenster hinaus.
»Papa«, hatte er gefragt, »was meint man denn mit dem Stall?« – »Eben ein Viehstall«, hatte sein Vater geantwortet, »so wie der unsere.«
So war also Jesus in einem Viehstall geboren, und die Hirten und Weisen aus dem Morgenland waren zu dem Stall gekommen, um ihre Geschenke zu bringen! Der Gedanke durchfuhr ihn wie ein Dolch. Warum sollte nicht auch er seinem Vater draußen im Stall ein besonderes Geschenk machen? Er konnte früh aufstehen, schon vor vier, sich in den Stall schleichen und das ganze Melken besorgen. Er würde alles allein tun, und wenn dann sein Vater hereinkam, würde er sehen, dass alles bereits getan war.
Vielleicht zwanzig Mal musste er in jener Nacht aufgewacht sein und jedes Mal ein Streichholz angezündet haben. Kurz vor drei stand er auf und zog sich an. Die Kühe blickten verschlafen und verwundert drein. Auch für sie war es früh. Aber sie ließen ihn friedlich gewähren und er brachte jeder Kuh ein wenig Heu und holte dann die Eimer und die Milchkannen. Nie zuvor hatte er allein gemolken, aber es kam ihm geradezu leicht vor. Er dachte dabei, wie überrascht sein Vater sein würde. Er würde die zwei großen Milchkannen holen wollen, aber sie wären weder da noch leer, sondern würden gefüllt in der Milchkammer stehen. Die Arbeit ging ihm leichter von der Hand als sonst. Melken war diesmal für ihn keine Anstrengung mehr, sondern ein Geschenk für seinen Vater, der ihn lieb hatte. Er war fertig, die beiden Kannen waren voll, er trug sie in die Kammer und schloss sorgfältig die Tür. Er stellte den Schemel auf seinen Platz und hängte den sauberen Milcheimer auf.
Als er wieder in seinem Zimmer war, hatte er nur einen Augenblick Zeit, in der Dunkelheit seine Kleider abzustreifen und ins Bett zu schlüpfen, denn er hörte seinen Vater bereits heraufkommen. Er zog die Bettdecke über die Ohren, um sein Keuchen zu dämpfen. Die Tür wurde geöffnet: »Rob!«, rief der Vater. »Wir müssen aufstehen, auch wenn es Weihnachten ist.«
»Ist schon recht«, erwiderte er verschlafen. »Ich gehe inzwischen voran«, sagte sein Vater. Die Tür schloss sich, er lag still da und lachte in sich hinein. In ein paar Minuten würde sein Vater es wissen. Die Minuten waren endlos – endlich hörte er wieder die Schritte des Vaters. Wieder ging die Tür auf, und er lag still.
»Du hast wohl gedacht, du könntest mich zum Narren halten?« Sein Vater stand neben ihm und zog ihm die Decke weg.
»Es ist doch für Weihnachten, Papa!« Er fühlte, wie sich die Arme seines Vaters um ihn legten. »Sohn, ich danke dir. Du hättest mir keine größere Freude machen können …« Ach, was für ein Weihnachten war das, sein Herz war fast vor Stolz zersprungen, als sein Vater es der Mutter erzählte und die jüngeren Geschwister ermahnte, gut zuzuhören, wie er, Rob, ganz aus eigenen Stücken aufgestanden sei. »Das schönste Weihnachtsgeschenk, das ich je bekommen habe. Solange ich lebe, mein Sohn, werde ich mich jedes Jahr am Weihnachtsmorgen daran erinnern.«

Pearl S. Buck

111. Ein Gleichnis von zwei Autobesitzern

Einmal fragte ein Schüler seinen Lehrer: »Wonach sollen wir Menschen streben?«
Der Lehrer antwortete mit einem Beispiel: »Ein Mann hatte lange für sein neues Auto gespart. Erst nach Jahren konnte er sich seinen Traum erfüllen. Er kaufte sich ein Fahrzeug, in dem die Zukunft eingebaut war. Es enthielt alles, was ein Wagen der höheren Klasse haben musste. Es waren aber auch Fernseher und Computer, Verkehrsleitsysteme und Minibar vorhanden. Herr Selig hätte nun durchaus glücklich und zufrieden sein können, doch es trieb ihn jedes Mal, wenn er sein Auto irgendwo abgestellt hatte, mit einer Unruhe und unaussprechlicher Nervosität zu seinem Fahrzeug zurück. Er fürchtete, es könnte beschädigt oder sogar gestohlen worden sein. Jedes Mal umkurvte er es mehrmals und begutachtete es von allen Seiten. Er hätte die kleinste Schramme aufgespürt. Erst wenn er sich überzeugt hatte, dass alles in Ordnung war, setzte er sich erleichtert in das Auto und ließ sich vom Luftstrom der Klimaanlage die erregten Wangen kühlen.«
Der Lehrer machte eine Pause, in der ihn der Schüler erwartungsvoll ansah. Er schien fragen zu wollen: »Ist das der Sinn des Lebens?«
Der Lehrer lächelte und erzählte weiter: »Sein Nachbar hatte ein etwas älteres Modell, ein Bruchteil im Wert von dem des Herrn Selig. Er brauchte es für seine Arbeit und seine Ferien. Er reiste damit zu seinen Freunden. Er kümmerte sich gerade so um sein Auto, dass es noch die TÜV-Plakette erhielt. Im Laufe der Jahre hatte das Fahrzeug kleine Schrammen und leichte Beulen abbekommen. Wenn er sein abgestelltes Fahrzeug aufsuchte, dachte er an viele Dinge, nur nicht an das Auto. Meistens träumte er von einer Weltreise oder einem Flug zum Mond, manchmal sogar von einem neuen Auto mit vielen Extras.«

Heribert Haberhausen

111
Für den einen Autobesitzer ist sein Auto sein Ein und Alles (Selbstzweck, Sinn des Lebens), für den anderen ein Gebrauchsartikel, der ihm das Leben leichter macht und die Phantasie anregt (Mittel zum Zweck, nicht Sinn des Lebens).

- Vergleicht die beiden Autobesitzer miteinander.
- Warum ist die Erzählung ein Gleichnis?
- Welches Gleichnis könnte Jesus aus dem Fassadenkletterer machen?

112. Einer von den Neun

Jael war erst einen Monat bei der Gruppe. Wie schnell war das Unheil über ihn gekommen. Zuerst war es nur ein ständiges Jucken und Kratzen gewesen. Die Haut war an verschiedenen Stellen des Körpers gerötet. Dann bildeten sich silberfarbige Schuppen. Wenn er sie abkratzte, sah man überall kleine Bluttröpfchen. Die Mitbürger machten einen Bogen um ihn. Der Dorfälteste besuchte ihn daheim: »Du hast doch wohl einen Aussatz. Geh, lass dich vom Priester untersuchen.«
Jael wanderte von Salim zur Hauptstadt. Der Priester behielt ihn für eine Woche in der Absonderung und beobachtete, wie sich die Krankheit entwickelte. Dann bestätigte er, was alle vermutet hatten. Jael kehrte nur bis

112

Jael wird von Aussatz befallen. Er muss seine Familie verlassen und darf nur abgesondert mit neun anderen Aussätzigen leben. Eines Tages kommt Jesus vorbei, der alle heilt. Nur einer von den zehn, ein Samariter, bedankt sich bei Jesus. Auch Jael bedankt sich nicht. – Der Text ist eine freie Nacherzählung von Lk 17, 11-18.

- Was bedeutete es damals, ein Aussätziger zu sein?
- Wie denkt ihr über das Verhalten der zehn Geheilten?
- Was wisst ihr über Aussatz heute? (→ ZdF S. 133 ff)

→ T. 127, 128

vor die Tür seines Hauses zurück. Die Frau packte ihm das Bündel. Beim Abschied durfte er sie und die Kinder nicht berühren. Er riss sich los und suchte die einsamen Hütten auf, die man einst für die Aussätzigen gebaut hatte. Dort traf er neun andere, die jetzt seine Schicksalsgenossen waren. An den Ekel erregenden Anblick ihrer Krankheiten konnte er sich nicht so schnell gewöhnen.

Da war der Alte aus Rimmon. Ein Geschwür mit wildem Fleisch wuchs rings um seinen Mund. Dann der aus Hepher, dessen Haut ganz mit eitrigen Pickeln überdeckt war. Einer aus Gadara hatte dunkelviolette Flechten im Gesicht und an den Händen, und der aus Sebaste litt unter dem gleichen Ausschlag wie Jael. Sebaste liegt in Samaria. Er war also ein Fremder. Die Juden damals waren den Samaritern feind, weil sie Gott nicht auf dem heiligen Berg Zion im Tempel verehrten. Aber unter den Aussätzigen zählten solche Unterschiede nicht.

Der Samaritaner war fromm. Er betete täglich und fragte sich, warum Gott ihn mit einem Aussatz geschlagen habe. »Ist es eine Strafe für meine Sünden? Oder will er mich damit prüfen?« Den andern kam diese Frage so unnütz vor wie die Frage, warum der Mond nicht immer rund und voll ist. Sie lebten von dem, was sie erbettelten und was einige Angehörige regelmäßig an den Straßenrand hinlegten. So gut es ging, pflegte jeder sein Leiden, goss Öl über die Geschwüre und legte Verbandszeug auf den Ausschlag. Wenn einer von einem alten Freund eine neue Kräutersalbe geschenkt bekam, musste jeder sie an sich ausprobieren. Keiner hatte die Hoffnung, noch einmal gesund zu werden, ganz begraben. Einmal erhielt einer ein wundertätiges Säcklein mit Raubtierzähnen, vermischt mit Holzkohlestücken vom Altar des Tempels. Jeder probierte es aus und band es nach Vorschrift einen ganzen Tag lang um seinen Hals, aber bei keinem nützte es.

Jael traf sich ab und zu heimlich in der Nacht mit seiner Frau. Einmal erzählte sie ihm vom Rabbi Jesus von Nazaret: »Nur durch ein Machtwort hat er in Kafarnaum einen Aussätzigen geheilt. Morgen soll er bei Salim durchkommen und nach Pella weiterwandern.«

Als Jael am nächsten Morgen den anderen davon erzählte, waren alle sofort einig: Sie wollten an der Straße nach Pella auf den Gottesmann warten. Vielleicht konnte der mehr, als was die Salben und das wundertätige Säcklein vermochten.

Nach langem Warten kam eine Schar von Menschen. Nach der Beschreibung musste das der Rabbi mit seinen Jüngern sein. Sie riefen alle durcheinander, aber man verstand, was gemeint war: »Rabbi Jesus, erbarme dich über uns und heile uns.«

Es wird erzählt, dass Jesus nur geantwortet habe: »Geht, zeigt euch dem Priester.« Und während sie zur Hauptstadt wanderten, seien sie alle gesund geworden.

Der Priester wunderte sich wohl, dass so viele auf einmal kamen. Er untersuchte jeden Einzelnen täglich, eine Woche lang. Ich denke mir, diese sieben Tage geduldig zu warten, fiel den Geheilten schwerer als einen Monat in den Hütten der Aussätzigen zu leben. Am Ende schrieb der Priester für jeden einen Brief an den Dorfältesten, dass er gesund sei und frei leben dürfe. Dann durften sie heimgehen, außer sich vor Jubel und Triumph. Neuer Lebensmut erfüllt sie. Sie machten Pläne, wie sie ihr Leben jetzt gestalten würden, und es war ihnen ganz und gar wohl in ihrer Haut.

Jael konnte es kaum erwarten, seine Frau und die Kinder zu umarmen. Ja, umarmen, denn jetzt war es gefahrlos, seinen Leib zu berühren. Auch der Samaritaner freute sich über die Maßen. Er sprach zu Jael:

»Jetzt weiß ich, warum Gott mich mit dem Aussatz geschlagen hat. Darum muss ich den Rabbi Jesus suchen und ihm danken. Ich kann mir meine Zukunft nicht vorstellen, ohne seine Nähe erfahren zu haben.«
Jael konnte das nicht verstehen: »Dazu ist später immer noch Zeit. Jetzt sind mir meine Lieben daheim wichtiger.«
Er ging auf dem schnellsten Wege heim und das Wiedersehen mit seiner Frau und den Kindern wurde zu einem großen Fest.
Der Samaritaner aber fragte sich durch, bis er Jesus fand. Dann pries er Gott mit lauter Stimme, kniete vor Jesus nieder und dankte ihm. Jesus segnete ihn und sprach: »Steh auf und geh heim. Dein Glaube hat dir geholfen.«
Dann blickte er in die Runde: »Es sind doch zehn Aussätzige gesund geworden. Wo sind die übrigen neun?«
Ja, wo sind die neun? Ich meine, dass sie jetzt die Gesundheit genießen, die ihnen Gott in seiner Güte durch den Rabbi Jesus geschenkt hat.

Walter Neidhart

113
Ein Pelikan rettet seine Jungen vor dem Hungertod, indem er ihnen sein eigenes Blut zu trinken gibt.

- Wofür ist der Pelikan ein Symbol?

113. Der Pelikan

Ein Land wurde von einer großen Hungersnot befallen. Menschen und Tiere litten Not. Sie wussten nicht, wie sie ihr Leben erhalten sollten.
In diesem Land lebte auch ein Pelikan, der sich nicht so sehr um sein Leben als vielmehr um das Leben seiner Jungen sorgte. Sie forderten Tag für Tag ihre Nahrung. Der Pelikan wusste keinen Ausweg mehr. In seiner großen Not bohrte er sich mit dem Schnabel ein Loch in die Brust und gab sein Blut den Jungen zu trinken.
Als die Hungersnot vorüber war, konnten die Jungen gekräftigt ins Leben hinausfliegen. Der alte Pelikan aber starb. Er hatte sein Blut, sein Leben verschenkt an seine Jungen.

114. Der Bambusbaum

114
Der Herr eines Gartens muss einen Bambusbaum beschneiden, ihm die Blätter und Äste abschneiden, ihn in Teile schlagen und ihm sogar das Herz herausnehmen, um ihn für seinen Garten nützlich zu machen. So wird er zum Segen.

- Wie findet ihr die Maßnahmen des Gartenbesitzers?
- Der Bambusbaum – ein Symbol?

In einem großen Garten wuchs ein Bambusbaum. Der Herr des Gartens hatte seine Freude an ihm. Von Jahr zu Jahr wurde er kräftiger und schöner. Eines Tages aber blieb der Herr vor ihm stehen und sagte: »Lieber Bambus, ich brauche dich!«
Der Baum antwortete: »Herr, ich bin bereit, gebrauche mich, wie du willst.«
Die Stimme des Herrn wurde ernst: »Um dich zu gebrauchen, muss ich dich beschneiden!«
Der Baum erzitterte: »Mich beschneiden? Deinen schönsten Baum im Garten? Nein, bitte, das nicht, bitte nicht! Verwende mich doch zu deiner Freude, Herr, aber beschneiden …!«
Der Herr sagte noch ernster: »Wenn ich dich nicht beschneide, kann ich dich nicht gebrauchen.«
Im Garten wurde es ganz still. Der Wind hielt den Atem an. Langsam beugte der Bambus seinen herrlichen Kopf und sagte leise: »Herr, wenn du mich anders nicht gebrauchen kannst, dann beschneide mich!«
Doch der Herr fuhr fort: »Mein geliebter Bambus, ich werde dir auch deine Blätter und Äste abschneiden!«
»Ach, Herr, davor bewahre mich. Zerstöre meine Schönheit, aber lass mir bitte Blätter und Äste!«
»Wenn ich sie dir nicht abschneide, kann ich dich nicht gebrauchen!«

Die Sonne versteckte ihr Gesicht. Ein Schmetterling flog ängstlich davon. Bis ins Mark getroffen, flüsterte der Bambus: »Herr, schlag sie ab!«
»Mein geliebter Bambus, ich muss dir noch mehr antun. Ich muss dich mitten durchschneiden und dein Herz herausnehmen. Wenn ich das nicht tue, kann ich dich nicht gebrauchen!« Da neigte sich der Bambus bis zur Erde: »Herr, schneide und teile!«
So schnitt der Herr des Gartens den Bambus, hieb seine Äste ab, streifte seine Blätter fort, teilte ihn in zwei Teile und schnitt sein Herz heraus. Dann trug er ihn mitten durch die trockenen Felder in die Nähe einer Quelle. Dort verband er durch den Bambusstamm die Quelle mit der Wasserrinne im Feld. Und das klare, glitzernde Wasser schoss durch den zerteilten Körper des Bambus in den Kanal und floss auf die dürren Felder, um eine reiche Ernte möglich zu machen. So wurde der herrliche Bambus erst zum großen Segen, als er gebrochen und zerschlagen war.

Aus China

115
Der Kleine Mann und die Kleine Frau merken beim Ostereiersuchen, dass es zu Ostern etwas Wichtigeres zu suchen gibt.

- Was gibt es zu Ostern zu suchen, das wichtiger als alle Ostereier ist?

➔ T. 5

115. Vom Osterhasensuchen des Kleinen Mannes und der Kleinen Frau

»Wie die Bräuche sich verändert haben!«, murmelt der Kleine Mann und sieht die Kleine Frau seufzend an. »Jetzt suchen wir die versteckten Osterhasen, die die Großkinder nicht finden wollen.« – »Hier«, meldet sich die Kleine Frau und befreit einen soeben geborgenen Butterhasen von Laub und Gras. »Ich hab den Diät-Goldhasen gefunden«, ruft der Kleine Mann und hält eine Figur aus Goldpapier mit brauner Schleife und einer angehängten Karte: ›Diät‹ in die Luft. »Fehlen noch die Marzipanküken«, spaßt die Kleine Frau mit zuversichtlicher Stimme und gequälter Miene.
»Wir müssten«, sagt er leise. »Sprich lauter!«, fordert sie. »Wir müssten«, wiederholt der Kleine Mann, »das Eigentliche suchen, also das, weshalb überhaupt Ostern stattfindet.« – »Gut«, antwortet sie. »Wenn es dämmert«, schlägt er vor, »treffen wir uns.«
Nebel legt sich auf den Bahndamm. Die Baumspitzen sind nicht mehr auszumachen. Der Kleine Mann und die Kleine Frau lehnen an der Gartentür. »Wie an das Eigentliche herankommen?«, überlegt der Kleine Mann. »Wir können doch nicht den Boden absuchen.« – »Vielleicht doch«, beharrt die Kleine Frau. »Vor bald zweitausend Jahren hat eine andere Kleine Frau ein Grab gesucht. Da sollte einer ganz unten, ganz drin, ganz tot liegen.« Scheinwerfer von Autos tasten den Waldrand ab. »Und was passierte?«, will der Kleine Mann wissen. »Der da liegen sollte«, erzählt sie, »war nicht mehr da.« – »Trotzdem«, nickt der Kleine Mann und küsst die Kleine Frau. »Morgen fangen wir an.«

Stephan Reimund Senge

116
Die ägyptische Katharina überzeugt den römischen Kaiser am Beispiel eines Eies, aus dem ein Küken schlüpft, von der Wahrheit der Auferstehung.

116. Wie das Ei zum Osterei wurde

Katharina war eine Königstochter im Ägypterland. Sie lebte vor langer, langer Zeit in der Stadt Alexandria. Damals herrschte dort der Kaiser von Rom. Er hieß Maxentius und war der mächtigste Mensch der Welt.
Eines Tages besuchte er seine Stadt Alexandria. Er ließ Katharina zu sich kommen. Sie sollte ihm von Jesus erzählen. Er hatte nämlich erfahren, dass sie eine Christin war. Katharina kannte viele Jesusgeschichten. Der Kaiser

hörte gespannt zu. Ihm gefiel das, was Jesus unter den Menschen getan hatte. Alle seine Ratgeber wunderten sich darüber. Der Kaiser hatte nämlich die Christen verfolgt. Viele waren auf seinen Befehl getötet worden. Katharina erzählte vom Leben Jesu, von seinem Sterben und schließlich auch, dass er von den Toten auferstanden sei.
»Von den Toten auferstanden?«, fragte der Kaiser verblüfft. Katharina nickte. Da lachte der Kaiser laut und rief: »Das will ich dir nur glauben, wenn du aus einem Stein neues Leben erwecken kannst.« Katharina ging betrübt davon. Aber dann kam ihr ein Gedanke. Sie kaufte von einem Bauern ein beinahe ausgebrütetes Entenei. Damit ging sie am nächsten Tag zum Kaiser.
»Na, willst du es versuchen?«, spottete der.
Sie hielt ihm das Ei entgegen. Die junge Ente riss einen Spalt in die Schale. Der Kaiser schaute geduldig zu, wie das kleine Tier sich aus dem Ei befreite. Der Spott wich ihm aus seinem Gesicht.
»Scheinbar tot«, sagte Katharina. »Scheinbar tot und doch Leben.«
Es heißt, dass der Kaiser sehr nachdenklich geworden sei.
So ist das Ei zum Osterei geworden als Zeichen für das, was kein Mensch begreifen kann:
Christus ist auferstanden. Wahr und wahrhaftig, er ist auferstanden.

Willi Fährmann

- Warum ist das Osterei ein Symbol der Auferstehung?
- Kennt ihr andere Ostersymbole? (Sonne, Kerze, Frühling, Weizenkorn, Raupe usw.)

117. Der Tod im weißen Gewand

»In den ersten Novembertagen gedenken wir besonders der Toten«, sagt Herr Rüter. »Viele Menschen werden in der nächsten Zeit zum Friedhof gehen, um die Gräber der Verstorbenen mit Gestecken und Kerzen zu schmücken.« Die Schüler hören ein wenig verwundert den Worten des Lehrers zu, denn ihre Kunststunde hat gerade begonnen, und nicht der Religionsunterricht. Studienrat Rüter macht eine kleine Pause, dann fährt er fort: »Die Darstellung des Todes war immer auch ein Thema in der Kunst. Jetzt sollt ihr euch selbst einmal daran versuchen.«
Nach anfänglichem Zögern greifen die Jugendlichen zu Zeichenblock, Pinsel und Farbkasten, füllen die Gläser mit Wasser und beginnen mit ihren Arbeiten.
Gegen Ende der Stunde schreitet Herr Rüter durch die Reihen, um sich die Zeichnungen anzusehen. In Anlehnung an die vielen Werke, die im Laufe der Jahrhunderte gefertigt worden sind, die dem Tod eine bestimmte Rolle zuschreiben, haben auch die Schüler ihn als Mann mit der Sense, als Skelett mit der Sanduhr, aber auch als schwarzen Reiter mit fliegendem Mantel auf galoppierendem Rappen dargestellt. Sie haben ihn als jene dunkle Gestalt wiedergegeben, die Unheil bringend über das Land schreitet und erbarmungslos ihre Arbeit verrichtet.
Umso erstaunter ist Herr Rüter, als er plötzlich vor dem Bild eines Schülers steht, dessen Vater im vergangenen Jahr nach kurzem, aber schwerem Krebsleiden verstorben ist. Herr Rüter schaut nachdenklich auf den Zeichenblock und betrachtet die engelgleiche Braut, die ganz in Weiß gekleidet ist und in der Hand statt eines festlichen Bouquets ein großes Ei hält.

Heribert Haberhausen

117
Schüler sollen Bilder vom Tod malen. Es entstehen die üblichen Bilder: Mann mit Sense, Skelett usw. Ein Schüler malt den Tod als Braut im weißen Gewand.

- Sprecht über die verschiedenen Todesbilder.
- Wie würdet ihr den Tod malen?
- Welche Bilder könnten Christen entwerfen?

→ **T. 116** (Ei)

118
Während Augustus als mächtiger Kaiser über das Römische Reich herrscht, wird am Rand seines Reiches ein armes Kind geboren, das den Kaiser in seiner Bedeutung und Macht bald weit übertreffen wird.

- Stellt einen Vergleich an: Kaiser Augustus und das Krippenkind.

➔ ZdF S. 126

118. Der Kaiser Augustus und das Krippenkind

Seit 1700 Jahren feiern Christen das Weihnachtsfest. Immer denken sie dabei an die Weihnachtsgeschichte, an die Geschichte, die Lukas aufgeschrieben hat, und die so beginnt: »Es war zur Zeit des Kaisers Augustus ...«
Augustus war Kaiser der Römer vor 2000 Jahren. Er war mächtig. Sein Reich war das römische Weltreich, ein Reich rings um das Mittelmeer, ein Reich mit vielen Ländern.
Überall waren die Truppen des Kaisers, die Legionen Roms. Auf allen Straßen marschierten sie. Sie fuhren übers Meer. Sie schützten die Grenzen. Sie schützten den Frieden. Es war eine Zeit des Friedens.
Friedenskaiser hieß Augustus, Heiland, Retter der Welt. Ein großer Dichter sagte von ihm: »Er bringt uns die neue Zeit. Von jetzt ab wird immer Frieden sein. Er ist wie ein Gott für uns.«
Die Menschen sehnten sich nach Frieden. Sie glaubten an Augustus. Sie bauten ihm Tempel und Altäre. Sie brachten Opfer für ihn, Opfer von Tieren und andere Opfer dem DIVO AUGUSTO, dem Göttlichen. Die Römer meißelten es in Stein: »Der Kaiser ist unser Gott. Er ist der Herr über alle Menschen. Endlich ist er gekommen. Es ist Advent, die Zeit der Ankunft. Er bringt uns die frohe Botschaft.« Die Römer erzählten es hin und her auf den Inseln und Kontinenten: »Ein Tag hat uns allen Heil gebracht - der Tag seiner Geburt!«
Zur gleichen Zeit, als die Römer dies überall verkündigten in ihrem Weltreich, als sie es in Stein meißelten - der Geburtstag des Kaisers, Anfang der Welt -, zur gleichen Zeit geschah eine andere Geburt, eine Geburt am Rande des Weltreiches, in einer kleinen Provinz, im Lande der Juden, in Palästina, eine Geburt in Armut, die Geburt von Jesus.
Niemand schrieb etwas auf über diese Geburt. Niemand meißelte etwas in Stein. Niemand weiß mehr das Jahr dieser Geburt, niemand weiß mehr den Tag.
Niemand fragte nach dieser Geburt. Damals noch nicht. Niemand wusste, was aus diesem Kind einmal werden sollte. Damals noch nicht. Aber diese Geburt hat Glanz gebracht über die Welt. Sie strahlt bis heute, ein großes Licht.
Die Geburt des Kaisers ist vergessen.

Dietrich Steinwede

119
Eine kurze Biographie dessen, der zum Vorläufer Jesu wurde.

- Warum ist Johannes der Täufer eine wichtige Gestalt in der Bibel?

119. Johannes der Täufer

Johannes (hebr.: Gott ist gnädig) war Sohn der Elisabeth und des Zacharias. Er wurde nach der Überlieferung ein halbes Jahr vor Jesus geboren. Der schon alte Priester Zacharias, dessen Ehe lange kinderlos war, opferte im Tempel und erhielt durch den Erzengel Gabriel die Verheißung, dass ihm ein Sohn geboren werde. Zacharias zweifelte, bat um ein Zeichen und wurde vom Engel mit Stummheit geschlagen. Die dann tatsächlich in hohem Alter schwanger gewordene Elisabet wurde in der Schwangerschaft von Maria besucht, die bei ihr blieb bis zur Geburt des Johannes. Elisabet, nach der Geburt über die Namensgebung befragt, wusste aus ihrer Eingebung, dass der Knabe entgegen der Familientradition Johannes heißen sollte; gleichzeitig schrieb Zacharias den Namen auf eine Wachstafel, erhielt nun seine Sprache zurück und brach in den im Lukasevangelium (1,67-79) überlieferten Lobgesang aus.

Johannes trat der Überlieferung nach im Jahr 28 erstmals öffentlich als Bußprediger auf. Er lebte als Asket in der Wüste, wo er »mit rauem Kamelhaar bekleidet, von Heuschrecken und wildem Honig ernährt« (Mk 1,6; Mt 3,4) geschildert wird, was an Elia erinnert. Er verkündete am Jordan das Kommen des von den Juden ersehnten Messias und vollzog zur Vorbereitung hierauf die Bußtaufe mit Wasser als Symbol für die Rettung im kommenden Weltgericht. Dabei wurde er vom Fürsten Herodes bespitzelt, vorbeugend von den Soldaten umgeben und von den Pharisäern zur Rede gestellt, ob er der Messias sei (Lk 3,120). Die christliche Kirche sieht in ihm den letzten großen Propheten der biblischen Tradition.

Johannes taufte Jesus am Jordan, wobei die besondere Sendung Jesu zum ersten Mal offenbar wurde: »Aus dem Himmel erscholl eine Stimme: ›Du bist mein geliebter Sohn, an dir habe ich Wohlgefallen gefunden (Lk 3,24)‹.«

Von König Herodes Antipas wurde Johannes dann gefangen genommen, weil der ihm die unrechtmäßige Verbindung mit seiner Schwägerin Herodias öffentlich vorgehalten hatte. Die hasserfüllte Herodias bewegte ihre Tochter Salome, als diese dem von ihrem Tanz entzückten Vater einen Wunsch äußern durfte, Johannes' Haupt zu fordern. Er wurde enthauptet, Salome brachte der Mutter das Haupt auf einer Schale (Mk 6,14-29).

Nach syrischen Legenden begruben Andreas und Johannes den Leichnam in Samaria. Dieses Grab wurde von Hieronymus bestätigt. Im 4. Jahrhundert wurde dort eine Kirche errichtet, deren Reste 1931 ausgegraben wurden. Die Städte Konstantinopel, Damaskus und Emesa behaupteten aber auch, das Haupt des Johannes zu besitzen.

Rembrandt (1606–1669), Die Enthauptung Johannes' des Täufers, um 1640.

In der Legenda Aurea wird Johannes auch als Engel bezeichnet, nach Maleachi 3,1: »Siehe, ich sende meinen Engel vor mir her«; in der östlichen Tradition wird er deshalb meist mit großen Flügeln dargestellt. Als Mittler im Jüngsten Gericht ist sein Platz traditionell zur Linken Christi.

Der Täufer erhielt seinen Festtag in Rom sechs Monate vor dem Geburtsfest Jesu. Auch Augustinus kannte für Afrika dieses Datum. Neben Jesus und Maria ist Johannes der einzige, dessen Geburtstag gefeiert wird, woran seine besondere heilsgeschichtliche Bedeutung erkennbar wird. Sein Hinweis auf den Erlöser ist wohl der Grund, warum das alte keltische Sonnenwendfest, der Tag des Sieges der Sonne und des Lichtes über Dunkelheit und Tod, als Johannistag geeignet war, christlich überformt zu werden. Johannes oder Sonnwendfeuer werden weithin an diesem Tag abgebrannt. Dem Johanniskraut, das um diese Jahreszeit blüht, schrieb man Abwehreigenschaften gegen Geister und Teufel zu.

Attribute: Fellgewand, Spruchband »Ecce Agnus Dei«, Lamm

120
Bar Abbas, für die Römer ein Aufständischer, für viele Juden ein Freiheitskämpfer, will das Reich Davids wiederherstellen. Als er mit Jesus zusammentrifft, werden die tiefen Gegensätze beider deutlich.

- Was will Bar Abbas für die Juden erreichen? Was ist die Absicht Jesu? Vergleicht die Vorhaben beider miteinander.
- Bar Abbas spielt in der Passion Jesu eine wichtige Rolle: Mk 15, 6-15; Mt 27,15-26; Lk 23,13-25).
- Welches Ende finden Jesus und Barabbas?

120. Bar Abbas

Am Morgen kommen Joses und Jakob und treffen mit ihrem Bruder zusammen. wie sie vereinbart haben. Sie treiben einen Esel vor sich her, dem sie einen Quersack mit Brot und Obst und zwei kleine Wasserkrüge aufgeladen haben. »Was habt ihr vor?«, fragt Jesus, doch sie antworten nur knapp und ausweichend. »Komm, weg hier, weg von Nazaret, damit uns niemand sieht. Wir marschieren ungefähr eine Tagesreise und bringen dich zu unserem Freund. Er möchte dich kennen lernen und mit dir reden. Es könnte wichtig sein für dich – und für ihn.«
»Zu eurem Freund, dem ihr seit Wochen angeblich beim Bau seiner Kelter helft? Was will er von mir? Wie heißt er?«, fragt Jesus.
»Die mit ihm zu tun haben, nennen ihn Bar Abbas. Ein Deckname, du verstehst schon: ›Sohn meines Vaters‹. Seinen richtigen Namen weiß niemand. Er will ein neues Reich, genau wie du – und doch anders«, sagt Jakob. »Er will das Reich unseres Vaters David wiederherstellen, so groß, wie es damals gewesen ist. Vielleicht ist Bar Abbas der Messias, der Retter, von dem in unseren heiligen Schriften geschrieben steht? Er selbst hört allerdings nicht gern, wenn man das von ihm sagt. Aber es gibt hier in der Gegend schon um die vierzig Kämpfer, die ihm gehorchen und vertrauen. Wir beide, Joses und ich, gehören zu seiner Kerntruppe: Wir sind Sieben, die sieben Vertrauten.«
Das letzte Stück ihrer Wanderung führt sie durch unwegsames Gelände. »Wir müssen dir die Augen verbinden«, sagt Joses. »Wer nicht zu unserer Kerntruppe gehört, darf nicht sehen, wo das Versteck ist, so will es unser Anführer. Komm, mach schon. Es sind nur noch ein paar hundert Schritte.«
Die Höhle, in der sich Bar Abbas mit seinen Männern zu treffen pflegt, ist geräumig. In der Mitte brennt ein Feuer, dessen flackernder Schein die Dunkelheit mildert; nach oben hinaus kann der Rauch abziehen, der Kamin ist verwinkelt gebaut und so geschickt von Zwischenmauern unterbrochen, dass sich der Qualm, noch bevor er ins Freie treten kann, aufgelöst hat, sodass man ihn nicht mehr sieht. Die Stirnwand der Höhle ist mit einem kostbaren Teppich ausgekleidet, einem Geschenk von jüdischen Freunden aus Nordafrika. Davor sind lederne Polster zu einem erhöhten Sitz ausgelegt. Die beiden Brüder führen Jesus herein und nehmen ihm das Tuch von den Augen.
Bar Abbas erhebt sich und geht ihnen entgegen. Er nickt den beiden zu; Jesus begrüßt er nach der Landessitte mit einem Kuss. »Ich danke dir, dass du gekommen bist«, sagt er freundlich. »Möchtest du etwas essen, etwas trinken?« Eine verschleierte Frau breitet eine Matte aus und trägt Brot und Oliven auf, Wasser und Salz.
»Ich war unlängst in Kafarnaum«, beginnt Bar Abbas das Gespräch. »Ich habe dort mit verschiedenen Leuten gesprochen: Sie hören auf dich und folgen dir nach, weil du das Reich Gottes ausrufst. Manche nennen dich Messias, viele halten dich für einen Retter und Befreier des Volkes Israel. Wollen wir nicht beide das Gleiche? Lass uns also nicht lange um die Sache herumreden. Tun wir uns zusammen, um unser Volk frei zu machen und das Reich unseres Vaters David neu zu errichten! Wir könnten gemeinsam eine starke Truppe auf die Beine stellen: Du, Jesus, kannst besser mit dem Wort fechten als ich und kannst mit deinen Wundertaten viele neue Anhänger für unsere Sache gewinnen; ich, Bar Abbas, kann besser mit dem Schwert umgehen und die Männer zum Kampf ausbilden. Schon jetzt sind

wir mehr als hundert, deine Leute und meine Leute zusammen, bald können wir fünfhundert oder tausend sein! Warte noch, lass mich zu Ende reden«, sagt er, als Jesus ungeduldig wird und ihn unterbrechen will.
»Ich habe mit meinen Vertrauten einen Plan entworfen. In wenigen Monaten wird in Jerusalem wie jedes Jahr das Paschafest gefeiert. In den Nächten davor versteckt und verschanzt sich ein Teil unserer Männer in den Schluchten der judäischen Berge nördlich von Jerusalem. Eine zweite Abteilung setzt sich am Ostrand der Stadt auf dem Ölberg und im Kidrontal fest, als Pilger verkleidet, Dolche unterm Mantel. Eine dritte Gruppe schließlich gibt sich ebenfalls als Pilger aus und bezieht schon eine Woche vor Festbeginn die Quartiere für die Fremden in den Gasthäusern in der Nähe des Tempels. Wenn dann am ersten Tag der Festwoche von überall her die Wallfahrer betend und singend durch das Tor in die Stadt einziehen, gebe ich den Befehl, die Widderhörner zu blasen. Beim Schall der Hörner sprenge ich heran, mit einem roten Königsmantel bekleidet und auf einem Streitross reitend. Ich setze mich an die Spitze der Pilgerprozession. Alle werden mir mit lautem Jubel folgen, denn alle Juden wollen die Freiheit, wollen einen, der sie führt! Wir erstürmen von drinnen und von draußen her, von drei Seiten, die Stadt samt der Burg, bevor noch die Römer recht begriffen haben, was geschieht!«
»Ich bin Jude wie du«, sagt Jesus, als Bar Abbas geendet hat und ihn gespannt anblickt. »Du hast Recht: Wir wollen beide die Freiheit und das Heil für unser unglückliches, unterdrücktes Volk Israel. Sind aber Freiheit und Heil dadurch zu gewinnen, dass wir einen Aufstand anzetteln gegen die Römer in unserem Land? Du kennst das alte, weise Wort: ›Wer zum Schwert greift, wird durch das Schwert umkommen.‹ Wie leicht kann sich der Aufstand ausweiten zu einem erbarmungslosen, blutigen Krieg, in dem Männer, Frauen und Kinder getötet werden! Für die mächtigen Römer dürfte es ein leichtes sein, unser Volk in wenigen Tagen oder Wochen mit Waffen niederzuwerfen – und dann würde es uns ärger ergehen als vorher. Nein, mein Freund, mit mir darfst du da nicht rechnen. Die Leute von Kafarnaum haben mich missverstanden, und auch du verstehst mich falsch, wenn du glaubst, das Reich Gottes sei so etwas wie ein politisches Gegen-Reich gegen den Kaiser von Rom. Das Reich Gottes ist ein Reich des Friedens; es kann nicht sein, wo Menschen Krieg gegeneinander führen. Es ist vielmehr dort, wo Menschen nicht übereinander herrschen, sondern einander dienen, wo sie miteinander teilen, einander helfen und gut zueinander sind. Das Reich Gottes ist dort, wo man nicht auf Rache sinnt, sondern einander verzeiht, wo man Feinde nicht verflucht, sondern für sie betet. Es ist dort, wo nicht jeder auf Besitz und Reichtum aus ist, Tag und Nacht, sondern wo man sich darum kümmert, wie es den Armen geht, den Schwachen, den Kleinen, den Kindern, die keinen Anwalt, den Witwen, die keinen Helfer haben, den Hungernden, den Fremden, den Heimatlosen. Wo Menschen sich um all das bemühen, erfüllen sie den Willen Gottes, von dem in unseren heiligen Schriften geschrieben steht, dass jeder seinen Nächsten lieben soll wie sich selbst.«
Bar Abbas kann nur schwer seine Ungeduld zügeln und sein Missfallen über das, was Jesus sagt, zurückhalten.

Josef Quadflieg

121
Darstellung des Apostels: Leben und Legende, Bedeutung und Gedächtnis.

- Welche Charakterzüge des Petrus fallen besonders auf?
- Warum hat Simon den Beinamen »Fels«?
- Warum verstehen sich die Päpste als Nachfolger des Petrus?

➔ ZdF S. 121 f (vier Petrusbilder)

Pablo Picasso (1881–1973), Hahn, 1938.

121. Petrus – der Erste der Apostel

Der Fischer Simon, der mit Frau und Kindern in Kafarnaum lebte, wurde gemeinsam mit seinem Bruder Andreas, der zuvor schon Jünger von Johannes dem Täufer war, von Jesus in seine Jüngergruppe berufen (Mk 1,16-18).
Die Heilung der Schwiegermutter des Petrus vom Fieber war eine der ersten Wundertaten Jesu (Mt 8,14-15). Beim Wandel auf dem See Gennesaret zeigte sich Petrus' Glaube als zögerlich: Er wollte dem auf dem Wasser gehenden Jesus folgen, bekam aber Angst zu versinken; nach seiner Rettung bekannte er mit einem Kniefall: »Du bist in Wahrheit Gottes Sohn« (Mt 14,28-32).
Mit Johannes und Jakobus war Petrus bei der »Verklärung Jesu« zugegen (Mt 17,18). Hervorgehoben wird Petrus auch bei der Fußwaschung, als er sich nicht würdig fühlte, sich von Jesus die Füße waschen zu lassen (Joh 13,5-15). Bei der Gefangennahme Jesu schlug er in seinem Eifer Malchus, dem Diener des Hohenpriesters, das Ohr ab (Joh 18,10). Petrus verleugnete Jesus nach dessen Gefangennahme drei Mal, noch ehe der Hahn krähte (Mk 14,66-72). Petrus war aber auch der erste männliche Zeuge der Auferstehung Jesu (1 Kor 15,5; Lk 24,34).
Petrus' zukünftige Aufgabe wurde ihm beim Fischzug als »Menschenfischer« angekündigt (Lk 5,10). Nach seinem Bekenntnis von Cäsarea wurden Petrus »die Schlüssel des Reichs der Himmel« übergeben. Jesus bezeichnete ihn als »Fels« (griechisch: »pétros«) auf dem er seine Kirche bauen wolle (Mt 16,16-19) und erteilte ihm am Abend vor seiner Kreuzigung einen besonderen Auftrag im Apostelkreis: »Stärke deine Brüder« (Lk 22,32). Durch den Zuruf des Johannes erkannte Petrus, vom reichen Fischzug zurückkehrend, den am Ufer erschienenen Auferstandenen und erhielt den Auftrag: »Weide meine Lämmer« (Joh 21,1–19). Diese herausgehobene Stellung des Petrus ist mitbegründend für die besondere Stellung aller späteren »Nachfolger Petri« in Rom, der Päpste.
Am ersten Pfingstfest hielt Petrus eine wirkungsvolle Predigt (Apg 2,14-41); mit Johannes heilte er einen Lahmen, der vor die Tempelpforte getragen wurde (Apg 3,1-11); der Hohepriester Ananias setzte ihn und Johannes gefangen, ließ ihn aber wieder frei (Apg 4,1-23); Kranke wurden vom Schatten des vorübergehenden Petrus geheilt (Apg 5,15); der Zauberer Simon bekehrte sich augenblicklich, wurde von Philippus getauft, von Petrus aber der dennoch anhaltenden Falschheit entlarvt (Apg 8,9-24). In Lydda - dem heutigen Lod - heilte Petrus den gichtbrüchigen Aeneas, in Joppe - dem heutigen Yafa, Ortsteil von Tel Aviv - erweckte er Tabitha vom Tod (Apg 9,32-42); er bekehrte mit dem Hauptmann Cornelius den ersten Nichtjuden zum Christentum, nachdem er von den reinen und unreinen Tieren geträumt und gehört hatte, dass er keinen Menschen unrein heißen dürfe; auch die Anwesenden wurden zu einer gemeinsamen Schau entrückt und getauft (Apg 10). Nach der Enthauptung Jakobus' des Älteren, ließ König Herodes den nach Jerusalem zurückgekehrten Petrus zwischen zwei Kriegsknechten ins Gefängnis werfen. Ein Engel erschien, die Ketten fielen, Petrus ging ungehindert an den Wächtern vorbei und musste dann zweimal am Haus der Maria, der Mutter des Johannes Markus, anklopfen, da die Magd Rhode nur seine Stimme erkannte, aber nicht glaubte, dass er es sei (Apg 12,1-19). Das Fest »Petri Kettenfeier« hat in dieser Geschichte seine Wurzel. Die Meinungsverschiedenheit mit Paulus über die Mission bei Juden und Heiden wurde beim Apostelkonzil ausgeglichen (Apg 15). Petrus hatte zusammen mit dem »Herrenbruder« Jakobus die Führung der Gemeinden in Jerusalem inne und begründete die christliche Mission.

Er wird in allen Apostelkatalogen an erster Stelle genannt. Petrus reiste später nach Rom, wirkte dort als Leiter der Gemeinde und starb dann unter Nero den Märtyrertod. Schon Anfang des 2. Jahrhunderts gehen kirchliche Schriftsteller von seiner Anwesenheit in Rom aus, auch wenn es sonst keine Hinweise dafür gibt.

Otto Dix (1891–1969), Die Berufung des Petrus, 1960.

Der Überlieferung zufolge begegneten sich Petrus und Paulus in Rom, zusammen überführten sie den Magier Simon, der mit seiner Flugkunst zu Tode stürzte. Nero verlor mit ihm seinen Hofkünstler und ließ Petrus und Paulus ins Gefängnis werfen; vor der Hinrichtung erreichten Freunde, dass Petrus sich entziehen konnte. Der Fliehende begegnete vor den Toren der Stadt Rom Christus, der ihn fragte: »Quo vadis?«, »Wohin gehst du?« Petrus kehrte um und sah den Auferstandenen entschwinden. Petrus wurde demnach auf eigenen Wunsch im Zirkus des Nero mit dem Kopf nach unten ans Kreuz geschlagen, da er nicht würdig sei, denselben Tod wie Jesus Christus zu sterben.
Petrus gilt als Autor der beiden im Neuen Testament enthaltenen Petrusbriefe. Der 1. Petrusbrief wurde in Rom von Silvanus geschrieben (1 Petr 5,12–13); er enthält aber eher Gedankengut von Paulus, für eine Autorenschaft des Petrus spricht nichts. Der 2. Petrusbrief ist tatsächlich wohl erst Anfang des 2. Jahrhunderts entstanden, hat also sicher nicht Petrus zum Autor. Allerdings spricht einiges für die Auffassung, dass im Evangelium des Markus, das wohl in Rom geschrieben wurde, die Überlieferung des Petrus enthalten ist.
Petrus erhielt seine hervorragende Bedeutung durch die Lehre von der apostolischen Nachfolge, der zufolge alle Bischöfe von Rom, also alle Päpste, direkte Nachfolger des Petrus sind. Die Ostkirchen bestritten seit je her die Oberhoheit des römischen Bischofs. Auch die protestantische Reformation lehnte es ab, das Papsttum auf Petrus zurückzuführen.
Dass Petrus der Patron für Brückenbauer ist, hat seine Grundlage in einem der Titel der Päpste als »Pontifex Maximus«, »größter Brückenbauer«. Der Titel bezeichnet aber mehr noch den »höchsten Priester«. In mittelalterlichen Darstellungen des Jüngsten Gerichts schließt Petrus das Himmelstor, die Paradiesespforte, auf, der Schlüssel ist in den Darstellungen sein Attribut. Diese himmlische Rolle macht ihn auch zum »Wetterpatron«.

Der Leichnam des Petrus wurde der Überlieferung nach zusammen mit dem des Paulus zunächst auf einem alten Friedhof in Rom an der Via Appia Antica beigesetzt. Dann erhielt Petrus ein neues Grab an der Stelle, an der von da an seine Verehrung begann und über der Kaiser Konstantin 324 die älteste Peterskirche errichten ließ; in dieser Kirche wurde u. a. 800 Karl der Große zum Kaiser gekrönt. Den Auftrag zur vollständigen Erneuerung dieser immer mehr zerfallenden Kirche erteilte Papst Nikolaus 1425, im Jahr 1626 konnte dieses Bauwerk, der Petersdom, fertig gestellt und eingeweiht werden. Unter dem Hochaltar werden Petrus' Gebeine verehrt.
Als Tag des Martyriums des Petrus, gleichgesetzt mit dem ebenso unbekannten Todestag des Paulus, wird der 29. Juni erstmals für das Jahr 258 genannt.

Attribute: Schlüssel, Schiff, Buch, Hahn, umgedrehtes Kreuz

122

Johannes, der Sohn des Zebedäus, im Kreis der Zwölf, und die Verfasser der neutestamentlichen Schriften, die Johannes zugeschrieben werden: Leben und Legende

- Wer kann diese Johannes-Gestalten unterscheiden:
- – Johannes der Täufer (T. 119)
- – Johannes, der Lieblingsjünger Jesu
- – Johannes, der biblische Schriftsteller
- Warum sind auch die Legenden von Johannes so wichtig?

122. Johannes, der Lieblingsjünger Jesu, und Johannes, der Evangelist

Geboren in Betsaida am See Gennesaret, dem heutigen Mahjar in Syrien. Gestorben um 101 in Ephesus, dem heutigen Selcuk in der Türkei.
Johannes (hebr.: Gott ist gnädig) war der Sohn des Zebedäus und der Salome und Bruder Jakobus' des Älteren, von Beruf Fischer mit einem energischen, ja aufbrausenden Charakter, der ihm den Beinamen »Donnersohn« einbrachte (Mk 3,17). Vor seiner Berufung zum Apostel war er Anhänger Johannes' des Täufers, und wurde dann Jesu »Lieblingsjünger« (Joh 19,26). Die Überlieferung setzt den Jünger Johannes gleich mit dem Evangelisten Johannes, der wohl in Ephesus wirkte, wo im Kreise seiner Schüler das Johannesevangelium und die drei Johannesbriefe entstanden. Die Forschung kann Johannes, den Verfasser des Evangeliums, und Johannes, den Verfasser der Geheimen Offenbarung, nicht als den Jünger, »den der Herr lieb hatte« anerkennen und unterscheidet auch den Autor dieser Schrift von dem, der sich selbst als Verfasser des Evangeliums nennt (Joh 21,24).
Ausführlich erzählt die Legenda Aurea von Johannes' Wirksamkeit in Kleinasien, wo er im Artemis-Tempel in Ephesus nicht opfern wollte. Aristodemus, der Oberpriester des Tempels, wollte nach Unruhen – die Goldschmiede fürchteten Verluste beim Verkauf ihrer Diana-Amulette – Johannes veranlassen, doch zu opfern, andernfalls müsse er das Gift trinken, an dem zwei Verbrecher vor seinen Augen schon gestorben waren. Johannes schlug das Kreuz über dem Kelch, das Gift entwich als Schlange, er trank ohne zu sterben, warf seinen Mantel auf die Verbrecher und diese erwachten zum Leben, worauf Aristodemus sich bekehrte.

Johannesminne, um 1330.

Johannes wurde dann nach den legendarischen Berichten im Jahr 95 – es war die Zeit der Domitianischen Verfolgung – doch noch ergriffen und nach Rom gebracht. An der Porta Latina soll er das Martyrium im Ölkessel erlitten haben, aber das Öl verwandelte sich in ein erfrischendes Bad, er entstieg unversehrt und wurde auf die Insel Patmos verbannt, wo er demnach das Buch der »Offenbarung« schrieb. Nach dem Tod Domitians konnte er nach Ephesus zurückkehren, wo er mit großen Ehren empfangen wurde und sein Evangelium schrieb. Er erweckte die ihm entgegen getragene, soeben verstorbenen Drusiana. Nach seiner letzten Predigt unter dem Motto »Kindlein, liebet euch untereinander« stieg Johannes vor aller Augen in das neben dem Altar vorbereitete Grab und starb in großer Lichterscheinung; noch aus dem Grab segnete er seine Diakone.
Wegen seiner »hohen Theologie«, wird er mit einem Adler dargestellt. Die Schlange im Kelch deutet auf den Versuch, Johannes zu vergiften. Als Begräbnisort wird der Burghügel von Ephesus genannt.
Am Johannestag wird der nach ihm benannte Wein, die »Johannesminne«, geweiht; ihn reicht der Priester der Gemeinde, die mit ihm die Liebe Johannes' kosten darf und damit vor Krankheiten und Gefahren geschützt wird.

Attribute: Adler, Kelch mit Schlange, Ölkessel

123. Der Zöllner Matthäus

»Du hast noch nicht viel verpasst, Lisa«, sagte der Pfarrer. »Ich habe gerade erzählt, dass in der Zeit, in der Jesus in Palästina lebte, die Römer das ganze Land erobert hatten. Pontius Pilatus regierte in Jerusalem im Auftrag des Kaisers. Die Juden waren Knechte in ihrem eigenen Land geworden. Überall wimmelte es nur so von römischen Soldaten. Die Bürger mussten dem Kaiser hohe Steuern und Zollgebühren bezahlen. Ihr könnt euch denken, dass die jüdischen Zöllner, die diese Gebühren einkassierten, von allen verachtet wurden. Viele von diesen Zöllnern waren Betrüger, die sogar noch mehr verlangten, als ihnen zustand. Das zu viel kassierte Geld behielten sie für sich selbst. Ihre Mitbürger hassten sie alle. Sie nannten sie Sünder und Verbrecher und wollten nichts mit ihnen zu tun haben.
So, und jetzt geht die Geschichte weiter:
Eines Tages traf Jesus an einer Zollstelle einen Zöllner. Er hieß Matthäus. Kein Jude hätte mit ihm ein unnötiges Wort gewechselt. Aber Jesus sprach nicht nur mit ihm, er sagte zu diesem Zöllner: ›Komm mit mir!‹
Das müsst ihr euch einmal vorstellen. Jesus nahm diesen Mann in den Kreis seiner Freundinnen und Freunde auf!
Es kommt noch toller. Matthäus freute sich so sehr, dass er Jesus und seine Jünger zu einem Festmahl einlud. Kein gesetzestreuer Mann in ganz Palästina hätte auch nur einen Fuß in dieses Haus gesetzt. Er hätte Angst gehabt, sich durch die Nähe eines Sünders selbst zu beschmutzen. Aber Jesus nahm die Einladung an. Er kam zum Essen und traf im Haus des Matthäus auch dessen Freunde. Es ist ja klar: Wenn kein anständiger Mensch mit einem Zöllner etwas zu tun haben wollte, dann konnten die Freunde von Matthäus auch nur Zöllner und Sünder sein. Und mit diesen Leuten saß Jesus an einem gemeinsamen Tisch.
Die ganze Sache war eine Schande. Alle Frommen, die Pharisäer und ihre gelehrten Anführer, waren entsetzt. Matthäus aber war überwältigt und begeistert. Er folgte Jesus und zog mit ihm durch das Land. Viele sagen, dass er sogar zu seinen allerengsten Freunden gehört hat, zu den zwölf Aposteln. Jedenfalls gibt es unter ihnen einen mit dem Namen Matthäus.«
Thomas meldete sich: »Es gibt auch einen Apostel, der so heißt wie ich.«
»Stimmt genau! Der ungläubige Thomas. Das war ein ganz interessanter Mann. Der war misstrauisch und sehr vorsichtig. Der ließ sich keinen Bären aufbinden. Davon muss ich euch auch noch erzählen. Erinnere mich daran, Thomas, falls ich es vergessen sollte.
Aber jetzt möchte ich euch noch etwas zu Matthäus fragen. Könnt ihr euch denken, warum Jesus sich ausgerechnet so einen Halunken zum Freund gesucht hat?«
»Vielleicht, damit er sich bessert«, meinte Bianca.
»Und als er sich dann gebessert hatte, konnte er ein Freund von Jesus sein«, sagte Martin.
»Hm«, machte Pfarrer Möhrchen.
»Das stimmt doch gar nicht«, rief Lisa. »Jesus hat einfach gesagt, dass er mit ihm kommen soll. Er hat nicht gesagt, dass er sich erst bessern muss.«
»Du hast Recht.« Der Pfarrer blätterte in seiner Bibel. »Hier steht kein Wort davon. Hier steht einfach, dass Jesus ihn eingeladen hat, mit ihm zu kommen und sein Freund zu sein.«
»Vielleicht«, sagte Hedwig leise, »Jesus hat Leid getan, dass nicht alle mögen die Zöllner und denken, sie sind besser als die.« – »Sehr gut, Hedwig.«

Renate Günzel-Horatz

123
Es war ungewöhnlich, dass Jesus einen Zöllner in seinen Kreis berief, da Zöllner wegen ihrer Tätigkeit keinen guten Ruf hatten.

- Warum waren manche Leute entsetzt, als Jesus einen Zöllner in seinen Kreis berief?
- Warum hat Jesus den Matthäus trotzdem berufen?

➔ **T. 59, 94, 101, 180;** → ZdF S. 131 (Bild des Matthäus)

124
Überlegungen und Fragen zu der problematischen biblischen Gestalt des Judas

- Welchen Eindruck vermitteln die Evangelien von Judas?

➔ Ein Bild von Judas: → ZdF S. 122

124. Judas Iskariot – der Verräter

»Teufel« Judas
In den Evangelien wird das Bild des Judas negativ gezeichnet: Er ist der Verräter, der Jesus ausgeliefert hat. Er war »ein Teufel« unter den zwölf Aposteln, wagt das Johannesevangelium zu sagen. Er war geldgierig, so steht es beim Evangelisten Matthäus. Und er hat sich selbst umgebracht, behauptet das Neue Testament. Bei genauerer Analyse der Texte zeigt sich, dass sie wenig historisch Verlässliches über Judas Iskariot aussagen. Aber was man tatsächlich herausfiltern kann, ergibt ein durchaus differenziertes Bild.

Der Mann aus Kariot?
Manche Forscher vermuten, der Zuname »Iskariot« deute darauf hin, dass Judas der Sekte der Sikkarier angehört habe. Das würde bedeuten, dass er ein radikaler Kämpfer für die Befreiung Israels von der römischen Herrschaft gewesen sein muss. Neuere Thesen gehen davon aus, dass »Isch-Kariot« eher als »Mann aus Kariot« zu deuten ist. Der Ort Kariot liegt im Süden Palästinas. Judas wäre demnach der einzige im Zwölferkreis um Jesus gewesen, der nicht aus Galiäa, sondern aus dem Süden stammte. Er wäre so von Anfang an ein Außenseiter gewesen. Allerdings würde dies auch darauf hinweisen, dass Judas ein großer Idealist gewesen sein musste: Nicht jeder gibt seine Heimat auf, um in einer ziemlich entfernten Gegend mit einem Wanderprediger umherzuziehen.

Politischer Eiferer?
Wenn die These vom »Mann aus Kariot« zutrifft, ist die Frage naheliegend, warum Judas seine Heimat verlassen hat, um Jesus in Galiläa nachzufolgen. Vielleicht ist die Vermutung, dass dahinter politische Motive steckten, doch nicht so weit hergeholt. Judas könnte in Jesus tatsächlich den neuen Messias erhofft haben, der Israel von der Besatzung der Römer befreien würde. Sollte er dies erwartet haben, könnte er Jesus an den Hohen Rat aus großer persönlicher Enttäuschung ausgeliefert haben. Denn zum Guerilla-Krieg hat Jesus nicht aufgerufen. Hier bleibt allerdings ein weites Feld für Spekulationen.

Verrat durch einen Apostel
Wenn er von Jesus enttäuscht war, hätte Judas beschließen können, fortan nicht mehr mit Jesus und den Aposteln verkündigend durchs Land zu ziehen. Dass er es aber dabei nicht bewenden ließ, sondern Jesus an dessen Gegner auslieferte, zeugt von grenzenloser Enttäuschung. Für die Jerusalemer Urgemeinde dürfte das ein Trauma gewesen sein: Dass Jesus von einem der Zwölf – also einem seiner engsten Vertrauten – verraten und so in den Tod geschickt wurde. Und das hat man Judas nicht so leicht vergessen.

Selbstmord?
Dass Judas sich selbst das Leben genommen haben soll, stößt in der Bibelwissenschaft heute zum Teil auf Skepsis. Denn davon ist nur im Matthäusevangelium und in der Apostelgeschichte die Rede –, und zwar mit einigen Widersprüchen. Die ältesten Quellen hingegen schweigen sich aus. Es ist durchaus möglich, dass Judas nach der Kreuzigung Jesu wieder in sein Heimatdorf Kariot zurückkehrte und so aus dem Gesichtsfeld der Jerusalemer Gemeinde verschwand. Dieses Verschwinden des Verräters könnte das Gerücht von seinem schlimmen Ende begünstigt haben.

125. Maria von Magdala

125

Die Aussagen der Evangelien und die Legenden von der Frau, die Jesus besonders nahe stand

- Warum wird so oft vergessen oder nicht erwähnt, dass sich auch Frauen in der Nähe Jesu befanden?
- Was meint ihr: Kann man sagen, dass Jesus Maria von Magdala geliebt hat?

Maria hatte ihren Beinamen wohl nach ihrem Heimatort Magdala. Sie schloss sich Jesus als Jüngerin an, nachdem er sie von Besessenheit befreit hatte (Lk 8,2). Sein Jüngerkreis war größer als die bekannten zwölf Männer. Er umfasste auch Frauen, unter denen Maria eine besondere Stellung hatte. Maria sorgte – wie andere Frauen auch – für Jesu Lebensunterhalt (Lk 8,3). Mit Jesus und den Jüngern zog auch Maria nach Jerusalem; zusammen mit zwei anderen Frauen flüchtete sie aber nicht wie die anderen Jünger, sondern blieb bei der Kreuzigung und dem Sterben Jesu dabei (Mt 27,55-56).
Maria verharrte nach der Grablegung weinend am Grab Jesu (Mt 27,61; Joh 20,11). Am Morgen nach dem Sabbat ging sie zusammen mit zwei anderen Frauen zum Grab, um den Leichnam Jesu einzubalsamieren. Sie wurde die erste Zeugin des leeren Grabes und der Botschaft des Engels: »Erschrecket nicht! Er ist nicht hier, er ist auferweckt worden» (Mk 16,6). Sie erhielt den Auftrag, das den sich versteckt haltenden Jüngern zu berichten (Mk 16,7).
Das Johannesevangelium erzählt, dass Maria am Ostermorgen allein war, als sie dem Auferstandenen begegnete (20,15-17). Die traurig am Grab Weinende sah einen Mann, vermeintlich den Gärtner. Nachdem er sie beim Namen nannte, erkannte sie dann Jesus als Lebenden, durfte ihn aber nicht anfassen: »Berühre mich nicht» – »noli me tangere«.
Maria von Magdala war also nicht nur zu Lebzeiten die Frau mit besonderer Nähe zu Jesus, sondern auch die erste, die die das Christentum begründende Botschaft von der Auferstehung Jesu erfuhr und dann zu verbreiten hatte. Über ihr weiteres Schicksal fehlen weitere Quellen.
Die Gleichsetzung von Maria Magdalena mit der namenlosen Sünderin, die Jesus die Füße salbte (Lk 7,37-38) und mit Maria von Bethanien, wurde schon 373 im Kommentar von Ephraim, dem Syrer, vollzogen. Origines trennte die Figuren, aber Papst Gregor der Große hat diese Gleichsetzung in seinen Auslegungen wieder bestätigt; sie ging von da in die Legenden und Vorstellungen ein, obwohl sie in der Bibel keinen Anhaltspunkt hat.
Der Legende nach ist Maria von Magdala bzw. Maria von Betanien mit ihren zwei Geschwistern Lazarus und Marta von Christenfeinden in ein Schiff ohne Steuer und Segel gesetzt, dem Meer überantwortet und Wind und Wogen preisgegeben worden. Das Schiff erreichte Marseille; die Geretteten warteten an der Landestelle auf Einlass, den Maria von Magdala erbat, indem sie dem schlafenden Königspaar im Traum erschien. Sie soll dann einige Jahre als Einsiedlerin in einer Höhle bei Baume gelebt haben und nach ihrem Tod in Aix-en-Provence begraben worden sein.
Ihre sterbliche Überreste wurden im 9. Jahrhundert in das Kloster in Vézelay (Burgund) überführt.

Attribute: Salbgefäß, Geißel, Musikinstrumente

Rembrandt (1606–1669), Maria Magdalena am Grab (Joh 20,15-17), um 1638.

126
Eine Frau aus Samaria, die Jesus am dortigen Jakobsbrunnen trifft, erzählt von ihren vielen Männern und von ihrem Treffen mit Jesus.

- Warum verurteilt Jesus die Frau aus Samaria nicht, obwohl sie viele Männer hatte?
- Das Wort Jesu, das sie nicht verstanden hat: Joh 4,23 f

➔ Ein Bild der Frau: → ZdF S. 128

126. Eine Frau aus Samaria

Es ist jetzt zwanzig Jahre her, dass ich ihm begegnet bin. Aber es ist für mich so, als ob es gestern gewesen wäre. Es war draußen vor dem Dorf. Ich ging an jenem Tag wie gewohnt um die Mittagszeit zur Zisterne hinaus. Die anderen Frauen holten das Wasser frühmorgens und am Abend. Doch ich mache heute noch den Weg lieber allein. Ich mag ihre bösen Zungen nicht hören.
Ich muss wohl zuerst erzählen, warum sie mich nicht mögen: Ich hatte in der Jugend viel Unglück mit Männern. Das ist für sie Grund genug, schlecht über mich zu reden. Ich weiß nicht, ob ich schuld bin oder ob mir das einfach auferlegt wurde. Vielleicht bin ich mit Männern zu gutgläubig.
Mein erster Mann war Weintrinker. Ich wusste das schon vor der Heirat, aber ich hoffte, dass es besser werde, wenn er ein Zuhause hätte. Doch es wurde nur schlimmer. Als er einmal besonders viel getrunken hatte, fiel er über einen Stein und brach sich das Genick. Für mich war es eine Befreiung.
Dann lernte ich meinen zweiten Mann kennen. Er war ein Dieb. Wenn die Bauern auf dem Felde waren, schlich er in die Häuser und stahl dort, was wertvoll und schön war: Halsketten, Armspangen, Ringe, Messer mit eingelegtem Griff. Er versteckte seine Beute. Aber die andern kannten ihn. Wenn ihnen etwas fehlte, suchten sie es bei uns, bis sie es gefunden hatten. Dann verprügelten sie ihn und oft auch mich. Ich wusste schon vor der Heirat, dass er ein Dieb war, und hoffte, dass es besser würde mit ihm, wenn ich gut und lieb zu ihm wäre. Aber es wurde noch schlimmer. Eines Tages, als er wieder einmal gestohlen hatte und die Bauern kamen, war er schon geflohen. Er blieb verschwunden, und nach einigen Jahren erklärten die Ältesten, dass unsere Ehe geschieden sei.

Rembrandt (1606–1669), Jesus und die Samariterin, 1658.

Mein dritter Mann lief den Frauen nach. Er konnte keine Jungfrau sehen, keine Witwe, keine Geschiedene, keine Ehefrau, ohne dass er ihr schöne Augen macht und ihr Kusshände zuwarf. Manche ließen es sich gern gefallen, blinzelten zurück und plauderten mit ihm. Sie trafen sich im Geheimen und trieben dort, was Mann und Frau treiben. Ich wusste das schon vor der Heirat. Ich hoffte, dass es besser würde, wenn ich ihm ganz zu Wunsch und Willen wäre. Doch es wurde schlimmer. Es gefiel ihm nicht mehr bei mir und er ließ sich scheiden.
Mein vierter Mann war Schuhmacher und hatte ein Geschäft. Ich wusste schon vor der Heirat, dass er nicht gern arbeitete, und hoffte, dass es besser würde, wenn ich ihm die Sorgen des Haushalts und des Geschäfts abnähme, aber es wurde nur schlimmer mit ihm. Er faulenzte tagelang, saß vor der Werkstatt, schwatzte mit andern Tagedieben, ließ die Schuhe, die man ihm zum Flicken gebracht hatte, wochenlang liegen. Da brachten ihm die Leute keine Arbeit mehr. Wir mussten Mangel leiden. Schließlich lief ich ihm davon. Er klagte mich nicht ein, sondern ließ sich von mir scheiden.

Mein fünfter Mann war ein Schläger und Raufbold. Ihm war nur wohl, wenn er Streit hatte. Zufrieden machte ihn, wenn er einen Mann mit Fäusten zu Kleinholz geschlagen hatte. Ich wusste das schon vor der Heirat. Ich hoffte, dass es besser werde mit ihm, wenn ich lieb und zärtlich mit ihm wäre. Aber er schlug mich auch wegen läppischer Dinge, und ich lief ihm davon. Er ist inzwischen bei einer Schlägerei umgekommen.
Damals, vor gut zwanzig Jahren, als ich ihn am Brunnen sah, war ich nicht verheiratet. Ich lebte mit einem Freund zusammen. Er war gut zu mir. Doch er wollte frei bleiben und mich nicht heiraten.
Eben davon wollte ich erzählen, wie ich ihn am Brunnen sah. An seinem Gewand merkte ich, dass er ein Jude war. Ich wunderte mich darüber, dass ein Jude mit mir redete. Er sagte etwas von einer Quelle mit lebendigem Wasser, das den Durst für immer löscht. Ich wollte dieses Wasser von ihm haben. Da sprach er von meinen Geschichten mit den Männern und sagte mir alles, was ich bisher erlebt hatte. Da merkte ich, dass er ein Gottesmann war. Ich schämte mich vor ihm und war doch auch glücklich. Denn ich fühlte, dass er mich nicht verurteilte. Er war so voll Erbarmen zu mir, wie ich es gern mit den Männern gewesen wäre.
Ich fragte ihn gleich, wo es besser wäre, Gott anzubeten, auf dem heiligen Berg Garizim oder, wie die Juden glauben, in Jerusalem. Er antwortete etwas sehr Schönes, aber ich habe es nicht recht verstanden. Da ließ ich den Krug am Brunnen stehen, lief ins Dorf zurück, trommelte alle Frauen zusammen und erzählte, dass ich am Brunnen draußen einen Gottesmann gesehen hätte. Ich sagte: »Er hat mir alles gesagt, was ich mit meinen Männern erlebt habe. Sollte er nicht der Retter der Welt sein?«
Da machten sich die Frauen des Dorfes und einige Männer auf den Weg und gingen zu ihm hinaus. Auch sie kamen zum Glauben an Jesus. Seither sind wir Christen. Und wir opfern nicht mehr auf dem heiligen Berg Garizim, sondern wir glauben, dass Christus das Lamm Gottes ist, das unsere Sünden hinwegträgt.

Walter Neidhart

127. Damian Deveuster – Auf der Fahrt nach Molokai

Der Anker war eingezogen; Damian Deveuster merkte, dass sie aus dem Hafen fuhren. Einen Moment verspürte er nur eine Beklemmung, dann aber versenkte er sich wieder in die ruhige Kraft des Betens, und danach versuchte er bereits zu planen, wie er den Kranken auf der Insel das Leben erträglicher machen würde. Vor allem wollte er die Kranken, die noch arbeiten konnten, durch die Arbeit von ihrem Los ablenken …
Über die Treppe kam jetzt vorsichtig eine dunkle Gestalt und ging zur Reling hinüber, ganz nahe an dem Priester vorbei … »Wie heißen Sie?«, fragte er den Fremden. »Miller«, sagte der andere. »Ich bin Pater Deveuster.« »Es ist sehr höflich von Ihnen, sich mir vorzustellen, Pater Deveuster. Bedenken Sie immerhin, ich werde ab morgen nichts anderes sein als ein Bestandteil des stinkenden Komposthaufens aus menschlichen Leibern auf der Insel Molokai.« »Ich auch«, sagte Pater Deveuster. »Soll das heißen, dass Molokai morgen einen Pfarrer bekommt, wie es sich für eine ordentliche Gemeinde gehört?« Der Mann, der sich Miller nannte, starrte Deveuster entsetzt an. Er vergaß für einen Augenblick sein hartes Schicksal, weil er Deveuster für wahnsinnig hielt. Aber diese ruhigen und festen Gesichtszüge waren nicht die eines Geisteskranken …

127
Damian Deveuster trifft bei der Überfahrt zur Aussätzigeninsel Molokai an Bord einen infizierten Baumeister. Er kann ihn überreden, so lange wie möglich seine Kraft für die Aussätzigen einzusetzen.

- Warum ist Damian Deveuster zu den Aussätzigen gegangen, obwohl er selbst nicht krank war?

→ T. 112

»Was sind Sie von Beruf, Miller?« »Ich war Baumeister.« »Und da wollen Sie sich einfach so mir nichts, dir nichts davonmachen, ... zum Schaden derer, die – wie ich annehme – in stinkenden Schilfhütten wohnen müssen, wo ich Blockhütten sehen will. Ist Ihre Krankheit schon sehr fortgeschritten?« »Nein.« »Umso schlimmer, dass Sie sich vor der Verantwortung drücken wollen. Trinken Sie einen Genever mit mir. Wissen Sie, es gibt Momente im Leben, wo ein guter Genever Wunder tut.« Er schüttet aus seiner Reiseflasche den wohlriechenden Schnaps in zwei kleine, flache Zinnbecher. »Auf Ihr Wohl und auf eine gute Zusammenarbeit!« Der andere zögerte, den Becher an die Lippen zu setzen. Er fühlte sich vergewaltigt von der unbekümmerten Kraft dieses fremden Priesters, der seinen schweren Entschluss, überhaupt sein ganzes Schicksal, wie ein Nichts beiseite getan hatte, ihm zutrank wie ein Bauer nach der Tagesarbeit, und anfing, von gemeinsamen Bauplänen zu reden. »Warum trinken Sie nicht?« »Sie müssen den Becher wegwerfen«, sagte der andere zögernd. »Nun«, sagte Deveuster mit einem feinen Lächeln, »mir scheint, als hätten wir alle – Sie und ich und die andere traurige Fracht auf dem Schiff – aus demselben Becher zu trinken. Es liegt an uns selbst, dass uns der Trunk nicht bitter wird.« Es war nicht der Genever, es war die Macht, die von diesem Deveuster ausstrahlte, die dem Aussätzigen neue Lebenskraft in die Adern goss ... »Auf Molokai!«, sagte Deveuster jetzt und hob nochmals sein Glas. Aber noch zögerte der Andere, ihm Bescheid zu tun. »Haben Sie Ihre Familie zurücklassen müssen?«, fragte Deveuster. »Nein, ich bin ganz allein.« »Umso besser für Sie und mich. Sie scheinen ein gebildeter Mensch zu sein. Sie sind noch arbeitsfähig, und – soweit mir der Verlauf dieser Krankheit bekannt ist – Sie werden es noch lange bleiben. Ich gebe zu, es ist kein leichtes Erlebnis, was uns erwartet, aber es wird viel zu leisten sein. Und was könnte ein Mensch sich anderes wünschen!«
»Ich werde bei lebendigem Leib verfaulen«, sagte der andere. »Nur sehr langsam, und Sie werden von lauter Menschen umgeben sein, die dem gleichen Schicksal ausgesetzt sind und denen Sie helfen können.« »Wenn es wirklich wahr ist, was Sie eben gesagt haben, wenn Sie nicht mit dem abfahrenden Schiff Molokai wieder verlassen, dann –« »Was dann?«, drängte Deveuster. »Hebe ich mein Glas und sage: Auf Ihre gesegnete Arbeit in Molokai, Pater Deveuster.« »Und auf Ihre Mitarbeit! Ich glaube, ich kann Ihnen jetzt ruhig die Tür freigeben«, lächelte Deveuster, der noch immer mit seinem breiten Rücken die Tür versperrte. »Das können Sie, Pater ...«

Ellen Schöler

128
Damian Deveuster beschreibt, wie schlimm für ihn der Kontakt mit den Aussätzigen war.

→ T. 112

128. Ein Gefühl des Ekels

Es fiel mir schwer, mich an diese Atmosphäre zu gewöhnen. Eines Tages, während ich das Hochamt feierte, meinte ich ersticken zu müssen, und ich konnte mich fast nicht halten hinauszuspringen, um etwas frische Luft einzuatmen. Allein der Gedanke an meinen Herrn vor dem Grab des Lazarus hielt mich zurück. Jetzt ist mein Geruchsorgan bereits abgestumpft und es fällt mir nicht mehr schwer, in die verpesteten Wohnräume der armen Kranken einzutreten. Allerdings kommt mich noch hin und wieder ein Gefühl des Ekels an, besonders wenn ich die Beichte von Kranken hören muss, deren Wunden bereits voller Würmer sind, ähnlich denjenigen, welche die Leichen im Grabe verzehren ...

Damian Deveuster

129. Die Legende von Christophorus

Vor langer Zeit lebte ein Riese, der hieß Reprobus. Er hatte ein Furcht erregendes Gesicht und war zwölf Ellen groß. Wer dem Riesen begegnete, der wich ihm ängstlich aus. Das bedrückte Reprobus. Darum kam ihm in den Sinn, den mächtigsten König der Welt zu suchen; ihm wollte er dienen. Dieser nahm ihn auch gern auf, und Reprobus durfte an seinem Hof bleiben. Eines Tages sang nun der Spielmann ein Lied, in dem er häufig den Teufel erwähnte. So oft der Sänger den Namen des Teufels nannte, machte der König das Kreuzzeichen, denn er war ein Christ. Darüber wunderte sich Reprobus. Als der Spielmann schwieg, fragte er den König, warum er das tue und was das Zeichen bedeute. Der König antwortete: »Dieses Zeichen verscheucht den Teufel. Ich mache es, damit er keine Gewalt über mich bekommt.« Da sagte Reprobus: »Du fürchtest also den Teufel. Dann ist er größer und mächtiger als du; denn du hast Angst vor ihm. Und ich habe mich getäuscht, als ich glaubte, ich hätte den größten und mächtigsten Herrn gefunden. Lebe also wohl, denn ich will den Teufel suchen. Ihn will ich mir zum Herrn wählen.«

Reprobus verließ also den König und suchte den Teufel überall. Als er so durch eine wüste und einsame Gegend zog, stieß er auf eine Schar Soldaten. Einer von ihnen sah besonders schrecklich und wild aus. Er kam auf Reprobus zu und fragte ihn, was er denn hier suche. Der antwortete: »Ich suche meinen neuen Herrn, den Teufel; denn ich will in seinen Dienst treten.« Da sprach der Soldat: »Ich bin der, den du suchst.« Reprobus war nun froh, seinen Herrn gefunden zu haben, und er verpflichtete sich, ihm für immer zu dienen.

Als sie nun zusammen weiterzogen, erreichten sie eine Heerstraße, an der ein Kreuz stand. Als der Teufel das Kreuz erblickte, erschrak er heftig und floh. Er wendete sein Pferd, ritt durch einen unwegsamen Pfad, bis er schließlich an anderer Stelle wieder auf die Heerstraße zurückkam. Darüber wunderte sich Reprobus. Und er fragte den Teufel, warum er denn die schöne gerade Straße verlassen habe. Der Teufel aber wollte ihm das um keinen Preis sagen. Da drohte Reprobus: »Wenn du mir das nicht erklärst, werde ich dich sofort verlassen!« Da musste der Teufel nachgeben und sagte zu ihm: »An einem Kreuz starb ein Mensch, den sie Christus nannten. Aber er ist nicht tot. Er ist mein Feind bis heute und schadet mir, wo er kann. Jedes Mal, wenn ich das Zeichen des Kreuzes sehe, bekomme ich einen furchtbaren Schrecken und laufe davon.« Da antwortete Reprobus: »Dann ist jener Christus also größer und mächtiger als du. Und ich habe mich umsonst bemüht, den größten und mächtigsten Herrn zu finden. Lebe also wohl, denn ich will dich verlassen und Christus suchen.«

Er zog nun um die halbe Welt, um Christus zu finden. Er fand ihn nicht. Aber eines Tages traf er einen Einsiedler, der ihm von Christus erzählte. Was er sagte, gefiel Reprobus sehr, und er wollte wissen, wie er dem König dienen könne. Der Einsiedler sagte darauf: »Der König, dem du dienen willst, freut sich,

129

Der Riese Reprobus möchte dem mächtigsten König der Welt dienen. Er macht sich auf die Suche, stößt aber unterwegs nur auf Leute, die seinem Wunsch nicht entsprechen. Ein Einsiedler gibt ihm einen guten Hinweis. Er soll Menschen über einen Fluss tragen. Dabei trifft er eines Tages ein Kind, das er kaum tragen kann, das aber seine Bedingung erfüllt. Es ist Christus, der mächtigste König der Welt. Seitdem trägt der Riese den Namen »Christophorus« (griech.: »Christusträger«)

- Welchen Gestalten begegnet Reprobus zuerst auf seiner Suche nach dem mächtigsten König?
- Welchen Sinn hat seine Arbeit am Fluss?
- Wieso kann Christophorus ein Symbol für Christen sein?
- Fertigt ein Bild oder eine Bildfolge von Christophorus an.

Christophorus, Holzschnitt, 1423.

wenn du häufig fastest.« Darauf erwiderte Reprobus: »Das ist nichts für einen starken Mann. Ich muss essen, wenn ich Hunger habe. Nenne mir ein anderes Gebot!« »Wachen in der Nacht kannst du und zu Christus beten.« Aber auch das sagte Reprobus nicht zu: »Die Nacht brauche ich für den Schlaf. Und was sollen die Worte? Meine Zunge ist zu grob dafür. Gib mir tüchtige, handfeste Arbeit!« Da sah der Einsiedler ihn lange an und sagte schließlich: »Siehst du da unten die Furt? Zwischen den Felsen durchquert sie den Fluss. Der Fluss ist gefährlich und viele Menschen sind dort schon umgekommen. Da fehlt ein kräftiger Mann, der die Leute sicher durch das Wasser trägt. Und Christus wird es dir danken, denn auch dort kannst du ihm dienen.«

Froh antwortete Reprobus: »Wenn das sein Dienst ist, so bin ich am rechten Ort. Das ist eine Arbeit, die zu mir passt!« Er ging an den Fluss und baute sich dort eine Hütte. Als Stab nahm er sich einen Baumstamm. Und Tag für Tag trug er alle hinüber, die ihn brauchten.

Tage vergehen. Nächte verstreichen. Und dann, in einer Nacht, hört er auf einmal die Stimme eines Kindes. Er springt auf, tritt vor seine Hütte, sieht aber niemand. Er geht wieder hinein und legt sich. Doch bald darauf hört er wieder das Kind rufen: »Reprobus, komm heraus! Hilf mir über das Wasser!« Wieder geht er hinaus, findet aber niemand. Wieder legt er sich hin, und da hört er deutlich noch einmal die gleiche Stimme, die ihn ruft. Er geht hinaus und sieht am Ufer ein kleines Kind, einen Jungen. Reprobus hebt das Kind auf seine Schultern, nimmt seinen Stab und geht in den Fluss. Aber das Wasser schwillt immer mehr an, und das Kind wird ihm schwer wie Blei. Mit jedem Schritt, den Reprobus tut, wird das Kind schwerer, und die Flut steigt.

Reprobus bekommt Angst; er fürchtet unterzugehen und zu ertrinken. Mit knapper Not erreicht er das andere Ufer und setzt das Kind behutsam dort ab. »Kind, du hast mir große Angst eingejagt«, sagte er. »Du warst mir eine schwere Last. Ich dachte schon, ich müsste die ganze Welt auf meinem Rücken tragen.« Da lächelte das Kind und sagte: »Wundere dich nicht, Reprobus. Denn du hast die ganze Welt auf deinen Schultern getragen und den, der sie erschaffen hat. Ich bin nämlich Christus, dein König, dem du dienst. Nun beuge dein Haupt, damit ich dich taufe: ›Christophorus‹ sollst du von nun an heißen; denn du hast Christus getragen. Und wenn du zu deiner Hütte zurückkommst, stoße deinen Stab in die Erde!«

Darauf verschwindet das Kind. Christophorus geht durch den Fluss zurück zu seiner Hütte. Und er rammt den Baumstamm tief in die Erde. Als er am nächsten Morgen aufwacht, steht vor seiner Hütte ein mächtiger Baum, der trägt Blüten und Früchte zugleich.

Franz W. Niehl

130

Ein australischer Schäfer kennt alle seine vielen Schafe ganz genau und weiß von jedem Tier den Namen, den er ihm gegeben hat. Aber kann die Gesichter von Menschen, mit denen er zu tun hat, nicht behalten und unterscheiden.

130. Seine Schafe kennt er

Die Geschichte ist nicht erfunden. Sie hat sich auf der Easter Show in Sydney ereignet. Die Easter Show ist die größte Ausstellung Australiens. Aus den landwirtschaftlichen Gebieten bewegen sich wahre Trecks auf Sydney zu, auch Schafherden, die ausgestellt werden sollen.

Ein Schaf sieht, so meinen die meisten Menschen, wie das andere aus, wir können sie beim besten Willen kaum voneinander unterscheiden. Von einem Hirten ging jedoch die Rede, dass er alle seine Schafe, mehrere hundert, genau kenne und für jedes von ihnen einen Namen habe.

Einem Mr. Richards, einem überaus hässlichen Manne, der nicht einmal in der Lage ist, einen Chinesen von einem anderen zu unterscheiden, erschien die Kunde so unglaublich, dass er sich selber von ihrer Richtigkeit überzeugen wollte. Er fand das Freigelände, auf dem jener Hirte und seine Schafherde weilten, und begann ein Gespräch.
»Sie kennen jedes Ihrer Schafe, Mister?«
»Jedes, Sir.«
»Und Sie irren sich nie?«
»Nie, Sir. Ich kenne sie doch genau, wie kann ich mich da irren?«
Mr. Richards schüttelte verwundert den Kopf.
»Aber ein Schaf sieht doch wie das andere aus.«
»Wie bitte?", fragte der Hirt erstaunt.
»Ich sagte, ein Schaf gleicht dem anderen wie ein Ei dem anderen. Wie können Sie sie denn auseinander halten?«
Der Hirt wandte sich beleidigt ab. Nur mit vieler Mühe gelang es Mr. Richards, ihn wieder versöhnlich zu stimmen. »Jeder fragt mich das hier«, sagte der Hirt verwundert und verärgert. »Seid ihr denn in der Stadt so blöd, dass ihr ein paar Schafe nicht auseinander halten könnt? Gucken Sie doch genau hin, Sir! Sehen Sie denn nicht, dass jedes Schaf ein anderes Gesicht hat? He, komm her, Billy! Komm her, Frenchie! Komm her, Toty!", rief der Hirt drei Schafe an. Sie galoppierten auf ihn zu. Der Hirt hob ihre Köpfe an und fragte: »Na, sehen Sie es jetzt, Sir?«
Mr. Richards gab sich redliche Mühe, Unterschiede zu erkennen, aber es gelang ihm nicht. Der Hirt rief noch mehr Schafe heran, aber Mr. Richards fand sie alle gleich. Als er die Ausstellung verließ, war er voller Bewunderung für die großartige Leistung des Hirten und suchte seinen Freund Mr. Korrody auf.
»Das musst du dir anschauen«, sagte er begeistert. »So etwas hast du noch nicht erlebt.«
Mr. Korrody war auch bereit, sich dieses menschliche Wunder anzuschauen, und er ging am nächsten Morgen mit Mr. Richards zur Show. Im Freigelände ging dieser sofort auf den Hirten zu und begrüßte ihn wie einen alten Bekannten.
Der Hirt grüßte zögernd zurück.
Mr. Richards bekümmerte das nicht. »Das hier ist mein Freund, Mister Korrody«, sagte er. »Er möchte gern, dass Sie Ihre Kunst zeigen.«
Der Hirt hob die Schultern und blickte die beiden Männer verständnislos an. »Was soll ich?«, fragte er.
»Mann!«, rief Mr. Richards ungeduldig. »Erinnern Sie sich denn nicht? Wir haben uns gestern doch längere Zeit unterhalten . . .«
Der Hirt blickte Mr. Richards ratlos in das Gesicht, dann sagte er: »Entschuldigen Sie, Sir, aber ich weiß wirklich nicht ... Ich habe gestern mit mehreren Herren gesprochen. Und die Herren sehen alle so gleich aus.«

Heinz Rein

- Warum ist Mr. Richards ein guter Hirt?
- Wie unterscheidet er sich von Jesus, dem guten Hirten?

➔ Joh 10, 11–16, ein Bild: → ZdF S. 182

131
Paulus vergleicht sich mit einem Läufer auf der Rennbahn: 1 Kor 9, 24–27

- Worin gleicht Paulus einem Läufer auf der Rennbahn, worin nicht?
- Kennt ihr andere Beispiele aus dem Sport, die zum Symbol der Christen werden können?

131. Laufen und gewinnen

Ihr wisst es, sie laufen und laufen und laufen, die Läufer in der Rennbahn. Sie kämpfen. Sie laufen um den Sieg. Jeder will gewinnen. Jeder will als Erster im Ziel sein.
Aber nur einer kann gewinnen. Nur einer erhält den Siegespreis. Lauft so, dass ihr gewinnt!
Ich laufe auch. Ich laufe mein ganzes Leben lang. Ich habe auch ein Ziel.
Ich will auch gewinnen, aber anders als die Läufer in der Rennbahn.
Mein Ziel ist unvergänglich. Mein Siegespreis ist unvergänglich. Viele können meinen Siegespreis erringen!
Das hat Paulus gesagt. Paulus hat gekämpft für diesen unvergänglichen Siegespreis. Er hat gelitten, sein Leben lang.
Der Preis ist, dass Gott mich zu sich holt, weil ich zu Jesus Christus gehöre. Ich bin Sieger durch den, der mich stark macht.

Dietrich Steinwede

132
Paulus ist in der jüdischen Lebenswelt aufgewachsen und erzogen worden.

- Was konnte Paulus von seiner jüdischen Religion behalten, als er Christ wurde?
- Was wurde für ihn anders?

132. Paulus ist ein Jude

Nicht immer ist Paulus ein Christ gewesen. Anfangs kennt er die Christen gar nicht. Er weiß nichts von ihnen. Er ist ein Jude. Er lernt das Gesetz der Juden, das Gesetz des Mose, die 613 Gebote und Verbote, was man tun soll und was man ja nicht tun darf, unter keinen Umständen.
Paulus lernt die alten Geschichten seines Volkes, die Geschichten von Abraham, Isaak, Jakob, Josef und die Geschichten von Mose. Und Paulus lernt das Allerwichtigste:
Du sollst den Herrn, deinen Gott, lieben - von ganzem Herzen, so sehr du kannst - und deinen Mitmenschen sollst du lieben, als ob du es selbst bist (Dtn 6, 4-5).
Paulus lernt, in den alten Schriftrollen der Juden zu lesen. Er lernt die hebräische Sprache. Er lernt gut. Er kann gut behalten. Seinen Altersgenossen ist er im Lernen voraus. Er macht große Fortschritte im Judentum.
Streng hält er alle Gebote. Er ist eifrig im Gesetz. Er will nie einen Fehler machen. Er will alles richtig machen vor Gott. Er will vollkommen sein. Er brennt vor Eifer, ein guter Jude zu sein.
Paulus wird Lehrer des Gesetzes. Er erklärt das Gesetz aus den alten Schriftrollen. Er ist sehr fromm, ein Besonderer vor allen anderen, ernst und streng. Er ist ein Pharisäer, heilig vor Gott.

Dietrich Steinwede

133. Verfolgung der Christen – plötzliche Wende

In Jerusalem lernt Paulus die Christen kennen. Paulus hört, wie sie von Jesus reden, immer nur von Jesus Christus. Paulus hört, wie sie sagen: »Jesus ist am Kreuz gestorben, aber dennoch ist er bei uns. Gott hat ihn zu unserem Herrn gemacht. Er ist der Messias, der gesalbte König Gottes!« –
Paulus sagt: »Wer ist dieser Jesus? – Ein Gekreuzigter! Ein Gehängter! Ein Verbrecher! Ein Gesetzloser! Wer am Kreuz stirbt, ist außerhalb des Gesetzes! Und der soll der Messias sein?«
Die Christen sagen: »Ja, er ist der Messias, unser Herr!«
Paulus ist erschrocken. Das kann nicht sein. Das darf nicht sein. Das dürfen sie nicht sagen. Er will den Christen diesen Messias austreiben. Wer einem Gesetzlosen dient, der ist gegen das Gesetz!
Aber die Christen bleiben dabei: Gott ist unser Herr. Jesus ist unser Herr. Und Jesus ist der Messias!
Da wird Paulus zornig: So darf das nicht weitergehen. Es muss etwas geschehen. Diese Leute dürfen keinem Gesetzlosen dienen. Das ist falsch.
Und Paulus lässt viele Christen gefangen nehmen. Er bringt sie vor das Gericht der Synagoge. Die Synagoge ist das Gebetshaus der Juden, das Gemeindehaus. Aber hier wird auch Gericht gehalten. Paulus klagt die Christen an: »Sie wollen das Gesetz Gottes nicht halten. Sie zerstören das Gesetz!«
Die Christen werden verurteilt. Sie werden ausgepeitscht. Angebunden am Pfahl, vornüber gebeugt, bekommen sie Geißelhiebe auf Brust und Rücken, neununddreißig Schläge! – »Vierzig weniger einen«, das ist die Strafe der Synagoge.
Paulus ist voller Zorn. Er will nach Damaskus in Syrien, in die große Stadt. Viele Juden sind hier Christen geworden. Ohne Mitleid will er sie verfolgen. Er ist außer sich. Da geschieht etwas. Urplötzlich. Vor Damaskus. Mit Paulus: Er sieht Jesus, Jesus Christus, den er verfolgt. Ein Licht strahlt auf. Paulus erkennt. Er begreift: Du bist von Gott, Jesus. Du bist der Herr. Du allein! Paulus ist außer sich. Er weiß plötzlich: Nicht ich habe Recht. Die Christen haben Recht.
Urplötzlich ist es über ihn gekommen. Paulus ist wie verwandelt danach, ein ganz neuer Mensch. Später schreibt er: »Ich habe Jesus gesehen. Aus der Finsternis strahlte das Licht. Es strahlte auf im Angesicht von Jesus Christus. Es strahlte auf in meinem Herzen. So wollte es Gott.
Gott hat mich gerufen. Alles war Gottes Gnade. Ich bin nichts. Was ich bin, das bin ich durch Gott. Schon ehe ich geboren war, hatte Gott mich gerufen. Nur – ich wusste es nicht.«

Dietrich Steinwede

133
Wichtige Stationen aus dem Leben des Paulus. Aus einem Verfolger wird ein Anhänger Jesu: Apg 9,1-9.

- Warum verfolgt Paulus zuerst die Christen?
- Welches Ereignis bewirkt seine Umkehr?
- Wie ändert sich Paulus nun? (u. a. wendet er keine Gewalt mehr gegen andere an)

➔ Ein Bild: → ZdF S. 139

134. Stephanus – der erste Märtyrer

134
Paulus war an der Steinigung des ersten christlichen Märtyrers beteiligt.

Stephanus (griech.: »Krone«) war der erste von sieben Diakonen der urchristlichen Gemeinde in Jerusalem; diese Diakone waren von den Aposteln durch Handauflegung geweiht worden. Sie waren zugleich für die Glaubensverkündigung zuständig wie auch für die sozialen Belange

- Warum sollte Stephanus sterben?
- Sucht Beispiele für religiöse Menschen, die so fanatisch werden, dass sie gegen andere Gewalt anwenden.
- Wie mag es Paulus ergangen sein, als er selbst auf seiner ersten Reise gesteinigt wurde? → Apg 14, 19

der Gemeinde und hatten den Rang von Gemeindeleitern, die in ihrer Bedeutung nahe an die Apostel heranreichten (Apg 6,17). Stephanus galt als herausragender Prediger.
Durch eine seiner Predigten geriet Stephanus mit den hellenistischen Juden Jerusalems in Konflikt. Sie brachten ihn unter dem Vorwurf »Reden wider die heiligen Stätten und das Gesetz« – vor den Hohen Rat (Apg 6,8-15). Er durfte seine Verteidigungsrede, in der er seinen christlichen Glauben bekannte, nicht zu Ende führen. Die Richter sahen sein Antlitz wie das eines Engels strahlen, hielten sich aber die Ohren zu vor seiner flammenden Verteidigungsrede, mit der er sein Bekenntnis durch Berufung auf Mose und die Propheten ablegte. Die in der Apostelgeschichte (7,2-53) wiedergegebene, eindrucksvolle Rede belegt, dass Stephanus noch vor Paulus den universellen Anspruch des Christentums verkündete.
Stephanus wurde als Lästerer verurteilt und von der aufgebrachten Menge vor den Stadttoren – nach der Überlieferung beim Damaskus-Tor – gesteinigt. Stephanus sah den Himmel offen, kniete, seinen Widersachern vergebend, im Gebet nieder und starb (Apg 7,54-60). Saulus von Tarsus, der spätere Paulus, stimmte nach eigenem Bekunden der Hinrichtung zu und bewachte die Kleider der Zeugen, die gegen Stephanus ausgesagt hatten. Stephanus' Steinigung war der Auftakt zu einer großen Christenverfolgung in Jerusalem (Apg 8,13).
Von Nikodemus und Gamaliel wurde Stephanus nach der Überlieferung in einem neuen Grab des Ackers von Gamaliel begraben. Später kamen die Gebeine des Stephanus nach Rom. Sie wurden in der Krypta von S. Lorenzo fuori le mura neben dem Leichnam des römischen Diakons Laurentius bestattet. Beide gehörten zu den im Mittelalter am meisten verehrten Märtyrern.
Stephanus wurde im Osten schon im 4. Jahrhundert, im Westen seit dem 5. Jahrhundert verehrt. Das Fest des Stephanus am Tag nach der Geburt Jesu wurde schon seit der Einführung des Weihnachtsfestes begangen, wodurch die Freude über die Geburt und die Trauer über die Bedrohtheit des Lebens ganz nahe zusammen gesehen wurden.

135
Informationen über den Apostel Jakobus, den Sohn des Zebedäus

135. Jakobus, der Ältere (der Große)

Jakobus (hebr.: »Gott schützt«) der Ältere war der Sohn des Fischers Zebedäus und der Salome sowie der ältere Bruder des Jüngers Johannes. Jesus gab den zwei Brüdern wegen ihres Eifers den Beinamen »Boanerges«, »Donnersöhne« (Mk 3,17). Jakobus zählte neben seinem Bruder und Petrus zu den drei bevorzugten Jüngern, die bei der Verklärung Jesu und in seiner Todesangst im Garten Getsemani zugegen waren. Der Überlieferung nach verkündete er nach Pfingsten in der Gegend um Samaria – das heutige Shomron – und Jerusalem das Evangelium, bis er durch König Herodes Agrippa I. von Judäa im Jahr 43 enthauptet wurde; Jakobus war somit der erste Märtyrer unter den Aposteln (Apg 12,12).
Apostellegenden berichten die Szenen vom Zauberer Hermogenes, den Jakobus überwand, von Dämonen befreite und dessen Zauberbücher er ins Meer werfen ließ. Auf seinem Wege zur Richtstätte heilte Jakobus einen Lahmen und bat den Henker um eine Flasche Wasser, damit er Josias, einen der Henkersknechte, taufen könne; auch Josias wurde daraufhin mit Jakobus enthauptet.
In Jerusalem steht die Jakobskirche angeblich an der Stelle seines Mar-

tyriums. Im Jahr 70 seien seine Gebeine auf den Sinai ins Jakobskloster, das heutige Katharinenkloster, gebracht worden. Von dort kamen sie zur Rettung vor den Sarazenen im 8. Jahrhundert nach Spanien, wo 816 die Jakobskirche geweiht wurde; aus diesem Ort entwickelte sich Santiago de Compostela.
In Spanien verbreitet ist die Überlieferung, dass Jakobus dort gleich nach der Himmelfahrt Christi gepredigt und Jünger geworben habe mit der Prophezeiung, dass er nach seinem Tod dort Unzählige bekehren werde. In Santiago de Compostela – Santiago ist der spanische Name für Jakobus – wurde vor dem Bau der Kathedrale angeblich sein Grab gefunden. In der Schlacht von Clavigo (Compostela) 844 überwand Jakobus demnach, auf dem Pferd voranstürmend, mit den Seinen die Mauren.
Vom 11. Jahrhundert an wurde Santiago zu einem der größten Wallfahrtszentren des Abendlandes, durch ganz Europa führen feste Wallfahrtswege dorthin. Heute ist diese Wallfahrt wieder modern geworden. Viele machen sich auf der Suche nach religiöser Tiefe auf den Weg nach Santiago.

Attribute: als Pilger, als Ritter (»Maurentöter«), mit Muschel

Albrecht Dürer (1471–1528), Kopf eines Apostels, 1508.

136. Jakobus, der Bruder Jesu

136
Informationen über Jakobus, den Herrenbruder, der im Leben des Paulus eine Rolle spielte

Jakobus (hebr.: »Gott schützt«) war ein Bruder Jesu (Mk 6,3; Gal 1,19). Die katholische Überlieferung kennt ihn als Vetter Jesu, weil die Lehre von der Jungfräulichkeit Marias keine Geschwister zulässt, obwohl sie im Neuen Testament (z. B. Mk 6,3) erwähnt sind, und identifiziert ihn – fälschlich – mit Jakobus dem Jüngeren.
Jakobus mit dem Beinamen »der Gerechte« war neben Petrus und Johannes Leiter der ersten Christengemeinde in Jerusalem (Apg 12,17; 15,13; Gal 2,9). In der Frage der Beschneidung der Christen, damit ihrer Eingliederung in die Gemeinde der Juden, war Jakobus der Anführer der Gruppe, die sich für ein Fortgelten der jüdischen Tradition und das Bekenntnis zu den Wurzeln des Christentums im Judentum einsetzte. Er vertrat aber eine gemäßigte Position, die nicht die Beschneidung, sondern nur die jüdischen Speisegesetze als verbindlich erklären wollte. Damit ermöglichte er die Einigung auf dem Apostelkonzil im Jahr 48 und so die Fortsetzung der Missionsarbeit des Paulus im Rahmen der einen Christenheit (Apg 15,13-21). Jahre später bewog er Paulus zum ausdrücklichen Bekenntnis zum Judentum, konnte aber einen Aufruhr streng gläubiger Juden gegen Paulus nicht vermeiden, der daraufhin von den römischen Behörden in Sicherheit gebracht werden musste (Apg 21,15-34; Gal 2,15).
Jakobus erlitt nach zuverlässigen Zeugnissen den Märtyrertod durch Steinigung. Nachdem der römische Statthalter Festus gestorben war, nutzte der Hohepriester Hannas II. die Gunst der Stunde des Machtvakuums zum Schlag gegen den Leiter der Christengemeinde.
Jakobus wird traditionell als Verfasser des neutestamentlichen Jakobusbriefes betrachtet, der ebenfalls pauluskritische Positionen vertritt, tatsächlich aber wohl erst um 100 abgefasst wurde, wohl von einem Schüler des Jakobus, der damaliger Sitte entsprechend seinen Namen verwendete.

137
Informationen über Barnabas, der für Paulus nach dessen Bekehrung wichtig wurde, ihn auf der ersten Reise begleitete, sich aber dann mit ihm zerstritt.

137. Barnabas – der Begleiter des Paulus

Barnabas (hebr.: »Sohn des Trostes«), Sohn eines jüdischen Gutsbesitzers auf Zypern, hieß eigentlich Josef. Den Namen Barnabas erhielt er von den Aposteln; er war der Levit, der Petrus den Ertrag seines für die Gemeinde verkauften Ackers brachte (Apg 4,36 f.). Er war ein »trefflicher Mann und voll heiligen Geistes und Glaubens« (Apg 11,24). Ihm vor allem war es zu verdanken, dass Paulus nach seiner Bekehrung Kontakt mit der judenchristlichen Gemeinde in Jerusalem aufnahm und so mit seinem missionarischen, zu den Heiden drängenden Elan in die junge Gemeinde eingebunden wurde. Er wirkte mit Paulus in Antiochia, war dessen Begleiter bei der ersten Missionsreise nach Zypern und Kleinasien und Teilnehmer am Apostelkonzil in Jerusalem (Apg 15,2-35).
Es kam dann zu einem Streit zwischen Paulus und Barnabas wegen Johannes Markus. Die beiden Apostel trennten sich, Barnabas besuchte zusammen mit Johannes Markus die Gemeinden in Zypern (Apg 15,39). Nach legendarischer Überlieferung heilte er, indem er den Kranken das Matthäus-Evangelium auflegte, das er mit sich führte. Auch in Rom soll er gepredigt haben. In der Legende des Clemens tauft er diesen, in Mailand soll Barnabas als Bischof amtiert haben. Nach anderer Überlieferung erlitt er in Zypern den Märtyrertod durch Steinigung.
Manche Interpreten sehen Barnabas in seiner Bedeutung für die Heidenmission nahe bei Paulus selbst. Seine Reliquien sind in Mailand, Prag, Namur, Köln und Andechs zu finden.

Aquädukt bei Caesarea am Meer.

138
Auf seiner zweiten Reise konnte Paulus die wohlhabende Lydia in Philippi für die Sache Jesu gewinnen. Sie wurde die erste Christin in Europa.

➔ T. 146

138. Lydia – die Purpurhändlerin aus Philippi

In Philippi tauft Paulus Lydia. Lukas hat später davon erzählt.
Philippi ist eine römische Stadt. Römische Soldaten, die nicht mehr kämpfen können, leben hier. Der römische Kaiser gilt viel in Philippi. Römische Prätoren sind die Richter der Stadt. Vor hundert Jahren gab es eine große Schlacht bei Philippi. Oktavian, der später Augustus hieß, besiegte hier die Mörder Caesars.
Juden gibt es nur wenige in Philippi. Sie haben keine Synagoge, nur eine Gebetsstätte.
Am Sabbat gehen Paulus und Silvanus hinaus vor die Stadt. Sie kommen zum Fluss Gangites. Sie suchen die Gebetsstätte der Juden. Sie setzen sich ans Flussufer. Da kommen Frauen aus der Stadt. Lydia ist dabei, die Griechin, die Purpurhändlerin, die teure Purpurwolle und die kostbaren Purpurstoffe verkauft, Lydia, die an den Einen Gott glaubt, nicht an viele Götter.

Und es geschieht, als Lydia hört, wie Paulus und Silvanus von Jesus erzählen, da glaubt sie an Jesus Christus. Und sie lässt sich taufen. Paulus taucht sie unter im Fluss Gangites: »Ich taufe dich, Lydia, im Namen von Jesus!« Lydia ist die erste Christin in Europa. Und sie sagt zu Paulus und Silvanus: »Kommt in mein Haus!« Paulus und Silvanus kommen. Sie bleiben in Lydias Haus. Sie taufen die ganze Familie.
Und viele andere aus Philippi kommen dazu. Sie wollen auch zu Jesus gehören. Sie sind freundlich zueinander. Sie halten zusammen. Sie beten. Sie essen miteinander. Sie denken an Jesus. Sie sind eine Gemeinschaft, eine Gemeinde. Einer hilft dem anderen. Und Paulus hat sie alle lieb.
Die Römer von Philippi aber beschuldigen Paulus: »Du verbreitest hier einen falschen Glauben. Du führst hier fremde Sitten ein. Das können wir nicht dulden!«
Paulus kommt vor die Prätoren. Er wird verurteilt und eingekerkert. Er wird ausgepeitscht. Dann wird er ausgewiesen: »Du musst die Stadt verlassen!«
Paulus und Silvanus tun, wie ihnen befohlen wird. Sie verlassen die Stadt. Sie wissen: Es gibt jetzt viele Christen in Philippi. Sogar ein Gefängniswärter ist Christ geworden. Darüber sind sie glücklich.

Dietrich Steinwede

139. Prisca, Thekla und Phoebe – Frauen um Paulus

139
Informationen über drei Frauen, die in der Apostelgeschichte und in den Briefen des Paulus erwähnt werden.

- Frauen im Umfeld Jesu und in der frühen Kirche – welche Namen kennt ihr? Was wisst ihr über sie?

Prisca (Priscilla)
Prisca (lat.: »die Ehrwürdige«) und ihr Mann Aquila – er war Jude aus Pontus – lebten in Rom. Als Kaiser Claudius alle Juden auswies, zog das Ehepaar nach Korinth. Dort nahmen sie Paulus in ihr Haus auf, als der bei seiner zweiten Missionsreise in die Stadt kam (Apg 18,13), bekehrten sich zum Christentum und begleiteten Paulus auf seiner Rückreise nach Ephesus – heute Ruinen bei Selçuk – (Apg 18,18-19). In Ephesus wirkten sie nun als Missionare, unterrichteten den Johannesjünger Apollo (Apg 18,24-26), in ihrem Haus fanden die Gottesdienste statt (1 Kor 16,19).
Offenbar haben sie Paulus in der Zeit seiner Verfolgung und seines Gefängnisaufenthaltes unterstützt, auch unter Einsatz ihres Lebens. Wahrscheinlich wurden sie auch selbst verfolgt, jedenfalls kehrten sie nach Rom zurück, wo ihr Haus wieder Ort des Gottesdienstes der Christengemeinde wurde (Röm 16,35).
Paulus bezeichnet die beiden als seine Mitarbeiter, in vier von sechs Fällen wird der Name der Prisca vor dem ihres Mannes genannt, was deutlich macht, dass Prisca die eigentliche Missionarin war, die von ihrem Mann unterstützt wurde. Eine Notiz im 2. Timotheusbrief (4,19) kennt die beiden zum Ende des Jahrhunderts wieder in Ephesus, was aber nicht als historisches Zeugnis zu werten ist.

Thekla von Ikonium
Thekla (Bedeutung unklar) soll der Überlieferung nach die schöne Tochter reicher Eltern und hoch gebildet gewesen sein. Sie gilt als Schülerin des Apostels Paulus. In ihrer Heimatstadt hörte sie ihn predigen, bekehrte sich und wurde von ihm getauft. Nach den mittelalterlichen Legenden verweigerte sie ihrem Verlobten nun die Ehe, worauf dieser und ihre eigene Mutter sie dem die Christen verfolgenden Statthalter anzeigten. Thekla wurde zum Feuertod verurteilt, aber ein Regen löschte die Flammen, und ein Erdbeben ließ alle Umstehenden fliehen.

140
Der kürzeste Brief, der von Paulus überliefert ist, spricht ein wichtiges Thema an: Sklaverei und Christentum. Liebevoll setzt sich Paulus für den entlaufenen Sklaven Onesimus bei dessen Herrn Philemon ein, ohne hier die prinzipielle Frage nach der Berechtigung der Sklaverei zu stellen.

- Um was geht es im kürzesten Brief des Paulus, um was nicht?
- Warum ist die Sklaverei mit dem Christentum grundsätzlich unvereinbar?

➔ T. 92

In Männerkleidern folgte sie dem gegeißelt aus der Stadt vertriebenen Paulus nach Antiochia, wo sich ein Jüngling namens Alexander um sie bewarb. Wieder verweigerte sie die Ehe, wurde angezeigt und wilden Tieren vorgeworfen. Eine Löwin legte sich ihr zu Füßen, wehrte andere Tiere ab, zerriss einen Bären; als eine grimmige Löwin auf sie gehetzt wurde, zerfleischten sich beide Tiere. Thekla wurde nun in ein Wasser voll grausiger Tiere geworfen, aber Frauen – Thekla war inzwischen von der Tante des Kaisers, Triphemia, adoptiert worden – schütteten den Tieren betäubende Gewürze und Öle ins Wasser und Thekla entstieg unbeschädigt. Abermals gebunden und in ein Feuer gestellt, verbrannten nur die Fesseln; die Tante des Kaisers fiel bei diesem Anblick in Ohnmacht, Alexander und der Richter fürchteten daraufhin des Kaisers Unwillen und ließen Thekla frei.
Nochmals brach Thekla in Männerkleidern zur Nachfolge des Paulus nach Myra – dem heutigen Kocademre bei Kale – auf, aber der schickte sie nach Ikonium zurück, wo sie Mutter, Freunde und alles Gut verließ, fromme Frauen um sich sammelte und selbst predigte. In Armut trat sie mit 91 Jahren die himmlische Reise an. Sie soll in einem Felsen, der sich für sie öffnete, gestorben sein.

Phoebe
Phoebe (griech.: »die Leuchtende«) war Diakonin in Kenchreä. Sie überbrachte im Auftrag von Paulus dessen Brief an die Gemeinde in Rom (Apg 16,12).

140. Der Brief an Philemon

Philemon ist ein Christ, ein angesehener Mann in der Stadt Kolossä, in der Gegend von Ephesus. In Philemons Haus versammeln sich die Christen von Kolossä.
Ein Sklave ist dem Philomen entlaufen, Onesimus. Onesimus hat Geld seines Herrn genommen. Das kann ihn das Leben kosten. Onesimus ist zu Paulus nach Ephesus gekommen, ins Gefängnis.

Paulus in einer Handschrift aus dem Kloster St. Gallen, 9. Jh.

Paulus schreibt:
Lieber Bruder Philemon! Ich höre von deiner Liebe! Um der Liebe willen – ich möchte dich um etwas bitten. Es geht um Onesimus, deinen Sklaven, der bei mir im Gefängnis ist.
Er ist Christ geworden. Früher taugte er nichts. Jetzt aber ist er nützlich für dich und – für mich. Ich müsste ihn dir zurückschicken. Aber lass ihn mir. Ich habe ihn gern. Er ist wie ein Bruder für mich. Er kann mir beistehen im Gefängnis.
Er ist auch dein Bruder, Philemon. Als Sklaven kannst du ihn nicht mehr ansehen. Er ist dein Bruder in Christus. Bitte, lass ihn mir. Hat er dich geschädigt – ich will dir alles bezahlen. Das verspreche ich dir.
Willst du meinen Wunsch erfüllen, Philemon?
Du wirst es. Da bin ich ganz sicher.
Gnade mit euch allen! *Paulus (Dietrich Steinwede)*

141. Nur anders, nicht besser

Zwei Hirsche trafen sich.
Den einen hatte die gütige Natur schon Jahrhunderte leben lassen, der andere war jung und unerfahren.
Der alte Hirsch sagte zu seinem Enkel: »Ich kann mich noch an jene Zeiten erinnern, da der Mensch das donnernde Feuerrohr noch nicht erfunden hatte.«
»Welch glückliche Zeit muss das für uns Hirsche gewesen sein!«, seufzte der Enkel.
»Du schließt zu voreilig«, sagte der alte Hirsch. »Die Zeit war anders, aber nicht besser!«
Und er fuhr fort: »Der Mensch hatte anstatt des Feuerrohres Pfeile und Bogen, und wir waren ebenso schlimm daran wie jetzt.«

Gotthold Ephraim Lessing

141
Die Fabel erzählt von zwei Hirschen, die über die Vergangenheit unterschiedlich denken. Überraschend idealisiert hier der Jüngere die Vergangenheit.

- Könnt ihr ähnliche Fabeln erfinden, zum Beispiel von einem Igel, der von einer Zeit träumt, in der es noch keine Autobahnen mit rasenden Autos gab?
- Erzählt, was eurer Meinung nach in früheren Zeiten besser oder schlechter war.
- Wie kann man Genaueres über die Vergangenheit, die man nicht selbst erlebt hat, herausbekommen?

142. Einiges von früher

Ri ra rutsch, wir fahren mit der Kutsch. Diesen Vers gibt es noch, obwohl es keine Kutschen mehr gibt. Oder fast keine mehr. Im Spaß sagen manche Leute zu ihrem Auto Kutsche, aber nur, wenn das Auto schon ziemlich alt ist.
Hoppe hoppe Reiter. Das spielen immer noch die Väter mit den Kindern oder die großen Geschwister mit den kleinen, obwohl es fast nirgends mehr Pferde gibt außer im Zirkus und im Fernsehen. Und Schaukelpferde. Mit Königen und Prinzessinnen, Rittern, Köhlern und Handwerksburschen ist es genauso. Es gibt sie nicht mehr, fast nicht mehr, und doch kennt sie jeder.
Cowboys und Indianer auch.
Dornröschen war ein schönes Kind. Sie hat sich ans Spinnrad gesetzt und mit der Spindel in den Finger gestochen. Nun muss sie hundert Jahre schlafen, und alle im Schloss mit ihr, und das ganze Schloss wächst mit Heckenrosen zu.
Spinnen – also: Wolle oder Fasern zu einem Faden zusammendrehen – das wird heute mit Maschinen gemacht. Wenn jemand sagt »du spinnst«, dann meint er ganz was anderes.
Aber obwohl es Spinnrad und Spindel nicht mehr gibt, und obwohl es Dornröschen und die guten Feen und die böse Fee nie gegeben hat, kann jeder Mensch sich die Geschichte vorstellen.
Das ist schön. Man weiß viel mehr, als man sieht.

Kristof Wachinger

142
*Verse, Lieder, Redensarten, die aus der Vergangenheit stammen, aber auch heute lebendig sind – Fäden spinnen – Gedanken spinnen. Kennt ihr weitere Wörter, die heute einen anderen Sinn haben?
(cool; toll; jemand die Leviten lesen; über die Stränge schlagen ...)*

- Erzählt von Entdeckungen, die ihr selbst schon aus der Zeit von früher gemacht habt.

143
Kinder begegnen nach dem Umzug einem fremden Dialekt, in den Ferien fremden Sprachen. Sie lachen und lernen.

- Warum finden wir oft die Sprechweise in anderen Gegenden lustig? Warum haben wir manchmal Schwierigkeiten, solche Wörter selbst auszusprechen?
- Manche Leute lachen über andere, die nicht so sprechen wie sie selbst. Kennt ihr Beispiele? Was haltet ihr davon?
- Was wisst ihr über die Sprache Jesu, die Sprachen der Bibel, der Römer, der Germanen?
- Lest Gen 11,1-9. Wie wird die Entstehung der verschiedenen Sprachen gedeutet?

143. Sprachen

Eine Familie zog weit weg in eine andere Stadt. Die Kinder gingen gleich am ersten Tag einkaufen. Sie sollten Wurst und Brötchen für die Möbelmänner holen, und der Vater brauchte Nägel.
Als die Kinder zurückkamen, riefen sie: »Hier gibt es keine Wurst und keine Brötchen! Hier gibt's nur Woscht und Weck! Und Nägel gibt es hier auch nicht, nur Neeschel!«
Sie lachten und lachten.
Am nächsten Tag lernten sie die Nachbarskinder kennen. Sie fragten: »Ist hier viel Verkehr auf der Straße? Darf man hier Rollschuhlaufen und Seilspringen?«
Die Nachbarskinder sagten: »Bei uns uff de Gass derf mer laafe un hippe wie mer will. Nor misst er uffbasse, des er eich eiern Schwelles net an enem spitze Stein stumbe duht!«
Und die Nachbarskinder lachten und lachten.
»Was meint ihr?«, fragten die anderen. »Was heißt ›Schwelles‹ und ›stumbe‹?«
»Ihr liebe Leit!«, riefen die Nachbarskinder. »Versteht mer dann bei eich kein Deitsch? Schwelles, des maant Kopf, un stumbe haaßt stoßen!«
»Ach so«, sagten die anderen und dann lachten sie mit.

Es dauerte gar nicht lange, bis sie genauso redeten wie die Kinder in dieser Stadt.
In den Ferien reisten die Kinder mit ihren Eltern in ein anderes Land. Sie wohnten dort im Zelt auf dem Campingplatz, und den ganzen Tag spielten sie mit den Kindern aus den anderen Zelten und den Wohnwagen. Das waren Kinder aus Frankreich, England und Italien. Am Anfang konnte keiner den anderen verstehen.

Ursula Wölfel

144
Der Text beruht auf Apg 2,1-42 und Apg 4,32. Ein Wir-Erzähler spricht von den Zusammenkünften der Apostel nach den Erscheinungen des Auferstandenen, ihrer Unschlüssigkeit, der unerwarteten Geisterfahrung, ihrer plötzlichen Gewissheit, Begeisterung und dem neuen, anziehend wirkenden Elan, der sie erfasst und immer mehr Menschen zum Glauben an Jesus führt.

144. Pfingsten

Danach kamen wir jeden Tag in dem Haus zusammen, in dem wir das letzte Abendmahl gefeiert hatten, und es war immer, als wären in uns zwei Menschen. Der eine war glücklich, weil er wusste: Jesus ist der Herr. Er hat unser Leben in der Hand, und er hat auch die ganze Welt in der Hand. Der andere war unglücklich, weil Jesus weggegangen war und wir so untätig zusammensaßen und nicht wussten, was wir tun sollten. Dann kam wieder so ein besonderer Tag, an dem alles anders wurde. Es war das Pfingstfest. Das Erntefest. Überall auf den Feldern wurde das Korn geschnitten, und von überallher brachten die Pilger die ersten Garben nach Jerusalem zum Tempel. Überall feierten die Menschen den Dank für die Ernte.
Wir saßen schon am frühen Morgen, wie fast jeden Tag, im Saal oben im Haus. Einer erinnerte sich: Vor zwei oder drei Jahren, es war ein paar Tage vor dem Erntefest, hat Jesus gesagt: »Seht euch die Felder an. Sie sind schon ganz hellgolden, fast weiß. Sie sind reif. Das Korn wartet auf den Schnitter. So ist es auch mit den Menschen. Sie warten darauf, dass jemand zu ihnen geht, sie zusammenholt und heimbringt zu Gott.« Vielleicht ist jetzt auch für uns Erntezeit? Jesus hat das Korn in die Erde geworfen: Das Wort von Gott. Vielleicht sollen wir jetzt die Erntearbeiter sein, die die reife Frucht, die Herzen der Menschen, einbringen?

Während wir so miteinander redeten, kam plötzlich etwas über uns wie ein Sturm. Es war, als wehte ein Wind durch das Haus, und als würden wir alle durcheinander gewirbelt. Es war, als wäre das Haus voll Feuer und voll Licht. Dann, nach wenigen Augenblicken, war wieder Stille. Aber wir waren ganz und gar verwandelt. Wir sprangen von den Bänken und sangen und redeten durcheinander. Und einige riefen: »Das ist es! Das ist es, was er gesagt hat! Das ist der Geist Gottes!« Wir umarmten uns und konnten gar nicht recht in Worte fassen, was uns erfüllte. Immer wieder riefen wir durcheinander: »Das ist es, was Jesus uns versprochen hat! Nun will er, dass wir aus unserem Versteck hervorkommen und zu den Menschen reden!« Einige Leute auf der Straße hörten, dass wir solchen Lärm machten, und blieben unten stehen, von den anderen Häusern sahen sie herüber, und schließlich staute sich eine große Menge vor der Tür. »Die sind verrückt!«, sagten einige. »Die sind betrunken«, sagten andere. Aber Petrus ging zu ihnen hinaus und sagte: »Wir sind weder verrückt noch betrunken. Wir freuen uns nur, dass Jesus lebt und bei uns ist. Und er ist auch bei euch, wenn ihr zu ihm gehören wollt.« Und viele Leute baten uns: »Lasst uns auch dazugehören! Wir möchten auch glauben, dass Jesus lebt.«
Seitdem reden wir mit den Leuten in Jerusalem von Jesus, wo immer wir Gelegenheit haben, und viele schließen sich uns an. Unsere Gemeinde wird täglich größer, und es ist eine große Freude und Begeisterung. Die Leute lachten anfangs über uns, dann hörten sie uns zu und wollten alles genauer wissen. Am Ende fragten sie uns: »Was sollen wir denn nun tun?« Und wir wussten auf einmal: Jesus hat sich doch taufen lassen, und wir alle sind im Jordan getauft worden! Nun müssen wir diese Leute auch taufen und ihnen helfen, dass sie glücklich werden.
Wir sind ein Herz und eine Seele. Keiner sagt von seinem Haus: Das gehört mir. Es gehört allen. Keiner sagt von seinem Garten: Der gehört mir. Er gehört allen gemeinsam. Und keiner sagt von seinem Geld: Das gehört mir. Wir leben alle gemeinsam davon.

Jörg Zink

- Die Erzählung stammt von einem Schriftsteller unserer Zeit. Wer könnte das Pfingstereignis aber damals so erzählt haben? Sucht mehrere Möglichkeiten.
- Was könnte die junge Christengemeinde dazu bewogen haben, alles gemeinsam zu haben?

→ T. 145

145. Wir wollen unsere Ruhe

Als der Pfingsttag gekommen war, befanden sich alle am gleichen Ort. Sie freuten sich beieinander zu sein. Am Himmel regte sich kein Lüftchen!
So kam es, dass sie friedlich unter sich blieben. Es störte sie keiner – wer sollte sie auch schon stören. Sie frischten Erinnerungen an Jesus auf; sie erzählten sich dies und jenes – und das konnten sie in ihrer eigenen Sprache. Die Fenster öffneten sie nur gelegentlich, um ein wenig zu lüften. In den Straßen um ihr Haus herum tummelten sich an diesem Tag Leute aus aller Herren Länder. Sie unterhielten sich über vieles, manche auch über Jesus und seine Anhänger: »Man hört nichts mehr von der Sache. Sie scheint sich erledigt zu haben!« Dann wechselten sie das Thema und sprachen wieder über die Schriftauslegung von Rabbi Benjamin am Morgen in der Synagoge. Sie gingen weiter, ohne etwas erlebt zu haben – der Pfingsttag, ein Tag wie jeder andere!
In der kleinen Gruppe aber hielt Petrus eine Rede: »Liebe Freunde in der Erinnerung an Jesus! Inzwischen haben wir uns daran gewöhnt, dass unser Freund Jesus nicht mehr bei uns ist. Von dem Hohen Rat haben wir nichts mehr zu befürchten, denn langsam hat er sich beruhigt. Warum sollten wir von der Sache wieder anfangen? Wir haben unsere Ruhe. Das ist gut so, das

145
Der Text bietet eine Kontrastgeschichte zu Apg 2,1-42. Die Überschrift zitiert Apg 4,32. Die Aussagen entsprechen in ihrer Abfolge dem biblischen Text. Sie zeigen die Gruppe der Jünger als selbstgenügsamen Jesus-Gedächtnis-Verein, der mit ihrem Tode ausstirbt.

- Teilt den Text in seine kleinen Einzelszenen auf und stellt ihnen die biblischen Szenen aus Apg 2 gegenüber. An welchen Stellen bemerkt ihr wichtige Unterschiede?

146
Die Schrift des römischen Geschichtsschreibers Tacitus ist eine sehr alte und wertvolle Quelle, da ihm als Nichtchristen keine Parteilichkeit zugunsten des Christentums nachgesagt werden kann. Er schreibt vom Brand Roms unter Nero im Jahr 64 und dem darauf folgenden Zeremonien, die (angeblich) die Götter versöhnen sollten.

- Stellt zusammen, was ihr aus dem Bericht des Tacitus über Ursprung und Ausbreitung des Christentums erfahrt.
- Warum nennt Tacitus das Christentum einen Aberglauben? In welcher Hinsicht hält er die Christen für schuldig, in welcher nicht?
- Vergleicht die Fragen, die sich die Leute damals hinsichtlich der Christen stellten (→ ZdF 153), mit diesem Text und überlegt, welche Schuld die Leute den Christen wohl gaben.

Nero, römischer Kaiser 54–68 nC

soll so bleiben! Dann und wann wollen wir uns treffen, um das Andenken an ihn in Ehren zu halten. Im Übrigen soll alles so bleiben, wie es ist. Das ist für die Beteiligten das Angenehmste. Fremde können in unserer Gruppe nur stören.«
Soweit Petrus.
Die Jünger trafen sich noch öfters, fingen an sich zu langweilen – und die Mittelmäßigkeit erlebte Höhepunkte. Mit den Jahren starben sie. So ging die Sache Jesu zu Ende.

Peter Klever

146. Die Christenverfolgung unter Nero

Der römische Geschichtsschreiber Tacitus (61–120), selbst kein Christ, berichtet um 110 in seinen »Annalen« von grausamem Vorgehen des Kaisers Nero gegen die Christen in Rom. Im Juli 64 hatte ein Großfeuer weite Teile der Stadt Rom in Schutt und Asche gelegt. Die einen glaubten an einen unglücklichen Zufall, die anderen rechneten mit der Heimtücke des Kaisers. Da Neros Bemühungen, den Verdacht von sich abzuwälzen, erfolglos blieben, suchte er nach einem Sündenbock, wozu sich die geheimnisumwitterte, weil geschlossene und nur oberflächlich bekannte Gruppe der Christen fand. Betroffen waren von dieser Verfolgung darum nur die stadtrömischen Christen. Die Schreibung »Chrestianer« statt »Christianer« gibt wahrscheinlich die volkstümliche Lesart wieder, die im Griechischen etwa »die Wackeren« bedeutet. Für Tacitus, der Namen und Prozess Christi kannte, und nach Meinung der Historiker Zugang zu den römischen Staatsarchiven hatte, ist es wohl ironisches Spiel, die Übeltäter und Menschenverächter »die Wackeren« genannt werden zu lassen.

Aber keine menschliche Anstrengung, keine Spenden des Herrschers, keine Sühnezeremonien für die Götter verscheuchten den Verdacht, Rom habe auf Befehl gebrannt. Um das Gerücht aus der Welt zu schaffen, schob er (Nero) die Schuld auf andere und verhängte die ausgesuchtesten Strafen über die wegen ihrer Verbrechen Verhassten, die das Volk »Chrestianer« nannte. Der Name leitet sich von Christus ab; dieser war unter der Regierung des Tiberius durch den Prokurator Pontius Pilatus hingerichtet worden. Für den Augenblick wurde der verderbliche Aberglaube unterdrückt. Aber er brach wieder aus, nicht nur in Judäa, dem Ursprungsort dieses Unheils, sondern auch in Rom, wo alles Scheußliche und Schandbare von überall zusammenströmt und Anhang findet.
Man verhaftete also zuerst Leute, die bekannten, dann auf ihre Anzeige hin eine riesige Menge. Sie wurden nicht gerade der Brandstiftung, wohl aber des allgemeinen Menschenhasses überführt. Die Todgeweihten benützte man zum Schauspiel. Man steckte sie in Tierfelle und ließ sie von Hunden zerfleischen, man schlug sie ans Kreuz oder zündete sie an, man ließ sie nach Einbruch der Dunkelheit als Fackeln brennen. Nero hatte für diese Schauspiele seinen Park zur Verfügung gestellt und veranstaltete ein Zirkusspiel. Im Aufzug eines Wagenlenkers mischte er sich unter das Volk oder stand auf seinem Wagen. So regte sich das Mitleid, obwohl sie schuldig waren und die härtesten Strafen verdienten, weil sie nicht dem Allgemeinwohl, sondern der Grausamkeit eines Einzigen zum Opfer fielen.

Tacitus, Annalen 15,44

147. Lydia an ihre Freundin Mirjam in Pergamon

Schalom!
Ich muss dir unbedingt von meinem Besuch bei Prisca in Ephesus erzählen. Wir wurden dort sehr freundlich empfangen; ich kannte die alte Freundin meiner Mutter noch gar nicht, da die beiden sich seit etlichen Jahren nicht mehr gesehen hatten. In der Wohnung fiel mir ein an die Wand gemalter Fisch auf. Ich wusste gar nicht, was das bedeuten sollte, aber meine Mutter fragte gleich: »Gehörst du auch zu denen, die an diesen Jesus glauben?« Prisca antwortete: »Du kennst also unser geheimes Zeichen!« – »Aber ich weiß nichts Genaues darüber«, sagte meine Mutter. Prisca erklärte: »Wenn du die griechischen Anfangsbuchstaben der Wörter Jesus Christus Gottes Sohn Erlöser zusammensetzt, entsteht das griechische Wort für Fisch. Wir benutzen dieses Geheimzeichen, damit man uns nicht sofort erkennt. Glaubst du auch, dass Jesus Christus lebt, obwohl die Menschen ihn getötet haben, und dass er unser Erlöser ist?« Mutter antwortete: »Ich weiß noch zu wenig von ihm.« Prisca sagte: »Wenn du seine frohe Botschaft richtig kennst, wirst du auch an ihn glauben und zu unserer Gemeinschaft gehören.«
Ich habe hier den Fisch und die Auflösung des Geheimzeichens für dich aufgemalt, Mirjam.

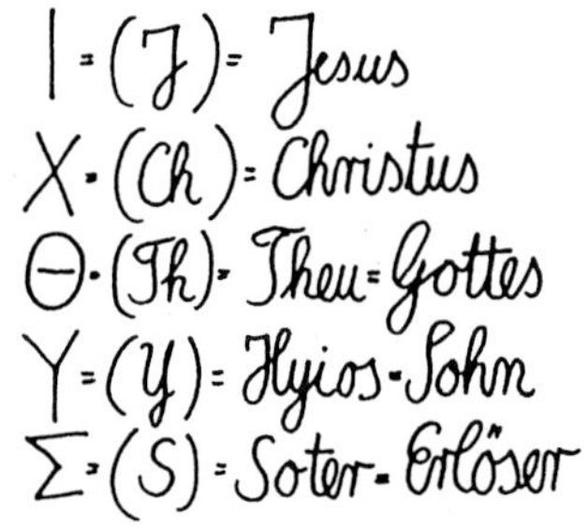

Am nächsten Tag kamen viele Leute in das Haus von Prisca und ihrem Mann Aquila. Mir fiel vor allem ein älterer Mann auf, den sie »Vorsteher« nannten und herzlich begrüßten. Viele hatten etwas zu essen mitgebracht: manche, die reich waren, sehr viel; ärmere Leute weniger, einige gar nichts. Sie setzten sich alle um den großen Tisch, begannen zu essen und unterhielten sich, sprachen von ihrer Arbeit, ihren Sorgen. Es waren auch einige Sklaven dabei, aber sie wurden genauso behandelt wie die anderen. Als alle satt waren, erhob sich der Vorsteher und begann, von diesem Mann Jesus zu erzählen, was er gesagt und getan hatte und dass er mit seinen Freunden ein Abschiedsmahl gefeiert habe. Und er ermahnte sie, sie sollten liebevoll zusammenhalten im Geist Jesu. Dann haben alle zusammen gebetet und der Vorsteher nahm von dem Brot, das noch auf dem Tisch lag, und füllte einen Becher mit Wein. Er sprach Gebete, brach das Brot in Stücke und gab jedem davon zu essen und alle tranken aus dem Becher. Dann sagte er zu einem Mann, den sie »Diakon« nannten: »Bringe den Kranken von dem heiligen Brot!«, und er nahm es und ging. Anschließend gaben die Leute dem Vorsteher Geld, Nahrungsmittel und Kleidung. Er sagte, er wolle es gerecht unter die Armen verteilen. Ich habe das alles gar nicht so richtig verstanden. Aber meine Mutter war begeistert und sagte, das sei eine großartige Gemeinschaft, weil sie sich gegenseitig so lieb haben. Und sie wollte von Prisca noch viel mehr von Jesus wissen.
So viel für heute. Schreib mir bald wieder und grüße deine Eltern und Brüder.

Lydia

Nach Elke Polewsky

147
Lydia erfährt bei einem Besuch mit ihrer Mutter in Ephesus erstmals von der christlichen Botschaft und erlebt eine Hauseucharistie. Im historischen Hintergrund des erfundenen Briefes stehen Prisca und Aquila, ein jüdisches Ehepaar aus Pontus, das Paulus auf seiner zweiten Missionsreise in Korinth kennen lernt. Bemerkenswert ist die Rolle der Prisca, die von Paulus meist an erster Stelle genannt wird.
Die christliche Fischsymbolik wird auf Mk 1,17 (Menschenfischer) zurückgeführt. Das Akrostichon IXΘYΣ *ist frühchristlich mehrfach bezeugt.*

- Schlagt in der Bibel die folgenden Stellen nach und schreibt auf, was ihr über Prisca und ihren Mann Aquila findet: Apg 18,1-3; 18,18f; 18,24-28; Röm 16,3-4; 1 Kor 16,19.
- Der Brief enthält Angaben über die sonntägliche Zusammenkunft der ersten Christen. Notiert den Ablauf in Stichworten und vergleicht ihn mit der heutigen Form der Eucharistiefeier.

→ **T. 139**

148

- Legenden erzählen anschauliche Begebenheiten, bei denen der übertragene Sinn oft wichtiger ist als das erzählte Ereignis. Was könnt ihr jemand antworten, der sagt, die Legende sei gar nicht wahr, weil Laurentius in Wirklichkeit enthauptet worden sei?
- Jesus sagt einmal: »Was ihr für einen meiner geringsten Brüder getan habt, das habt ihr mir getan« (Mt 25,40). Vielleicht hilft euch dieser Satz zu erklären, warum Laurentius die Armen »die Schätze der Kirche« nennt.

148. Die Schätze der Kirche

Die hier aufgegriffene Predigt Papst Leos I. vom Martyrium des heiligen Laurentius beruht auf der bereits im 4. Jh. bezeugten Legende. Sie nimmt Bezug auf die damalige Hauptaufgabe der Diakone: Versorgung und Betreuung der Armen. Laurentius war (Erz-) Diakon in Rom zur Zeit des Papstes Sixtus II. (257–258). Er ist diesem zusammen mit neun weiteren Christen am 10. August 258 wahrscheinlich durch Enthauptung im Martyrium gefolgt.

Der Präfekt verlangte von Laurentius die Herausgabe des kirchlichen Vermögens und aller Wertgegenstände, die die Christen besaßen. Der Diakon erbat sich drei Tage Zeit, um alle Schätze der Gemeinde zusammenzutragen. Auf sein Ehrenwort hin wurde ihm diese Frist gewährt. In den drei Tagen arbeitete er fieberhaft. Was es noch an Geld und Besitz in der römischen Gemeinde gab, verteilte er an Bedürftige. Am dritten Tag erschien er mit einer Schar von Krüppeln, Greisen und Bettlern vor dem Stadtpräfekten: »Hier sind die Schätze der Kirche, unsere Perlen und Edelsteine, in denen wir das Antlitz unseres Herrn erkennen.« Maßlos aufgebracht, gab der Präfekt den Befehl, Laurentius zu geißeln und dann auf einem glühenden Rost langsam zu Tode zu quälen.

149

Der Text gibt wieder, was Eusebius in seinen Schriften »Das Leben Konstantins« (1,28) und »Kirchengeschichte« (9,3-8) von der Schlacht an der Milvischen Brücke im Jahr 312 überliefert: die Vision des Christuszeichens, die Schlacht, der Jubel in Rom. Für das Christentum bedeutet die Herrschaft des ersten christlichen Kaisers den Anbruch einer neuen Epoche.

- Das Siegeszeichen Konstantins war wahrscheinlich nicht nur ein Kreuz, sondern das Christusmonogramm mit den griechischen Buchstaben X (CH)und P(R). Mit einem Siegeskranz umschlossen muss es an den Standarten der Soldaten befestigt gewesen sein. Versucht zu zeichnen, wie es ausgesehen haben könnte.
- Was bedeutete es für die Christen im Römischen Reich, wenn nach 300 Jahren zum ersten Mal der Kaiser selbst ihrem Glauben zuneigt und schließlich auch getauft wird?

149. Konstantin – Sieg unter dem Christuszeichen

Als Konstantin erfuhr, wie die Stadt Rom von dem Tyrannen Maxentius bedrückt wurde, erklärte er, dass er das Leben nicht mehr ertragen könne, wenn er die Kaiserstadt in solcher Not sehen müsse, und so traf er die notwendigen Vorbereitungen zum Sturz der Tyrannenherrschaft.

Damals erschien Konstantin ein ganz ungewöhnliches Gotteszeichen, das man wohl nicht so leichtgläubig hinnehmen würde, wenn jemand davon berichtete. Aber der Kaiser selbst hat mir später davon erzählt und sein Wort mit Eidesschwüren bekräftigt. Um die Stunde der Mittagszeit habe er, so sagte der Kaiser, mit eigenen Augen droben am Himmel über der Sonne das Siegeszeichen des Kreuzes, aus Licht gebildet, gesehen und dabei die Worte gehört: »Durch dieses Zeichen wirst du siegen!« Staunen habe bei diesem Gesichte ihn und das ganze Heer ergriffen, das ihm auf seinem Marsch folgte.

Doch Konstantin wusste die Erscheinung nicht richtig zu deuten. Während er noch darüber nachdachte, überraschte ihn die Nacht. Da zeigte sich ihm im Schlafe Christus mit dem am Himmel erschienenen Zeichen und trug ihm auf, dieses Zeichen nachzubilden und es bei seinen Kämpfen mit den Feinden als Schutzpanier zu gebrauchen.

Als Konstantin sich Rom näherte, da endlich verließ Maxentius die Stadt, um sich ihm entgegenzustellen. Aber wie einst zur Zeit des Mose und des gottesfürchtigen Volkes der Hebräer »die Streitwagen des Pharao und seiner Heermacht ins Meer geschleudert wurden«, wie es in der Bibel heißt, gerade so ist auch Maxentius mit seiner Leibwache »in die Tiefe versunken gleich einem Stein«, als er, fliehend vor der Macht Gottes, mit Konstantin kämpfend, den Tiber überschreiten wollte. Über diesen Fluss hatte er nämlich eine feste Schiffsbrücke schlagen lassen und sich so das Werkzeug zu seinem eigenen Untergang geschaffen, indes er doch gehofft hatte, Konstantin dadurch vernichten zu können. Denn nach Gottes Willen lösten sich die Maschinen der Brücke, die das Heer Konstantins ins Verderben stürzen sollten, nicht zur gehofften Zeit, sondern die Brücke versank zu früh mit

Maxentius, seiner Leibwache und seinem ganzen Heer.
Konstantin aber zog unter Siegesjubel in Rom ein. Die Senatoren und die übrigen hervorragenden und angesehenen Bürger der Stadt empfingen ihn zusammen mit dem ganzen Volk aufs herzlichste, strahlenden Auges, unter Freudenzurufen und unermesslichem Jubel, wie wenn sie durch ihn aus dem Kerker befreit worden wären. Männer und Frauen, Kinder und unzählige Scharen von Sklaven priesen Konstantin unter maßlosen Beifallsrufen als ihren Befreier, Retter und Wohltäter. Er aber, der bei seiner angeborenen Gottesfurcht durch den Beifall nicht stolz wurde, weil er sich wohl bewusst war, dass Gott ihm seine Hilfe gesandt hatte, brachte sogleich ihm, dem Urheber des Sieges, seine Dankgebete dar.

Dietrich Steinwede, Nacherzählung nach Eusebius von Cäsarea

Konstantinbogen in Rom, 315

150. Die Vereinbarung zu Mailand

Aus der Vereinbarung zu Mailand (313) zwischen Konstantin, dem Herrscher des Westens, und Licinius, dem Herrscher des Ostens:
Niemandem ist die Erlaubnis zu versagen, sich dem christlichen Glauben oder seiner Religion zuzuwenden und sie zu beobachten.
Vielmehr soll jeder die Freiheit haben, seine Gedanken derjenigen Religion zuzuwenden, die er für sich am geeignetsten hält, damit uns die Gottheit in allem ihre gewohnte Gunst und ihr Wohlwollen beweisen kann. Demgemäß teilen wir als unsern Willen mit, dass nach vollständiger Aufhebung aller Bestimmungen, die in unseren früheren Briefen bezüglich der Christen enthalten waren, nun auch alles das beseitigt wird, was uns als ungeschickt und mit unserer Milde unvereinbar erschienen ist, und dass nunmehr jeder, der den gleichen Vorsatz hat, dem Gottesdienst der Christen sich zuzuwenden, dieses ohne irgendwelche Belästigung tun mag …
Zu allem übrigen aber bestimmten wir nun in Betreff der Person der Christen, dass man ihnen die Orte, an denen sie früher zusammenzukommen pflegten … ohne jede Bezahlung und ohne Rückforderung des dafür bezahlten Preises sofort zurückgibt. Auch diejenigen, die diese Orte etwa geschenkt erhalten haben, sollen sie sofort den Christen zurückgeben … Und da dieselben Christen bekanntlich nicht nur die Orte, wo sie zusammenzukommen pflegten, sondern auch noch andere Grundstücke besaßen, die nicht einem einzelnen, sondern der Christengemeinde angehörten, soll dieses alles nach dem Gesetz ohne alle Umschweife denselben Christen, d. h. der Gemeinde, zurückgegeben werden …
Denn auf diese Weise wird die Gunst der Gottheit gegen uns, die wir schon in vielen Dingen erfahren haben, uns sicher und allezeit erhalten bleiben.

150
In der Mailänder Vereinbarung verständigten sich Konstantin († 337) und Licinius († 324) auf einen Weg der Religionsfreiheit, der bis dahin im Römischen Reich keine Tradition hatte, nun aber dem Christentum zugute kam. Seit damals begann Konstantin das Christentum großzügig zu fördern. Doch setzte sich der Gedanke der Religionsfreiheit in der Folgezeit nicht durch. Dasselbe Christentum, das lange verfolgt worden war, begann nun andere Religionen zu verfolgen. Noch im selben Jahrhundert erklärte Kaiser Theodosius (379–395) das Christentum zur Staatsreligion.

- Versucht herauszufinden, an wen die Kaiser sich mit der Veröffentlichung ihrer Vereinbarung wenden. Wen betrifft sie am meisten?
- Vielleicht habt ihr Lust, den Text der wichtigen Vereinbarung groß als Veröffentlichung auf ein Poster zu schreiben.
- Kennt ihr Länder, in denen die Religionsfreiheit heute noch abgelehnt wird?
- In unserem Land ist die Religionsfreiheit im Grundgesetz ausdrücklich erklärt (Art. 4). Was bedeutet das für eure Klasse?

151
Die Legende erzählt, wie Nikolaus (270–340) drei Mädchen zu einer Aussteuer für die Hochzeit verhalf. Sie hat die gute Tat des jungen Nikolaus vielleicht verdreifacht, aber dass er für die Mitgift eines armen Mädchens gesorgt hat, gilt als historisch. Die seit langem verbreitete Nikolausverehrung zeigt die große Sympathie, die man für diesen Heiligen empfand. Man sah an ihm, wie das Wirken Jesu weiterging. Der 6. Dezember ist sein Todestag.

- Warum konnte ein Mädchen ohne Mitgift damals nicht heiraten? Wie ist das heute?
- Was bewog den jungen Mann zu seiner heimlichen Wohltat? Wie könnte jemand heute in seinem Sinne handeln?
- Manchmal wird Nikolaus mit einer erfundenen Gestalt, dem Weihnachtsmann, der mit dem Rentierschlitten vom Nordpol kommen soll, verwechselt. Erzählt, was ihr von Nikolausfeiern und von Weihnachtsmanngeschichten wisst. Wie könnt ihr den 6. Dezember im Sinn des wirklichen Nikolaus feiern?

151. Nikolaus

Eine Legende

Einige Zeit bevor Nikolaus Bischof wurde, wohnte in seiner Nachbarschaft in Myra ein Witwer mit drei Töchtern. Die Mädchen waren hübsch und alle drei hatten ein freundliches Wesen, aber weil sie arm waren und nicht die geringste Mitgift hatten, mochte keiner der jungen Männer von Myra sie heiraten.

Ihre Familie war ehemals recht wohlhabend und angesehen gewesen, aber dann hatte eine Serie von Unglücksfällen sie getroffen. Die Mutter starb. Krankheit, geschäftliche Verluste und Zerstörungen durch ein Erdbeben hatten sie um ihren nahezu gesamten Besitz gebracht. Bei gesellschaftlichen Anlässen konnten sie nicht mehr mithalten, so behandelte man sie als Außenseiter. Die Mädchen wurden von ihren ehemaligen Bekannten geschnitten. Aber auch von den jungen Arbeitern aus Andriake, dem Hafen von Myra, traute sich keiner, eins der Mädchen zu heiraten, obwohl einige sie mochten. Sie fühlten sich den Mädchen unterlegen, weil sie andere Umgangsformen hatten.

So war der Vater in seiner verzweifelten Sorge auf die Idee verfallen, die Mädchen in ein Bordell zu schicken, damit sie auf diese Weise für sich und ihre Angehörigen den Lebensunterhalt verdienen könnten.

Währenddessen erfuhr Nikolaus von der Notlage in seiner Nachbarschaft. Er wollte helfen und er verfügte auch über die nötigen Mittel dazu. Aber, um die Unglücklichen nicht zu beschämen und sich nicht groß aufzuspielen, wollte er es heimlich und anonym tun. So nahm er einen Beutel mit Goldstücken, warf ihn bei Nacht durch das geöffnete Fenster in das Haus und verschwand ungesehen. Am Morgen fand der Vater das Geld, das ihm wie ein Geschenk des Himmels kam. Er dankte Gott, schämte sich wegen seines schäbigen Planes und begann, für die älteste Tochter die Aussteuer zu beschaffen. Es fand sich bald ein Bräutigam und das Geld reichte auch noch zu einer fröhlichen Hochzeit. Als Nikolaus sah, dass seine Hilfe gut angekommen war und die Familie das Geld wohl genutzt hatte, taten ihm die beiden anderen Mädchen leid. Er wiederholte sein heimliches Geschenk und nach einiger Zeit war auch die zweite Tochter glücklich verheiratet. Der Vater hätte gern den unbekannten Retter seiner Mädchen kennen gelernt, um ihm zu danken. Im Stillen hoffte er nach allem, was geschehen war, der heimliche Helfer werde sich auch seiner dritten Tochter erbarmen. So schlief er von nun an Nacht für Nacht völlig angezogen unter dem Fenster, um sofort aufspringen und den nächtlichen Wohltäter verfolgen zu können.

Nikolaus war entschlossen, auch dem dritten Mädchen unerkannt zu helfen, und warf noch einmal bei Nacht einen Beutel durch das Fenster. Durch das Geräusch wachte der Vater sogleich auf und eilte dem Flüchtenden nach. Er holte ihn rasch ein und erkannte Nikolaus, seinen Nachbarn. Überrascht und dankbar wollte er ihn in sein Haus einladen. Aber Nikolaus wehrte allen Dank ab und ließ den Vater versprechen, nichts von der Sache zu erzählen. Ohne zu ahnen, dass seine Worte sehr bald in Erfüllung gehen würden, erwiderte dieser: »Ein Mann wie du verdiente, unser Bischof zu werden!«

Darstellung der Mädchenlegende aus dem Nikolausaltar des Heiligkreuz-Münsters, Rottweil, um 1500.

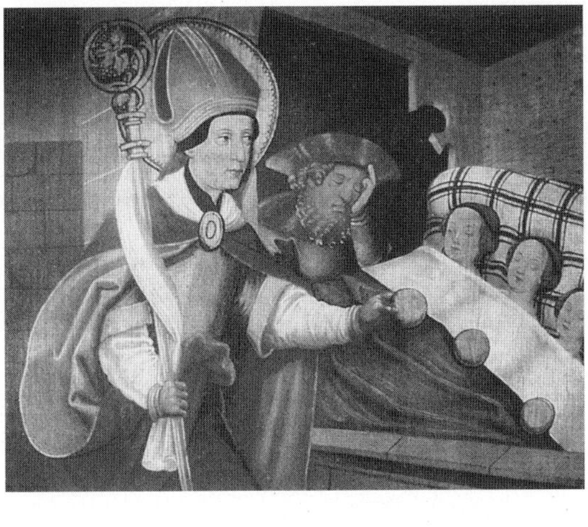

Später erzählten die drei glücklichen Frauen die Geschichte dann doch, und sie wurde zum Anlass der alljährlichen heimlichen Geschenke am Nikolausabend.

Der historische Hintergrund

Unter der Regierung Kaiser Konstantins (313–336) bildeten die Christen in den Städten und Dörfern Kleinasiens zwar schon teilweise die Mehrheit, aber daneben blühten in größeren Städten auch weiter traditionelle heidnische Kulte. Lykien war noch geprägt von den eindrucksvollen Tempeln des Apollo, der Artemis, Aphrodite und Leto, wie zwei Jahrhunderte später von christlichen Kirchen. Auch die Tempelprostitution im Kult der Aphrodite bestand besonders in Syrien und Kleinasien weiter. Tempelsklaven, überwiegend Mädchen, die als Eigentum der Götter galten, mussten dem Kult dienen. Durch den Verkehr mit ihnen glaubte man Kraft zu erlangen. Die »heilige Hochzeit« sollte die Fruchtbarkeit der Götter gegenwärtig setzen, um an ihr teilzuhaben. Den deswegen von Christen als Lästerung empfundenen Aphroditetempel über der Kreuzigungsstätte Jesu in Jerusalem ließ Konstantin abreißen; andere blieben weiter in Gebrauch. Besonders bekannt war die Stadt Aphrodiasias, westlich Lykiens in der Provinz Karia gelegen, die ihren Namen von dem dort damals noch blühenden Aphroditekult hatte. Sie wurde im 7. Jh. in Stauropolis, »Stadt des Kreuzes«, umbenannt.
Noch erlaubte auch das römische Recht dem Vater, Neugeborene, die ihm nicht genehm waren, auszusetzen. Wenn ein solches Kind dem Tode entging, endete es in der Sklaverei, oder musste als Lustknabe oder Prostituierte dienen. Christen kämpften gegen diese menschenverachtende Tradition. Eine Synode um 306 in Elvira in Südspanien, der westlichsten römischen Provinz, verfügte den Ausschluss einer Mutter und ihrer mitwirkenden Verwandten auf Lebenszeit aus der kirchlichen Gemeinschaft, wenn sie ein Kind aus Gewinnsucht zur Prostitution gab. Zeitgenössische Schriftsteller wissen zu berichten, die Aussetzung geschehe meist nicht aus wirtschaftlicher Not, sondern aus materialistischem Nützlichkeitsdenken. Auch die staatlichen Behörden sahen sich veranlasst, die Rechtsordnung in Erinnerung zu rufen. Ein Erlass der Kaiser Diokletian (284–305) und Maximian (305–313) veranschaulicht die Situation:
»Es ist offenkundig rechtens, dass (frei geborene) Kinder von ihren Eltern weder verkauft noch verschenkt noch verpfändet, noch auf irgendeine andere Weise, auch nicht bei vorgeblicher Unkenntnis des Erwerbers (Gutgläubigkeit), auf einen anderen (zu Eigentum) übertragen werden können.« (Codex Iustianus)
Dass dennoch von einer Ausnahmeregelung, die bei übergroßer Armut den Verkauf zuließ, vielfach Gebrauch gemacht wurde, legt ein Erlass Kaiser Konstantins von 322 nahe, der bei Zahlung des Marktpreises das Recht des Rückkaufs ausdrücklich festgelegt.
Die jungen Frauen, denen Nikolaus der Legende nach die Aussteuer verschaffte, wären ohne diese Hilfe in einem Bordell oder in der Tempelprostitution gelandet. Die Geschichte spielt ausdrücklich vor Nikolaus' Wahl zum Bischof, als er noch Laie war, ein wohlhabender junger Christ.
Angesichts des Sextourismus wohlhabender Westeuropäer und des osteuropäischen und asiatischen Frauenhandels gewinnt die Erzählung schreckliche Aktualität. Aus der schönen Kindergeschichte wird, so gelesen, plötzlich eine Anfrage an unsere Gesellschaft und heutige Gemeinden.

Roman Mensing

152
Martin teilt bei einem nächtlichen Ritt seinen Offiziersmantel mit einem frierenden Bettler. Die Nacherzählung beruht auf der kurz vor Martins Tod herausgegebenen Lebensbeschreibung des Sulpicius Severus. Die Szene, die Martin volkstümlich gemacht hat, charakterisiert die Fremdheit christlichen Handelns in damaliger Zeit. Schon bald nach seinem Tod verehrte man Martin als einen der ersten Heiligen, der nicht Märtyrer war.

- Der römische Offizier und der zitternde Bettler – worin seht ihr das Ungewöhnliche der Tat?
- Könnt ihr andere Legenden von Martin vorlesen oder erzählen?
- Das Volk von Tours wünschte sich Martin als Bischof, während die Nachbarbischöfe an andere Kandidaten dachten. Was machte den Wunschkandidaten der Christen von Tours für das Bischofsamt geeignet?
- Erzählt von Martinsfeiern und Martinszügen, die ihr kennt.

Zeichnung nach einer französischen Buchmalerei um 1300.

152. Martin von Tours

Der junge Offizier tritt aus dem Gebäude heraus. Oben, auf den Stufen der Treppe, bleibt er stehen. Frost liegt in der Luft. Es ist bereits dunkel in den Straßen von Amiens.
Der Offizier zögert. Drinnen ist das flackernde Licht der vielen Öllampen gewesen. Jetzt muss er seine Augen erst an die Dunkelheit gewöhnen. Es ist keine Freude für ihn, in diese Nacht hinausreiten zu müssen. Erst gegen Mittag ist er von einem dreitägigen Ritt zurückgekehrt. Aber es ist ihm befohlen worden. Und ihm kommt nicht der Gedanke, zu fragen: ›Warum gerade ich?‹ Schließlich ist es auch eine Auszeichnung für ihn, wenn man ihm sagt: ›Du bist der Einzige, der hier nicht die Nacht mit Trinken verbringt. Du kannst noch am ehesten die wichtige Meldung überbringen.‹
Unten im Hof schnauben Pferde. Der junge Offizier, er mag kaum 18 Jahre zählen, lauscht. Er lächelt: Pferde – ja – das ist etwas. Ist er nicht im ungarischen Sabaria geboren? Dort, wo man das Licht der Welt gleich neben dem Pferdesattel erblickt. Mit wenigen Sätzen ist er plötzlich die Stufen hinabgeeilt. Der eiskalte Wind erfasst seinen weißen Offiziersmantel und bläht ihn auf. Leise klirrend schlägt das Schwert an die Rüstung.
Aus der Dunkelheit lösen sich die Gestalten mehrerer Soldaten. Sie halten Pferde am Zügel. Offensichtlich haben sie auf den Offizier gewartet. Er nickt ihnen zu: »Haben verstanden«, sagt einer leise. »Das wird eine kalte Angelegenheit«, meint ein anderer.
Der Offizier nickt: »Du hast Recht. Die Nacht wird kalt. Aber dafür habt ihr schließlich eure Umhänge.«
Jemand reicht ihm die Zügel seines Pferdes. Mit einem schnellen Sprung ist er im Sattel. Hart klingen die Hufe auf dem unebenen Pflaster der Stadt Amiens. In scharfem Galopp reitet der junge Offizier voran. Einige späte Fußgänger springen aus dem Wege. Sie haben wenig Lust, mit den Pferden in Berührung zu kommen. Man ist in Amiens zu dieser Zeit gewohnt, dass bei Nacht Reiter durch die Gassen preschen.
Die kleine Gruppe nähert sich dem Stadttor. »He, reiß auf!«, ruft der Wachhabende. Man kennt diesen jungen Offizier. Die wuchtigen Torflügel öffnen sich. Und schon stiebt die Gruppe vorbei. Vor dem Tor noch wenige Häuser. Dichtauf folgen die Reiter ihrem Offizier.
Da, fast wären die nächsten gestürzt. Im letzten Moment vermögen sie ihre Pferde zu zügeln. Etwas zu hastig hat der junge Offizier sein Pferd angehalten. Er starrt auf eine lumpige Gestalt, die sich in eine Mauernische drückt. Die Soldaten sehen kaum etwas. Der Offizier spricht leise: »Mann, was zittert ihr? Zittert ihr vor mir, Alter?«
Die Antwort kommt müde.
»Ich zittere nicht, weil ich Angst vor euch habe.«
»Du kennst mich?«, fragt der Offizier.
»Wer kennt euch nicht!«
»Dann hör auf zu zittern!«
Das hat ein Unteroffizier gesagt. Er will seinen Herrn unterstützen. Der Alte aber spricht: »Herr, es ist nicht die Angst. Es ist die Kälte!«
Der Offizier runzelt die Stirn. Er dreht sich um zu den Reitern:

»Wer von euch hat etwas zu essen da?«
Die Soldaten blicken sich an. Einer kramt in seiner Manteltasche. Er zieht sein Verpflegungsbrot heraus, bricht ein kleines Stück ab und wirft es dem Bettler hin.
Der Offizier beobachtet ihn: »Warum gibst du ihm nicht die Hälfte?«
Der Soldat schweigt. Ist er dazu bestimmt, Almosen zu verteilen? –
»Er friert! Seht ihr es denn nicht?« Immer noch blickt der Offizier die Soldaten an. Sie wissen nicht, was sie antworten sollen. Nervös tänzeln die Pferde auf der Stelle.
Plötzlich hat der Offizier seinen Überhang von der Schulter genommen und ebenso schnell das Schwert gezogen. Man hört in der Dunkelheit das Geräusch reißenden Stoffes.
»Herr!« Einer der Unteroffiziere ruft es: »Herr, es ist kalt in dieser Nacht!«
»Eben deshalb! Soll er denn erfrieren?«
Der Offizier wirft dem Alten die Hälfte seines wärmenden Mantels zu. Die andere Hälfte schlägt er über die Schulter zurück. Schon spürt das Pferd die Sporen. Schon stiebt die Gruppe davon. Aus der Dunkelheit blickt ihnen der Alte nach. Zaghaft lässt er den weißen, für ihn unendlich kostbaren Stoff durch die mageren Finger gleiten. Kann er es fassen, dass ein Offizier seinen Mantel teilte, um einem Bettler die Kälte der Nacht zu ersparen?
Der Offizier aber reitet. Er hat eine Meldung zu überbringen.

Ronald Ross

153. Grundsätze der Germanenmission

Aus einem Brief Papst Gregor I. an Abt Mellitus in England:
Benachrichtigt den Augustin, dass ich über die Sache der Angeln beschlossen habe, nicht ihre heidnischen Tempel, sondern nur die darin aufgestellten Götzenbilder sollen vernichtet werden. Die Tempel soll man mit Weihwasser besprengen, dann Altäre darin errichten und Reliquien hineinlegen. Denn wenn jene Tempel gut gebaut sind, ist es wohl angebracht, dass sie statt für den Kult der falschen Götter für den Dienst des wahren Gottes verwendet werden. Wenn das Volk nämlich sieht, dass man seine Tempelstätten nicht zerstört, wird es umso leichter den Irrtum aus seinen Herzen entfernen und in der Erkenntnis und Anbetung des wahren Gottes sich an den Orten vertraut versammeln, wo es bisher zusammenzukommen pflegte. Da es gewohnt ist, als Götzenopfer viele Stiere zu töten, soll ihnen in dieser Beziehung einige Festlichkeit verstattet sein, jedoch in anderer Form. Am Tag der Kirchweih oder an den Festen der heiligen Martyrer, deren Reliquien dort beigesetzt werden, mögen … sie Zelte aus Baumzweigen machen und in frommer Gesinnung ein Festmahl halten; die Tiere sollen sie nicht dem Teufel opfern, sondern zum Lobe Gottes verzehren … Harten Herzens auf einmal alles abzuschneiden ist ohne Zweifel unmöglich. Wer einen hohen Berg besteigen will, kommt nur mit langsamen Schritten, nicht mit Sprüngen hinauf.

153
596 schickte Papst Gregor der Große den Abt Augustinus mit vierzig Mönchen zur Mission nach England. Auf die ersten Berichte hin gab er 601 in einem Brief an den Abt Mellitus in Essex weitherzige missionarische Richtlinien. Seine Weitsicht und Großherzigkeit haben wesentlich dazu beigetragen, dass England schon ein Jahrhundert später selbst Missionare aufs Festland senden konnte.

- Versucht ein Streitgespräch zwischen zwei Missionaren, einem radikalen, der alle Tempel zerstören will, und einem milden, der die Richtlinien des Papstbriefes vertritt. Sammelt vorher Argumente für die eine und die andere Art der Missionierung. Vielleicht fallen euch auch Worte Jesu dazu ein.
- Was sind Reliquien? Sprecht über ihre Bedeutung. Vergleicht die Reliquienverehrung mit dem Sammeln von Andenken an beliebte Stars oder große Fußballspieler.

154. Bonifatius fällt die Donareiche

Das Dorf hieß Geismar. Es lag inmitten von urwaldbedeckten Bergen in einem grünen Wiesental. Breit und mächtig waren die Gehöfte unter ihren Schilfdächern am Bachlauf aufgereiht. Hoch über die runden Hügelkuppen der Umgebung ragte ein Bergkegel, von einer gewaltigen Eiche gekrönt. Dieser uralte Baum strebte mit seinen mächtigen Ästen über die Kronen aller umliegenden Buchen und Eichen hinaus.

Ein weißgeschälter Zaun umgab den freien Wiesenplatz um diese Eiche. Auf den gekreuzten Stangen über dem Fenztor* steckten zwei gebleichte Pferdeschädel.

An der Quelle, die ganz in der Nähe des Stammes hervorsprudelte, knieten einige Frauen und Kinder. Ein Gelähmter humpelte auf seinen Krücken soeben aus dem heiligen Bezirk, und einem Fiebernden gaben seine Pfleger Wasser aus der Heilquelle zu trinken.

Stumm, aber aufmerksam betrachteten die Mönche den Ort. Ihr Anführer, ein hochgewachsener, rotblonder Mann, gab das Zeichen, und sie knieten außerhalb der Umzäunung nieder, um zu beten.

»Was sind das für Odins-Raben?«, fragte Ezilo, der Rinderhirt, den alten Ratbod, der ein Freibauer und Schöffe war. »Seit Tagen kann man diese Fremden hier herumstreichen sehen.«

»Aus Franken kommen sie herüber«, brummt der Bauer. »Der lange Dünne dort, mit dem goldenen Kreuz auf der Brust, heißt Winfrit, aber es ist ihm lieber, wenn ihn seine Leute ›Bonifatius‹ nennen. Er soll Engländer sein, ein Christenpriester, und, wie man flüstert, ein besonderer Freund des mächtigen Franken Karl Martell.«

»Ei was denn?«, wunderte sich der Rinderhirt. »Dann ist es wohl besser, diese Leute am Leben zu lassen. Ich habe allerdings von gewichtigen Männern vernommen, dass manche Lust hätten, ihnen mit Speer und Schwert zu kommen.«

»Das lasst nur bleiben!«, rief der Alte. »Oder wollt ihr uns den fränkischen Heerbann auf den Hals hetzen?«

Beliebt waren die Fremden nicht unter den Chatten, den Hessen.

Dennoch, als es hieß, Bonifatius wolle zum Volk sprechen, da war der Platz vor dem weißen Zaun und der Rieseneiche dicht mit Menschen bedeckt, mit Kriegern, Frauen und Kindern, mit Knechten, Mägden und Kranken. Sie empfingen ihn schweigend. Und sie hörten ihm zu.

Der Missionar erzählte vom großen Herrn Jesus Christus, wie er in die ferne Stadt Jerusalemaburg gezogen sei. Zwölf starke Recken begleiteten ihn. Wohin er auch kam, tat er Wunder, heilte Kranke, weckte Tote auf und vermehrte das Brot.

Dann sprach Bonifatius von der Gefangennahme dieses Herrn Christus und wie sein Freund Petrus dem Malchus das Ohr abschlug. Das weckte Begeisterung. Von dem tapferen Gefolgsmann Petrus, der seinen König so mannhaft ver-

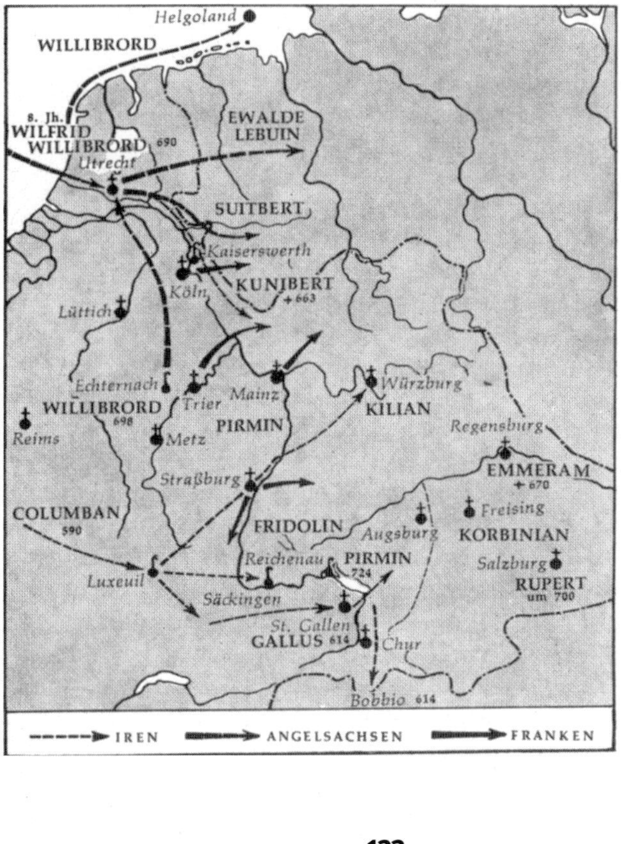

154
Das Fällen der Donareiche durch Winfrid Bonifatius ist historisch unbestritten, die erzählten Umstände sind legendär. Das Ereignis gilt als Vollendung der Hessenmission. Es wurde als Machterweis des Christengottes gesehen. Die farbige Erzählung trifft das Zeitkolorit, gerade auch mit den angedeuteten magischen Vorstellungen.

* *Fenztor = Tor in einer Einfriedigung eines geschützten Bezirks (von engl. fence).*

- Papst Gregor I. ordnete an, die heidnischen Tempel in England nicht zu zerstören (Nr. 153). In Hessen fällt Bonifatius die heilige Eiche. Wie beurteilt ihr die unterschiedlichen Vorgehensweisen?
- Überlegt, warum Bonifatius in seiner Predigt Jerusalem eine Burg und die Apostel »Recken« nennt.

teidigte, waren die Bauernkrieger höchst angetan. Als Bonifatius aber von Geißelung, Kreuzweg und Opfertod Christi berichtete, teilten sich die Chatten von Geismar in zwei Parteien. Die einen zerflossen vor Mitleid und Zorn, die anderen sagten: »Unser Donar ist eben doch mächtiger. Der wäre mit Blitz und Donner dazwischengefahren.«
Dann erhoben sich einige und erklärten Bonifatius und seinen Mönchen, dass jene Rieseneiche dort Donars Lieblingsbaum sei, dass Donar in der Krone des Baumes wohne und in Gewitternächten feurig am Stamm hernieder fahre. Auch Donar tue Wunder.
»Was redet ihr da von einem gewissen Donar?«, erwiderte Bonifatius. »Das ist ein Hirngespinst, nichts sonst! Ich will euch beweisen, dass es Donar gar nicht gibt und dass wir Christen ihn deshalb auch nicht fürchten.« Und Bonifatius kündigte an, er werde den Baum mit der Axt niederlegen. Da reckten sich die Fäuste. Da redeten die Chatten von Frevel, Strafe und Widerstand.
Der Spätnachmittag ist schwül und drückend. Trotzdem laufen die Bauern zu Hunderten zum Donarhain. Als Bonifatius inmitten seiner Brüder den Berg heraufkommt und die Chatten erkennen, dass die Christenmönche Beile, Sägen und Keile mit sich führen, kommt es zum Aufruhr.
»Fort mit den Äxten!«, schreien die alten Bauern; die Frauen kreischen vor Schreck. Besonders Hitzige dringen auf die Fremden ein und wollen ihnen die Werkzeuge fortnehmen. »Schlagt sie tot!«, rufen einige. »Da kommen diese Menschen in unseren Gau und wollen unsere alten Heiligtümer zerstören.« Sogleich fangen die Mönche an, ihre Äxte zu schwingen und Kerben zu schlagen. Dann hört man nur noch das gleichmäßige Singen der Säge, unterbrochen vom Schlag der Beile. Im Westen aber steigt es pechschwarz und brodelnd herauf. Fahlgelbe Ränder säumen die Wetterwolken, und manchmal zuckt es bläulich durch die ganze Welt des Himmels.
»Wartet nur!«, flüstert Ezilo. »Donar selbst fährt mit seinem Bocksgespann heran, den Donnerhammer in der Rechten. Gleich wird der feurige Blitz niederzucken und die Frevler vernichten!«
Doch unverdrossen klingt der Schlag der Äxte, selbst als der Regen in schweren Tropfen niederprasselt. Die Mönche scheinen weder Blitz noch Donner zu fürchten. Längst stehen die Zuschauer schweigend und Schutz suchend unter dem Laubdach des Waldes.
Fauchend fährt der Sturm über die Höhen. Plötzlich geschieht es: Der heulende Wind fängt sich in der wankenden Krone der Donareiche. Ein Rütteln geht durch den Riesen, dann bricht er krachend in vier Teile auseinander und stürzt. Donars heiliger Baum ist gefällt. Kein feuriger Blitz ist herniedergezuckt. Die Chatten sehen es voller Staunen.
Das Geschehen auf dem Donarsberg bei Geismar, der jetzt Petersberg heißt, spricht sich bald weit herum. Immer mehr Bauern mit Weib und Kind verlangen nach der Taufe. Sie wollen sich dem Gefolge dieses Christus anschließen. In weißen Taufgewändern, brennende Kerzen aus Bienenwachs in den Händen, ziehen die einstmals so grimmigen Chatten bergauf.

Otto Zierer

Bonifatius, Relief von Echternacher Codex Aureus, um 1000.

155
Bonifatius unternahm in seinem hohen Alter noch einmal Missionsaufgaben bei den Friesen. Bei einer Firmungsfeier wurde er am 5. Juni 754 überfallen und samt seinen Begleitern von beutegierigen Räubern erschlagen. Sein Grab ist in Fulda.

- Bonifatius ermahnt seine Begleiter angesichts der Mörder mit einem Wort der Bibel: »Lass dich nicht vom Bösen besiegen, sondern besiege das Böse durch das Gute!« (Röm 12,21). Versucht den Satz zu erklären und überlegt, warum sich Bonifatius nicht verteidigt hat.

155. Der Tod des Bonifatius

Einer seiner Schüler, der Angelsache Willibald, berichtet:
Bonifatius ließ auf freiem Felde Zelte aufschlagen und erwartete betend die Neugetauften. Aber statt ihrer stürzte ein Haufen wilder Friesen mit Lanzen und Beilen bewaffnet aus dem Walde hervor und drang in das Lager. Die Christen wollten sich verteidigen, doch Bonifatius verwehrte es ihnen. Mit dem Evangelienbuch in der Hand trat der greise Erzbischof aus seinem Zelt und sprach: »Kinder, lasset ab vom Kampfe und denkt an das Wort der Schrift, Böses mit Gutem zu vergelten. Nach diesem Tage habe ich mich schon lange gesehnt, jetzt ist die Stunde meiner Befreiung gekommen ...« Ergeben in Gottes Willen erwartete er die wütenden Heiden und empfing, das Evangelienbuch über seinen Kopf haltend, den Todesstreich. Mit ihm starben alle seine Gefährten den Märtyrertod. Das geschah am 5. Juni 754. Nachdem der Mord vollbracht war, stürzten die Heiden zu den Zelten, um zu plündern. Aber statt des Goldes, das sie zu finden hofften, fanden sie nur Bücher. Voll Zorn darüber gerieten sie in Streit und töteten einander. Die Christen aber fanden den blutigen Leichnam des Heiligen und daneben sein Evangelienbuch, durch das das Schwert gedrungen war, ohne jedoch ein Wort der heiligen Texte zu verletzen. Dieses Buch kam mit dem Leichnam nach Fulda, wo man es heute noch sehen kann. Das Pergament zeigt deutliche Spuren des scharfen Schwerthiebes.

156
Der Text ist ein Auszug aus dem kurz vor 804 entstandenen Paderborner Epos »De Karolo rege et Leone papa«, dessen Verfasser unbekannt ist. Das Gedicht beginnt mit einem Rückblick auf die Sachsenmission und schließt mit dem Treffen in Paderborn als Höhepunkt. Bemerkenswert ist die wiederholte Bezeichnung Karls als »Vater Europas«.

- Malt ein Bild von dem Empfang des Papstes auf offenem Feld vor dem Dom und der Pfalz in Paderborn.
- Was bedeutet es, wenn der König vor den Augen aller vor dem Papst niederkniet?

→ T. 157

156. Karl empfängt den Papst in Paderborn

Am 25. April 799 wurde in Rom ein Attentat auf Papst Leo III. verübt. Die Verschwörer hatten den Papst des Betruges beschuldigt und versucht, ihn zu blenden und ihm die Zunge herauszuschneiden, um ihn amtsunfähig zu machen. Der Anschlag gelang nur teilweise. Der Papst konnte nach wenigen Tagen aus seiner Gefangenschaft entkommen und nach Spoleto zu den fränkischen Gesandten fliehen. Karl erhielt die Nachricht von dem Anschlag, als er von Aachen nach Paderborn aufbrechen wollte. Er ließ den Papst nach Paderborn geleiten, schickte ihm seinen Sohn Pippin entgegen und empfing ihn mit allen Ehren. Zugleich demonstrierte er ihm mit dem Aufmarsch der Heere seine nicht nur fränkische, sondern übernationale Herrschaft. Der Papst erkannte die Herrschaft Karls über »viele Nationen« an. Die »mancherlei Dinge«, über die man sprach, betrafen wahrscheinlich die Erneuerung des weströmischen Kaisertums und die Kaiserkrönung Karls in Rom.

Schon sieht Vater Karl auf dem offenen Felde den Heereszug, erkennt, dass Pippin und der Oberste Hirte heranziehn. Da gebietet er dem Volk, in kreisförmiger Anordnung zu warten, und lässt das Heer im offenen Kreise sich aufstellen. Er selbst begibt sich in die Mitte des Runds, froh die Ankunft des Papstes erwartend, um Haupteslänge erhebt er sich über sein Gefolge, überragt er das ganze Volk.
Nun kommt Papst Leo heran und tritt in den äußeren Kreis. Staunend sieht er die Völker, verschieden an Tracht, Sprache und Waffen aus den verschiedenen Teilen der Erde. Karl erweist ihm sogleich die Ehre des Fußfalls, umarmt den Hohenpriester und tauscht mit ihm den Kuss des Friedens. Sie reichen einander die Rechte und schreiten nebeneinander und wechseln gar freundliche Worte. Vor dem höchsten Priester wirft sich das ganze Heer dreimal zu Boden, dreimal erweist ihm die Menge demütig die Ehre des Fußfalls. Und für das Volk spricht dreimal ein stilles Gebet der Bischof.
Der König, der Vater Europas, und Leo, der oberste Hirte auf Erden, sind

zusammengekommen und führen Gespräche über mancherlei Dinge. Karl fragt nach dem Geschehehen und erfährt von den verschiedenen Misshandlungen; staunend hört er von den Freveltaten, hört verwundert von der Zerstörung des Augenlichts und wie Leo die Sehkraft wieder erhalten, erkennt mit Staunen wie die Zunge des Papstes, die einst von der Zange verstümmelt, nun wieder redet. Die beiden Männer blicken einander fest in die Augen, dann schreiten sie gemeinsam zur Höhe der Pfalz empor.

Vor dem Tor des heiligen Tempels stehen die Priester und singen in wechselnden Chören Lobgesänge, bringen Dank und Preis dem Schöpfer dar, der dem Hohenpriester das Augenlicht wieder verliehen und seiner Zunge die Gabe der Rede, die er nicht mehr zu hoffen gewagt.

Lautes Rufen erhebt sich, der Schall dringt zum hohen Olymp: Der apostolische Herr, geleitet vom seligen Karl, zieht ein in den Tempel des Schöpfers, nach gewohnter Weise mit frommer Andacht die Feier der Messe zu begehen. Sowie der Gottesdienst nach Gebühr vollendet, bittet Karl Papst Leo zu sich in den hohen Palast. Herrlich erstrahlt darin mit gewebten Teppichen die Halle, von Gold und Purpur reicht geschmückt sind überall die Sitze. Man sitzt zu Tische frohgemut, genießt gar manchen leckeren Bissen; so feiert man das Festmahl drinnen in der Pfalz, und auf den Tischen bauschen sich die goldenen Krüge mit Falerner. Der König Karl und Leo, der höchste Bischof auf Erden, speisen zusammen, trinken aus Schalen schäumenden Wein.

Nachdem man heiter getafelt und die süßen Gaben des Bacchus genossen, überreicht der huldreiche Karl dem erhabenen Leo reiche Geschenke. Dann kehrt der König frohgestimmt zurück ins Innere seiner Pfalz, und auch der Papst sucht das Lager seiner Getreuen auf.

Mit solchen Ehren wurde Leo von Karl empfangen, er, der vor den Römern geflohen und aus seinem Lande vertrieben worden war.

Kaiserthron in der Pfalzkapelle zu Aachen.

157. Die Aufgaben des Kaisers und des Papstes

157
Der Text ist ein Auszug aus einem Brief Karls des Großen an Papst Leo III.

- Lest die Bibelstelle von den betenden Händen des Mose (Ex 17,11-13) und überlegt, wie Karl sie für die Aufgabenteilung zwischen Papst und Kaiser deutet.

Im Hintergrund des Briefes steht die bereits von Papst Gelasius (492-496) in der Auseinandersetzung mit den Herrschaftsansprüchen Konstantinopels entwickelte Zweigewaltenlehre, einer weltlichen und einer geistlichen. Gelasius sprach von einer Unterordnung der weltlichen Gewalt unter die geistliche, während Karl nicht nur gleichgeordnete Aufgaben sieht, sondern für sich auch die Sorge für die innere Sicherung der Kirche beansprucht. Dem Papst weist er die rein gottesdienstliche Aufgabe des Beters zu, der den göttlichen Schutz der Unternehmungen des Herrschers sichert.

Unsere Aufgabe ist es, mit Gottes Hilfe nach außen die heilige Kirche Christi überall vor dem Einfall der Heiden und der Verwüstung durch die Ungläubigen mit den Waffen zu schützen und im Innern durch Anerkennung des katholischen Glaubens zu sichern.
Eure Sache ist es, Heiliger Vater, wie Mose betend die Hände zu erheben und dadurch unseren Kriegsdienst zu unterstützen, damit auf Eure Fürsprache und durch Gottes gütige Führung das christliche Volk über alle Feinde des heiligen Namens überall den Sieg davontrage und der Name unseres Herrn Jesus Christus auf dem ganzen Erdkreis verherrlicht werde.

158. Die Kaiserkrönung in Rom

158
Einhard, der Biograph Karls des Großen, erzählt, wie Karl am Weihnachtsfest im Jahr 800 in Rom zum Kaiser gekrönt wurde. Die Äußerung des Kaisers, er habe von der Krönungsabsicht des Papstes nichts gewusst, ist von diplomatischer Demut diktiert. Seine Annahme des Kaisertitels führte zu Konflikten mit dem Kaisertum in Byzanz, das allein den Kaisertitel beanspruchte. Dort sah man zudem in den kulturell unterlegenen Franken keine ebenbürtigen Partner. Mit der Rede von der »übergroßen Zerrüttung« der Kirche dürfte Einhard auf die stadtrömischen Zustände verweisen, wo rivalisierende Adelsgeschlechter sich die Vorherrschaft streitig machten, ohne dass eine übergeordnete Macht für Ordnung sorgen konnte.

- Was bedeutet es für die kaiserliche Herrschaft, dass die Krönung während der Messe in der Peterskirche in Rom stattfand?
- Welches Interesse konnte der Papst daran haben, dass es in Rom wieder einen Kaiser gab?

→ T. 156

So hoch er (Karl) sie (die Kirche des hl. Petrus in Rom) aber auch ehrte, so kam er während der siebenundvierzig Jahre seiner Regierung doch nur viermal nach Rom, um daselbst seine Andacht zu verrichten. Seine letzte Reise hatte nicht darin allein ihren Grund, sondern sie wurde auch dadurch veranlasst, dass Papst Leo (III.) durch die vielen Misshandlungen, die er von Seiten der Römer erlitten hatte, da sie ihm Augen und Zunge ausgerissen hatten, sich genötigt sah, den König um Schutz anzuflehen. Er kam also nach Rom und verweilte daselbst den ganzen Winter, um die Kirche aus der übergroßen Zerrüttung zu reißen, in die sie geraten war. Damals war es, dass er den Namen Kaiser und Augustus empfing, der ihm im Anfang so zuwider war, dass er versicherte, er würde an jenem Tage trotz des hohen Festes die Kirche nicht betreten haben, wenn er des Papstes Absicht hätte vorherwissen können. Die oströmischen Kaiser nahmen es äußerst übel auf, dass er den Kaisertitel angenommen, er trug aber ihre Anfeindungen mit großer Gelassenheit und wusste mit dem hohen Sinn, indem er ohne Frage weit über ihnen stand, ihren Trotz zu besiegen, indem er häufig durch Gesandtschaften mit ihnen verkehrte und sie in seinen Briefen als Brüder anredete …
… Wie er (Karl) aber an dem heiligen Tag der Geburt des Herrn zur Feier der Messe die Peterskirche betreten und sich vor dem Altar zum Gebet geneigt hatte, setzte Papst Leo eine Krone auf sein Haupt unter dem lauten Zuruf des ganzen römischen Volkes: Dem erhabenen Karl, dem von Gott gekrönten großen und friedbringenden Kaiser der Römer Leben und Sieg! Nach diesem Zuruf wurde ihm, wie es bei den alten Herrschern der Brauch war, vom Papst gehuldigt und er fortan, mit Auslassung des Titels eines Patricius, Kaiser und Augustus genannt.

159. Die Königskrönung Ottos I. in Aachen

Erzbischof Hildebert trat an den Altar, nahm das Schwert und sprach zum König gewandt: »Nimm dieses Schwert und treibe mit ihm aus alle Widersacher Christi, die Heiden und schlechten Christen, da dir durch göttliche Autorität alle Macht im ganzen Frankenreich gegeben ist, zu beständigem Frieden aller Christen.« Dann nahm er den Mantel und die Spangen und bekleidete ihn damit, indem er sprach: »Dies bis an den Boden wallende Gewand möge dich erinnern, dass du im Eifer des Glaubens glühen und in der Sicherung des Friedens ausdauern sollst bis ans Ende.« Sodann reichte er ihm Zepter und Stab mit den Worten: »Diese Zeichen sollen dich mahnen, dass du mit väterlicher Zucht deine Untertanen leitest und vor allem den Dienern Gottes, den Witwen und Waisen die Hand des Erbarmens reichst. Nie soll dein Haupt ohne das Öl der Barmherzigkeit sein, so dass du jetzt und in Zukunft die Krone des ewigen Lohnes erlangst.« Sogleich wurde er von den Bischöfen Hildebert und Wichfried mit geweihtem Öl gesalbt und mit dem goldenen Reif gekrönt. Nachdem nun die rechtmäßige Weihe vollendet war, wurde er von denselben Bischöfen zum Thron geführt, zu dem man über eine Wendeltreppe hinaufstieg und der zwischen zwei wunderschönen Marmorsäulen errichtet war. Von dort konnte er alle sehen und von allen gesehen werden.

159
Von der Wahl und der Krönung Ottos des Großen 936 in Aachen berichtet Widukind von Corvey in seiner Sachsengeschichte (II,1). Mit der Entscheidung für Aachen als Krönungsort knüpfte Otto für seine Herrschaft sichtbar an der Tradition Karls des Großen an. Der fast wie ein Sakrament verstandenen Salbung und Krönung in der Pfalzkapelle war die Inthronisation und Huldigung durch die Fürsten im Hof der Pfalz vorangegangen. Nach der Krönung wurde der junge König zu dem Thron Karls des Großen auf der Empore der Pfalzkapelle geleitet.

- Könige wurden früher mit wohlriechendem Öl gesalbt. Das war schon bei dem biblischen König David so (1 Sam 16,1–13). Wofür könnten Öl und Salbe Zeichen sein?
- Was bedeutet es, dass damals ein weltlicher Herrscher in der Kirche gekrönt und mit Öl gesalbt wurde?
- Stellt die Aufgaben des Königs zusammen. Welche davon übernimmt bei uns ein heutiger Bundeskanzler?
- Fertigt ein Verzeichnis der Königsinsignien an und versucht eine Deutung der einzelnen Gegenstände.

Reichskrone der deutschen Kaiser, vermutlich um 962 auf der Insel Reichenau entstanden.

160
Chäremon, der wegen eines Diebstahls zu zehn Jahren Zwangsarbeit in die Bergwerke Süditaliens verurteilt worden war, kehrt nach Rom zurück und sucht dort seinen alten Freund Cerdo auf, der seinen Unterhalt mit Arbeiten in den Katakomben verdient. Beide sind Christen. Cerdo gibt seinem Freund Chäremon Arbeit in den Katakomben.

- Was erfahren wir aus der Erzählung über das Leben der Christen im alten Rom?
- Was erzählt der Text von den Katakomben?

➔ **T. 146** (I- CH-TH-Y-S=FISCH)

160. Arbeit in den Katakomben

Wegen eines Eigentumsdelikts war er zu zehnjähriger Zwangsarbeit in den Erzgruben des Südens von Italien verbannt worden. Wider Erwarten war er noch am Leben, als die zehn Jahre herum waren, und so wurde er entlassen. Bettelnd zog er nordwärts und erreichte schließlich wieder Rom. Eine Familie oder Verwandte, die ihn erwarteten, hatte er nicht. Einen Freund hatte er gehabt. Der war damals an dem Diebstahl nicht ganz unschuldig gewesen. Er hatte jedoch seinen Namen auch bei der peinlichen Befragung nicht preisgegeben.
Er suchte ihn. Er fragte in den Vierteln der Armen. Er bekam endlich von einem Greis die Antwort: »Gehe die Appische Straße hinunter. Biege am dritten Meilenstein auf einem Pfad nach links ab!«
Das tat er in der Frühe des nächsten Tages. Er fand den Pfad. Er fand in einer Senke ein steinernes Haus. Schwere Steine und Platten bildeten die Wände, Tonplatten das Dach. Aber in dem Haus war niemand. Die Bewohner waren wohl unterwegs oder bei der Arbeit.
Chäremon, so hieß der Entlassene, machte es sich im Schatten bequem. Für ihn war es ein Genuss, ungestört warten zu können – nach den zehn langen Jahren unter der Erde. Cerdo oder jemand aus seiner Familie würde schon kommen. Chäremon ahnte, dass der Gesuchte etwas mit den Gräbern zu tun hatte, die an dieser Stelle wie ganze Städte unter der Erde liegen sollten. Hatte er doch früher schon mitgeholfen, Grabnischen auszuhauen. Damals wurden die alten Gräber kaum noch von den Ansässigen benutzt. Man verbrannte die Toten. Nur Fremde, Angehörige anderer Religionen, bestatteten ihr Toten unter der Erde und niemand verwehrte es ihnen. Auch die Juden taten es …
Chäremon erwachte, als ein Geräusch von Schritten an sein Ohr drang. Ein Mann kam auf ihn zu. Es war kein anderer als Cerdo, sein alter Freund. Der wurde vor freudiger Erregung erst blass, dann rot.
»Das ist doch – «
»Ja, Cerdo, ich bin's – Chäremon!«
»Bist du geflohen?«
»Nein, meine Zeit war um, da wurde ich entlassen.«
»Oh, wie gut. Sei mir herzlich willkommen!«
»Bin ich auch den anderen willkommen – deinen Leuten?«
»Was für Leuten? Ich habe niemand. Hatte mal eine Frau, aber sie lief mir davon. Mit einem Grabhauer ist kein Staat zu machen.« Cerdo lächelte wehmütig.
»Grabhauer bist du?«
»Ja, ich übernahm die Arbeit von dem alten Hyginus, dem ich früher oft half – und nun wohne ich hier, tritt ein!«
Chäremon befand sich zum ersten Mal wieder unter einem dürftigen, aber gastlichen Dach. Cerdo ging die Ziegen melken. Dann setzte er seinem Besucher Milch mit Brot, Zwiebeln und Käse vor.
»Da hast du es wohl ganz gut getroffen?«, fragte Chäremon. »Es gibt immer noch manches Grab auszuhauen, wie?«
»Ich weiß vor Arbeit nicht wohin, mein Lieber«, sagte der Grabhauer.
»Wer gibt dir denn die vielen Aufträge?«

»Dir kann ich es sagen – viele Christen bestatten jetzt ihre Toten hier. Rede aber nicht darüber!«
»Bist du – Christ?« – Chäremon schaute sein Gegenüber gespannt an. Cerdo nickte.
»Und du – bist du es vielleicht auch?«, fragte er zurück.
»Die Christen haben mir im Bergwerk wie Brüder geholfen; ich gehöre zu ihnen.«
»Das höre ich gern.« Cerdo rieb sich die Hände, ihm schien ein guter Gedanke zu kommen.
»Iss und trink, Bruder Chäremon«, sagte er, »es ist einfache Kost, aber mancher wäre glücklich, wenn er sie hätte. Sie ist dir von Herzen gegönnt. Ich muss dir dankbar sein – ich habe das von damals nicht vergessen. Aber ich habe es auch nie wieder getan – es lohnt nicht – und es ist gegen das Gebot.«
»Nein, es lohnt sich nicht«, erwiderte Chäremon, »die Bergwerke sind furchtbar. – Es sind sehr viele Christen dort – auf Lebenszeit. Meist einfache Leute, kleine Krämer, Hausierer, Handwerker und so weiter – nur weil sie bei ihrem Glauben blieben. Die einfachen Leute steckt man in die Bergwerke.«
Als sie ihr Mahl beendet hatten, sagte Cerdo unvermittelt: »Chäremon, ich will dir etwas zeigen – oder bist du zu müde?«
»Ich habe gut geschlafen, bist du kamst. Was willst du mir denn zeigen?«
»Warte nur ab!«
Cerdo machte sich an zwei Öllampen aus Ton zu schaffen. Er brannte die Dochte mit Glut an, die sich tief unter der Asche der Feuerstelle befand. Dann klemmte er sich eine Pechfackel unter den Arm.
»Komm!«, sagte er.
Draußen war Dämmerung. Sie schritten einen ausgetretenen Pfad entlang, der sich um Gestrüpp und Gestein wand. Dann standen sie vor einem gemauerten Eingang, aus dem kühle Luft herausströmte.
»Du scheust dich gewiss nicht, mit mir ins Innere der Erde zu steigen«, sagte Cerdo.
Es ging einige Stufen in die Tiefe, dann geradeaus, einen langen Gang entlang. Im spärlichen Lichtschein der Öllampen sah Chäremon hohe Wände mit hellen Tonplatten. Er wusste: Dies waren die Grabkammern, zumeist alte. Manchen fehlte auch die Tonplatte, sie gähnten hohl und schwarz. Hier waren vor langer Zeit Grabräuber am Werk gewesen.
Sie wanderten lange. Zuweilen mussten sie sich bücken. Dann konnten sie wieder aufrecht gehen; die Stollendecke war bis zu drei Manneslängen hoch über ihnen. Und überall Grabkammern, meist Tonplatten, gelegentlich auch schön gemeißelte Marmorplatten als Vorderteile von Sarkophagen davor.
Dies war Cerdos, des Grabhauers, Arbeitsreich. Mit seinen gehärteten Eisengeräten schnitt und schlug er an bestimmten Stellen Nischen in das weiche Gestein. Die Verstorbenen wurden, in Linnen gehüllt, dort hineingelegt. Oft setzte man Tongefäße mit wohlriechenden Flüssigkeiten dazu. Cerdo kittete dann die Platte davor ein, so gut und so fest wie möglich. »Hier arbeite ich jetzt«, sagte er in einem hohen Gang, wo eine grobe hölzerne Leiter lehnte. »Ich schlage eine Nische für eine ganze Familie, eine gewölbte Nische, die natürlich teurer ist als eine gewöhnliche. Noch zwei, drei Tage, dann bin ich fertig.«
»Du hast wenigstens keinen Aufseher hinter dir, der dich mit der Peitsche schlägt, wenn es ihm nicht schnell genug geht«, sagte Chäremon.
»Nein! Das hätte auch noch gefehlt! Hier bin ich mein freier Herr!«
»Wird die Arbeit gut bezahlt?«
»Von denen, die Geld haben, nicht schlecht. Aber wir haben auch viele Arme.

Doch das Gewerbe nährt seinen Mann – es würde auch ihrer zwei nähren«, fügte er schnell hinzu.
»Ach, da wolltest du mich wohl fragen, ob –«
»Ja, das wollte ich«, entgegnete Cerdo schnell: »Chäremon, du brauchst doch deine Arbeit. Und du kannst doch sicher nichts Besseres, als Stollen aushauen wie?«
»Das ist wahr! Und natürlich sage ich ja, Cerdo – mit Freuden! Gleich morgen kann ich anfangen.«
»Es arbeitet sich besser zu zweit, abgemacht. Den Lohn teilen wir uns und du kannst bei mir wohnen. Aber was ich dir zeigen wollte, kommt noch.«
Sie gingen weiter: Stollen und Gänge, wie zuvor. Hinauf und hinunter. Mit ihnen wanderten ihre großen Schatten.
Da endete ein Stollen – das Licht der Öllampen vermochte die Wände nicht zu erhellen. Cerdo nahm seine Peckfackel und brannte sie an seiner Öllampe an. Knisternd entflammte das Pech. Es verbreitete einen sehr hellen Schein.
»Oh!«, entfuhr es dem staunenden Chäremon. Was er sah, glich fast einem Tempel. Von hellen Wänden leuchteten ihm Farben entgegen. Er sah Gestalten. Männer und Frauen waren da an die Wände gemalt, in schönen Gewändern: braun, rot, gelb und blau. Sie hielten die Hände betend in die Höhe gestreckt und schauten ihn mit friedlichen und freundlichen Gesichtern an. Daneben sah er bunte Pfauen. Tauben saßen auf dem Rande wassergefüllter Amphoren und tranken, andere flogen hinzu. Blumen und blühende Zweige umgaben das Ganze. Ein ganzer bunter Garten war auf die Wände gemalt, in denen sich Grabnischen befanden. Fische und geheimnisvolle Schriftzeichen hier und da. Chäremon, der des Lesens unkundig war, fragte Cerdo, ob er die Schrift deuten könne. Cerdo konnte es: »Hier steht ›Acardia in pace‹ – das heißt ›Acardia in Frieden‹. Es sind die Namen derer, die in den Grabnischen bestattet sind. Dort steht ›Eliodora in pace‹ und dort ›Dionysos in pace‹!« Cerdo weidete sich an dem Staunen seines Freundes: »Nicht nur wir Grabhauer haben hier zu tun«, sagte er, »es kommen auch Maler herunter, wie du siehst.«
»Das kostet sicher sehr viel?«, meinte Chäremon.
»Bestimmt! Aber da gibt es auch Christen, die machen das, ohne Lohn dafür zu nehmen. Diese Gruft zum Beispiel dient noch einem anderen Zweck. Wenn sie uns draußen verfolgen, halten wir hier unsere Versammlungen ab. Man weiß das wohl. Aber die Grüfte sind von je Stätten des Friedens gewesen; die Miliz steigt nicht in diese Labyrinthe herunter.«
Cerdo hatte seinem Freunde noch vieles zu erklären, als sie sich auf dem Rückweg befanden und durch einen anderen Stollen gingen. Überall Fische! Der Fisch sei ein heiliges Zeichen, sagte Cerdo. Wenn man die Anfangsbuchstaben des Satzes »Jesus Christus, Gottes Sohn, der Erlöser« in griechischer Sprache zusammenstelle, werde daraus ICHTHYS, das aber heiße »Fisch». Und jenes Bild des Mannes mit dem Lamm auf den Schultern stelle Jesus dar als guten Hirten. Der Mann im Fischrachen aber sei der Prophet Jona. Und der inmitten der Löwen sei der Prophet Daniel. Immer wieder sahen sie Pfauen, Tauben und Fische. Und ein X (griech.: Ch), durch das ein P (griech.: r) gezeichnet war, das Namenszeichen Christi.
Am nächsten Morgen meißelten und schnitten in der Tiefe zwei Männer. Sie unterhielten sich, wie sich Arbeitsleute bei der Arbeit unterhalten. Chäremon hatte nach langen, bösen Erfahrungen ein gutes Auskommen gefunden, und Cerdo einen Gefährten, wie man ihn bei der Arbeit in der dunklen Tiefe brauchte.

Alfred Otto Schwede

161. Ottonische Kunst – Bischof Bernward von Hildesheim

Reich beladen mit Eindrücken kehrte Bernward in seine Bischofsstadt Hildesheim zurück. Schon als Mönch und junger Priester hatte er sich sehr für Kunst interessiert. Reisen hatten ihn in die großen Städte am Rhein geführt, wo es bei den Bischofskirchen und in den reichen Klöstern Werkstätten gab. Dort arbeiteten Mönche und Laien an wunderschönen Kruzifixen, Altarplatten, Heiligenfiguren aus Holz, Stein und Metall. In Schreibstuben kauerten Buchschreiber vor den Pulten und malten unendlich geduldig an verzierten Anfangsbuchstaben und wundervollen kleinen Bildern. Das war eine Welt der Kunst, wie Bernward sie liebte.

Bernward kam vom Hof der deutschen Kaiserin Theophanu. Sie hatte ihn berufen, den Thronfolger Otto III. zu unterrichten. Dieser Aufgabe hatte Bernward sich mit Eifer gewidmet. Jetzt aber war er Bischof im heimatlichen Hildesheim nördlich vom Harzgebirge geworden.

In den Jahren zuvor war Bernward mit dem kaiserlichen Gefolge in Italien gewesen. Otto III. liebte Italien. Bald lebte er dort wie ein einsiedlerischer Mönch, bald feierte er rauschende Römerfeste. Viele glaubten, dass im Jahre 1000 die Welt untergehen müsse – aber sie ging nicht unter.

Italien war für Bernward ein großes Erlebnis gewesen. Mit viel Verständnis hatte er dort die alten Kirchen und jede Art von Kunst studiert. Die klaren Formen römischer Basiliken gefielen ihm gut. Besonderen Eindruck machte ihm eine in Deutschland wenig bekannte Fertigkeit, die er zuerst in Verona entdeckte. Dort waren die Türen von St. Zeno mit aufgenagelten Bronzeplatten geschmückt. Jede dieser Platten war ein kleines Kunstwerk mit biblischen Figuren und Szenen.

Bald nach seiner Rückkehr nach Hildesheim ritt Bischof Bernward noch einmal an den Rhein hinüber und von dort aus weiter nach Frankreich. Man hatte ihm erzählt, dass dort drüben besonders kraftvolle und schön gestaltete Kirchen erbaut worden seien. Auf französischem Boden lebte mehr als auf deutschem die Erinnerung an die Römer fort.

So trug Bischof Bernward vielerlei Erkenntnisse zusammen. Als er wieder in Hildesheim war, nahm er die Arbeit in eigenen Werkstätten auf. Er ließ neben dem Michaelskloster Arbeitsräume einrichten, um geschickte Mönche und Klosterschüler zu Handwerkern, Bronzegießern, Holzschnitzern, Buchmalern und Baumeistern auszubilden.

Im Michaelskloster zog sich der Bischof immer häufiger in seine Klause zurück. Die Mönche hörten den hohen Herrn dann hämmern, sägen und feilen. Aber die Kammer blieb verschlossen.

Dann kam der Tag, an dem der Bischof selbst seine beiden Vertrauten Thangmar und Goderamus in die kleine Werkstatt holte. Die Freunde blickten sich in dem Raume um. Erstaunt sahen sie altes Gerümpel, Werkzeug und Werkbänke zwischen Kübeln voller Gips, Brettern, Metallplatten und allerhand Abfall. Der Bischof zeigte auf einen Tisch, auf dem ein großer Block unter Leinentüchern auf seine Enthüllung wartete.

161

Bischof Bernward von Hildesheim war Erzieher am Hof der Kaiserin Theophanu, hatte viele Reisen durch Europa gemacht und dabei herrliche Kunstwerke gesehen. In Rom war er von den alten Basiliken fasziniert. In Hildesheim nun förderte er einen Kunststil, den wir heute »Romanik« nennen. Er entwarf dort auch ein Modell für die Kirche St. Michael, in der er begraben sein wollte.

- Entwerft einen Lebenslauf von Bischof Bernward.
- Was sagt die Erzählung über die damalige Kunst, insbesondere über den Kirchenbau?

➔ ZdF S. 184 ff (Basilika)

Michaeliskirche in Hildesheim.

Bernward von Hildesheim als Künstler, Holzschnitt, 1499.

»Jeder Mensch hat seine Träume!«, sagte er. »So ergeht es auch mir. Einmal werde ich das Kleid des Bischofs mit der schlichten Mönchskutte vertauschen und der Welt Lebewohl sagen. Dann will ich ins Kloster St. Michael als Mönch eintreten, um hier zu sterben und begraben zu werden.« Mit einem raschen Handgriff zog Bernward das Tuch von dem Modell. Goderamus und Thangmar traten näher. Überrascht hoben sie die Hände. Hier stand aus Holz und Gips gefertigt das Vorbild für die künftige Kirche St. Michael. Bischof Bernward erklärte, warum er sie so und nicht anders geformt hatte.
Die vielen Reisen zum Rhein, nach Italien und Frankreich waren nicht vergeblich gewesen. Aus der einfachen und klaren Form der altrömischen »Basilika« hatte Bernward einen Stil entwickelt, den man später den »romanischen« nennen würde. Alle Teilstücke der Kirche, Längs und Querschiffe, Türme, angesetzte niedere Seitenschiffe, Dächer und Torbauten waren aus einfachen Grundkörpern zusammengesetzt. Der ganze Bau sah aus, als wären Kinder mit einem ausgeprägten Formgefühl am Werk gewesen. Diese Kinder hatten mit Würfeln, Kegeln, Zylindern und Prismen gespielt und daraus einen großen schönen Baukörper zusammengestellt. Nun hob Bischof Bernward den Dreikant-Riegel des Daches von seinem Modell ab, sodass die Freunde das Innere der Kirche sehen konnten.
Auch hier waren die Formen ganz übersichtlich und einfach. Quer und Längsschiff waren höher als die beiden angesetzten Seitenschiffe. Man würde das Hauptschiff durch eine bemalte Balkendecke abschließen. Dicht unter der flachen Decke lief eine Reihe rundbogiger Fenster: der »Obergaden». Die Wand reichte nur bis zur halben Höhe herab, dann öffneten sich wuchtige Rundbogen, die abwechselnd von Säulen und Pfeilern getragen wurden. Hinter diesen Öffnungen lagen die Seitenschiffe. Nach vorne schloss das Hauptschiff mit einem gewaltigen Bogen ab, der bis zur Decke hinaufreichte. Dieser »Triumphbogen« leitete zum halbrund endenden Chorraum mit dem Altar über. Hinter ihm kreuzten die Querschiffe den Längszug der Kirche, sodass eine Kreuzform entstand.
Als der Bischof den Freunden diese Grundanlage seiner Kirche vorgewiesen und erläutert hatte, zeigte er ihnen Versuche, die er für den Bronzeguss der Eingangstüren unternommen hatte. In Gips geformt lagen noch die Vorlagen auf dem Tischen. Es waren Bilder der biblischen Geschichte. Man würde sie mit Wachs überziehen und in eine Gussform einbauen, durch Erhitzen das Wachs ausschmelzen und den entstandenen Hohlraum mit Bronze ausgießen.
Ähnlich wie St. Zeno in Verona sollte auch die Hildesheimer Michaelskirche Pforten aus Erz bekommen.
»Jeder Teil einer Kirche«, sagte Bischof Bernward, »muss von einem Gedanken bestimmt sein. So will ich im Westen eine Unterkirche als Grabstätte bauen: Denn Westen, der Sonnenuntergang, ist die Richtung des Todes. Im Westportal aber – über dem Gruftraum – wo der Weg hinabführt zu den Gräbern, zu der Vergänglichkeit des Fleisches, wird St. Michael seinen Platz haben. Er ist der Wiegemeister der Seelen und der Beschirmer der Himmelstore. Den Altar aber, der im Osten über der Krypta im Chor liegt, will ich dem Erlöser der Welt weihen.«
»So muss es sein, wenn man eine Kirche errichtet!«, sagt Goderamus. »Der

fromme Besucher muss viele und gedankenvolle Wege wandern können. Fürbittend soll er hinabsteigen in die Gruft, sein Auge gläubig zum Hüter der Himmelspforte, St. Michael, erheben und endlich heimfinden zum Erlöser am Altar in der Mitte des Chores.«

In den folgenden Jahren verwandelte sich der Platz beim Kloster St. Michael in eine große Baustelle. Die Steinmetze wandten viel Kunst und Kraft auf, um Säulenköpfe in würfelförmiger Grundform stets abwechslungsreich zu behauen. Pfeiler wurden aufgemauert, Gurtbogen fachgerecht zusammengesetzt. Dazu nahm man abwechselnd roten und weißen Stein. Treträder knarrten; schwere Hebemaschinen, die man nach dem griechischen Wort für Kranich, geranos, Kräne nannte, brachten die Steinblöcke in die gewünschte Höhe. Maurer, Hilfsarbeiter und Steinmetzmeister hatten unendlich viel zu tun. Dem Kloster St. Michael dienstpflichtige Bauern fuhren das Bauholz heran. Zimmerleute arbeiteten schon an den wuchtigen Balken der Decke. In den Gusswerkstätten des Klosters qualmten die Öfen. Hier bereitete ein rheinischer Gussmeister unter Anleitung des Bischofs den Guss der großen Bronzetüren vor, die die Kirche zukünftig schmücken sollten.

Als das Jahr 1020 herankam und sich der Bau von St. Michael der Vollendung näherte, legte Bischof Bernward sein Amt freiwillig nieder und zog sich als einfacher Mönch ins Kloster zurück. Schon zu Lebzeiten ließ er sich aus einem großen Steinblock seinen Sarg herausmeißeln. Es war eine große Steinkiste, die Seitenwände mit Reihen herausgehauener Bilder geschmückt. Eine klare lateinische Inschrift sagt noch heute jedem Besucher, wie Bischof Bernward sich sah:

Ich – eines Menschen Teil – war Bernward.
Jetzt bin ich umschlossen hier vom Schauder der Gruft.
Asche nur bin ich und Staub.
Ach, des erhabenen Amtes hab ich nicht würdig genug gewaltet.
Friede gib, Herr, meiner Seele. Singet, ihr Armen, dazu.

Otto Zierer

162. Der angenagelte Mann

»Weißt du, was ich gerne möchte«, sagte Yang eines Tages zu Florian. »Ich möchte mal in eure Kirche reingucken.«

Yang war Vietnamese. Er lebte zwar schon ein paar Jahre in Deutschland, aber es gab immer noch viele Dinge, die ihm fremd waren.

»Werktags ist abgeschlossen«, erklärte Florian. »Du musst am Sonntag kommen, bevor der Gottesdienst anfängt. Dann ist offen.«

Yang kam am Sonntag pünktlich nach dem ersten Läuten. Auf dem kleinen Platz vor der Kirche stand Florian mit Frau Bauer, der Küsterin, und wartete schon.

»Hallo«, rief er.

»Hallo«, erwiderte Yang. Er gab Frau Bauer die Hand und machte eine kleine Verbeugung. Und Frau Bauer sagte, ohne Zeit zu verlieren: »Na, dann kommt mal mit, ihr beiden!«

Sie schob die Jungen vor sich her in die Kirche hinein. Drinnen war es kühl und dämmerig.

»Schau dich nur überall gut um«, sagte Frau Bauer zu Yang. »Und wenn du etwas wissen willst, kannst du mich ruhig fragen.«

Yang sah neugierig hoch und prallte einen Schritt zurück: Die Wand, die der Eingangstür gegenüberlag, war ausgefüllt von einem hölzernen Kreuz, an

Das Kreuz auf dem Weinstock, Jerusalem, 11. Jh.

162

Yang, ein vietnamesischer Junge in Deutschland, kommt an einem Sonntag in eine Kirche, wo er zum ersten Mal einen auf einem Kreuz angenagelten Mann sieht. Das macht ihn fassungslos.

- Warum ist Yang fassungslos, als er zum ersten Mal in einer Kirche den gekreuzigten Jesus sieht?
- Was könntet ihr ihm sagen?
- Wie geht es euch, wenn ihr den Gekreuzigten seht?
- Das Bild links unten stammt aus dem 11. Jh., das Bild unten aus dem 20. Jh. Vergleicht beide Bilder.

dem ein hölzerner Mensch aufgehängt war. Es war ein riesiges Kreuz. Es reichte von der Decke bis fast hinunter zum Fußboden. Der Mensch war auch riesig. Er hing mit ausgebreiteten Armen und lang gestreckten Beinen am Kreuz. Durch die Handflächen und die übereinandergelegten Füße waren Nägel getrieben. Riesige Nägel.
»Was ist das?«, fragte Yang erschrocken.
»Das?«, sagte Frau Bauer, ohne hinzusehen. »Das ist ein Kruzifix.«
»Ein Kru, Kruzi?«, Yang brachte das unbekannte Wort nicht über seine Lippen.
»Kruzifix«, sprach Florian ihm vor.
Und Frau Bauer erklärte: »Kruzifix heißt, ›Der Gekreuzigte‹. Es ist Jesus am Kreuz.«
Dann fiel ihr ein, dass Yang am Ende gar noch nie etwas von Jesus gehört hatte, und sie erzählte ihm eine Kurzfassung vom Leben Jesu, so wie sie glaubte, dass Yang es verstehen konnte.
»Jesus hat den Leuten Sachen gesagt, die sie nicht hören wollten«, beendete sie ihre Erzählung. »Da haben sie ihn zu guter Letzt ans Kreuz geschlagen.«
»Aber das tut doch weh«, stammelte Yang fassungslos. Ihn schauderte bei dem Gedanken, dass ihm jemand einen solch dicken Nagel … Er konnte es nicht zu Ende denken. Er ballte seine Hände zu Fäusten und versteckte sie in den Hosentaschen.
Der gekreuzigte Jesus hatte den Kopf zur Seite geneigt. Sein Gesicht war schmerzlich verzerrt. Yang spürte, wie sein eigenes Gesicht sich zusammenkrampfte. Er schaute weg.

Otto Dix (1891–1969), Kreuzigung, 1960.

»Warum muss das da hängen?«, fragte er.
Darüber hatte Frau Bauer noch nie nachgedacht. Das Kruzifix gehörte zur Kirche wie der Altar und die Kanzel. Sie beachtete es gar nicht weiter. »Na, weißt du«, sagte sie, »das hängt eben da, weil …« In diesem Augenblick machte oben auf der Empore die Orgel einen tiefen Ton. Die Jungen fuhren zusammen. Frau Becker lachte.
»Ah«, sagte sie erleichtert. »Herr Koch ist gekommen. Geh, Flori, zeig deinem Freund die Orgel. Das kennt er auch nicht. Das gibt es nicht in dem Land, wo er herkommt.«
Florian nahm Yang am Ärmel und zog ihn zu der schmalen Treppe, die zur Empore hinaufführte. Herr Koch ließ die Orgel brausen. Er lächelte den Jungen zu und wies mit dem Kopf auf die Sitzbänke. Florian und Yang setzten sich und hörten zu.
»Gefällt es dir?«, fragte Florian nach einer Weile.
Yang hob unentschlossen die Schultern und flüsterte: »Ich weiß nicht, ich hab nicht zugehört. Ich muss immer an den angenagelten Mann denken.«

Renate Schupp

163. Keiner lebt allein

Friedrich II. von Hohenstaufen wollte die Ursprache der Menschen finden. Er glaubte, sie entdecken zu können, wenn beobachtet werde, in welcher Sprache Kinder zu reden anfangen, mit denen vorher niemand spricht: Und deshalb befahl er den Ammen und Pflegerinnen, sie sollten den Kindern Milch geben, dass sie an den Brüsten säugen möchten, sie baden und waschen, aber in keiner Weise mit ihnen schön tun und zu ihnen sprechen. Er wollte nämlich erforschen, ob sie die hebräische Sprache sprächen, als die älteste, oder Griechisch oder Latein oder Arabisch oder aber die Sprache ihrer Eltern, die sie geboren hatten. Aber er mühte sich vergebens, weil die Knaben und anderen Kinder alle starben. Denn sie vermochten nicht zu leben, ohne das Händepatschen und das fröhliche Gesichterschneiden und die Koseworte ihrer Ammen und Nährerinnen.

Chronik des Salimbene von Parma (1221–1287)

163
Der Staufenkaiser Friedrich II. (1194–1250) soll ein merkwürdiges Experiment mit Säuglingen veranlasst haben, um zu erfahren, welche Sprache die Kinder lernen, wenn man nicht mit ihnen spricht. Es zeigte sich, dass die Kinder auf den Umgang mit ihren Eltern angewiesen sind, um leben zu können.

- Warum ist das Experiment des Kaisers gescheitert?
- Welcher Grundzug des Menschen wird durch das Experiment erkennbar?

164. Der Milchmann

Der Milchmann schrieb auf einen Zettel: »Heute keine Butter mehr, leider.« Frau Blum las den Zettel und rechnete zusammen, schüttelte den Kopf und rechnete noch einmal, dann schrieb sie: »Zwei Liter, 100 Gramm Butter. Sie hatten gestern keine Butter und berechneten sie mir gleichwohl.«
Am andern Tag schrieb der Milchmann: »Entschuldigung.« Der Milchmann kommt morgens um vier, Frau Blum kennt ihn nicht, man sollte ihn kennen, denkt sie oft, man sollte einmal um vier aufstehen, um ihn kennen zu lernen.
Frau Blum fürchtet, der Milchmann könnte ihr böse sein, der Milchmann könnte schlecht denken von ihr, ihr Topf ist verbeult.
Der Milchmann kennt den verbeulten Topf, er ist der von Frau Blum, sie nimmt meistens 2 Liter und 100 Gramm Butter. Der Milchmann kennt Frau Blum. Würde man ihn nach ihr fragen, würde er sagen: »Frau Blum nimmt 2 Liter und 100 Gramm, sie hat einen verbeulten Topf und eine gut lesbare Schrift.« Der Milchmann macht sich keine Gedanken, Frau Blum macht keine Schulden. Und wenn es vorkommt – es kann ja vorkommen, dass 10 Rappen zu wenig daliegen, dann schreibt er auf einen Zettel: »10 Rappen zu wenig.« Am andern Tag hat er die 10 Rappen anstandslos, und auf dem Zettel steht: »Entschuldigung«. »Nicht der Rede wert« oder »Keine Ursache«, denkt dann der Milchmann, und würde er es auf den Zettel schreiben, dann wäre das schon ein Briefwechsel. Er schreibt es nicht.
Den Milchmann interessiert es nicht, in welchem Stock Frau Blum wohnt, der Topf steht unten an der Treppe. Er macht sich keine Gedanken, wenn er nicht dort steht. In der ersten Mannschaft spielte einmal ein Blum, den kannte der Milchmann, und der hatte abstehende Ohren. Vielleicht hat Frau Blum abstehende Ohren.
Milchmänner haben unappetitlich saubere Hände, rosig, plump und verwaschen. Frau Blum denkt daran, wenn sie seine Zettel sieht. Hoffentlich hat er die 10 Rappen gefunden. Frau Blum möchte nicht, dass der Milch-

164
Wie noch vor wenigen Jahrzehnten üblich legt ein Milchmann jeden Morgen für Frau Blum Milch und Butter an die Haustür. Sie vertrauen einander, ohne sich je gesehen zu haben, weil sie immer korrekt abrechnen. Die Erzählung wirft die Frage auf, wann sich Menschen eigentlich kennen.

- Kennt der Milchmann Frau Blum?
- Kennt Frau Blum den Milchmann?
- Schreibt auf, was ihr von einem Menschen, z. B. einem Briefträger, einem Mädchen, einer Lehrerin, einem Mädchen oder Jungen aus der Klasse, einem Nachbarn wisst, mit dem ihr nicht oft zu tun habt. Was fällt euch auf, wenn ihr das Ergebnis genauer anschaut?
- Wann kennen wir einen Menschen?

mann schlecht von ihr denkt, auch möchte sie nicht, dass er mit der Nachbarin ins Gespräch käme. Aber niemand kennt den Milchmann, in unserm Quartier niemand. Bei uns kommt er morgens um vier. Der Milchmann ist einer von denen, die ihre Pflicht tun. Wer morgens um vier die Milch bringt, tut seine Pflicht, täglich, sonntags und werktags. Wahrscheinlich sind Milchmänner nicht gut bezahlt, und wahrscheinlich fehlt ihnen oft Geld bei der Abrechnung. Die Milchmänner haben keine Schuld daran, dass die Milch teurer wird.
Und eigentlich möchte Frau Blum den Milchmann gern kennen lernen.
Der Milchmann kennt Frau Blum, sie nimmt 2 Liter und 100 Gramm und hat einen verbeulten Topf.

Peter Bichsel

165
Eine kleine Schraube, die sich lockert, kann ein großes Schiff gefährden.

- Warum ist die kleine Schraube am Schiff so wichtig? Vergleicht sie mit einer Schraube beim Schraubenhändler.
- Warum hat die kleine Erzählung auch für Menschen eine große Bedeutung?

165. Die kleine Schraube

Es gab einmal in einem riesigen Schiff eine ganz kleine Schraube, die mit vielen anderen ebenso kleinen Schrauben zwei große Stahlplatten miteinander verband. Diese kleine Schraube fing an, bei der Fahrt mitten im Indischen Ozean etwas lockerer zu werden und drohte herauszufallen. Da sagten die nächsten Schrauben zu ihr: »Wenn du herausfällst, dann gehen wir auch.« Und die Nägel unten am Schiffskörper sagten: »Uns wird es auch zu eng, wir lockern uns auch ein wenig.« Als die großen eisernen Rippen das hörten, da riefen sie: »Um Gottes willen bleibt; denn wenn ihr nicht mehr haltet, dann ist es um uns geschehen!« Und das Gerücht von dem Vorhaben der kleinen Schraube verbreitete sich blitzschnell durch den ganzen riesigen Körper des Schiffes. Er ächzte und erbebte in allen Fugen. Da beschlossen sämtliche Rippen und Platten und Schrauben und auch die kleinsten Nägel, eine gemeinsame Botschaft an die kleine Schraube zu senden, sie möge doch bleiben; denn sonst würde das ganze Schiff bersten und keiner von ihnen die Heimat erreichen. Das schmeichelte dem Stolz der kleinen Schraube, dass ihr solche ungeheure Bedeutung beigemessen wurde, und sie ließ sagen, sie wolle sitzen bleiben.

Rudyard Kipling

166
Weil die eingeladenen Gäste nicht das erbetene Geschenk (Wein) mitbringen, kann das Fest der armen Gastgeber nicht stattfinden.

- Was ist der Sinn dieser Geschichte? Gilt sie auch in anderen Situationen?
- Was sagt sie vom Einzelnen, was von der Gemeinschaft?

166. Das Fest kann nicht stattfinden

Irgendwo in China sollte ein Hochzeitsfest stattfinden. Das Paar, das heiraten wollte, war sehr arm. Darum hatten die Brautleute bei ihrer Einladung darum gebeten, dass jeder eine Flasche Wein mitbringen und am Eingang des Hauses in ein großes Weinfass schütten sollte. So könnten alle zu einem frohen Fest einen Beitrag leisten.
Als alle Gäste versammelt waren, schöpften die Brautleute aus dem Fass. Aber als die Gäste zum Wohl des Paares anstießen und tranken, wurden alle vor Schrecken ganz blass. Denn alle hatten nur Wasser im Becher.
Jetzt tat wohl jedem seine Überlegung leid: »Ach, die eine Flasche Wasser, die ich statt des Weins mitbringe, wird schon nicht auffallen.«
Aber da alle so gedacht hatten, konnte ein schönes und lustiges Fest nicht stattfinden.

Aus China

167. Erkennungs-Zeichen – Symbole

Athen im Jahre 134 vC. An einem heißen Sommerabend nehmen bei einem Gastmahl Philipp und Stephan, zwei junge Leute im Alter von 20 Jahren, voneinander Abschied. Philipp muss nach Sizilien reisen, um dort für seinen Vater ein Handelsgeschäft zu eröffnen. Stephan hat eine kleine Tontafel vor sich liegen, auf der ihre Namen, Worte der Freundschaft und ein Götterkopf eingeritzt sind. Vorsichtig zerbricht er die Tafel in zwei fast gleich große Stücke.

Stephan: Ich werde dich sehr vermissen. Damit du in der Fremde immer an mich denkst, habe ich diese Tontafel zerbrochen. Die eine Hälfte sollst du mitnehmen, den anderen Teil bewahre ich auf.

Philipp: Dieses Zerbrechen von Ton und Namen macht mich traurig. Es zeigt mir, wie schwer die Trennung ist.

Stephan: Ja, aber wenn wir beide Teile gut aufbewahren, haben wir ein Zeichen dafür, dass wir auch in Zukunft zusammengehören.

Philipp: Mein Teil ist ein Zeichen der Erinnerung an dich.

Stephan: Und wenn wir uns wiedersehen, werden wir beide Teile wieder zusammenfügen.

Philipp: Vielleicht lerne ich in Sizilien auch neue Freunde kennen. Sollte einer einmal nach Athen kommen, so gebe ich ihm eine Zeichnung meines Teils mit. Daran kannst du erkennen, dass er mein Freund ist.

Stephan: Ich werde ihn gastlich aufnehmen, weil er von dir kommt.

Werner Trutwin

167

Zwei Freunde zerbrechen zum Abschied eine Tontafel und nehmen je einen Teil für sich. Die Handlung macht deutlich, was »Symbol« bedeutet. Das griechische Wort »Symbol« heißt »das Zusammengefügte«, »das Zusammengehörige». Manchmal zerbrach man auch statt einer Tontafel einen Ring oder einen Stab. Jeder einzelne Teil ist ein »Symbol«, weil er zu dem anderen passt. Darum ist ein Symbol auch ein Erkennungszeichen. Die Tonscherbe ist nun nicht mehr nur etwas Materielles. Sie hat eine tiefere Bedeutung. An ihr gibt es etwas, das nicht jeder gleich sehen kann. Nur wer die Freundschaft der beiden Jungen Leute kennt, kann in der Tonscheibe dieses »Mehr« erkennen.

- Welche anderen Symbole kennt ihr? Sprecht über ihre Bedeutung – das »Mehr« gegenüber dem materiellen Gegenstand.

168. Die Süßkartoffel der Maori

Um die Mitte des 19. Jahrhunderts wehrten sich auf Neuseeland die kriegerischen Maori erbittert gegen die britischen Streitkräfte, die ihr Land erobern wollten. Als ihr Kampf schon verloren schien, führten Propheten sie in einen heiligen Krieg gegen die Weißen. Damals lief ein britischer Soldat zu den Maori über. Weil zum Feind überlaufen etwas ganz Neues für die Maori war, musste der Flüchtling stündlich um sein Leben bangen, bis er einem Propheten begegnete. Der nahm eine Süßkartoffel, von den Maori als heilige Pflanze verehrt, brach sie in zwei Hälften, ließ die eine Hälfte den Überläufer essen und aß selber die andere. Von Stund an brauchte sich der Fremde nicht mehr zu fürchten: Es war, als sei er einer der Ihren geworden, wie ein Stammesbruder.

Markus Hartenstein

168

Eine Symbolhandlung aus einer anderen Welt: eine Süßkartoffel bringt fremde Menschen nahe.

- Womit können Christen die Süßkartoffel vergleichen?

169

- Wasser – Wozu kann es gut sein?
- Wie erlebt ihr das Wasser in den verschiedenen Situationen des Lebens?

169. Taufe

Taufe
oder mit allen wassern gewaschen

wir möchten nicht
dass unser kind
mit allen wassern gewaschen wird

wir möchten
dass es
mit dem wasser der gerechtigkeit
mit dem wasser der barmherzigkeit
mit dem wasser der liebe und des friedens
reingewaschen wird.

wir möchten
dass unser kind
mit dem wasser
christlichen geistes
gewaschen
übergossen
beeinflusst
getauft wird

wir möchten selbst das klare lebendige wasser
für unser kind werden und sein
jeden tag
wir möchten auch dass seine paten
klares kostbares lebendiges wasser
für unser kind werden

wir hoffen und glauben
dass auch unsere gemeinde in der wir leben
für unser kind das klare kostbare
lebendige wasser
der gerechtigkeit
der barmherzigkeit
der liebe und des friedens ist

wir erwarten viel
wir hoffen viel

Wilhelm Willms

170

Ein chinesischer Weiser erklärt, welch unterschiedliche Eigenschaften das Wasser hat

- Warum ist bei der Taufe das Wasser so wichtig?
- Wasser – ein Symbol?

➔ T. 73

170. Die Vorzüge des Wassers

Einen Weisen im alten China fragten einmal seine Schüler: »Du stehst schon so lange vor diesem Fluss und schaust ins Wasser. Was siehst du denn da?« Der Weise gab keine Antwort. Er wandte den Blick nicht ab von dem unablässig strömenden Wasser. Endlich sprach er: »Wohin es fließt, bringt es Leben und teilt sich aus an alle, die seiner bedürfen. Es ist gütig und freigebig. Die Unebenheiten des Geländes versteht es auszugleichen. Es ist

gerecht. Ohne in seinem Lauf zu zögern, stürzt es sich über Steilwände in die Tiefe. Es ist mutig. Seine Oberfläche ist glatt und ebenmäßig, aber es kann verborgene Tiefen bilden. Es ist weise. Felsen, die ihm im Lauf entgegenstehen, umfließt es. Es ist verträglich. Aber seine sanfte Kraft ist Tag und Nacht am Werk, das Hindernis zu beseitigen. Es ist ausdauernd.
Wie viele Windungen es auch auf sich nehmen muss, niemals verliert es die Richtung zu seinem ewigen Ziel, dem Meer, aus dem Auge. Es ist zielbewusst.
Und so oft es auch verunreinigt wird, bemüht es sich doch unablässig, wieder rein zu werden. Es hat die Kraft, sich immer wieder zu erneuern. Das alles«, sagte der Weise, »ist es, warum ich auf das Wasser schaue.«

Johannes Thiele

171. Es ist nur ein Anfang

171
Gedanken zum Anfang – Gedanken zur Taufe

- Warum ist die Taufe (nur) der Anfang des Christenlebens?

Es ist nur ein kleiner Anfang.
Es ist nur ein kleiner Anfang, wenn Samen und Eizelle sich unsichtbar für unsere Augen verbinden.
Es ist nur ein kleiner Anfang, wenn ein neuer Mensch geboren wird. Und auch was wir jetzt in der Taufe tun, ist nur ein kleiner Anfang. Aber: Im Anfang kann so viel stecken!
Im Samenkorn steckt der Plan für den ganzen Baum,
in einem Genom der Plan für alle wichtigen Merkmale des Menschen:
Im Anfang ist das Ganze verborgen, das sich entfalten soll.
So ist auch in der Taufe dieser Kinder zeichenhaft angelegt, was aus ihnen werden soll.
Was aus ihnen werden soll? Nun, im Zeichen des Wassers ist verborgen angelegt, dass die Kinder leben sollen, ein reiches, erfülltes Leben,
durch das Zeichen des Lichtes der Oster- und Taufkerze soll angedeutet werden, dass ihr Leben etwas ausstrahlen soll, Freude ausstrahlen. Liebe und Hoffnung.
In den Worten des Taufbekenntnisses ist zusammengefasst, dass diese Kinder Widerstandskämpfer werden sollen: Widerstand leisten, widerstehen, widersprechen, widersagen allem, was unmenschlich, ungerecht und böse ist. Dann bekennen wir uns im Glauben zu einem Gott, der unser Leben trägt, der uns Hoffnung schenkt, auch über Enttäuschungen, Leid und Tod hinaus.
Das alles muss sich gewiss noch entfalten, konkret werden im Leben, im persönlichen Leben dieser Kinder und Eltern. Aber das soll von Anfang an im Leben dieser Kinder stecken.
Es ist nur ein kleiner Anfang, was heute geschieht. Aber im kleinsten Anfang steckt viel.
Und wir dürfen glauben: Gott schenkt jeden guten neuen Anfang: Er schenkte den neuen Lebensanfang dieser Kinder und er schenkt alle neue Anfänge: Wir dürfen immer wieder neu beginnen und wir können einander immer wieder neue Anfänge zugestehen. Und wenn wir einmal am Ende sind, fängt Gott – unvorstellbar – ganz neu mit uns an.
Es ist nur ein Anfang. Aber ein Anfang ist wichtig. Es ist nur ein Anfang. Es soll noch viele Anfänge geben, – ein Ende soll es nie geben.
Amen.

Herbert Kaefer

172. Segne dieses Kind

Segne dieses Kind
und hilf uns ihm zu helfen,
dass es sehen lernt
mit seinen eignen Augen
das Gesicht seiner Mutter
und die Farben der Blumen
und den Schnee auf den Bergen
und das Land der Verheißung.

Segne dieses Kind
und hilf uns ihm zu helfen,
dass es hören lernt
mit seinen eignen Ohren
auf den Klang seines Namens,
auf die Wahrheit der Weisen,
auf die Sprache der Liebe
und das Wort der Verheißung.

Segne dieses Kind
und hilf uns ihm zu helfen,
dass es greifen lernt
mit seinen eignen Händen
nach der Hand seiner Freunde,
nach Maschinen und Plänen,
nach dem Brot und den Trauben
und dem Land der Verheißung.

Segne dieses Kind
und hilf uns ihm zu helfen,
dass es reden lernt
mit seinen eignen Lippen
von den Freuden und Sorgen,
von den Fragen der Menschen,
von den Wundern des Lebens
und dem Wort der Verheißung.

Segne dieses Kind
und hilf uns ihm zu helfen,
dass es gehen lernt
mit seinen eignen Füßen
auf den Straßen der Erde,
auf den mühsamen Treppen,
auf den Wegen des Friedens
in das Land der Verheißung.

Segne dieses Kind
und hilf uns ihm zu helfen,
dass es lieben lernt
mit seinem ganzen Herzen.

Lothar Zenetti

173
Micha (11) hat erfahren, dass einige Klassenkameraden nicht getauft sind. Am Samstagnachmittag, als er mit dem Vater vom Sportplatz kommt, stellt er ein paar Fragen.

- Könnt ihr eure Eltern fragen: Warum bin ich (nicht) getauft worden?
- Sprecht über die Antworten.

173. »Warum bin ich eigentlich getauft worden?«

Micha: Warum bin ich eigentlich getauft worden?

Vater: Ich finde es gut, dass du danach fragst. Mutter und ich wollten dir das schon lange erklären. Wir haben uns das damals gut überlegt. Weißt du, wir wollten, dass du mit uns und deinen beiden Schwestern von Anfang an im Glauben an Gott leben lernst. Und wir wollten vor allem, dass auch unsere Kinder mit uns zur großen Gemeinschaft der Christen, zur katholischen Kirche, gehören.

Micha: Aber dann sind Holger und Friedhelm keine Christen?

Vater: Richtig. Nur wer an Jesus Christus glaubt und sich taufen lässt, ist ein Christ und gehört zur Kirche. Und nur wer getauft ist, darf auch die anderen Sakramente empfangen. Darum sind Holger und Friedhelm auch nicht zur Erstkommunion gegangen.

Micha: Dann sind die beiden ja Heiden, die nicht in den Himmel kommen.

Vater: Gott liebt alle Menschen. Keiner darf sagen: Ein Mensch wird verstoßen, weil er nicht getauft ist. Gott kennt viele Wege, auf denen Menschen zu ihm kommen können.

Micha: Aber ich bin jedenfalls getauft, obwohl ich ja noch gar nicht an Gott und Jesus glauben konnte. Damals war ich doch noch ein Baby.

Vater: Ein süßes Baby warst du, Micha. Und natürlich konntest du noch kein einziges Wort und erst recht kein Glaubensbekenntnis sprechen. Das haben damals Mutter und ich und deine beiden Taufpaten getan, stellvertretend für dich. Und damit haben wir versprochen alles zu tun, was in unseren Kräften steht, damit du einmal später selbst dein Glaubensbekenntnis ablegen kannst.

Micha: Aber findest du das richtig, einfach so über ein kleines Kind zu entscheiden?

Vater: Das haben schon die Menschen in den ersten Christengemeinden für richtig gehalten. Wenn Erwachsene sich für den christlichen Glauben und die Aufnahme in die Kirche entschieden hatten, wurde ihre ganze Familie getauft, Eltern und Kinder. Und außerdem, Micha: Alle Eltern müssen in vielen Dingen für ihre Kinder entscheiden, solange sie noch klein sind. Sie dürfen das tun, wenn sie wirklich davon überzeugt sind, dass sie damit für ihre Kinder das Beste tun.

Micha: Aber allmählich müsste ich mal selbst gefragt werden, ob ich ein Christ sein will.

Klaus Breuning

174. Was heißt Firmung?

174
Micha, inzwischen 15 Jahre alt, nimmt jetzt an einem Vorbereitungskurs für die Firmung teil. Wieder hat er Fragen an den Vater.

→ T. 144, 145

Micha: Frau Meyer hat uns inzwischen vieles erklärt. Aber was Firmung heißt, weiß ich immer noch nicht.

Vater: Firmung heißt Stärkung. Das Sakrament stärkt dich mit dem Geist Gottes, damit dein Glaube gefestigt wird.

Micha: Neulich hat sie auch gesagt, Firmung ist die Vollendung der Taufe. Verstehe ich auch nicht.

Vater: Du weißt doch, wer getauft ist, ist ein Christ und gehört zur Kirche. Aber damals warst du noch ein Säugling, und wir haben stellvertretend für dich gesagt, dass du ein Christ werden möchtest, und wir haben für dich das Glaubensbekenntnis abgelegt. Du bist jetzt groß genug, um dies zu bestätigen, zu vollenden. Jetzt kannst du selbst mit »deinem eigenen Mund« sagen, dass du als Christ leben willst. Darum nennt man die Firmung auch das Sakrament der Mündigkeit. Du sollst jetzt selbst vor der ganzen Gemeinde bestätigen, dass du zu Christus und zur Kirche gehören willst. Du bist bald ein erwachsener Christ. Dazu gehört auch, dass du bereit bist, ein Zeuge für Christus zu sein. Die Firmung hilft dir dazu.

Klaus Breuning

175. Die gute Sendung – Ein Brief zur Firmung

Katholische Pfarrgemeinde
St. Elisabeth

Friedstadt im März …

Liebe Mädchen, liebe Jungen!

Seit einiger Zeit darf es keiner mehr wagen euch »Kinder« zu nennen, wenn er es nicht mit euch verderben will. Ihr seid auf dem Weg erwachsen zu werden und beginnt euer Leben selbst in die Hand zu nehmen. Mehr als bisher denkt ihr über euch nach und stellt Fragen, die euch früher nicht gekommen sind. Ihr seid auf der Suche nach eurem Lebensweg. Vielleicht

175
Ein Pfarrer schreibt den Mädchen und Jungen seiner Gemeinde einen Brief zur Firmung. Er legt dar, was die Firmung bedeutet und was sie ihnen »bringen« kann. Dabei spielt er mit der unterschiedlichen Bedeutung des Wortes »Sendung«.

- Was wisst ihr über Pfingsten?
- Das Wort »Sendung« hat mehrere Bedeutungen. Stellt sie zusammen und bringt sie in einen Zusammenhang mit der Firmung.
- Was dürfen Mädchen und Jungen von der Firmung erwarten?

➔ **T. 144, 145**, → ZdF S. 151

spürt ihr auch stärker als früher, dass das Leben nicht von selbst gelingt. Jeder hat seine Sorgen und Ängste. Der eine hat in der Schule Probleme, der andere kommt zu Hause nicht so ganz zurecht oder leidet darunter, dass Vater und Mutter nicht mehr zusammenleben. Manche fühlen sich einsam, weil sie nicht die Freundinnen/Freunde finden, die sie gern hätten. Viele sehen auch die Gefahren, die in der Welt lauern und die Menschen bedrohen: Krieg, Umweltschäden, Hunger, Krankheiten, ungerechte Verteilung der Lebenschancen, Terrorismus, Arbeitslosigkeit – ...
Trotz eurer Sorgen möchte ich euch zu einem großen Fest einladen, das euch begeistern wird und das euch, wie ihr so sagt, »viel bringen« kann. Viele junge Leute nehmen daran teil. Langeweile ist ganz ausgeschlossen, weil der Veranstalter schon immer für viel Schwung gesorgt hat. Wo immer er wirkt, ist etwas los. Alle verstehen sich besser als je zuvor. Sie finden neuen Lebensmut und vor allem – Hoffnung und Liebe.
Das Fest hat den alten lateinischen Namen »Firmung«, d. h. Stärkung. Der Ort des Geschehens ist unsere Gemeinde. Sein Veranstalter ist Gottes Geist. Wenn ihr mich fragt, wer dieser Geist Gottes ist, komme ich in Verlegenheit. Eine Definition kann ich nicht geben, denn der Geist Gottes ist nicht zu »begreifen«. Er weht wie der Wind, wo er will. Überall schafft er neues Leben. Er lässt sich nicht einzwängen, weil er die Freiheit liebt. Wo er wirkt, geschehen Zeichen und Wunder. Ihr wisst, was er am ersten Pfingsttag aus den ängstlichen Jüngern gemacht hat: mutige Christen, die nicht mehr vom Tod Jesu geschockt waren, sondern an seine Auferweckung glaubten und diese anderen verkündeten.
Euch allen macht es Spaß eine gute Sendung im Fernsehen anzuschauen, die spannend ist oder über bisher Unbekanntes informiert. Besonders freut sich jeder von euch, wenn ihm der Briefträger eine gute Sendung bringt, ein Geschenk zum Geburtstag oder den lang ersehnten Brief einer Freundin oder eines Freundes.
Beim Fest der Firmung empfangt ihr auch eine gute Sendung, eigentlich die beste, die es gibt: eine Sendung Gottes für euch. Kurz vor seinem Tod versprach Jesus seinen Freunden, ihnen den Geist Gottes zu senden (Joh 14, 26). Dieser Geist soll zu euch kommen. Er nimmt euch nicht alle Lasten des Lebens, aber er stärkt euch sie zu tragen. Mit ihm erhaltet ihr Hoffnung, Trost und vor allem die Fähigkeit den richtigen Lebensweg zu finden.
Diese gute Sendung ist nicht für euch allein bestimmt. Sie ist erst richtig angekommen, wenn sie auch bei anderen ankommt. Darum sollt ihr sie weitergeben. Erschreckt nicht vor dieser Aufgabe. Erfüllt von Gottes Geist werdet ihr in eurer Umgebung, in der Gemeinde, in der Welt mindestens kleine Schritte tun können, die anderen helfen.

Unser Bischof kommt, um euch zu firmen. Die Vorbereitung erfolgt in kleinen Gruppen. Ihr könnt selbst mitentscheiden, wie ihr euch auf den Festtag vorbereiten wollt. Lasst euch vom Geist Gottes »begeistern«. Etwas Besseres könnt ihr nicht für euch tun. Das Fest ist einmalig. Jeder kann nur einmal daran teilnehmen. Darum nehme ich an, dass ihr alle mitmacht.

Euer Pfarrer

Werner Trutwin

176. Brot ist mehr als nur Brot

Brot heißt alles, was Menschen zum Leben brauchen.
Brot sind Vater und Mutter.
Brot sind Brüder und Schwestern.
Brot sind die Freunde.
Brot ist Nehmen und Geben,
die Arbeit des Tages und der Schlaf der Nacht.
Brot können auch wir füreinander sein.
Unser Wort – Brot für jedermann.
Unser Lachen – Brot für Eltern und Lehrer.
Unsere Tat – wer braucht sie brotnötig?
Sind wir wirklich Brot?

Hubertus Halbfas nach Wilhelm Willms

177. Das Brot

Plötzlich wachte sie auf. Es war halb drei. Sie überlegte, warum sie aufgewacht war. Ach so! In der Küche hatte jemand gegen einen Stuhl gestoßen. Sie horchte nach der Küche. Es war still. Es war zu still, und als sie mit der Hand über das Bett neben sich fuhr, fand sie es leer. Das war es, was es so besonders still gemacht hatte: Sein Atem fehlte. Sie stand auf und tappte durch die dunkle Wohnung zur Küche. In der Küche trafen sie sich. Die Uhr war halb drei. Sie sah etwas Weißes am Küchenschrank stehen. Sie machte Licht. Sie standen sich im Hemd gegenüber. Nachts. Um halb drei. In der Küche. Auf dem Küchentisch stand der Brotteller. Sie sah, dass er sich Brot abgeschnitten hatte. Das Messer lag noch neben dem Teller. Und auf der Decke lagen Brotkrümel. Wenn sie abends zu Bett gingen, machte sie immer das Tischtuch sauber. Jeden Abend. Aber nun lagen Krümel auf dem Tuch. Und das Messer lag da. Sie fühlte, wie die Kälte der Fliesen langsam an ihr hoch kroch. Und sie sah von dem Teller weg.

»Ich dachte, hier wäre was«, sagte er und sah in der Küche umher. »Ich habe auch was gehört«, antwortete sie ... »Du hättest Schuhe anziehen sollen. So barfuss auf den kalten Fliesen, du erkältest dich noch.«

Sie sah ihn nicht an, weil sie nicht ertragen konnte, dass er log. Dass er log, nachdem sie neununddreißig Jahre verheiratet waren. »Ich dachte, hier wäre was«, sagte er noch einmal und sah wieder so sinnlos von einer Ecke in die andere, »ich hörte hier was. Da dachte ich, hier wäre was.« »Ich hab auch was gehört. Aber es war wohl nichts.« Sie stellte den Teller vom Tisch und schnippte die Krümel von der Decke.

»Nein, es war wohl nichts«, echote er unsicher.

Sie kam ihm zur Hilfe: »Komm man. Das war wohl draußen. Komm man zu Bett. Du erkältest dich noch. Auf den kalten Fliesen.«

Käthe Kollwitz (1867–1945), Brot, 1924.

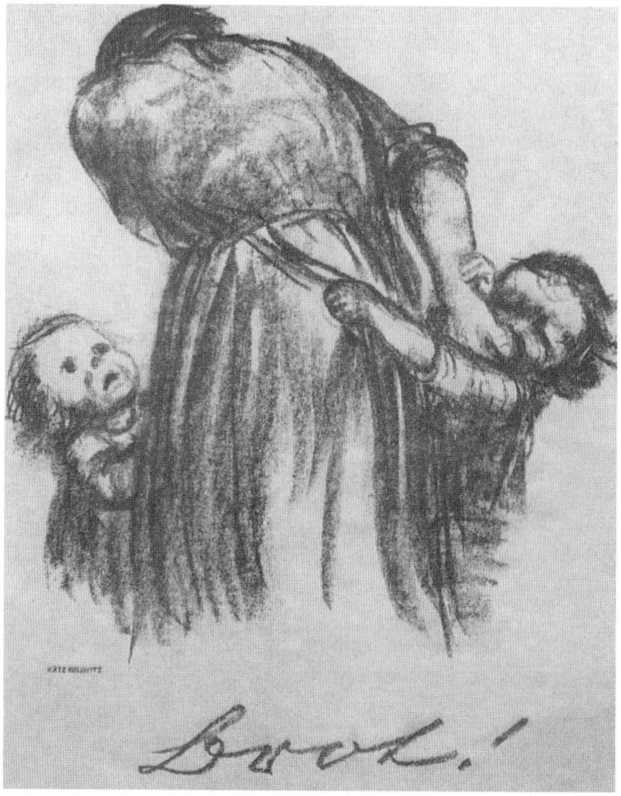

177
Nachkriegszeit. Das Brot ist knapp, Hunger gehört zum Alltag. Das Wenige, was es zu essen gibt, wird in den Familien sorgfältig für den Morgen, den Mittag und den Abend eingeteilt. Auch das Brot. Die Erzählung zeigt am Beispiel eines alten Mannes, dass es bei großem Hunger schwer ist, sich an die Abmachungen zu halten. Er isst nachts heimlich von dem knappen Brot. Seine Frau zeigt großes Verständnis für ihn.

- Brot – was bedeutet es in Notzeiten? Was bedeutet es heute für uns?
- Welche verschiedenen Auswirkungen hat der Hunger auf den Mann und seine Frau?
- Brot und Eucharistie – könnt ihr da Zusammenhänge entdecken?
- Was bedeutet das Jesuswort: »Ich bin das Brot des Lebens« (Joh 6, 35)?

Er sah zum Fenster hin. »Ja, das muss wohl draußen gewesen sein. Ich dachte es wäre hier.« – Sie hob die Hand zum Lichtschalter. Ich muss das Licht jetzt ausmachen, sonst muss ich nach dem Teller sehen, dachte sie. Ich darf doch nicht nach dem Teller sehen.
»Komm man«, sagte sie und machte das Licht aus, »das war wohl draußen. Die Dachrinne schlägt immer bei Wind gegen die Wand. Es war sicher die Dachrinne. Bei Wind klappert sie immer.« Sie tappten sich beide über den dunklen Korridor zum Schlafzimmer. Ihre nackten Füße patschten auf den Fußboden. – »Wind ist ja«, meinte er. »Wind war schon die ganze Nacht.«
Als sie im Bett lagen, sagte sie: »Ja, Wind war schon die ganze Nacht. Es war wohl die Dachrinne.«
»Ja, ich dachte, es wäre in der Küche. Es war wohl die Dachrinne.« Er sagte das, als ob er schon halb im Schlaf wäre.
Aber sie merkte, wie unecht seine Stimme klang, wenn er log. »Es ist kalt«, sagte sie und gähnte leise, »ich krieche unter die Decke. Gute Nacht.«
»Nacht«, antwortete er und noch: »ja, kalt ist es schon ganz schön.« Dann war es still. Nach vielen Minuten hörte sie, dass er leise und vorsichtig kaute. Sie atmete absichtlich tief und gleichmäßig, damit er nicht merken sollte, dass sie noch wach war. Aber sein Kauen war so regelmäßig, dass sie davon langsam einschlief.
Als er am nächsten Abend nach Hause kam, schob sie ihm vier Scheiben Brot hin. Sonst hatte er immer nur drei essen können. »Du kannst ruhig vier essen«, sagte sie und ging von der Lampe weg. »Ich kann dieses Brot nicht so recht vertragen. Iss du man eine mehr. Ich vertrage es nicht so gut.«
Sie sah, wie er sich tief über den Teller beugte. Er sah nicht auf. In diesem Augenblick tat er ihr Leid.
»Du kannst doch nicht nur zwei Scheiben essen«, sagte er auf seinen Teller.
»Doch. Abends vertrage ich das Brot nicht gut. Iss man. Iss man.« Erst nach einer Weile setzte sie sich unter die Lampe an den Tisch.

Wolfgang Borchert

178
Ein Priester kann drei kritische Fragen zur Eucharistie schlagfertig beantworten.

➔⬅ Was würdet ihr auf die Fragen des Mannes antworten?

178. Das unbegreifliche Wunder

Zu einem Priester kam ein Mann, der sich über den Glauben lustig machen wollte, und fragte ihn: »Wie ist es möglich, dass aus Brot und Wein Fleisch und Blut Christi werden?« – ➔⬅
Der Priester antwortete: »Wenn schon dein Körper die Nahrung, die du zu dir nimmst, in Fleisch und Blut umsetzen, verwandeln kann, warum soll Gott nicht auch das andere vermögen?«
Der Mann gab sich nicht geschlagen: »Wie kann denn in einer so kleinen Hostie der ganze Christus zugegen sein?« – ➔⬅
Der Priester gab zur Antwort: »Eine Landschaft, die vor dir liegt, ist so groß, und dein Auge doch so klein. Und doch ist das Bild der großen Landschaft in deinem Auge. Warum soll es dann nicht möglich sein, dass in der kleinen Brotgestalt ein ganzer Christus zugegen ist?«
Noch eine dritte Frage stellte der andere: »Wie kann derselbe Christus gleichzeitig in allen euren Kirchen zugegen sein?« – ➔⬅
Da nahm der Priester einen Spiegel und ließ ihn hineinschauen. Dann warf er den Spiegel zu Boden und sagte: »Auch in jedem einzelnen Stückchen kannst du dein Bild jetzt gleichzeitig sehen!«

179. Das Sakrament des Brotes

Elf Mäuler waren wir, die wie Vogeljunge in ihrem Nest auf Mutters Brot warteten. In der Frühe stand sie auf, schüttete einen großen Berg von schneeweißem Weizenmehl auf, gab Hefe hinzu und schlug viele Eier in Mehl und Hefe. Manchmal fügte sie auch Süßkartoffeln hinzu. Dann vermengte sie alles mit ihren starken Armen und kraftvollen Händen, bis dass ein schön gleichmäßiger Teig entstand. Darüber streute sie ein wenig gröberes Maismehl. Schließlich wurde das Ganze mit einem Tuch zugedeckt. Wenn wir aufstanden, lag auf dem Tisch schon ein ganz beachtlicher Teigberg. Wir, die Kleinen, hoben vorsichtig das Tuch an, um nach dem bauschigen und lockeren Teig zu spähen. Heimlich naschten wir mit dem Zeigefinger ein Stückchen von dem Teig, das wir dann auf dem heißen Blech des Holz-Backofens backten. Und dann die Geschichte mit dem Feuer im Backofen: Dazu war nämlich viel Brennholz nötig. Immer wieder gab es Streitereien. Wer war heute an der Reihe Holz zu holen? Wenn dann aber das frische Brot fertig war, freuten sich alle zusammen, und Mutters Augen leuchteten in ihrem schweißüberströmten Gesicht, das sie mit der weißen Schürze abwischte.
Wie bei einem Ritual bekamen alle ein Stück. Dabei wurde das Brot nie geschnitten - bis heute , sondern stets gebrochen. Vielleicht sollte damit an den erinnert werden, der am Brotbrechen erkannt wurde (vgl. Lk 24,30. 35). Das Brot, dessen Teig unter Mühen gemengt, dessen Aufgehen erwartungsvoll beobachtet und das im Schweiß des Angesichts gebacken und mit Freuden gegessen wird, ist ein Grundsymbol des Lebens. Jedes Mal, wenn Papa auf Reisen war, erwartete Mama ihn mit einem großen Backofen voll Brot. Und wenn er zurückkam, freute er sich - wie wir Kinder - über das frische Brot, das wir mit Käse oder Salami aßen. Dazu gab es ein gutes Glas Wein. Niemand freute sich mehr als er über dieses einfache Dasein und über die großzügige Genügsamkeit dieser ursprünglichen Nahrungsmittel der Menschheit ... Wir Geschwister halten Mutters Brot für das beste der Welt, nicht weil es nach irgendeiner Geheimformel hergestellt wurde, mit der clevere Geschäftsleute riesige Gewinne machen, sondern weil es ein sakramentales Brot ist. Als Sakrament lässt es einen jeden von uns am Leben der Geschwister teilnehmen.

Leonardo Boff

179
Das Brot, das die Mutter backt, gehört zum Leben einer brasilianischen Familie. Es ist für sie wie ein Sakrament.

- Warum ist das Brot der Mutter für die Familie mehr als ein Brot aus dem Supermarkt?
- Erklärt den Satz: »Brot ist ein Grundsymbol des Lebens«.
- Warum wird es hier »Sakrament« genannt?

Otto Dix (1891–1969),

180. Der weiße Traum

Fast wäre Lisa daran vorbeigerannt. Mit einem Ruck blieb sie stehen, ging dann langsam einige Schritte zurück und starrte fassungslos in das hell erleuchtete Schaufenster. Dass es so etwas gab, so etwas vollkommen Schönes, das war wie ein Traum. Mädchengesichter lächelten unter Blütenkränzen, seidene Schleifen ringelten sich in ihren

180

Lisa sieht in einem Schaufenster weiße Kommunionkleider mit allem Zubehör. Entsetzt stellt sie fest, wie teuer all diese Sachen sind. Sie vergleicht die Kleider mit ihren eigenen, die billig in einem Secondhand-Shop gekauft wurden.

- Welche Gedanken gehen euch durch den Kopf, wenn ihr solche »weißen Träume« in einem Schaufenster seht?
- Was bewirkt der Vergleich zwischen diesen Kommunionkleider und ihren eigenen Klamotten in Lisa?
- Erstkommunion – welche Rolle spielen da Kleider, Geschenke, Geld, Essen usw?

→ T. 59, 94, 101, 123

lockigen Haaren, die schimmernden Kleider mit ihren weit ausschwingenden Röcken reichten bis zu den blanken Lackschuhen. Alles war geschmückt mit Perlen, Rüschen und Blüten: die Kleider, die Haarkränze, die winzigen Täschchen und die Tücher, mit denen jedes Kind eine grün umkränzte Kerze hielt. Und alles war schneeweiß, glänzend und makellos. Ein Traum, dachte Lisa, ein weißer Traum.

Das Schaufenster gehörte zu einem Geschäft für Kindermoden. Auf der Scheibe stand in weißer, goldverzierter Schrift: »Erstkommunion – der erste große Tag im Leben Ihres Kindes«.

Das waren also Kommunionkleider. Sie sahen aus wie Hochzeitsgewänder. Lisa starrte überwältigt auf die duftige Pracht. Einmal im Leben solch ein Kleid tragen, dachte sie. Die kleinen weißen Kärtchen zu Füßen der Kinderbräute fielen kaum auf. Lisa musste ganz nah an die Scheibe herangehen, um die Zahlen lesen zu können. Das konnte doch nicht stimmen! Verwirrt und entsetzt las sie ein Preisschild nach dem anderen. Wer konnte so viel Geld für einen einzigen Tag ausgeben? Die Kleider kosteten ein Vermögen. Dazu kamen noch all die anderen Dinge. Einzeln waren sie auf den winzigen Karten aufgeführt, die Kränze und Schleifen, die leichten Jäckchen zum Überziehen, die Stofftäschchen, die Kerzentücher, die Schuhe, die Handschuhe, die Strumpfhosen und die Kerzen.

Lisa verstand eine Menge von Preisen. Diese hier waren ungeheuerlich. Mit Mühe riss sie sich los von dem traumhaften Anblick.

Lisas Mutter kaufte die Kleidung für sich und ihre Kinder in der »Klamotte«. Das war ein kleiner Laden gleich neben dem Pfarrhaus. Viele Leute brachten dort Sachen hin, die sie selbst nicht mehr brauchten, die zu klein geworden waren oder ihnen nicht mehr gefielen. Es war deshalb nicht so wie in einem normalen Geschäft, wo man zum Beispiel Stiefel in allen Größen und viele Farben und Formen bekommen konnte. In der »Klamotte« war es eher ein Zufall, wenn man etwas Passendes fand. Ihre Mutter hatte deshalb den beiden Frauen, die den Laden führten, schon vorsorglich gesagt, sie sollten anrufen, wenn Stiefel in Lisas Größe eingeliefert würden. Das würde nicht einfach sein. Erstens suchten bei diesem Wetter fast alle Kunden nach warmen Schuhen, und zweitens durften die Stiefel nicht zu teuer sein.

Lisa hasste die Sachen aus der »Klamotte«. Sie waren unmodern. Manche sogar total. Die Leute räumten wahrscheinlich nicht jedes Jahr ihre Schränke aus. Und deshalb gab es dort Kleidungsstücke, die schon von weitem nach Altkleidersack aussahen.

Am schlimmsten aber war, dass Lisa einmal in dem Laden nach Strümpfen gesucht hatte, als Frau Bremer mit zwei großen Wäschekörben voll Kleidern dort ankam. Es waren Annas Kleider. Lisa erkannte sie sofort. Anna war ein ganzes Stück größer als sie selbst. Ihre abgelegten Sachen würden ihr genau passen. Seitdem musterte Lisa jeden Pullover, jede Hose, jeden Anorak und jedes Paar Schuhe, das sie in der »Klamotte« kaufte, lange und gründlich und versuchte sich zu erinnern, ob sie sie jemals bei Anna gesehen hatte.

Das hätte gerade noch gefehlt, dachte Lisa und knirschte unwillkürlich mit den Zähnen.

Ihr fielen die kleinen weißen Preisschilder aus dem Kindermodengeschäft ein. Zum Preis von Nickys Winterschuhen konnte man dort nicht einmal ein Blütenkränzchen kaufen.

Vergiss die weißen Träume, dachte sie.

Renate Günzel-Horatz

181. Ein Vater kann vergeben

Käthe Kollwitz (1867–1945), über fahren.

Die Alleebäume verschwammen in der heißen, flimmernden Mittagshitze. Die drei Kinder auf ihren Fahrrädern schwitzten; die Wasserflaschen, die sie zum Schwimmbad mitgenommen hatten, waren leer bis auf einen schalen Rest …

»Gleich geht's in die kalten Fluten«, jauchzte Ursel, und Klaus klingelte vor Begeisterung, bis ihm der Daumen wehtat. Die Bärenraupe kroch über den Asphalt, Klaus sah sie schon von weitem. »Passt auf, da kriecht eine Bärenraupe«, rief er.

Die Sonne spielte im Laub der Ahornbäume über ihnen, die durch ihren Schatten die Hitze einigermaßen erträglich machten.

In einiger Entfernung sahen sie ein Auto kommen. Das Motorengeräusch schwoll an, je näher es kam. Vermischte sich mit einem Geräusch, das sie nicht weiter beachteten. Das Auto von vorn war höchstens fünfzig Meter von ihnen entfernt. Der Windzug war deutlich zu spüren, als es an ihnen vorbeifuhr. Da hinten kam der Fußgängerüberweg, den sie nach links queren mussten. Sie sprangen von ihren Fahrrädern herunter, fassten sie an Lenkrad und Sattel. Gudrun machte dem grünbraunen Militärlastwagen Handzeichen, der hundert Meter von ihnen entfernt herandonnerte. Dann blickten sie nach rechts. Alles frei. »Wir können«, rief Gudrun den Geschwistern zu. Die packten ihre Räder und schoben sie auf den Überweg. Gudruns Schrei erstarb im Lärm des 12-Tonners. Als er fünfzig Meter weiter mit quietschenden Bremsen zum Stehen kam, lag das Fahrrad von Gudrun mit verdrehtem Lenker im Graben, Gudrun selber war auf der Straße liegengeblieben. Als ihre beiden Geschwister sie anfassten, atmete sie nicht mehr.

Der Fahrer des Militärlastwagens stand noch unter Schockeinwirkung und konnte dem Polizeibeamten nur immer wieder seinen Namen stammeln. »Charles Goster«, murmelte er dauernd. »Charles Goster.«

Er war neunzehn und bei der britischen Rheinarmee. Deutsch verstand er nicht. Er hatte die Kinder nicht gesehen in dieser flimmernden Mittagshitze. Erst der Aufprall hatte ihn hellwach gemacht.

Charles Goster, der Neunzehnjährige, hatte die Hände vors Gesicht geschlagen und schüttelte sich in Weinkrämpfen. Die Polizisten wussten mit ihm nichts anzufangen. Da öffnete sich die Tür. Ein Mann, Mitte vierzig, schlank und mit einer randlosen Brille, stand im Raum. »Wo ist der Mann?«, fragte er. Seine Stimme klang ruhig. Nur die Schweißperlen auf seiner Stirn und die großen dunklen Flecken unter den Armen zeigten, dass er sich angestrengt hatte. »Wen suchen Sie?«, fragte einer der Beamten. »Ich suche den Mann, der vor einer halben Stunde meine Tochter getötet hat.«

Die beiden Polizisten sahen sich an, waren unschlüssig, was sie tun sollten. »Sie sind der Vater?«, versuchte einer der beiden Zeit zu gewinnen. Der Mann nickte und ging auf den jungen Soldaten zu. »Ich nehme an, dass du es warst.« Schnell näherte sich der Beamte dem Neunzehnjährigen, wollte sich schützend vor ihn stellen. »Er versteht kein Deutsch«, sagte er beinahe drohend. Da hob der Vater des Mädchens die Hand und strich dem weinenden Jungen übers Haar. Sagte kein Wort dabei. Dann wendete er sich schließlich an den Beamten. »Ich wollte ihm nur sagen, dass ich ihn nicht verurteile. Können Sie das ins Englische übersetzen?«

181

Ein junger englischer Soldat überfährt mit einem Lastwagen ein Kind, weil er von der Hitze geblendet wurde. Der Vater des Kindes verurteilt ihn nicht.

- Wie beurteilt ihr den jungen Fahrer?
- Wie denkt ihr über das Verhalten des Vaters?
- Welches Sakrament schenkt Vergebung?

Diese Geschichte ist so unwahrscheinlich, dass sie nicht einmal mehr ausgedacht werden könnte. Was hier erzählt wird, ist vor einigen Jahren wirklich geschehen.

Michael Höhn

182
Eine junge verzweifelte Frau, die sich zu Tode fasten will, findet durch das Fasten neuen Lebensmut.

- Warum ist Fasten heute gar nicht mehr unmodern?
- Fasten – was kann das »bringen«?

→ T. 226

182. Vom Sinn des Fastens

Es war einmal eine junge Frau, die war sehr verzweifelt und wollte ihrem Leben ein Ende machen. Sie wollte so lange nichts mehr essen, bis der Tod käme, sie zu holen.
So ging sie zu einem alten Weisen und erzählte ihm von ihrer Absicht, bis zum Tod zu fasten. Der Weise nickte zustimmend und meinte: »Das wird ein schöner Tod werden.« Das war alles. Die Frau wunderte sich sehr, dass er sie so gelassen in den Tod gehen ließ und dass er gar nicht versuchte, sie von ihren Plänen abzubringen. Insgeheim hatte sie wohl gehofft, dass er sie zurückhalten würde. Aber er tat nichts dergleichen.
So begann sie denn zu fasten. Und wie es meistens so geht beim Fasten: In ihrem Inneren geschahen viele schöne Veränderungen, die sie täglich aufs Neue überraschten. Ihr Körper und ihre Seele wurden gereinigt und fühlten sich von Tag zu Tag wohler. Gelegentlich stieg ein Gefühl der Traurigkeit in ihr hoch, ein unerklärlicher seelischer Schmerz, aber es war eigentlich ein schöner Schmerz. Es war ein Gefühl von Liebe und Sehnsucht. So fastete sie schon über zwei Wochen und erlebte immer tiefere und angenehmere Gefühle. Nach drei Wochen war der Schmerz vorbei und sie fühlte ihr Herz überströmen von Glück und von Sehnsucht. Es war Sehnsucht nach Leben.
Und so beschloss sie denn, wieder zu leben, doch diesmal wirklich zu leben.

183
Ein junger Kaplan trinkt sich für seine erste Predigt mit Messwein Mut an.

- Habt ihr schon einmal bei einer Predigt gelacht?

183. Die erste Predigt

Ein junger Kaplan muss seine erste Predigt halten. Sein Pfarrer sieht, dass der Arme ganz aufgeregt ist und starkes Lampenfieber hat. Darum rät er ihm, vor der Predigt einen guten Schluck Messwein zu trinken, um alle Hemmungen zu beseitigen. In all seiner Angst trinkt der Kaplan mehr als nur einen Schluck, rennt dann fröhlich und munter auf die Kanzel hinauf und hält eine lebhafte, interessante Predigt, bei der niemand einschläft.
»Na, wie war ich denn?«, fragt er den Pfarrer nach der Messe.
»Für den Anfang war es schon ganz gut. Von Hemmungen und Lampenfieber war nichts zu merken. Nur ein paar Einzelheiten waren nicht ganz richtig. Die Söhne von Adam und Eva hießen Kain und Abel, aber nicht Tünnes und Schäl, Kain hat den Abel erschlagen, aber nicht in den Arsch getreten und am Ende der Predigt sagt man Amen und nicht Prost!«

184. Der Sonntag der Tiere

Eines Tages kamen unter einem großen Baum die Tiere zusammen, weil auch sie einen Sonntag haben wollten wie die Menschen. Der König der Tiere, der Löwe, erklärte: Das ist ganz einfach. Wenn ich eine Gazelle verspeise, dann ist für mich Sonntag. Das Pferd meinte: Mir genügt schon eine weite Koppel, dass ich stundenlang austraben kann, dann ist für mich Sonntag. Das Schwein grunzte: Eine richtige Drecksmulde und ein Sack Eicheln müssen her, dann ist für mich Sonntag. Das Faultier gähnte und bettelte: Ich brauche einen dicken Ast, um zu schlafen, wenn es bei mir Sonntag werden sollte. Der Pfau stolzierte einmal um den Kreis, zeigte sein prächtiges Federkleid und stellte höflich aber bestimmt fest: Nur ein Satz neuer Schwanzfedern, er genügt für meinen Sonntag.
So erzählten und erklärten die Tiere stundenlang, und alle Wünsche wurden erfüllt. Aber es wurde unter ihnen kein Sonntag. Da kamen die Menschen vorbei und lachten die Tiere aus:
Ja, wisst ihr denn nicht, dass es nur Sonntag wird, wenn man mit Gott wie mit einem Freund spricht?

Aus Afrika

184
Mehrere Tiere erklären, wann für sie Sonntag ist. Ihre Meinung: Fressen, Freiheit, Sich-gehen-Lassen, Faulenzen, Eitelkeit usw. Ein Mensch sieht einen anderen Sinn im Sonntag. Er hat etwas mit Gott zu tun.

- Was haltet ihr vom Sonntag der Tiere? Woran erinnert ihr euch dabei?
- Wann ist für euch Sonntag?

185. Das Los des Unbarmherzigen

Es lebte einst ein reicher Mann. Der sah, dass auf Erden beinahe alles käuflich sei um Gold, und weil er in religiösen Dingen ein unbelehrbarer Mann war, dachte er sich, es müsse wohl auch im Jenseits so sein. Als er nun alt wurde und den Tod herannahen fühlte, rief er seine Söhne zusammen und befahl ihnen: »Wenn ich tot bin, dann legt mir im Sarge unter den Kopf einen Lederbeutel mit Goldstücken. Die will ich mitnehmen in die Ewigkeit, und ihr werdet keinen Segen haben im Leben, wenn ihr meinen letzten Wunsch nicht erfüllt; ja, ihr werdet verflucht sein, wenn ihr nicht so handelt, wie ich es euch sagte.« Bald darauf starb der Mann.
Die Söhne fürchteten den Fluch des Vaters und legten also unter das Haupt des Toten einen Lederbeutel mit Goldstücken, wenn es ihnen auch leid war um das schöne, blanke Geld. Und so begruben sie ihren alten Vater.
Die Seele des Toten aber wanderte hinüber in die Ewigkeit. Ihr Weg war weit und schwer. Sie fühlte einen heißen Hunger und einen brennenden Durst während ihres Wanderns und meinte schier vergehen zu müssen vor innerer Qual. Endlich, endlich kam die wandernde Seele an eine eherne Pforte. Die tat sich lautlos auf, und die Seele des Toten trat ein. Siehe, da gab es zwei Wege: am Ende des einen, der nach rechts führte, standen lange Tischreihen, besetzt mit köstlichen Speisen und Getränken: der andere Weg, der nach links ging, verlor sich in Dunkel und Nacht.
In fliegender Eile näherte sich die Seele des Toten dem Tisch mit den köstlichen Speisen und Getränken und gedachte, ihren nagenden Hunger zu stillen, ihren quälenden Durst zu löschen. Aber wie der Tote die eine Hand ausstrecken wollte nach Speise und Trank – die andere hielt krampfhaft den Beutel mit den Goldstücken fest, da trat eine Ehrfurcht gebietende Engelsgestalt vor ihn hin, breitete abwehrend die Arme aus und sprach: »Hier nimmt man nichts, ohne vorher zu bezahlen – gib her deine Münze!«
Ein Lächeln glitt da über die Totenzüge der hungernden und dürstenden Seele. Wie mit leisem Triumph zeigte sie dem Engel den Lederbeutel und entnahm ihm eine Handvoll glänzender Goldstücke: »Hier«, rief der Tote,

185
Ein reicher Mann merkt nach seinem Tod, dass im Jenseits Gold und Geld, das man im Leben gesammelt hat, nicht zählen. Dort zählt nur, was man für die Armen ausgegeben hat

- Warum kann der Reiche im Jenseits sein Geld nicht brauchen?

➔ Bibelstellen: Mt 25,31-46; Lk 16, 19-31.

»hier – ich vermag das alles zu kaufen, was auf diesem Tische steht!« Der Engel nahm eines der Goldstücke in seine weiße Hand, sah es aus traurigen Augen an und gab es im nächsten Augenblick dem Toten zurück mit den Worten: »Du hast Gold? – Freund, das Gold gilt nichts bei uns. Hier in unseren Reichen gelten nur die Münzen der Armen, aber das Gold der Reichen hat keinerlei Wert. Wenn du nur das Gold der Reichen dein eigen nennst und nichts anderes sonst, dann geh! Geh!«
Das Wort des Engels war unwiderstehlich – der Tote wandte sich und ging. Er ging wieder zurück auf die Erde. Im Traum erschien er wieder seinen Söhnen und sprach: »Meine Söhne, das Gold hat keinen Wert da drüben in der Ewigkeit. Da drüben fragen sie einen nach den Münzen der Armen. So grabt denn in die Erde meines Grabes einen Beutel mit Pfennigstücken, denn ich leide bitteren Hunger und peinigenden Durst und konnte mir keine von den Speisen der Himmlischen kaufen. Erbarmt euch meiner großen Qual!«

Das Gleichnis des Lazarus (Lk 16,19-31), Holzschnitt, um 1485.

So gruben denn die Söhne des Toten einen Beutel mit Pfennigstücken in die Grabeserde ihres Vaters. Dessen Seele aber begann wieder zu wandern und zu wandern, bis sie zum zweiten Mal vor der ehernen Pforte und vor dem Engel des Himmels stand. Wieder lockten die Speisen und die Getränke auf den reichbesetzten Tischen der Vorhallen des Paradieses … und wieder erscholl das Wort des Engels: »Gib her deine Münze!« Da reichte der Tote eine ganze Handvoll Pfennigstücke hin und flehte: »Hier nimm – aber lass mich essen, lass mich trinken, denn ich leide entsetzliche Qual.«
Der Engel aber sah die Pfennigstücke einen Augenblick an und dann fragte er: »Ist das Geld, das du eingenommen, oder ist es Geld, das du ausgegeben hast?« »Eingenommen habe ich dieses Geld«, erwiderte die von innerlicher Pein durchschüttelte Seele – »und wenn es dir nicht reichen sollte, so will ich all mein Gold in Pfennigstücke umwechseln lassen, wie sie die Armen haben … aber nun beschwöre ich dich, du Mächtiger, lass mich meinen Hunger und Durst stillen, denn ich werde sonst vor Elend vergehen, vor innerem Feuer verbrennen!«
Doch der Engel schüttelte traurig das Haupt: »Mein Freund, hier gelten nicht die Geldstücke, die einer auf Erden für sich eingenommen, sondern jene, die er um der Barmherzigkeit willen an andere, an die armen Brüder und Schwestern des Herrn Jesus Christus ausgegeben hat. Sprich, du warst im Leben ein reicher Mann – hast du nie mit deinem Gelde Gutes getan? Hast du nie einen Armen unterstützt? Nie einem Kranken geholfen? Nie einen Hungrigen gespeist? Nie einen Frierenden bekleidet? Nie um Elendkinder, um Witwen und Waisen dich angenommen? Nie ein Geldstück in den Opferkasten einer Kirche geworfen?« Da senkte der Gefragte das Haupt tief hernieder: »Nein – nie habe ich eines von diesen guten Dingen getan …!«
Der Engel Gottes aber winkte, und Knechte kamen und banden den Reichen, der mit seinen Schätzen nie etwas Gutes getan hatte; und die Knechte brachten den Unseligen an den Ort der ewigen Finsternis.

Leo Tolstoi

186. Der, welcher unter die Räuber fiel

Ich bin der, welcher unter die Räuber fiel. Mein Name tut nichts zur Sache. Nur den anderen Namen wüsste ich gern. Ich meine den, der mir geholfen hat. Möchte mich nämlich bedanken. Wahrhaftig, das habe ich nicht getan, denn niemand kann sich erinnern, wie der Mann heißt. Und der Wirt »Zum Mandelbaum«, den ich ausfragte, kratzte sich hinter dem Ohr und sagte: »Na ja, einer von diesen Fremden. Die sieht man sich nicht so genau an. Wer weiß schon, an wen die glauben.« Doch ich will der Reihe nach erzählen. Vielleicht kann mir dann jemand sagen, wie ich den Mann finde. Also, ich gehe den Weg von Jerusalem hinab nach Jericho. Besitze nämlich in Jericho ein Haus, da wollte ich nach dem Rechten sehen. Angst? Nein, hatte ich nicht, obwohl es da ziemlich einsam ist. Irgendetwas Kostbares trug ich nicht bei mir. Nur einen Beutel mit wenigen Silbermünzen.
Na, und dann? Ich hatte die Hälfte des Weges schon hinter mir, da tauchte plötzlich so ein Kerl auf. Er kommt auf mich zu und sagt: »Den Beutel her!« Ich antworte: »Wenn du nichts zu essen hast, will ich dir gern ein paar Groschen schenken.« Der aber schüttelt den Kopf: »Nee, nee, das Ganze will ich. Und alles, was du sonst noch versteckt hast.« Dann schiebt er zwei Finger in den Mund und stößt einen schrillen Pfiff aus. Im Handumdrehen sind noch drei andere da. Sie reißen mir den Beutel weg. Und als sie merken, dass ich sonst nichts bei mir trage, schlagen sie mich zusammen, reißen mir die Kleider vom Leib und verschwinden.
Da lag ich nun und konnte mich nicht rühren. Blut lief über mein Gesicht. Die Beine schmerzten. Unbarmherzig brannte die Sonne. Ich reckte den Kopf ein wenig, da sah ich jemanden kommen. Einen Pfarrer, wie es schien, ich kannte ihn an seinem Rock. Ob er mich bemerkt hat, weiß ich nicht. Vielleicht war er in Eile. Jedenfalls ging er vorüber. Als ich den Zweiten näherkommen sah, einen Kirchendiener, versuchte ich zu rufen. Doch ich röchelte nur. Der Mann blickte scheu zu mir her. Womöglich hatte er Angst, weil er ein kostbares Gerät trug. Und auch er ging vorüber.
Den Dritten habe ich dann gar nicht bemerkt. Als ich wieder zu mir kam, hockte ich auf einem Esel. Und ich hörte eine Stimme, die sagte: »Sei ganz ruhig. Ich helfe dir.« Es dauerte ziemlich lange, bis wir zum Gasthof kamen. Ich merkte noch, wie der Fremde mit dem Wirt sprach, wie er ihm Geld gab und sagte, er solle mich gut versorgen. Dann schlief ich wie ein Toter.
Als ich erwachte, lag ich im Bett. Die Wunden waren mit Öl bestrichen und verbunden. Der Wirt brachte mir Brot und Wein. »Damit du bald wieder zu Kräften kommst«, sagte er. »Ist auch alles bezahlt.«
Tja das ist die Geschichte. Sogar einen Arzt hat mir der Fremde geschickt. Und ich? Ich kenne nicht mal seinen Namen. Nur, dass es ein Samariter war, weiß ich. Und ich schäme mich, weil ich diese Leute stets verachtete. Denn sie sind anders als wir. Das stimmt. Aber jetzt, jetzt würde ich ihn gern meinen Bruder nennen.

Rudolf Otto Wiemer

Rembrandt (1606–1669), Studie zum barmherzigen Samariter (Lk 10,32f), um 1648/50.

186

Der Mann, der im Samaritergleichnis Jesu (Lk 10, 30-35) unter die Räuber fiel, erzählt, wie es ihm ergangen ist.

- Warum sind wohl der Erste und der Zweite vorübergegangen?
- Warum ist es so schwierig, in einer solchen Situation zu helfen?
- Warum ist es trotzdem notwendig?
- Das Gleichnis Jesu – eine Anregung für das Leben?

➔ **T. 189**

187
Ein amerikanischer Fischexperte zeigt in Bangladesch einen Weg zur Nahrungsgewinnung. Er bietet Hilfe zur Selbsthilfe.

- Was ist Hilfe zur Selbsthilfe?
- Was ist ein Menschenfischer? Lest dazu Mt 4, 19.

→ T. 210

187. Fischereifachmann und Menschenfischer

Diehn ist amerikanischer Fischexperte. Er arbeitet in missionarischem Sonderauftrag in Bangladesch. Er weiß, dass gerade Fische mit ihrem hohen Proteingehalt für das chronisch von Überschwemmungen heimgesuchte Stromland eine wichtige Nahrung bilden. Und nun setzt er in den vielen überwucherten Teichen einen Fisch aus, der die Algen, verfaulende Tiere und Pflanzenteile wegfrisst, sich rasch vermehrt und schon in 8 bis 10 Monaten eine stattliche Größe erreicht. Ausgewachsen kann dieser aus Mosambik stammende Fisch eine ganze Familie ernähren. Schnell gewann Diehn das Interesse der Dorfältesten für seine Pläne. Neu in Angriff genommen hat er ein Fischprojekt im Norden Bangladeschs, wo besonders Aussätzige betreut werden. Zwei Weiher hat Diehn in diesem Hügelgelände schon angelegt. Wenn alles gelingt, werden künftig Aussätzige sich dort mit Fischzucht ihren Lebensunterhalt selbst verdienen können. Dieser erstaunliche Mann ist beides: Fischereifachmann und Menschenfischer nach dem Herzen Jesu. Seine Taten überzeugen.

Fritz Oser

188
Liberio hilft an einem Strand einem Käfer wieder auf die Beine, obwohl er weiß, dass er nicht allen Käfern helfen kann.

- Wie denkt ihr über das Wort von Marko und die Tat von Liberio?

188. Jedem kann man nicht helfen

Marko und Liberio laufen durch den Sand, über den Teil des Strandes, den das Kommen und Gehen der Meereswellen feucht und fest hält. Plötzlich stoppt Liberio, dreht einen Käfer, der hilflos auf seinem Rücken zappelt, wieder auf seine Beine. Eine Welle hat den Winzling umgeworfen. Der Gerettete eilt zum sicheren, trockenen Sand, während Liberio schneller läuft, um wieder Anschluss zu gewinnen.
»Hast du den Käfer nicht gesehen?«, fragt er ein wenig außer Atem den Voranlaufenden.
»Ja«, antwortete Marko.
»Und warum hast du ihm nicht geholfen?«
»Da hätte ich viel zu tun, wenn ich jedem Käfer helfen sollte«, erwiderte Marko schroff.
»Jedem kannst du nicht helfen«, sagt Liberio, »aber ihm hättest du helfen können.«

Heribert Haberhausen

→ T. 186

189. Fahrend in einem bequemen Wagen

Fahrend in einem bequemen Wagen
Auf einer regnerischen Landstraße
Sahen wir einen zerlumpten Menschen bei Nachtanbruch
Der uns winkte, ihn mitzunehmen, sich tief verbeugend.
Wir hatten ein Dach und wir hatten Platz und wir fuhren vorüber
Und wir hörten mich sagen, mit einer grämlichen Stimme: Nein
Wir können niemand mitnehmen.
Wir waren schon weit voraus, einen Tagesmarsch vielleicht
Als ich plötzlich erschrak über diese meine Stimme
Dies mein Verhalten und diese
Ganze Welt.

Bertolt Brecht

190. Wer hat Recht?

Als Michael aus der Schule kommt, bleibt er erstaunt in der Mühlenstraße stehen. Was ist denn das? Die große Wiese, an der er jeden Tag vorbeigeht, ist verschwunden! Da, wo am Morgen noch hohes Gras gewuchert hat, wird eine riesige Baugrube ausgehoben. Michael schaut eine Weile zu und saust dann im Sturmschritt nach Hause, um die Neuigkeit zu verkünden.
»Auf der Wiese wird ein Haus gebaut!«, ruft er aufgeregt. Doch Mutter schüttelt den Kopf. »Du, das wird kein Haus, das wird eine Kirche.«
»Eine Kirche?« Michael ist ganz verblüfft. Aber dann sagt er: »Mutti, das finde ich prima. Wenn sie fertig ist, habe ich es nicht mehr so weit zum Kindergottesdienst.«
Mutter lacht. »Du willst wohl keinen Schritt zu viel gehen, was? Aber ich muss dich enttäuschen. Es wird keine Kirche für uns.«
»Wieso nicht?«
»Es wird eine katholische Kirche.«
»Ist da kein Kindergottesdienst?«
»Doch, natürlich.«
»Na, dann kann ich doch dahingehen.«
»Nein, der Gottesdienst ist nur für katholische Kinder.«
»Schade, warum bin ich denn nicht katholisch?«
»Weil wir evangelisch sind und weil du evangelisch getauft bist.«
»Und die katholischen Kinder werden nicht getauft?«
»Doch, aber eben katholisch.«
»Gehen die deswegen in den katholischen Gottesdienst?«
»Ja.«
»Und was machen die da?«
»Sie hören von Gott und von Jesus, sie beten und singen …«
»Aber das machen wir doch auch!«, ruft Michael.
»Ja«, sagt die Mutter. »Wir sind alle Christen. Wir alle hören die Geschichten, die in der Bibel stehen. Wir glauben alle an Gott und an Jesus.«
Nun versteht Michael überhaupt nichts mehr: »Warum soll ich denn nicht in die katholische Kirche gehen, wenn doch alles dasselbe ist?«
»Nun, ganz dasselbe ist es eben doch nicht«, antwortet die Mutter. »Die katholischen Christen erzählen zwar die gleichen Geschichten aus der Bibel wie wir. Aber sie erklären manches anders. Sie finden auch andere Dinge wichtig. Auch über das, was Jesus mit seinen Worten gemeint hat, sind sie sich mit den evangelischen Christen nicht ganz einig. Jeder legt es anders aus.«
»Und wer hat Recht?«
»O, das ist eine schwierige Frage.« Mutter zögert einen Moment: »Ich kann sie nicht beantworten. Die Wahrheit kann wohl niemand ganz für sich beanspruchen, die katholischen Christen nicht, die evangelischen nicht und alle übrigen Christen auch nicht. Wir können nur immer hoffen, dass das, was wir glauben und tun, recht ist.«

Gisela Schütz

190
Michael, ein ein evangelischer Junge, erfährt, dass in der Nachbarschaft eine katholische Kirche gebaut wird. Er fragt seine Mutter nach den Unterschieden von Evangelisch und Katholisch. Wichtige Fragen bleiben offen.

- Was ist für katholische und evangelische Christen gleich?
- Worin unterscheiden sie sich?
- Was würdet ihr auf die Frage antworten: »Wer hat Recht?«

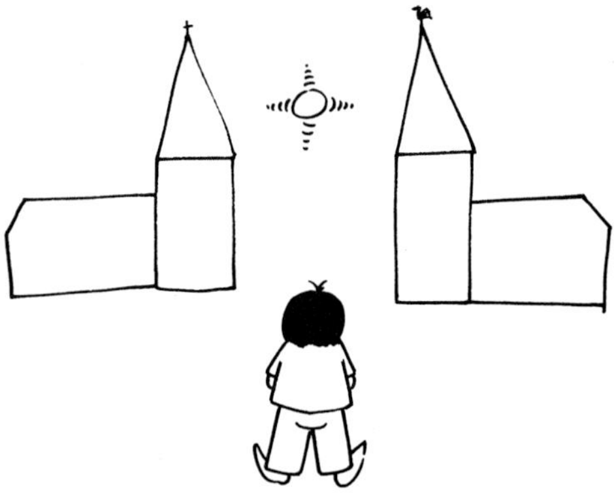

191
Von zwei Brüdern ist der eine lutherisch, der andere katholisch. Sie streiten viel miteinander, bis sie beschließen, miteinander zu reden und sich zu fragen, wessen Religion richtiger sei. Dabei entstehen allerlei Komplikationen. Die Erzählung endet mit einem Ratschlag des Dichters.

- Warum streiten die beiden Brüder miteinander?
- In welchem Moment kommen sie sich näher?
- Vergleicht den Anfang und das Ende.
- Was haltet ihr von dem »Merke« des Dichters?

191. Die Bekehrung

Zwei Brüder im Westfälinger Land lebten miteinander in Frieden und Liebe, bis einmal der jüngere lutherisch blieb, und der ältere katholisch wurde. Als der jüngere lutherisch blieb und der ältere katholisch wurde, taten sie sich alles Herzeleid an. Zuletzt schickte der Vater den katholischen als Ladendiener in die Fremde. Erst nach einigen Jahren schrieb er zum ersten Mal an seinen Bruder.
»Bruder«, schrieb er, »es geht mir doch im Kopf herum, dass wir nicht *einen* Glauben haben und nicht in den nämlichen Himmel kommen sollen, vielleicht in gar keinen. Kannst du mich wieder lutherisch machen, wohl und gut, kann ich dich katholisch machen, desto besser.« Also beschied er ihn in den roten Adler nach Neuwied, wo er wegen eines Geschäfts durchreiste. »Dort wollen wir's ausmachen.« In den ersten Tagen kamen sie nicht weit miteinander. Schalt der Lutherische: »Der Papst ist der Antichrist«, schalt der Katholische: »Luther ist der Widerchrist.« Berief sich der Katholische auf den heiligen Augustin, sagte der Lutherische: »Ich hab nichts gegen ihn, er mag ein gelehrter Herr gewesen sein, aber beim ersten Pfingstfest in Jerusalem war er nicht dabei.« Aber am Samstag aß schon der Lutherische mit seinem Bruder Fastenspeise. »Bruder«, sagte er, »der Stockfisch schmeckt nicht giftig zu den durchgeschlagenen Erbsen«, und abends ging schon der Katholische mit seinem Bruder in die lutherische Vesper. »Bruder«, sagte er, »euer Schulmeister singt keinen schlechten Tremulant.« Den andern Tag wollten sie miteinander zuerst in die Frühmesse, darnach in die lutherische Predigt, und was sie alsdann bis von heut über acht Tage der liebe Gott vermahnt, das wollten sie tun. Als sie aber aus der Vesper und aus dem grünen Baum nach Hause kamen, ermahnte sie Gott, aber sie verstanden es nicht. Denn der Ladendiener fand einen zornigen Brief von seinem Herrn: »Augenblicklich setzt Eure Reise fort. Hab ich Euch auf eine Tridenter Kirchenversammlung nach Neuwied geschickt, oder sollt Ihr nicht vielmehr die Musterkarte reiten?« Und der andere fand einen Brief von seinem Vater: »Lieber Sohn, komm heim, sobald du kannst, du musst spielen.« Also gingen sie noch den nämlichen Abend unverrichteter Sachen auseinander, und dachten jeder für sich nach, was er von dem andern gehört hatte. Nach sechs Wochen schreibt der jüngere dem Ladendiener einen Brief: »Bruder, deine Gründe haben mich unterdessen vollkommen überzeugt. Ich bin jetzt auch katholisch. Den Eltern ist es insofern recht. Aber dem Vater darf ich nimmer unter die Augen kommen.« Da ergriff der Bruder voll Schmerz und Unwillen die Feder: »Du Kind des Zorns und der Ungnade, willst du denn mit Gewalt in die Verdammnis rennen, dass du die seligmachende Religion verleugnest? Gestrigen Tags bin ich wieder lutherisch worden.« Also hat der katholische Bruder den lutherischen bekehrt, und der lutherische hat den katholischen bekehrt, und war nachher wieder wie vorher, höchstens ein wenig schlimmer.
Merke: Du sollst nicht über die Religion grübeln und tüfteln, damit du nicht deines Glaubens Kraft verlierst. Auch sollst du nicht mit Andersdenkenden darüber disputieren, am wenigsten mit solchen, die es ebenso wenig verstehen als du, noch weniger mit Gelehrten, denn die besiegen dich durch ihre Gelehrsamkeit und Kunst, nicht durch deine Überzeugung. Sondern du sollst deines Glaubens leben, und was gerade ist, nicht krumm machen. Es sei denn, dass dich dein Gewissen selber treibt zu schanschieren (d. h. wechseln).

Johann Peter Hebel

192. Friedrich von Bodelschwingh – ein großer evangelischer Christ

»Vater Bodelschwing« (1831–1910), wie der Pastor Friedrich von Bodelschwingh liebevoll genannt wurde, stammte aus einer alten westfälischen Adelsfamilie. Er war das sechste Kind des Rechtswissenschaftlers und preußischen Finanz und Innenministers Ernst von Bodelschwingh (1794–1854). Im Kindesalter war Bodelschwingh Spielgefährte des späteren Königs von Preußens (Friedrich III.) und Kaisers (1831–1888), welcher nach nur 100 Tagen Regentschaft im »Dreikaiserjahr« am 15. Juni an Kehlkopfkrebs starb. Nach einer Lehre auf einem Gut in den Jahren 1849 bis 1851 arbeitete er bis 1854 als Gutsverwalter in Gramenz (Pommern). In dieser Zeit lernte er das elende Los der Landarbeiter kennen und fühlte sich ihnen moralisch verpflichtet. Begegnungen mit der protestantischen Erweckungs- und Frömmigkeitsbewegung brachten Bodelschwingh zu dem Entschluss, Missionar zu werden. Dazu ging er 1854 nach Basel und studierte hier Theologie. Nach dem Abschlussexamen im Jahre 1858 ging Bodelschwingh zunächst als Hilfsprediger, dann als Pfarrer an die deutsche Kirche in Paris, wo er sich der armen deutschen Arbeiterfamilien fürsorglich annahm. Im Jahre 1861 heiratete Friedrich von Bodelschwingh seine Cousine Ida. Aus der Ehe gingen acht Kinder hervor, von denen im Jahre 1869 kurz hintereinander vier an Diphtherie starben. Von 1864 bis 1872 war Bodelschwingh Pfarrer in der kleinen westfälischen Gemeinde Dellwig. Im Deutschen Krieg von 1866 sowie im Deutsch-Französischen Krieg von 1870–1871 wirkte er als Feldprediger.

Friedrich von Bodelschwinghs große Wirksamkeit begann im Jahre 1872, als er Pfarrer in dem Dorf Bethel bei Bielefeld und zugleich Leiter der dortigen kleinen, unbedeutenden Diakonissenanstalt wurde. Diese Einrichtung begann er 1873 zu einem Pflegeheim für jugendliche und erwachsene Epileptiker auszubauen. In wenigen Jahren entstanden kirchlich und kommunal selbstständige Siedlungen kleinstädtischen Charakters, die ständig erweitert wurden und sich bald in zwei Tälern zwischen den Ausläufern des Teutoburger Waldes ausbreiteten.

Diese »Bodelschwinghschen Anstalten ›Bethel‹«, wie sie kurz genannt wurden, wurden rasch in der ganzen Welt ein Begriff für tätige Hilfe an Schwachen, Kranken und Hilflosen. Aus allen Teilen Deutschlands und auch des Auslandes flossen in kleinen und größeren Beträgen die Mittel, die zum Auf- und Ausbau der »Stadt der Barmherzigkeit« erforderlich waren. Epileptiker, Geisteskranke, Gebrechliche und Entwurzelte wurden in den ständig erweiterten Anstalten seelisch und körperlich betreut.

In den Bodelschwinghschen Anstalten »Bethel« leben und arbeiten über 4000 Kranke und Gesunde in Gruppen zusammen, wobei jeder Kranke im Sinne einer »Arbeitstherapie« und gemäß der ihm verbliebenen Fähigkeiten produktiv für die gesamte Einrichtung innerhalb Bethels und außerhalb eingesetzt wurde. So halfen sie zum Beispiel auch mit bei der Trockenlegung und Kultivierung umliegenden Ödlandes, von Mooren und Sümpfen. Sämtliche Einrichtungen besaßen (und besitzen) eigene logistische Einrichtungen, Handwerksbetriebe und Ausbildungsstätten. Überregional ist die Briefmarkensammlung von Bethel, für die weltweit Briefmarken gesammelt, in Bethel sortiert und als Sortimente verkauft werden.

Im Jahre 1876 gründete Friedrich von Bodelschwingh die Westfälische Diakonissenanstalt »Sarepta« und 1877 die Westfälische Diakonenanstalt »Nazareth». Ab 1885 entstanden Kolonien für Arbeiter und ihre Ange-

192

Friedrich von Bodelschwingh, der ganz in der evangelischen Tradition des 19. Jahrhunderts erzogen wurde, gründete im Dorf Bethel bei Bielefeld die nach ihm benannten Anstalten für Kranke, Arme, Obdachlose. Aus seiner Verantwortung als evangelischer Christ hat er ein Werk geschaffen, das bis heute existiert.

- Um wen hat sich Bodelschwingh gekümmert?
- Was gab ihm die Kraft zu seinem Tun?
- Was ist »evangelisch« an seinem Schaffen?

Friedrich von Bodelschwingh

Behinderte Jungen arbeiten das Korbgeflecht von Stühlen auf – Arbeit in den Bodelschwinghschen Anstalten.

hörigen, Heimstätten, um dem Elend der Arbeits und Obdachlosen, Entwurzelten und Bettler zu begegnen. Für die Nichtsesshaften rief Bodelschwingh ab 1898 in mehreren deutschen Städten so genannte Kolonistenhöfe ins Leben. Als Abgeordneter für die Neue Konservative Partei im preußischen Landtag setzte er 1905 das Wanderarbeitsstättengesetz durch und gründete die »Theologische Schule Bethel« und eröffnete ein Predigerseminar. Die Erwachsenenbildung seiner Mitarbeiter unterstützte Bodelschwingh ständig durch Fortbildungsveranstaltungen und durch den Vertrieb von Zeitungen und Zeitschriften.
Friedrich von Bodelschwingh hat nie Mitleid, nie Almosen gefordert, sondern stets an das Verantwortungsgefühl der Gemeinschaft für die, welche nicht die Kraft haben, das Dasein zu bestehen, appelliert. Alle von ihm aufgebauten Einrichtungen verstanden sich als Alternative zur Verstädterung der Industriegesellschaft und damit Vereinsamung des Einzelnen. Sein Lebenswert wurde zum Modell für viele in der Folgezeit gegründeten Fürsorgeeinrichtungen.
Die heutigen Bodelschwinghschen Anstalten im jetzigen Bielefelder Stadtteil Bethel gehören zu den wichtigsten Hilfswerken der evangelischen Kirche in Deutschland.

193

Ein anderer bedeutender evangelischer Christ ist Henri Dunant, der aufgrund von schrecklichen Erfahrungen mit Kriegsverletzten bei der Schlacht von Solferino (1859) eine Hilfsorganisation gründete: das Rote Kreuz.

- Was war für Henri Dunant der Anlass, eine Hilfsorganisation für Kriegsverletzte zu gründen?
- Was wisst ihr vom Roten Kreuz heute?
- Warum gehört ein Kreuz zum Titel und Symbol (»Logo«) dieser Hilfsorganisation?
- Der Rote Halbmond – was ist das?

193. Henri Dunant – der Begründer des Roten Kreuzes

Henri Dunant (1828–1910) begleitet schon als Kind seine Mutter bei Armen und Krankenbesuchen. Als Jugendlicher veranstaltete er Abende für Bedürftige, woraus 1852 der Christliche Verein Junger Männer (CVJM) in Genf entstand. Er absolvierte eine Banklehre. Mit einem Freund gründete er eine Kolonialgesellschaft und errichtete 1858 eine Mühlengesellschaft in Algerien.
Aufgrund von Problemen mit der Kolonialbehörde reiste Dunant 1859 nach Italien, um bei Napoleon III. vorzusprechen. Dabei wurde er im Juni Zeuge der blutigen Schlacht bei Solferino, in der es an die 40 000 Tote und Verletzte gab. Die unzureichende Versorgung der Tausende von Verletzten veranlasste ihn zu einer spontanen Hilfsaktion für die Verwundeten beider Seiten. Im »Journal de Genève« konnte er einen Hilfeaufruf für die Verwundeten veröffentlichen, 1860/61 verfasste er das Buch »Eine Erinnerung an Solferino« über das Elend der im Krieg Verwundeten, das er 1862 auf eigene Kosten verlegte. 1863 setzte die »Gemeinnützige Gesellschaft« von Genf auf Dunants Initiative ein Komitee als Krankenhelferverband für kriegsführende Armeen ein. Daraus entwickelte sich der Verband des »Roten Kreuzes«.
Dunant reiste durch Europa und warb in der Öffentlichkeit und bei zahlreichen Regenten für seine Ideen. 1864 wurde bei einer diplomatischen Konferenz das »Genfer Abkommen zur Verbesserung des Loses der Verwundeten auf dem Feld« unterzeichnet: die »Genfer Konvention«, die dem

»Roten Kreuz« im Kriegsfall neutralen Schutz durch die Kriegsparteien garantiert. Zahlreiche Staaten traten schon bald der Konvention bei. Im selben Jahr kam es zur Gründung des »Roten Kreuzes«, zunächst mit einem »Internationalen Komitee«, das aus 25 Schweizern bestand. Dunant war Generalsekretär. Die finanziellen Probleme mit seiner algerischen Mühlengesellschaft nahmen unterdessen zu.
1867 trat Dunant vom Amt des Generalsekretärs zurück und siedelte nach Paris über, wo er in ärmlichen Verhältnissen lebte. In der Folge führte er ein unstetes Leben in materiellem Elend, lebte in Stuttgart, Rom, Korfu, Basel und Karlsruhe. Ab 1887 bekam er von seinen Angehörigen finanzielle Unterstützung und kam nach Heiden. 1889 verfasste er seine Autobiografie. Nach einem Zeitschriften-Bericht über den mittlerweile vergessenen Dunant erhielt er 1897 verschiedene Ehrungen und eine jährliche Rente von der Witwe des russischen Zaren. Gekrönt werden die Ehrungen 1901 mit der Verleihung des ersten Friedensnobelpreises.
Das Rote Kreuz ist dem Vermächtnis seines Gründers treu geblieben. Dies zeigt sich in seiner Arbeit und an der Verleihung des Friedensnobelpreises an das Rote Kreuz in den Jahren 1917, 1944 und 1963.

Henri Dunant

194. Besuch eines orthodoxen Gottesdienstes

Wie versprochen, schicken wir dir einen Brief ... Stell dir vor, heute waren wir in einem orthodoxen Gottesdienst! Weißt du, hier gibt es nicht wie bei uns zu Hause evangelische und katholische Kirchen. Die Leute glauben zwar an denselben Gott und vieles ist auch ähnlich wie bei uns in der Gemeinde, aber vieles ist auch ganz, ganz anders.
Schade, dass du nicht dabei sein konntest – es war ein ganz tolles Erlebnis! Wir sind schon kurz nach sechs Uhr aufgestanden und haben sogar auf das Frühstück verzichtet, um rechtzeitig zum Gottesdienst da zu sein.
Als wir die Kirche betraten, war es ziemlich düster. An vielen Stellen brannten aber Kerzen und es roch nach Weihrauch. Dann erst haben wir gemerkt, dass da gar keine Bänke waren – stell dir vor, die Leute stehen hier die ganze Zeit und so'n Gottesdienst dauert zwei bis drei Stunden! Aber selbst den alten Leuten scheint das nichts auszumachen.
Übrigens, überall standen und hingen Bilder von Jesus, von Maria und von vielen Heiligen. Und vorne in der Kirche war eine richtige Wand aus Bildern. Die war so hoch, dass man den Altar dahinter gar nicht sehen konnte. In der Mitte, links und rechts waren aber Türen, durch die der Pope einige Male zu der Gemeinde herauskam. Am besten stellst du dir diese Bilderwand wie ein großes Scheunentor vor. Wenn du in Gedanken (oder auf einem Blatt Papier) noch viele schöne Bilder draufmalst, dann hast du eine richtige Bilderwand. Die Bilder, die man auch Ikonen nennt, zeigen hauptsächlich Geschichten von Jesus. Eigentlich ist das ganze wie eine Bibel ohne Worte! Wir standen also mitten in der Menge und kamen uns ziemlich fremd und unbeteiligt vor. Die anderen Leute – es waren überwiegend alte Frauen – bekreuzigten sich dauernd, knieten sich hin und küssten aufgestellte Bilder. Könntest du dir das bei uns in der Kirche vorstellen? – Viel-

194
Zwei Schwestern schreiben einen Brief, in dem sie begeistert von einem orthodoxen Gottesdienst erzählen. Sie kommen dabei auf den Glauben, den Kirchenraum, die Bilder, die Kerzen, den Gesang, die Fürbitten, die Predigt und die Eucharistie zu sprechen.

- Habt ihr auch selbst die Möglichkeit, einen orthodoxen Gottesdienst zu besuchen?
- Macht eine Aufstellung über die Elemente des orthodoxen Gottesdienstes, von denen die Mädchen erzählen.
- Vergleicht sie mit einem katholischen Gottesdienst
- Warum sind die beiden Mädchen so begeistert?

leicht haben die Menschen die Ikonen so lieb und beten so gern davor, weil sie dabei das Gefühl haben, dass der liebe Gott ganz nah bei ihnen ist. Vati hat ja auch immer ein Bild von uns bei sich!

Plötzlich hat mich eine alte Frau von hinten an der Jacke gefasst und hat mir eine kleine Kerze in die Hand gedrückt. Ich war ziemlich verwirrt und wusste zuerst gar nicht, was ich damit machen sollte. Dann bin ich aber einfach nach vorne gegangen, habe die Kerze angezündet und zu den anderen Kerzen dazugestellt. Es war richtig aufregend, in einer fremden Kirche ein Licht anzünden zu dürfen! Von da an war aber alles gar nicht mehr so fremd und ich habe mich ein bisschen wie zu Hause gefühlt.

Sehr beeindruckend war auch der russische Kirchengesang. Hier hat nicht die ganze Gemeinde, sondern nur ein kleiner Chor gesungen, und es waren auch … fast nur gesungene Gebete und fest vorgeschriebene Texte.

Du glaubst jetzt vielleicht, dass es langweilig für uns war, weil wir nicht mitsingen und mitbeten konnten. Es war aber unheimlich schön einfach nur dazustehen und dem fremdartigen und eindringlichen Gesang zuzuhören. Es hat einem dabei richtig im Bauch gekribbelt. – Der Geruch von Weihrauch, die vielen Kerzenlichter und dazu der Gesang – ja, das war eigentlich ein Gefühl wie an Weihnachten! Du hättest die kleinen Kinder mit den großen erwartungsvollen Augen sehen sollen!

Vielleicht können wir dir etwas von der Stimmung vermitteln, wenn wir dir die Noten von den Fürbitten mitschicken. Die russischen Wörter spricht man übrigens »Gospodi pomiluj« aus; das heißt auf Deutsch: »Herr, erbarme dich«. Du kannst ja mal versuchen, die Melodie auf der Flöte zu spielen, und wenn wir wieder daheim sind, singen wir das Lied zusammen. Ja?

Der Ablauf des Gottesdienstes war ähnlich wie bei uns, aber manchmal auch wieder ganz anders.

Die Predigt war zum Beispiel erst gegen Ende und den Popen haben wir vorher nur gesehen, als er das Evangelium gesungen und die Eucharistie ausgeteilt hat. Alles war viel verborgener und geheimnisvoller als bei uns.

Zum Schluss wurden noch für alle kleine, gesegnete Brote ausgeteilt. Wir wollten diesen Teil des Gottesdienstes unbedingt auch mitfeiern und sind deshalb wie die meisten anderen nach vorne zum Pfarrer gegangen. Obwohl man uns bestimmt sofort angemerkt hat, dass wir keine orthodoxen Christen sind, durften wir auch ein Brot nehmen und einen Schluck Wasser trinken. Das war ein richtiges Erlebnis von Gemeinschaft! – Wir haben übrigens schon am Anfang des Gottesdienstes viele Leute gesehen, die ganze Körbe voll mit selbst gebackenen Broten in die Kirche mitgebracht haben. Wir haben dann erfahren, dass sie diese Brote auch vom Pfarrer segnen lassen, um sie für Angehörige und Kranke mit nach Hause zu nehmen.

Wäre es nicht schön, wenn es so etwas auch bei uns geben würde?

Am Eingang der Kirche haben wir uns schließlich noch Kerzen gekauft. Und weißt du was, wir durften dafür unsere beiden Namen, die Namen von Mutti und Vati und auch deinen Namen auf einen kleinen Zettel schreiben. Sie werden dann in einem der nächsten Gottesdienste mit vielen anderen Namen zusammen bei den Fürbitten vorgelesen.

Jetzt müssen wir leider Schluss machen … Es gäbe noch sooo viel Interessantes über die orthodoxe Kirche zu erzählen, aber das können wir ja zu Hause nachholen! Du kannst dir dann dabei auch unsere Bilder anschauen.

Wir freuen uns darauf, dich bald wiederzusehen und schicken dir ganz liebe Grüße …

Deine Schwestern Ursula und Friederike

Ursula Hoverath/Friederike Maier

195. Reformationsbedürftig

»Ich weiß nicht, wie ich es dir beibringen soll«, sagt Frau König zu ihrem Mann.
»Rede dir alles von der Seele«, lacht dieser und setzt dann mit einem Schmunzeln hinzu: »Ich bin Kummer gewöhnt!«
»Na gut! Dann sage ich es dir ohne Umschweife. Unsere Tochter will evangelisch werden.«
»Wie bitte?«
»Du hast richtig gehört! Sie wird evangelisch.«
»Ist sie von Sinnen? Wir sind eine katholische Familie seit eh und je. Sie hat Glück, dass ihr Verlobter auch katholisch ist. Es gibt überhaupt keinen Grund, die Konfession zu wechseln.«
»Oh doch, für sie gibt es einen! Sie will heiraten.«
»Schön, wurde auch Zeit. Die beiden kennen sich ja lange genug.«
»Sie wollen sich in der evangelischen Kirche trauen lassen.«
»Warum das?«
»Im Leben eines Menschen ist der Hochzeitstag von besonderer Bedeutung. Jedes Brautpaar wünscht sich, dass er unvergesslich wird.«
Frau König nickt zur Bestätigung ihrer Worte. Dann fährt sie fort: »Unser Pfarrer aber – und das hast du selber wiederholt gesagt – ist ein Sonderling. Einen feierlichen Gottesdienst bekommt er nicht hin und junge Leute spricht er überhaupt nicht an. Der evangelische Pastor ist ganz anders. Er strahlt so viel Frohsinn und Natürlichkeit aus, dass man seinen Gottesdienst einfach von Herzen mitfeiert. Darum soll er die Trauung vornehmen.«
Herr König gießt sich einen Whisky ein, nimmt einen Schluck. Dann fragt er zögerlich: »Zu ändern ist wohl nichts mehr?«
»Du kennst doch deine Tochter. Was sie sich einmal in den Kopf gesetzt hat, das macht sie auch.«
Herr König nimmt noch einen Schluck, einen großen. Seine Frau legt tröstend ihren Arm um ihn.
»Sieh das so: Im Himmel gibt es keine Katholiken oder Protestanten, keine Reformierten, keine Lutheraner, keine Baptisten und auch keine Methodisten, Presbyterianer oder Orthodoxe. Im Himmel gibt es nur Christen.«
Nach einer Pause sagt sie: »Vielleicht gibt es im Himmel auch keine Christen, keine Muslime, keine Buddhisten oder Hindus, sondern nur Gläubige.«

Heribert Haberhausen

195
Katholische Eltern erfahren, dass ihre Tochter evangelisch werden will, weil die Hochzeitsfeierlichkeiten in der evangelischen Kirche schöner sind.

- Was haltet ihr davon, wenn katholische Christen evangelisch und evangelische Christen katholisch werden?
- Wie denkt ihr über den Grund, den die Tochter für ihren Wechsel hat?
- Sprecht über die Worte der Mutter am Ende der Erzählung. Stimmt ihr zu?

196. Das Gürteltier

Es war einmal ein Gürteltier, das war sehr unordentlich. Bei ihm stand die Marmelade im Schuhputzkasten, das Salz war in der Zuckerdose, die Unterhosen im Brotschrank, und die Gummistiefel lagen in der Nachttischschublade.
An und für sich machte das dem Gürteltier nichts aus. Natürlich musste es nach allem ein bisschen suchen. Aber war es nicht auch recht abenteuerlich, die Seife im Kühlschrank zu entdecken? Die Socken in einem Einmachglas zu finden und der Zahnbürste unter dem Bett zu begegnen?
Nun war es aber so, dass das Gürteltier eine Braut hatte. Sie hieß Min. Und Min fand die Unordnung überhaupt nicht abenteuerlich.
»Wenn du dich nicht besserst«, sagte das Gürteltiermädchen Min zu dem

196
Ein sehr unordentliches Gürteltier erwartet seine Braut Min mit Freuden, aber auch mit Sorgen, weil Min sehr ordentlich ist. Es versucht nun, Ordnung zu schaffen, aber ohne großen Erfolg. Trotzdem nimmt Min das Gürteltier voll Liebe als Bräutigam an – sozusagen ohne Werke und Leistung, nur aus Gnade.

- Wie ergeht es euch, wenn ihr unordentlich seid?
- Vergleicht das Gürteltier und seine Braut Min miteinander.
- Warum passt die Erzählung auch in ein Religionsbuch? Was muss am Verhalten Mins besonders evangelische, aber auch katholische Christen ansprechen?

➔ T. 24

Gürteltier, »dann mag ich dich nicht!« Da geriet das Gürteltier in große Schwierigkeiten. Es liebte seine Min über alles. Andererseits aber war es von Natur aus unordentlich. Und was man ist, das ist man nun mal. »Ich muss mich ändern!«, sagte das arme Gürteltier jeden Tag zu sich selber.
Es nahm die Pfeifenreiniger aus der Teedose, die schmutzige Wäsche aus dem Backofen und räumte die trockenen Brötchen ins Vogelbauer. Die Gießkanne holte es hinter dem Sofakissen hervor, und den Schuhlöffel warf es schnell in die Kaffeekanne. »Es ist ein Kreuz!«, sagte das Gürteltier abends vor dem Einschlafen. Lange schaute es das Foto der schönen Min an. Dann schob es seine Brille unter das Bett, machte das Licht nicht aus und schlief ein. Eines Tages klingelte das Telefon. »Hallo!«, sagte das Gürteltiermädchen Min. »Ich komme heute Abend. Freust du dich?«
Und ob sich das Gürteltier freute! Es drehte sich ein paar Mal im Kreis, dann fing es an, alles in Ordnung zu bringen. Zuerst sich selber.
Es suchte den Rasierapparat, fand ihn in der Waschmaschine und rasierte sich. Dann bürstete es seine Kleider mit der Nagelbürste aus, weil die Kleiderbürste nicht da war, und zog sich an. Da, wo der Kragenknopf fehlte, steckte es sich eine kleine, rote Papiernelke hin. Danach stieg es in die Hose. »Wo ist denn mein Gürtel?«, sagte das Gürteltier. Und es begann zu suchen. Hinterm Sofa suchte es, unter dem Teppich, im Eimer, auf der Lampe und in der Badewanne. Dabei hielt es seine Hose immerzu mit beiden Händen fest. Es fand allerhand Sachen, aber den Gürtel fand es nicht. »Verdammter Schweinsgürtel«, sagte das Gürteltier. Die Zeit verging, und es konnte nicht mehr lange dauern, bis die schöne Min vor der Tür stand. Schnell schob das Gürteltier eine Pizza in den Backofen.
Wie aber sah es in der Wohnung aus! Das Gürteltier hielt seine Hose nur noch mit einer Hand fest. Mit der anderen räumte es flink die Bonbonpapierchen aus dem Salzfass, die alten Zeitungen vom Klavier, die Apfelschalen vom Stuhl, den Schlafanzug aus dem Papierkorb, nahm den Regenschirm von der Lampe, das schmutzige Geschirr aus dem Bücherbord, den Goldhamster von der Gardinenleiste und das Honigglas aus dem Plüschsessel. In diesem Augenblick klingelte es. Das Gürteltier ließ alles fallen und rannte zur Tür. Da stand es nun und hielt mit beiden Händen seine Hose. Min!
Dem Gürteltiermädchen blieb der Mund offen, als es die Unordnung sah. So schlimm war es nie vorher gewesen. Dazu drang aus der Küche noch dicker Qualm, weil die Pizza verbrannte.
Das Gürteltier aber sah nur seine Braut. »Min!«, hauchte es. »Minki … Minkerline … MinkiPinki … Pinkerlette … Pinzette.«
Und dann breitete es die Arme aus, und die Hose fiel ihm runter.
Nun ist alles aus, dachte das Gürteltier, aus und zu Ende. Und es erkannte gleichzeitig die Unordnung und roch den Qualm. So stand es da, armselig in seiner Unterhose, und die Tränen schossen ihm in die Augen.
Die Min aber lachte. Sie lachte und lachte, und zwischendurch hustete sie, weil es ja immer qualmiger wurde. »Das sehe ich jetzt«, sagte sie endlich, »dass ich dich nicht mehr allein lassen darf.«
Sie machte die Tür hinter sich zu, riss das Fenster auf, warf die verkohlte Pizza weg, fing den Goldhamster ein und blieb.

Gina Ruck-Pauquèt

197. Momo und die beiden Streithähne

Eines Tages kamen zwei Männer zu Momo ins Amphitheater, die sich auf den Tod zerstritten hatten und nicht mehr miteinander reden wollten, obwohl sie Nachbarn waren. Die anderen Leute hatten ihnen geraten, doch zu Momo zu gehen, denn es ginge nicht an, dass Nachbarn in Feindschaft lebten. Die beiden Männer hatten sich anfangs geweigert und schließlich widerwillig nachgegeben.
Nun saßen sie also im Amphitheater, stumm und feindselig, jeder auf einer anderen Seite der steinernen Sitzreihen, und schauten finster vor sich hin.
Der eine war der Maurer, von dem der Ofen und das schöne Blumenbild in Momos »Wohnzimmer« stammte. Er hieß Nicola und war ein starker Kerl mit einem schwarzen, aufgezwirbelten Schnurrbart. Der andere hieß Nino. Er war mager und sah immer ein wenig müde aus. Nino war Pächter eines kleinen Lokals am Stadtrand, in dem meistens nur ein paar alte Männer saßen, die den ganzen Abend an einem einzigen Glas Wein tranken und von ihren Erinnerungen redeten. Auch Nino und dessen dicke Frau gehörten zu Momos Freunden und hatten ihr schon oft etwas Gutes zu essen gebracht.
Da Momo nun merkte, dass die beiden böse aufeinander waren, wusste sie zunächst nicht, zu welchem sie zuerst hingehen sollte. Um keinen zu kränken, setzte sie sich schließlich in gleichem Abstand von beiden auf den Rand der steinernen Bühne und schaute die zwei abwechselnd an. Sie wartete einfach ab, was geschehen würde. Manche Dinge brauchen ihre Zeit – und Zeit war ja das einzige, woran Momo reich war.
Nachdem die Männer lang so gesessen hatten, stand Nicola plötzlich auf und sagte: »Ich geh'. Ich hab' meinen guten Willen gezeigt, indem ich überhaupt gekommen bin. Aber du siehst, Momo, er ist verstockt. Wozu soll ich noch länger warten?«
Und er wandte sich tatsächlich zum Gehen.
»Ja, mach, dass du wegkommst!«, rief Nino ihm nach. »Du hättest erst gar nicht zu kommen brauchen. Ich versöhne mich doch nicht mit einem Verbrecher!«
Nicola fuhr herum. Sein Gesicht war puterrot vor Zorn.
»Wer ist hier ein Verbrecher?«, fragte er drohend und kam wieder zurück. »Sag das noch mal!«
»Sooft du nur willst!«, schrie Nino. »Du glaubst wohl, weil du stark und brutal bist, wagt niemand, dir die Wahrheit ins Gesicht zu sagen? Aber ich, ich sage sie dir und allen, die sie hören wollen! Ja, nur zu, komm doch her und bring mich um, wie du es schon mal tun wolltest!«
»Hätt' ich's nur getan!«, brüllte Nicola und ballte die Fäuste. »Aber da siehst du, Momo, wie er lügt und verleumdet! Ich hab' ihn nur beim Kragen genommen und in die Spülwasserpfütze hinter seiner Spelunke geschmissen. Da drin kann nicht mal eine Ratte ersaufen.« Und wieder zu Nino gewandt, schrie er: »Leider lebst du ja auch noch, wie man sieht!«
Eine Zeit lang gingen die wildesten Beschimpfungen hin und her und Momo konnte nicht schlau daraus werden, worum es überhaupt ging und weshalb die beiden so erbittert aufeinander waren. Aber nach und nach kam heraus, dass Nicola diese Schandtat nur begangen hatte, weil Nino ihm zuvor in

197
Zwischen dem starken Maurer Nicola und dem etwas schwächeren Wirt Nino ist ein heftiger Streit ausgebrochen. Sie beleidigen und beschuldigen sich gegenseitig. Momo kann diesen Streit mit Geduld und Vernunft schlichten.

- Wie hat der Streit zwischen Nicola und Nino begonnen, wie ist er weitergegangen?
- Wer ist schuld an dem ganzen Streit bzw. an den einzelnen Phasen des Streits?
- Wie hat Momo den Streit geschlichtet?
- Habt ihr schon einmal selbst versucht, einen Streit zu schlichten? Wie ist es euch dabei ergangen?

➔ T. 64

Gegenwart einiger Gäste eine Ohrfeige gegeben hatte. Dem war allerdings wieder vorausgegangen, dass Nicola versucht hatte, Ninos ganzes Geschirr zu zertrümmern.

»Ist ja überhaupt nicht wahr!«, verteidigte sich Nicola erbittert. »Einen einzigen Krug hab' ich an die Wand geschmissen, und der hatte sowieso schon einen Sprung!«

»Aber es war mein Krug, verstehst du?«, erwiderte Nino. »Und überhaupt hast du kein Recht zu so was!«

Nicola war durchaus der Ansicht, in gutem Recht gehandelt zu haben, denn Nino hatte ihn in seiner Ehre als Maurer gekränkt.

»Weißt du, was er über mich gesagt hat?«, rief er Momo zu. »Er hat gesagt, ich könne keine gerade Mauer bauen, weil ich Tag und Nacht betrunken sei. Und sogar mein Urgroßvater wäre schon so gewesen, und er hätte am Schiefen Turm von Pisa mitgebaut!«

»Aber Nicola«, antwortete Nino, »das war doch nur Spaß!«

»Ein schöner Spaß!«, grollte Nicola. »Über so was kann ich nicht lachen.«

Es stellte sich jedoch heraus, dass Nino damit nur einen anderen Spaß Nicolas zurückgezahlt hatte. Eines Morgens hatte nämlich in knallroten Buchstaben auf Ninos Tür gestanden: »Wer nichts wird, wird Wirt«. Und das fand wiederum Nino gar nicht komisch.

Nun stritten sie eine Weile todernst, welcher von beiden Späßen der bessere gewesen sei und redeten sich wieder in Zorn. Aber plötzlich brachen sie ab. Momo schaute sie groß an und keiner der beiden konnte sich ihren Blick so recht deuten. Machte sie sich im Inneren lustig über sie? Oder war sie traurig? Ihr Gesicht verriet es nicht. Aber den Männern war plötzlich, als sähen sie sich selbst in einem Spiegel, und sie fingen an, sich zu schämen.

»Gut«, sagte Nicola, »ich hätte das vielleicht nicht auf deine Tür schreiben sollen, Nino. Ich hätte es auch nicht getan, wenn du dich nicht geweigert hättest, mir nur ein einziges Glas Wein auszuschenken. Das war gegen das Gesetz, verstehst du? Denn ich habe immer bezahlt, und du hattest keinen Grund, mich so zu behandeln.«

»Und ob ich den hatte!«, gab Nino zurück. »Erinnerst du dich nicht mehr an die Sache mit dem heiligen Antonius? Ah, jetzt wirst du blass! Da hast du mich nämlich nach Strich und Faden übers Ohr gehauen und so was muss ich mir nicht bieten lassen.«

»Ich dich?«, rief Nicola und schlug sich wild vor den Kopf. »Umgekehrt wird ein Schuh draus! Du wolltest mich hereinlegen, nur ist es dir nicht gelungen!«

Die Sache war die: In Ninos kleinem Lokal hatte ein Bild an der Wand gehangen, das den heiligen Antonius darstellte. Es war ein Farbdruck, den Nino irgendwann einmal aus einer Illustrierten ausgeschnitten und gerahmt hatte. Eines Tages wollte Nicola Nino dieses Bild abhandeln – angeblich, weil er es so schön fand. Und Nino hatte Nicola durch sein geschicktes Feilschen schließlich dazu gebracht, dass dieser seinen Radioapparat zum Tausch bot. Nino lachte sich ins Fäustchen, denn natürlich schnitt Nicola dabei ziemlich schlecht ab. Das Geschäft wurde gemacht.

Nun stellte sich aber heraus, dass zwischen dem Bild und der Rückwand aus Pappdeckel ein Geldschein steckte, von dem Nino nichts gewusst hatte. Jetzt war er plötzlich der Übervorteilte und das ärgerte ihn. Kurz und bündig verlangte er von Nicola das Geld zurück, weil es nicht zu dem Tausch gehört habe. Nicola weigerte sich, und daraufhin wollte Nino ihm nichts mehr ausschenken. So hatte der Streit angefangen.

Als die beiden die Sache nun bis zum Anfang zurückverfolgt hatten, schwiegen sie eine Weile.

Dann fragte Nino: »Sag mir jetzt einmal ganz ehrlich, Nicola – hast du schon vor dem Tausch von dem Geld gewusst oder nicht?«
»Klar, sonst hätte ich doch den Tausch nicht gemacht.«
»Dann musst du doch zugeben, dass du mich betrogen hast!«
»Wieso? Hast du denn von dem Geld wirklich nichts gewusst?«
»Nein, mein Ehrenwort!«
»Na, also! Dann wolltest du mich doch hereinlegen. Wie konntest du mir sonst für das wertlose Stück Zeitungspapier mein Radio abnehmen, he?«
»Und wieso hast du von dem Geld gewusst?«
»Ich hab' gesehen, wie es zwei Abende vorher ein Gast als Opfergabe für den heiligen Antonius dort hineingesteckt hat.«
Nino biss sich auf die Lippen. »War es viel?«
»Nicht mehr und nicht weniger, als mein Radio wert war«, antwortete Nicola.
»Dann geht unser ganzer Streit«, meinte Nino nachdenklich, »eigentlich bloß um den heiligen Antonius, den ich aus der Zeitung ausgeschnitten habe.«
Nicola kratzte sich am Kopf. »Eigentlich ja«, brummte er, »du kannst ihn gern wiederhaben, Nino.«
»Aber nicht doch!«, antwortete Nino würdevoll. »Getauscht ist getauscht! ein Handschlag gilt unter Ehrenmännern!«
Und plötzlich fingen beide gleichzeitig an zu lachen. Sie kletterten die steinernen Stufen hinunter, trafen sich in der Mitte des grasbewachsenen runden Platzes, umarmten einander und klopften sich gegenseitig auf den Rücken. Dann nahmen sie beide Momo in den Arm und sagten: »Vielen Dank!«
Als sie nach einer Weile abzogen, winkte Momo ihnen noch lange nach. Sie war sehr zufrieden, dass ihre beiden Freunde nun wieder gut miteinander waren.

Michael Ende

198. Zwei Ziegenböcke

198
Zwei Ziegenböcke können sich beim Gang über einen Steg nicht einigen und kommen so beide zu Schaden.

- Was haltet ihr von dem Spruch: »Der Klügere gibt nach«? Ist er immer richtig?

Zwei eigensinnige Ziegenböcke begegneten sich einmal auf einem schmalen Steg, der über einen Bach führte. Beide konnten den Bach nicht gleichzeitig überqueren, einer musste dem anderen den Weg freigeben und warten.
»Lass mich hinüber«, sagte der eine.
»Mach, dass du wegkommst, ich war zuerst auf der Brücke!«, erwiderte der andere Ziegenbock.
»Nein, mein Lieber! Ich bin älter als du und da soll ich dir den Vortritt lassen? Niemals!«
Sie stießen sich heftig mit den Köpfen und ihre Hörner prallten aufeinander. Sie stemmten ihre dünnen Beine gegen den Steg und rauften miteinander. Der Steg war aber feucht; die beiden Dickköpfe rutschten aus und stürzten ins Wasser.

K. D. Uschinskij

199
Ein Reisender macht in einem Zugabteil einen Vorschlag, wie man einen unsinnigen Streit zweier Damen beenden kann.

199. Der Streit der beiden Damen

In einem Zugabteil geraten zwei ältere Damen in einen Wortwechsel. Die eine von ihnen will das Fenster öffnen, während die andere darauf besteht, dass es geschlossen bleibt. »Ich ersticke, wenn ich nicht genügend frische Luft bekomme«, erklärt die eine und reißt das Fenster auf. »Unerhört«, protestiert die andere, »man holt sich ja den Tod bei diesem Luftzug!« Erregt springt sie auf und macht das Fenster wieder zu. So geht es ein paar Mal hin und her, bis es einem jungen Mann auf die Nerven geht. Als er sich anschickt, lautstark um Ruhe zu bitten, hält ihn ein älterer Herr in der Ecke zurück. Vollkommen ruhig sagt er ihm lächelnd: »Die Damen scheinen verschiedener Meinung zu sein. Ich würde vorschlagen:
Zuerst lassen wir das Fenster zu, bis die eine erstickt; dann öffnen wir das Fenster, bis die andere erfroren ist. Ich denke, auf diese Weise könnten wir die Sache lösen.«

Lothar Zenetti

200
Ein freundliches Eichhörnchen misstraut einem bösen Wolf.

- Gut und böse, lustig und langweilig – wie passt das hier zusammen?

200. Das Eichhörnchen und der Wolf

Ein Eichhörnchen hüpfte von Ast zu Ast und fiel auf einen schlafenden Wolf. Der Wolf sprang auf und wollte es fressen. Das Eichhörnchen aber bat: »Lass mich leben.« Der Wolf erwiderte: »Gut, ich lasse dich leben, sage mir aber, warum ihr Eichhörnchen so lustig seid. Ich langweile mich den ganzen Tag und ihr springt immer dort oben herum.« Das Eichhörnchen antwortete: »Lass mich erst auf den Baum, dann werde ich es dir verraten, hier unten fürchte ich mich vor dir.« Der Wolf ließ es los. Das Eichhörnchen sprang auf den Baum und sagte: »Du langweilst dich, weil du böse bist. Die Bosheit verbrennt dir das Herz. Wir Eichhörnchen sind darum lustig, weil wir gut sind und niemandem etwas zuleide tun.«

Leo Tolstoi

201
Zwei Jungen schauen sich einen Horrorfilm an. Danach möchte der eine auch einmal eine Horrortat begehen. Der andere lehnt das ab.

- Warum sind Horrorfilme nicht harmlos?
- Ist Erdem wirklich ein Angsthase und Marcel ein toller Typ?
- Wie ist es euch gegangen, wenn ihr einmal einen Horrorfilm gesehen habt?

201. Schneewittchen als Horrorfilm

Am Nachmittag kommt Erdem zu seinem Freund Marcel. Sie verziehen sich in Marcels Zimmer und schauen Comics an. Bis sich die Tür öffnet und Marcels Mutter sagt: »Ich gehe jetzt. Macht keinen Unsinn ihr zwei, sonst könnt ihr was erleben, wenn ich zurückkomme!«
»Wir machen keinen Unsinn«, verspricht Marcel.
»Das will ich hoffen«, sagt seine Mutter und geht.
»Dann können wir jetzt ...«
»Moment noch«, sagt Marcel und läuft zum Fenster. Er wartet, bis seine Mutter mit dem Wagen aus der Garage fährt. »Endlich ist sie weg!«
Die beiden Jungen gehen ins Wohnzimmer. Marcel schiebt einen Stuhl zum

Schrank und stellt sich drauf. »Hier oben haben sie die Kassetten versteckt. Das weiß ich schon lange.« Er nimmt eine Kassette aus dem oberen Schubfach und liest: »Schneewittchen.«
»Das ist ja ein Märchen«, sagt Erdem enttäuscht.
Marcel tippt sich an die Stirn. »Meine Eltern schauen doch keine Märchen an. Das sind alles Grusel- und Horrorfilme. Warte, du wirst es gleich sehen.«
Marcel schaltet das Gerät ein und die Vorführung beginnt. Zuerst sieht es so aus, als sei »Schneewittchen« ein schöner Märchenfilm. Aber bald wird klar, dass nicht nur die Stiefmutter böse ist, sondern auch Schneewittchen. Es tötet nämlich alle sieben Zwerge. Einen nach dem anderen. Und jeden auf eine besonders grausame Art. Doch zum Schluss wird Schneewittchen selbst getötet. Ein Jäger schneidet Schneewittchens Herz aus und bringt es der bösen Stiefmutter. Die lacht zufrieden und verspeist das Herz.
»Pfui Teufel!«, sagt Erdem und muss kräftig schlucken.
»Guter Film«, meint Marcel. Er kaut an den Fingernägeln und sagt: »Ich möchte mal wissen, wie das ist, wenn jemand stirbt.«
»Hast du doch gerade gesehen.«
Marcel winkt ab. »Das war doch nur ein Film. Ich möchte das mal richtig sehen, in echt, verstehst du?«
»Du spinnst!«, sagt Erdem.
»Ich hab' mir das schon ein paar Mal überlegt.« Marcel geht zum Fenster. »Dort drüben wohnt ein kleine Junge. Der spielt oft allein im Garten. Den könnten wir herauslocken und mitnehmen und dann ...«
»Sei still!«, ruft Erdem. »Sonst gehe ich.«
»Hast du Angst?«
Erdem ist ganz durcheinander. Er weiß gar nicht mehr, was er denken soll.
»Du schaust doch auch gern Horrorfilme an ...«
»Aber man darf doch keinen umbringen«, fällt Erdem seinem Freund ins Wort.
»Das weiß ich auch«, brummt Marcel.
»Warum redest du dann die ganze Zeit davon?«
»Reden darf man doch wohl, oder?«
Erdem schüttelt den Kopf. »Nein, nicht über so was.«
»Dann hau doch ab, du Angsthase!«, ruft Marcel.
Das tut Erdem auch. Er schnappt seine Jacke und ist froh, als er draußen ist.

Manfred Mai

202. Der Löwenzahn

Ein Mann, der sehr stolz auf seinen Rasen war, stand plötzlich vor einer mit Löwenzahn übersäten Wiese. Er versuchte alles nur Denkbare, um den Löwenzahn loszuwerden, aber der kam immer wieder.
Schließlich schrieb er an das Landwirtschaftsministerium. Er zählte auf, was er alles versucht hatte, und schloss mit der Frage: »Was soll ich jetzt tun?«
Zu gegebener Zeit kam die Antwort: →←
»Wie wär's, wenn Sie versuchten, ihn schön zu finden und den Löwenzahn zu lieben?«

Anthony de Mello

202

Perspektivenwechsel bei der Betrachtung eines Löwenzahns: Ist er lästig oder schön?

- Wie findet ihr die Antwort des Ministeriums?
- In welchen Situationen kann eine solche Antwort helfen, eine ganz neue Einstellung zu finden?

203. Das Zwiebelchen

Es lebte einmal ein altes Weib, das war sehr, sehr böse und starb. Diese Alte hatte in ihrem Leben keine einzige gute Tat vollbracht. Da kamen denn die Teufel, ergriffen sie und warfen sie in den Feuersee. Ihr Schutzengel aber stand da und dachte: Kann ich mich denn keiner einzigen guten Tat von ihr erinnern, um sie Gott mitzuteilen? Da fiel ihm etwas ein und er sagte zu Gott: »Sie hat einmal«, sagte er, »in ihrem Gemüsegärtchen ein Zwiebelchen herausgerissen und es einer Bettlerin geschenkt.« Und Gott antwortete ihm: »Da nimm«, sagte er, »dieses selbe Zwiebelchen und halte es ihr hin in den See, so dass sie es zu ergreifen vermag, und wenn du sie daran aus dem See herausziehen kannst, so möge sie ins Paradies eingehen, wenn aber das Pflänzchen abreißt, so soll sie bleiben, wo sie ist.«
Der Engel lief zum Weibe und hielt ihr das Zwiebelchen hin: »Hier«, sagte er zu ihr, »fass an, wir wollen sehen, ob ich dich herausziehen kann!« Und er begann vorsichtig zu ziehen – und hatte sie beinahe schon ganz herausgezogen, aber da bemerkten es die anderen Sünder im See und wie sie das sahen, klammerten sie sich alle an sie, damit man auch sie mit ihr zusammen herauszöge. Aber das Weib war böse, sehr böse und stieß sie mit den Füßen zurück und schrie: »Nur mich allein soll man herausziehen und nicht euch, es ist mein Zwiebelchen und nicht eures.«
Wie sie aber das ausgesprochen hatte, riss das kleine Pflänzchen entzwei. Und das Weib fiel in den Feuersee zurück und brennt dort noch bis auf den heutigen Tag. Der Engel aber weinte und ging davon.

Fjodor Michailowitsch Dostojewski

203
Ein altes Weib, das nie etwas Gutes getan hat, kann dem ewigen Feuer nicht entkommen, weil es auch im Jenseits eine letzte Chance zur Besserung nicht nutzt.

- Das alte Weib im Leben – das alte Weib im Jenseits: Gibt es da einen Zusammenhang?

204. Die Biene

Tagelang hat es geregnet. Nun scheint die Sonne wieder. Ich mache am offenen Fenster meine Schularbeiten und nebenan sitzt Vater am Schreibtisch. Plötzlich höre ich, wie Vater zu mir herüberkommt. Er hat ein Blatt Papier in der Hand. Er hält es vorsichtig, wie etwas Kostbares. Als er näher kommt, sehe ich, dass auf dem Papier eine Biene liegt, die nicht mehr fliegen kann.
»Schau doch«, sagt Vater, »die ist wohl krank, oder hat sie vielleicht bloß Hunger? Ich fand sie gerade auf meinem Schreibtisch. Du könntest ihr ein Tröpfchen Honig geben.«
Er legt das Blatt mit der Biene auf meinen Tisch, und ich besorge den Honig. Das Honigtröpfchen fällt auf das Papier, und schon rappelt sich das Tierchen auf. Ein Zittern läuft durch den kleinen Körper, und langsam schiebt die Biene sich auf das Honigtröpfchen zu. Nun hat sie es erreicht und beginnt zu saugen. Die Flügel fangen an zu zittern und zu surren. Man kann sehen, wie das kleine Geschöpf sich erholt. Hunger hat es gehabt, sonst nichts. Es hat nach dem langen Regen keine Blüte mehr gefunden, hat sich zwischen den hohen Häusern verflogen und ist dann erschöpft auf Vaters Schreibtisch gelandet, glücklicherweise auf dem richtigen Schreibtisch.
Da – die Biene hat sich völlig erholt; sie fliegt auf und summt zum Fenster hinaus ins Freie.

A. Hackemann

204
Eine hungrige Biene, die sich in einem Zimmer verirrt, erhält ein Tröpfchen Honig, das ihr zum Weiterfliegen hilft.

- Oft kann man mit kleinen Dingen Großes bewirken. Kennt ihr Beispiele?

205. Seltsamer Spazierritt

Ein Mann reitet auf seinem Esel nach Haus und lässt seinen Buben zu Fuß nebenher laufen. Kommt ein Wanderer und sagt: »Das ist nicht recht, Vater, dass Ihr reitet, und lasst Euren Sohn laufen; Ihr habt stärkere Glieder.« Da stieg der Vater vom Esel herab und ließ den Sohn reiten.
Kommt wieder ein Wandersmann und sagt: »Das ist nicht recht, Bursche, dass du reitest, und lässt deinen Vater zu Fuß gehen. Du hast jüngere Beine.« Da saßen beide auf und ritten eine Strecke.
Kommt ein dritter Wandersmann und sagt: »Was ist das für ein Unverstand: zwei Kerle auf einem schwachen Tiere; sollte man nicht einen Stock nehmen und euch beide hinabjagen?« Da stiegen beide ab und gingen selbdritt zu Fuß, rechts und links der Vater und der Sohn, und in der Mitte der Esel.
Kommt ein vierter Wandersmann und sagt: »Ihr seid drei kuriose Gesellen, Ist's nicht genug, wenn zwei zu Fuß gehen? Geht's nicht leichter, wenn einer von euch reitet?« Da band der Vater dem Esel die vordern Beine zusammen und der Sohn band ihm die hintern Beine zusammen, zogen einen starken Baumpfahl durch, der an der Straße stand, und trugen den Esel auf der Achsel heim.
So weit kann's kommen, wenn man es allen Leuten will recht machen.

Johann Peter Hebel

205
Wer soll wen tragen? Komische Trag- und Laufkombinationen zwischen einem Mann, seinem Sohn und einem Esel.

- Warum kann man es nicht allen recht machen?
- Warum soll man es auch nicht versuchen?

206. Gründe

»Weil das alles nicht hilft
Sie tun ja doch was sie wollen

Weil ich mir nicht nochmals
die Finger verbrennen will

Weil man nur lachen wird:
Auf dich haben sie gewartet

Und warum immer ich?
Keiner wird es mir danken

Weil da niemand mehr durchsieht
sondern höchstens noch mehr
kaputtgeht!

Weil jedes Schlechte
vielleicht auch sein Gutes hat

Weil es Sache des Standpunktes ist
und überhaupt wem soll man
glauben?

Weil auch bei den andern nur
mit Wasser gekocht wird

Weil ich das lieber
Berufeneren überlasse

Weil man nie weiß
wie einem das schaden kann

Weil sich die Mühe nicht lohnt
weil sie alle das gar nicht wert sind«

Das sind Todesursachen
zu schreiben auf unsere Gräber
die nicht mehr gegraben werden
wenn das die Ursachen sind

Erich Fried

206
Aufzählung von Gründen, die man hat oder vorschiebt, um Gutes zu unterlassen oder Böses zu tun.

- Sprecht über die einzelnen Gründe, warum Menschen Gutes unterlassen und Böses tun?
- Sucht Beispiele (Situationen) zu den einzelnen Gründen.

207

Während eines königlichen Festes verirrt sich ein reicher Edler an den Rand des Gartens, wo der Wald beginnt. Da trifft er auf einen schlimmen Gesellen mit einer Pistole, der ihn zwingt, Uhr, Ring, kostbare Schnallen und Ordensstern für wenig Geld herauszugeben und für wertloses Zeug, das er ihm andreht, auch noch viel Geld zu bezahlen. Zum Schluss verkauft er ihm auch noch die Pistole, die dem Edlen nichts mehr nützt, da sie nicht geladen ist.

- Warum ist der schlimme Geselle so erfolgreich?
- Wie hättet ihr euch in dieser Situation verhalten?

207. Böser Markt

In der großen Stadt London und rings um sie her gibt es außerordentlich viele gute Narren, die an anderer Leute Geld oder Sackuhren oder kostbaren Fingerringen eine kindische Freude haben und nicht ruhen, bis sie dieselben haben. Dies bringen sie zuweg manchmal durch List und Betrug, noch öfter durch kühnen Angriff, manchmal am hellen lichten Tag und an der offenen Landstraße. Einem geratet es, dem andern nicht. Der Kerkermeister zu London und der Scharfrichter wissen davon zu erzählen. Eine seltsame Geschichte begegnete aber eines Tags einem vornehmen und reichen Mann. Der König und viele andere große Herren und Frauen waren an einem schönen Sommertage in einem großen königlichen Garten versammelt, dessen lange gewundene Gänge sich in der Ferne in einem Wald verloren. Viele andere Personen waren auch zugegen, denen es nicht auf einen Gang und auf ein paar Stunden ankam, ihren geliebten König und seine Familie froh und glücklich zu sehen. Man aß und trank, man spielte und tanzte; man ging spazieren in den schönen Gängen und zwischen dem duftenden Rosengebüsch paarweise und allein wie es sich traf. Da stellte sich ein Mensch, wohl gekleidet, als wenn er auch dazugehörte, mit einer Pistole unter dem Rock, in einer abgelegenen Gegend an einen Baum, wo der Garten an den Wald grenzt, dachte es wird schon jemand kommen. Wie gesagt, so geschehen, kommt ein Herr mit funkelndem Fingerring, mit klingenden Uhrenketten, mit diamantnen Schnallen, mit breitem Ordensband und goldnem Stern, will spazieren gehn im kühlen Schatten, und denkt an nichts. Indem er an nichts denkt, kommt der Geselle hinter dem Baum hervor, macht dem guten Herrn ein bescheidenes Kompliment, zieht die Pistole zwischen dem Rock und Kamisol heraus, richtet ihre Mündung auf des Herrn Brust, und bittet ihn höflich, keinen Lärm zu machen, es brauche niemand zu wissen, was sie miteinander zu reden haben. Man muss übel dran sein, wenn man vor einer Pistole steht, weil man nicht weiß, was drin steckt. Der Herr dachte vernünftig: Der Leib ist kostbarer als das Geld: lieber den Ring verloren, als den Finger; und versprach zu schweigen. »Gnädiger Herr«, fuhr jetzt der Geselle fort: »Wären Euch Eure zwei goldenen Uhren nicht feil für gute Bezahlung? Unser Schulmeister richtet die Uhr alle Tage anders, man weiß nie wie man dran ist, und an der Sonnenuhr sind die Zahlen verwischt.« Will der reiche Herr wohl oder übel, so muss er dem Halunken die Uhren verkaufen für ein paar Stüber oder etwas, so man kaum ein Schöpplein dafür kann trinken. Und so handelt ihm der Spitzbube Ring und Schnallen und Ordensstern und das goldene Herz, so er vorne auf der Brust im Hemd hatte, Stück für Stück ab um schlechtes Geld, immer mit der Pistole in der linken Hand. Als endlich der Herr dachte: »Jetzt bin ich absolviert, gottlob!«, fing der Spitzbube von neuem an: »Gnädiger Herr, weil wir so gut miteinander zurechtkommen, wolltet Ihr

mir nicht auch von meinen Waren etwas abhandeln?« Der Herr denkt an das Sprichwort, dass man müsse zu einem bösen Markt ein gutes Gesicht machen, und sagt: »Lasst sehen!« Da zog der Bursche allerlei Kleinigkeiten aus der Tasche hervor, so er vom Zweibatzenkrämer gekauft, oder auch schon auf einer ungewischten Bank gefunden hatte, und der gute Herr musste ihm alles abkaufen, Stück für Stück um teures Geld. Als endlich der Spitzbube nicht mehr als die Pistole übrig hatte, und sah, dass der Herr noch ein paar schöne Dublonen in dem grünen seidenen Geldbeutel hatte, sprach er noch: »Gnädiger Herr, wolltet Ihr mir für den Rest, den Ihr da in den Händen habt, nicht die Pistole abkaufen? Sie ist vom besten Büchsenschmied in London und zwei Dublonen unter Brüdern wert.« Der Herr dachte in der Überraschung: »Du dummer Dieb!«, und kaufte die Pistole. Als er aber die Pistole gekauft hatte, kehrte er den Stiel um und sprach: »Nun halt, sauberer Geselle, und geh augenblicklich voraus, wohin ich dich heißen werde, oder ich schieße dich auf der Stelle tot.« Der Spitzbube aber nahm einen Sprung in den Wald und sagte: »Schießt herzhaft los, gnädiger Herr, sie ist nicht geladen.« Der Herr drückte ab und es ging wirklich nicht los. Er ließ den Ladestock in den Lauf fallen und es war kein Körnlein Pulver darin. Der Dieb aber war unterdessen schon tief im Wald; und der vornehme Engländer blieb schamrot zurück, dass er sich also habe in Schrecken setzen lassen, und dacht an vieles.

Johann Peter Hebel

208. Wird der Vater wiederkommen

208

Ein Junge erlebt, dass seine Mutter allein gelassen wird, weil der Vater eine andere Frau gefunden hat. Der Junge will die Trennung zuerst nicht wahr haben.

- Wie wirkt das Verhalten des Mannes auf seine Frau und auf Knut?
- Welche Gründe gibt es dafür, dass sich Eltern voneinander trennen?
- Wie kann eine Trennung auf das Kind/die Kinder wirken?

»Das ist nicht wahr! Du lügst!« Knut steht empört vor seiner Mutter. »Das würde Vati nie tun!«

Frau Keilmann sitzt am Wohnzimmertisch und zerknüllt das Stück Papier in ihrer linken Hand. Müde und mit leiser Stimme sagt sie: »Doch, es ist wahr, Knut. Vati hat uns verlassen!«

Atemlose Stille herrscht im Zimmer. Nur die elektrische Uhr auf dem Bücherbrett surrt leise vor sich hin. Knut ist dieses Geräusch noch nie so deutlich geworden wie gerade jetzt.

»Nein!«, sagt er. Und dann noch einmal, nicht mehr so laut: »Nein!« Da schiebt ihm Frau Keilmann den zerknüllten Zettel hin und flüstert leise: »Lies selber!«

Langsam und umständlich entfaltet Knut das Papier. Er hält es mit der rechten Hand fest und streicht es mit der linken glatt.

Ja, es ist Vatis Schrift! Er kennt die Schriftzüge genau. Die großen Buchstaben wirken mächtig und eckig, die kleinen verschwinden fast dazwischen. Dazu die überbetonten Punkte über den Umlauten und die Bogen über dem U.

Sicher, es ist Vatis Schrift! Die Schrift scheint vor seinen Augen zu verschwimmen. Und doch, es ist Vati, der diesen Brief geschrieben hat.

Liebe Gerda, du weißt es ja schon lange. Immer wieder habe ich versucht, dagegen anzukämpfen. Aber seitdem ich Brigitte kennen gelernt habe, weiß ich, dass ich zu ihr gehöre. Wir wollen für immer zusammenleben.

Bitte halte mich nicht zurück! Versuche, mich zu verstehen! Es tut mir so Leid wegen Knut und dir! Ich habe mir ein Zimmer in einem anderen Stadtteil gesucht. Wenn alles nicht mehr so schlimm für dich ist, müssen wir über die Scheidung sprechen.

Grüße Knut von mir. Ich werde selbst noch einmal mit ihm sprechen.

Friedhelm

Knut legt seinen Kopf auf den Tisch und weint haltlos.
Seine Mutter legt den Arm um ihn. Sie weint an seiner Schulter.
Nach einer Weile fragt Knut: »Wer ist Brigitte?«
»Du hast sie schon gesehen. Vatis neue Kollegin im Büro.«
»Die blöde Kuh!« Knut stampft mit dem Fuß auf.
»Sie gefällt Vati...«, sagt die Mutter leise, »er liebt sie mehr als mich.«
Da presst sich Knut, so fest er kann, an seine Mutter. Er schluchzt laut, dann immer leiser. Zum Schluss ist es nur noch ein tränenloses Weinen, das aus ihm herausbricht.
Immer wieder stößt er hervor: »Das wird Vati nicht tun. Er kann uns nicht allein lassen!«
Die Mutter deckt schweigend den Mittagstisch. Für zwei Personen. Entschuldigend meint sie: »Ich habe heute Mittag nur Brot und Wurst für uns. Ich bin nicht zum Kochen gekommen.«
»Macht nichts. Ich habe sowieso keinen Hunger!«
Dann versuchen beide, etwas zu essen. Doch keinem will es schmecken. Die Mutter drückt leicht Knuts Hand.
»Komm, mir zuliebe!«
Da würgt er doch einen Bissen hinunter. Doch dann schiebt er das Brot zur Seite.
»Mutti, wirklich, ich kann nicht!«
So räumt Frau Keilmann den Tisch wieder ab. Sie ist froh, irgendeine Beschäftigung zu haben.
Später sitzen sie sich gegenüber, schweigend, immer wieder nach dem Warum fragend.
Knut erinnert sich. Was haben sie früher alles zusammen angestellt! Da waren die gemeinsamen Spielnachmittage, wenn es sonntags regnete, die Autofahrten, die Spaziergänge, das gemeinsame Fernsehen. Ja, Vati ist ein großer Sportfanatiker und hat die ganze Familie mit seiner Begeisterung angesteckt. Knut erinnert sich auch an die wenigen Auseinandersetzungen zwischen seinen Eltern, die er miterlebte. Immer wieder ist nachher alles gut geworden.
Und jetzt? Knut kann es nicht glauben. Knut will es nicht glauben.
»Vati wird wiederkommen!«, sagt er und drückt sich ganz fest an seine Mutter.
Spät am Abend klingelt das Telefon.
Frau Keilmann hebt den Hörer ab. Klein, müde und kraftlos steht sie vor dem großen Schreibtisch in Vatis Arbeitszimmer.
Knut beobachtet sie und spürt, wie stark seine Liebe zur Mutter ist. Er möchte zu ihr gehen, sie immer und immer umarmen ... und weiß doch, dass sie genauso verzweifelt ist wie er selbst.
»Knut!« Sie winkt ihm. »Dein Vater möchte dich sprechen!«
Sie sagt nicht »Vati». »Dein Vater!« Es klingt so fremd, so unpersönlich.
Knut winkt ab. Nein, er kann jetzt nicht mit ihm sprechen! Vielleicht später einmal, wenn er älter geworden ist, wenn die Wunde vernarbt ist. Aber jetzt nicht. Nein! Nein!
Und dann geht er doch zum Telefon. Er hört, was sein Vater ihm sagt. Er hört und nimmt es doch nicht auf.
»Ja«, sagt er leise. »Ja.«
Dann legt er den Hörer hin und geht mit schweren Schritten zurück zu dem Stuhl, auf dem er vorhin gesessen hat.
»Was wollte er?«, fragt die Mutter.
Knut zuckt mit den Schultern.

»Ich weiß nicht. Ich weiß wirklich nicht. Ich glaube, ich habe überhaupt nicht verstanden, was er gesagt hat.«
Die Mutter setzt sich zu ihm.
»Es ist Zeit, um ins Bett zu gehen. Morgen musst du früh zur Schule!«
»Morgen!« Knut nickt. Dann schaut er seine Mutter fest an.
»Er wird wiederkommen, Mutti. Ich kenne ihn. Er wird wiederkommen!«
Er steht auf und geht langsam zur Tür.
Er braucht heute lange auf der Toilette und im Bad. Er liegt dann wach im Bett und kann nicht einschlafen. Er hört, dass nebenan im Elternschlafzimmer seine Mutter das Fenster öffnet. Sie wird heute Abend nur ein Bett aufdecken. Vaters Bett wird zugedeckt bleiben. So, als wäre er verreist.
»Er wird wiederkommen. Bestimmt! Ganz bestimmt!«, flüstert Knut vor sich hin. »Denn übermorgen habe ich doch Geburtstag!«

Rolf Krenzer

209. Ein Krebs kommt vor Gericht

Eines Tages geriet ein Krebs nach Schilda. Niemand hätte sagen können, woher er kam, und keiner wusste, was er bei den Schildbürgern wollte. Und da sie noch nie in ihrem Leben einen Krebs gesehen hatten, bemächtigte sich ihrer eine beträchtliche Aufregung. Sie läuteten mit der neuen Kirchenglocke Sturm, stürzten zu der Stelle, wo der Krebs umherkroch, und wussten nicht, was tun. Sie rieten und rätselten hin und her und hätten gar zu gerne gewusst, wen sie vor sich hatten. »Vielleicht ist es ein Schneider«, sagte der Bürgermeister, »denn wozu hätte er sonst zwei Scheren?« Schon holte einer ein Stück Tuch, setzte den Krebs darauf und rief: »Wenn du ein Schneider bist, dann schneide mir eine Jacke zu! Mit weiten Ärmeln und einem Halskoller!« Weil das Tier zwar auf dem Tuch vorwärts und rückwärts einherspazierte, aber den Stoff nicht zuschnitt, nahm der Schneidermeister von Schilda seine eigene große Schere und schnitt das Tuch genauso zu, wie der Krebs dahinkroch. Nach zehn Minuten schon war der Stoff völlig zerschnitten. Von einer Jacke mit weiten Ärmeln und einem Halskoller konnte keine Rede sein. »Mein schönes, teures Tuch!«, rief der Schildbürger. »Der Kerl hat uns angeführt! Er ist gar kein Schneider! Ich verklag ihn wegen Sachbeschädigung!« Dann griff er nach dem Krebs und wollte ihn beiseite tun. Doch der Krebs zwickte und kniff mit seinen Scheren so kräftig, dass der Mann vor Schmerz aufbrüllte. »Mörder!«, schrie er. »Mörder! Hilfe!« Nun wurde es dem Bürgermeister zu bunt. »Erst ruiniert er das teure Tuch«, sagt er, »und nun trachtet er einem unserer Mitbürger nach dem Leben – das kann ich als Stadtoberhaupt nicht dulden! Morgen machen wir ihm den Prozess!« So geschah es auch. Der Krebs wurde in einer förmlichen Sitzung vom Richter der mutwilligen Sachbeschädigung und des versuchten Mords angeklagt. Augenzeugen berichteten unter Eid, was sich am Vortage zugetragen hatte. Der amtlich bestellte Verteidiger konnte kein entlastendes Material beibringen. So zog sich der Hohe Gerichtshof zur Urteilsfindung kurz zurück und verkündete anschließend folgenden harten, aber gerechten Spruch: »Der Delinquent gilt in beiden Punkten der Anklage als überführt. Mildernde Umstände kommen umso weniger in Betracht, als der Angeklagte nicht ortsansässig ist und die ihm gewährte Gastfreundschaft übel vergolten hat. Er wird zum Tod verurteilt. Der Gerichtsdiener wird ihn ersäufen. Das Urteil gilt unwiderruflich. Die Kosten des Verfahrens trägt die städtische Sparkasse.«

209

Ein Krebs verirrt sich aus seinem Wasser zu den Schildbürgern an Land. Sie halten das unbekannte Tier wegen seiner Scheren für einen Schneider. Doch der Krebs zerstört nur das kostbare Tuch, das er bearbeiten soll, und beißt einem Bürger in die Finger. Zur Strafe wird der Krebs von ihnen zum Tode verurteilt und ins Wasser geworfen.

- Was ist in dieser lustigen Geschichte unsinnig und hat doch einen guten Sinn?
- Aus welchem gar nicht so lustigen Grund erzählt Erich Kästner diese Geschichte? (Fremden Böses nachsagen und dann einen Grund haben, gegen sie vorzugehen)

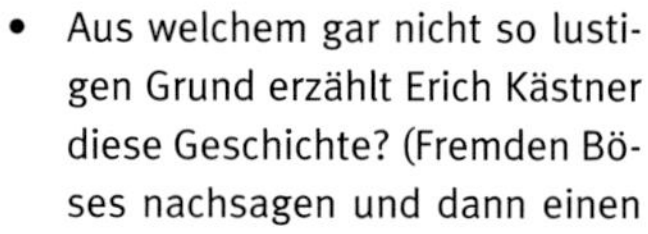

Noch am Nachmittag trug der Gerichtsdiener den Krebs in einem Korb zum See hinaus und warf ihn in weitem Bogen ins Wasser. Ganz Schilda nahm an der Exekution teil. Den Frauen standen die Tränen in den Augen. »Es hilft nichts«, sagte der Bürgermeister. »Strafe muss sein.« Der Pastor war übrigens nicht mitgekommen. Weil er nicht wusste, ob der Krebs katholisch oder evangelisch war.

Erich Kästner

210

Der brasilianische Bischof Dom Helder Camara setzt sich für seine Fischer ein, die dagegen protestieren, dass das Wasser, in dem die Fische leben, durch eine Fabrik verunreinigt wird. Durch geduldigen gewaltfreien Protest können die Fischer ihr Ziel erreichen.

- Auf welche Weise versuchen die Fischer ihr Ziel zu erreichen?
- Welche Mittel wenden sie nicht an?
- Die »Macht der Gewaltlosen« – was meint der Ausdruck?

→ T. 147

210. Der Marsch der Fischer

Eines Tages kamen Fischer zu Dom Helder Camara, Erzbischof von Olinda und Recife in Brasilien: »Padre, es sind keine Fische mehr im Fluss und an der Küste. Wir müssen mit unseren Kindern verhungern!« Die Fischer Pernambucos fischen mit kleinen, flachen Holzbooten, die es nicht erlauben weit auf die See hinauszufahren. Eine Kautschukfabrik war errichtet worden, die durch chemische Abwässer ein Fischsterben in dem Fluss und in Küstennähe bewirkte.
Dom Helder überlegte. Er durfte diese Menschen, die voll Vertrauen um seine Hilfe baten, nicht enttäuschen. Er musste ihnen einen Weg weisen, wie sie ihr Schicksal selbst in die Hand nehmen und um ihre Rechte kämpfen konnten. Er dachte an Martin Luther King (Baptistenpfarrer, 1929–1968, der sich für die Rechte der Farbigen eingesetzt hat), an den Kampf der Schwarzen in den USA und beschloss mit den Fischern einen Marsch zu der neuen Fabrik zu unternehmen, um so das Gewissen der Unternehmer wachzurütteln und ein Gespräch zwischen den beiden Gruppen in Gang zu setzen. Die Fischer selbst sollten den Marsch vorbereiten. Er suchte die Zustimmung des Generals der Gegend zu gewinnen.
Er erklärte dem General das Problem und den Sinn des Marsches, der eine geordnete, gewaltlose Demonstration darstellen sollte, um das Unrecht, das die Fischer um den Lebensunterhalt brachte, zu überwinden. Doch der General verbot den Marsch. Daraufhin erklärte Dom Helder, dass es sich im eigentlichen Sinn um eine »Prozession« handle (religiöse Veranstaltungen fallen nicht unter die Zuständigkeit des Militärs!), die er selbst leiten würde, worauf der General nichts mehr einwenden konnte.
Der Marsch wurde also zu einer Prozession. Der einzige Unterschied bestand darin, dass keine Transparente verwendet wurden (die meisten Fischer sind Analphabeten). Dom Helder verständigte die Direktoren des Betriebs vom Kommen der Fischer und von deren Wunsch nach einer Aussprache. Dann formte sich am festgelegten Tag der lange Zug des Elends: Durch den staubigen, roten Lehm Brasiliens zogen Hunderte von Männern, Frauen und Kindern, bloßfüßig, in ärmlichen, abgerissenen Kleidern, ausgemergelt, die Kinder mit großen, von Hunger und falscher Ernährung aufgeschwemmten Bäuchen; an der Spitze des Zuges wurde ein großes Holzkreuz getragen, über das ein Fischernetz gehängt war. Die Fischer selbst trugen tote Fische in den Händen: Der Fisch ist ein Symbol Christi. Begleitet von ihrem Bischof zogen sie von der Küste zur Fabrik. Als sie sich den Gebäuden näherten, sahen sie, dass diese von bewaffneten Polizisten umstellt waren, die sie mit vorgehaltenen Maschinenpistolen empfingen. Keiner der Unternehmer war erschienen, um zu verhandeln.

Henri Matisse (1869–1954), Studie für das Altartuch in der Chapelle du Rosaire in Vence, 1949.

Was sollte Dom Helder diesen armen Menschen sagen, die ihn nun so entmutigt, ja verzweifelt anblickten, dass er spürte: Sie waren bereit, auf sein Wort hin alles zu tun, auch diese Fabrik einzustürzen, sie zu demolieren, um zu zeigen, dass auch sie ein Recht hatten, gehört zu werden. Sie hatten ja nichts zu verlieren. Nichts konnte schlechter sein als ihr gegenwärtiges Dasein. – Aber Dom Helder versuchte ihnen die Macht zu zeigen, die in ihnen selbst liegt, versuchte zu erklären, dass die reichen Menschen sind wie sie selbst; dasses nicht genügt, einmal nur an ihr Herz, an ihr Gewissen zu klopfen, um sie von ihrem Unrecht zu überzeugen. Nicht sie, die armen Fischer, klopften an das Gewissen der Reichen, sondern Christus selbst durch uns – und er ist stärker als die Stärksten der Welt.
»Wir müssen morgen zurückkehren und wieder klopfen und wieder, bis sie unserem Appell nicht mehr widerstehen können.« – Die Fischer gingen ohne Trost nach Hause; der Hunger und das Elend waren geblieben; aber sie wollten wiederkommen. Am nächsten Tag sprach die ganze Presse davon. Die Menschen waren empört; der Unternehmer konnte schließlich dem moralischen Vorwurf der Armen nicht widerstehen. Noch am selben Tag erklärten sich die Direktoren bereit mit den Fischern zu verhandeln – und bald wurde das Wasser gereinigt. Die Fischer konnten leben.

Hildegard Goss-Mayr

Einen Regenbogen kann man nicht versenken.

Ihr habt die Erde nur von den Kindern geliehen.

Greenteam-Slogan

211. Das Kätzchen

Besuch! Im Garten ist ein Gast!
Ein Kätzchen sitzt auf einem Ast.
Laßt, Kinder, alles Spielzeug stehn,
wir wollen es bestaunen gehn!

Es hat zwei Lichter mitgebracht,
die sehn – und leuchten in der Nacht.
Was es hier will? Nun – denken wir,
es wolle sagen: Ich bin hier.
Denn eine Katze, Kinder, ist
ein Wunder. Was der Mensch vergißt.

Der Mensch kann auf dem Mond erwachen,
aber keine Katze machen.
Das kleinste Vogelherz, das schlägt,
ist nicht von Menschenhand bewegt.
Der Fisch, der sich im Wasser regt,
entschlüpft dem Ei, vom Fisch gelegt.

Das größte Wunder selbst auf Erden
muß aus dem Leib geboren werden:
Verwundert steht das Menschenkind
vor all den Wundern, die da sind.
Und jeder Mensch und jedes Tier
ist nur für eine Weile hier.

Drum danken wir dem Kätzchen schön,
daß es sich anschaun ließ, und gehn.

Reiner Kunze

Gerhard Marcks (1889–1981), Katzen und Mäuse, Holzschnitt.

212. Erde unser

Gibt's einen Gott, war er es auch,
der ihn schuf, unsern schönen Planeten.
Wir machen ihn arm. Wir bringen ihn um.
Wie wagen wir noch zu beten?

Josef Guggenmos

213. Der Clochard

Er sitzt vor dem Kaufhaus
auf einem alten Yute-Sack,
seinem einzigen Besitz;
sein Körper verkürzt zur Höhe
von Kleinkindern und Hunden.
Die Texte der Einkaufsbeutel,
die an ihm vorbeigetragen werden
in Augenhöhe,
sind ihm Zeitung, Fernsehen und Buch.
Er liest:
BETTENHAUS KLEIN
DER IDEALE KOMFORT!

Er riecht nach Wermut und Schweiß
und hat vergessen, wie
warmes Wasser sich anfühlt.
VOLLKOMMENE FRISCHE
DURCH DAS RASIERWASSER TRINIDAD.

Er hat Hunger und träumt
von einer Bulette mit Senf.
METZGEREI MAIER ERFÜLLT
AUCH DIE VERWÖHNTESTEN ANSPRÜCHE.

Ihm ist kalt,
und das Rheuma steckt ihm in allen Gliedern.
HEIZÖL VON WÄRMEMICHEL
BRINGT DEN SOMMER INS HAUS.

Sein Mantel ist ausgefranst und sein Hut verbeult.
ELEGANZ IST KEIN ZUFALL.

Er wäre gern irgendwo zu Hause.
ENTDECKEN SIE DIE WELT
MIT HICKERMANNS REISEN!

Gegen Mittag schließt er die Augen.
Er möchte nicht immer nur Märchen lesen.
Dazu ist er zu alt.

Margarete Kubelka

214. Der Reuschebach

Als mein Urgroßvater zur Schule ging,
hat er noch das Trinkwasser
für die ganze Familie im großen Tonkrug
aus dem Reuschebach geholt.

Als mein Großvater Schuljunge war,
hat man das Reuschebachwasser
nicht mehr trinken können.
Aber Forellen hat er geangelt
und Krebse gefangen.

Als mein Vater Schuljunge war,
gab's keine Forellen und Krebse mehr
im Reuschebach. Aber die Kinder
haben da noch gebadet.

Das Baden ist jetzt verboten
im Reuschebach. Unser Lehrer sagt,
man kriegt davon Ausschlag und Pusteln.
Was wird mit dem Reuschebach sein,
wenn meine Kinder in die Schule gehen,
meine Enkel?

Gudrun Pausewang

216. Der Frieden

Die Angst vor Streit und Hass und Krieg
lässt viele oft nicht ruhn.
Doch wenn man Frieden haben will,
muss man ihn selber tun.

Der Frieden wächst, wie Rosen blühn,
so bunt, so schön und still.
Er fängt bei uns zu Hause an,
bei jedem, der es will.

Vom Frieden reden hilft nicht viel,
auch nicht, dass man marschiert.
Er kommt wie Lachen, Dank und Traum,
schon wenn man ihn probiert.

Man braucht zum Frieden Liebe,
natürlich auch Verstand,
und wo es was zu heilen gibt:
jede Hand.

Eva Rechlin

215. Der Baum

Zu fällen einen schönen Baum
braucht's eine halbe Stunde kaum.
Zu wachsen, bis man ihn bewundert,
braucht er, bedenk es, ein Jahrhundert.

Eugen Roth

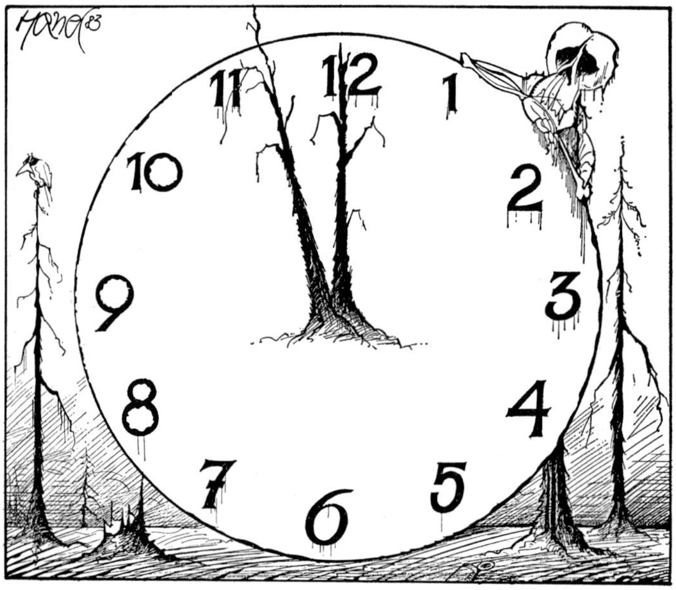

217. Der Axtdieb

Ein Mann hatte seine Axt verloren und vermutete, dass der Sohn des Nachbarn sie ihm gestohlen habe. Er beobachtete ihn daher genau: Sein Gang, sein Blick war ganz der eines Axtdiebes. Alles, was er tat, sah nach einem Axtdieb aus.
Einige Zeit später fand der Mann zufällig die Axt unter einem Bretterhaufen. Am nächsten Tag sah er den Sohn des Nachbarn: Sein Gang war nicht der eines Axtdiebes, auch sein Blick war nicht der eines Axtdiebes.

Aus China

218. Spielzeug

Mit der Eisenbahn
lernen wir
zur Oma fahren.
Das macht Spaß.
Mit der Puppe
essen wir
gerne unsere Suppe.
Das macht Spaß.
Mit dem Ball schmeißen wir
Peters Bären um,
der ist dumm.
Mit den Muschikatzen lernt der Paul
die Anne kratzen.
Das macht Spaß.
Mit dem Panzer lernen wir:
Wie man
Eisenbahn,
Puppe, Suppe,
Ball und Bär,
Muschikatzen
und noch mehr,
Anne, Papa,
Haus und Maus
einfach kaputt macht.

Wolf Biermann

219
Künzelmann, über den sein Nachbar böse geredet hat, zeigt diesem anschaulich am Beispiel von verstreuten Federn, warum es so schwer ist, eine Verleumdung wieder aus der Welt zu schaffen.

- Warum ist es so schwer, einmal gesagte böse Worte wieder gut zu machen?

219. Künzelmann und sein böser Nachbar

»Ich werde es bestimmt nicht wieder tun«, versprach der Nachbar.
»Ich nehme alles zurück, was ich über Sie erzählt habe.« Künzelmann sah den andern ernst an. »Ich habe keinen Grund, meinen Nachbarn in ein Unglück zu stürzen«, erwiderte er, »jedoch verlangt jede böse Tat ihre Sühne.«
»Ich bin gern zu allem bereit.« – Künzelmann erhob sich, ging in den Stall und kam mit einem geschlachteten Hahn zurück.
»Tragt diesen Hahn in Euer Haus, das hundert Schritte von dem meinen steht«, sagte er, »dann kommt langsam wieder zurück und rupft den Hahn unterwegs, eine Feder nach rechts und eine Feder nach links werfend. Dies ist der Sühne erster Teil.«

Der Nachbar tat, wie ihm geheißen. Und als er wieder vor Künzelmann stand und ihm den gerupften Hahn überreichte, fragte er: »Und der zweite Teil meiner Buße?«
»Geht jetzt wieder den Weg in Euer Haus zurück und sammelt alle Federn wieder ein.«
Der Nachbar stammelte verwirrt: »Ich kann doch die Federn unmöglich wieder sammeln! Ich streute sie wahllos aus, warf eine hierhin und eine dorthin. Inzwischen hat der Wind sie längst in alle Himmelsrichtungen getragen. Wie könnte ich sie alle wieder einfangen?«
Künzelmann nickte ernst: »Dies wollte ich nur hören! Genauso ist es mit der üblen Nachrede und den Verleumdungen. Einmal ausgestreut, laufen sie durch alle Winde, wir wissen nicht, wohin. Wie kann man sie also einfach wieder zurücknehmen?«

Jo Hanns Rösler

220. Die Steine

220
Ein Starez (russischer Pope) zeigt zwei Frauen am Beispiel verschieden großer Steine anschaulich auf, worin der Unterschied besteht zwischen einer großen Schuld, der man sich bewusst ist, und vielen kleinen Sünden, an die man nicht denkt.

- Große Schuld und kleine Schuld – was ist das?
- Wie kommt es, das man seine (kleine) Schuld so rasch vergisst?
- Wie wird man sich seiner Schuld bewusst?

Kamen zwei Frauen zu einem Starez und baten um Belehrung. Die eine hielt sich für eine große Sünderin. Sie hatte in der Jugend ihren Mann betrogen und quälte sich unablässig. Die zweite dagegen, die ihr Lebtag nach dem Gesetz gelebt hatte, machte sich keiner besonderen Sünde wegen Vorwürfe und war mit sich zufrieden.
Der Starez fragte die beiden Frauen über ihr Leben aus. Die eine bekannte ihm unter Tränen ihre große Sünde. Sie erachtete ihre Sünde für so groß, dass sie keinerlei Vergebung erwartete; die zweite sagte, dass sie keinerlei besondere Sünde begangen habe.
Der Starez sagte zu der ersten: »Geh, du Magd Gottes, hinter die Umfriedung und such dir einen so schweren Stein, dass du ihn gerade noch tragen kannst, und bring mir ihn … Und du«, sagte er zu der zweiten, die sich keiner großen Sünde zeihen konnte, »bringe mir auch Steine, so viele du tragen kannst, aber lauter kleine.«
Die Frauen gingen und führten den Befehl des Starez aus. Die eine brachte einen großen Stein, die andere einen ganzen Sack voll kleiner Steinchen.
Der Starez betrachtete die Steine und sagte: »Jetzt macht Folgendes: Tragt die Steine zurück und legt jeden wieder an den Platz, wo ihr ihn aufgelesen habt; und wenn ihr sie richtig hingelegt habt, kommt zu mir.«
Die Frauen gingen, um den Befehl des Starez auszuführen. Die erste fand mit Leichtigkeit den Platz, von wo sie den Stein weggenommen hatte, und legte ihn hin, wie er vordem gelegen hatte; aber die zweite konnte sich um keinen Preis erinnern, von wo sie diesen oder jenen Stein weggenommen hatte, und kehrte deshalb, ohne den Befehl ausgeführt zu haben, zu dem Starez zurück.
»Siehst du«, sagte der Starez, »genauso ist es auch mit den Sünden. Du hast den großen und schweren Stein leicht an seinen früheren Ort zurückgelegt, weil du wusstest, wo du ihn weggenommen hast.
Du aber konntest es nicht, weil du nicht mehr wusstest, wo du sie weggenommen hast. So ist es auch mit den Sünden.
Du wusstest deine Sünde, trägst für sie die Vorwürfe der Menschen und deines Gewissens, wurdest demütig und hast dich so von den Folgen der Sünde frei gemacht.
Du dagegen«, wandte sich der Starez an die Frau, welche die kleinen Steine zurückgebracht hatte, »hast in kleinen Sünden gesündigt, wusstest sie nicht

mehr, bereutest sie nicht, gewöhntest dich an ein Leben in Sünden, verurteiltest die Sünden anderer und verstricktest dich immer tiefer in die eigenen. Wir sind alle Sünder, und wir werden alle zugrunde gehen, wenn wir sie nicht bereuen.«

Leo Tolstoi

221
Ein Junge macht sich klar, dass er den ganzen Tag stachelig wie ein Igel war.

221. Wie ein Igel

Wie ein Igel stelle ich meine Stacheln auf, Stacheln, die spitz sind und stechend: Manchmal bin ich kratzbürstig und eigensinnig, ich bin schlecht gelaunt: Heute habe ich viel Böses angerichtet. Bernd hat sich verletzt: Ich hatte ihm ein Bein gestellt. Ute hat ein komisches Kleid getragen: Ich habe sie ausgelacht. Sie hat geweint. Mit Vater habe ich arg gestritten. Wie Rumpelstilzchen habe ich mit den Füßen gestampft und geschrien.
Wie ein Igel stelle ich meine Stacheln auf, harte Stacheln, die andere verletzen.
Ich habe die Schularbeiten meiner Schwester verschmiert. Im Schwimmbad habe ich Peter verhöhnt und ihn »Angsthase« genannt. Meiner Mutter habe ich die Zunge herausgestreckt. Blind vor Zorn habe ich das Blumenbeet zertrampelt.
Heute war ein stacheliger Tag. Warum nur stelle ich meine Stacheln auf wie ein Igel, der angegriffen wird?
Du, lieber Gott, kennst mich.
Du weißt, dass ich unter meinen Stacheln
schüchtern und ängstlich bin.
Ich möchte meine Stacheln abschütteln.
Ich möchte gut sein zu den anderen
und ihnen nicht wehtun.
Lieber Gott, hilf mir dabei.

Charles Singer

Islam und Muslime

222. Mohammed stört die Ordnung der Stadt

»Bringe deinen Neffen endlich zum Schweigen, Abu Talib! Sonst können wir seine Sicherheit nicht länger garantieren!« Abu Lahab hat sich mit anderen Stammesmitgliedern in seinem Stadthaus in Mekka versammelt.
»Mohammed stört die Ordnung der Stadt! Er hetzt das Volk auf! Und nun laufen ihm die Sklaven und Habenichtse hinterher und glauben die ungeheuerlichen Dinge, die er sagt. Bald werden sich die Sklaven gegen ihre Herren auflehnen oder einfach fortlaufen. Du musst unbedingt etwas unternehmen, Abu Talib!«
Auch andere Stammesgenossen teilen die Befürchtungen und blicken erwartungsvoll auf Abu Talib ibn al Muttalib, einen der einflussreichsten Männer der Stadt Mekka. Wenn einer für Ordnung sorgen kann, dann er. Aber er scheint noch zu zögern.
»Und was genauso schlimm ist«, brüllt ein bärtiger Mann mit scharfen Gesichtszügen, »die Händler und Pilger werden nicht länger in unsere Stadt kommen und unsere Märkte und Heiligtümer besuchen.«
Die Lage ist ernst. Deshalb haben sich die einflussreichen Männer der Stadt zu einer wichtigen Sitzung getroffen. Bei dieser Versammlung geht es nicht wie sonst um die Organisation der Märkte, nicht um die Verteilung von Wasser an die Pilger.
Nein, es liegt Streit in der Luft. Die Männer sind sehr verärgert. Ein Mitglied ihres Stammes und Bewohner Mekkas hat für Aufsehen und Unruhe gesorgt, hat ihre gesamte Lebensordnung radikal infrage gestellt. »Dass es nur einen Gott geben soll, ist ungeheuerlich. Wenn wir Mohammed nicht vernichten, ist unser Wohlstand in Gefahr!«, empört sich Abu Djahl. Die anderen nicken zustimmend.
Jedes Jahr strömen Massen von Pilgern und Kaufleuten nach Mekka, um ihre drei Göttinnen alLat, alUzza und Manat anzubeten. Dazu besuchen sie die Kaaba, ein großes, würfelförmiges Haus. An einer Ecke der Kaaba ist ein schwarzer Stein eingemauert, der für die Anbetung eine wichtige Bedeutung hat. Aus ganz Arabien pilgern Beduinen hierher, zu ihrem gemeinsamen Heiligtum.
An diesen Tagen wimmelt es in Mekka von Menschen und Tieren. Überall riecht es nach köstlichen Speisen und exotischen Gewürzen. Die Besucher schmausen und zechen zusammen, treffen Absprachen, verbreiten Neuigkeiten. Manchen Pilgern sind der Markt und das Vergnügen sogar wichtiger als der Besuch der Kaaba.
Wenn sie die Wallfahrt beendet haben, kehren die Pilger aus den benachbarten Stämmen in ihre Stammesgebiete zurück. Auch wenn es dort immer wieder zu Streitigkeiten und Kämpfen kommt: Während der Wallfahrt herrscht Waffenruhe. Niemand, der als Pilger in Mekka weilt, darf mit Angehörigen eines anderen Stammes Streit anfangen, selbst wenn Fehden und Überfälle zwischen diesen Stämmen gerade an der Tagesordnung sind.
Gerade wegen dieser Vereinbarung ist Mekka der ideale Ort, um Märkte abzuhalten und Handel zu treiben – gilt doch das gesamte Gebiet um die Kaaba als *haram*, als geweihter und geschützter Bereich. Und die Stadt, die

222
Die Erzählung spielt in einer Zeit, da Mohammed am Anfang seines Wirkens stand. Sie zeigt, wie revolutionär damals seine neuen Lehren waren. Zugleich verschafft sie einen Eindruck von der Bedeutung Mekkas in vorislamischer Zeit, der »Zeit der Dunkelheit« (»Dschahiliya«), wie die Muslime sie nennen.

- Warum findet Mohammed anfangs kaum Zustimmung?
- Beschreibt die Zustände in der Stadt Mekka und das Verhalten ihrer Bewohner.
- Betrachtet ein Symbol (unten) und ein Bild des Propheten. Vergleicht beide Darstellungen miteinander und bedenkt dabei, dass es Muslimen verboten ist, ein Bild Mohammeds anzufertigen.

Der schlanke Buchstabe ist das alif (a), der erste Buchstabe des Alphabets mit dem Zahlenwert 1. Der zweite Buchstabe ist das mim (m), dessen runder Kopf mit einem Ring, dem Mund oder allen kleinen runden Dingen verglichen wird. Sein Zahlenwert ist 40. Es ist der Buchstabe des Propheten.

in einem steinigen Tal liegt, ist auf den Handel und die Pilger angewiesen. Denn in der näheren Umgebung Mekkas gibt es wenig Weideplätze und Ackerland.
All dieses droht Mohammed nun zu zerstören. »Mohammed macht unser Geschäft kaputt!«, fasst einer der Männer zusammen und spricht damit aus, was viele denken.
»Und nicht nur das!«, ergänzt Abu Lahab. »Jetzt schlagen seine Anhänger auch noch die ehrbaren Leute der Stadt zusammen!«

Monika Tworuschka

223. Die Berufung des Propheten

223
Hier wird die berühmte Szene erzählt, wie Mohammed von Gott in der Höhle am Berg Hira bei Mekka zum Propheten berufen wurde. Dabei wird ein alter Text aus der islamischen Tradition zitiert. Ein Teil davon findet sich schon in der 96. Sure, der ältesten des Koran. Chadidja, Mohammeds Frau, glaubte seinen Worten und bestärkte ihn. So wurde sie die erste Muslimin.

»Habt ihr vielleicht Mohammed gesehen?« Chadidja, seine Frau, erkundigt sich sorgenvoll bei Ali, dem zehnjährigen Vetter ihres Mannes, der gerade mit Mohammeds Adoptivsohn Zaid ibn Haritha nach Hause gekommen ist. Beide schütteln den Kopf. »Nein, schon lange nicht. Weißt du denn nicht, wo er ist?« Ali ist enttäuscht darüber, dass Mohammed sich in letzter Zeit so rar macht. Chadidja ist wirklich beunruhigt. Dass Mohammed drei Tage fortgeblieben ist, hat sie noch nicht erlebt. Sie hat Boten ausgesandt, um ihren Mann zu finden. Doch die sind unverrichteter Dinge wieder zurückgekehrt.
»Hoffentlich ist ihm nichts zugestoßen! Mitglieder eines anderen Stammes könnten ihn dort draußen vor der Stadt überfallen oder wilde Tiere ihn angegriffen haben!« Sie will sich gar nicht ausmalen, was alles passiert sein könnte. Außerdem hat Mohammed nicht genug Proviant mitgenommen. »Dass der auch gar nicht an Essen und Trinken denken will, wenn er dort auf dem Berg Ruhe und Einsamkeit sucht!«
Chadidja ist eine praktische Frau und liebt ihren Mann. Aber in letzter Zeit macht sie sich häufig Sorgen. Dann wünscht sie sich, Mohammed würde nicht so lange fortbleiben. Wenn es doch noch so wäre wie früher, als sie sich beide noch täglich um das gemeinsame Geschäft kümmerten!
»Du hast mir gar nichts zu sagen!«, ertönt es hinter dem Haus. Allzu viel Zeit zum Nachdenken bleibt Chadidja nicht. Draußen spielen und toben ihre Töchter mit ihren Freundinnen. »Ganz ruhig geht es bei uns wirklich nicht immer zu!« Chadidja muss ungewollt lachen. Aber Mohammed liebt seine Kinder. Er freut sich jedes Mal, wenn sie ihm entgegenlaufen, und ist ihnen auch selten böse, wenn sie lärmen. Nur in letzter Zeit verlangt es ihn nach etwas mehr Ruhe.
Plötzlich wird Chadidja jäh aus ihrem Grübeln gerissen. »Mohammed kommt zurück!« Ali rennt ihr entgegen und schnappt nach Luft. So schnell ist er gelaufen, dass er eine Staubwolke hinter sich lässt. »Ich habe seine Gestalt genau erkannt. Er muss gleich hier sein!«
Chadidja überlegt, wie sie ein schnelles Mahl bereiten kann, denn Mohammed wird sicher hungrig sein. Schnell entfacht sie ein Feuer und holt einen Topf. Sie ermahnt die Kinder, sich von ihren Freundinnen zu verabschieden und etwas früher als sonst zu Bett zu gehen. Nein, heute duldet sie keinen Widerspruch!
Einige Minuten später kommt ihr Mann zur Tür herein. Müde und hungrig sieht er zwar aus. Aber das angebotene Essen lehnt er geistesabwesend ab. »Später!« Mohammed kauert sich an die Feuerstelle.
Chadidja kann den Blick nicht abwenden. Trotz der Müdigkeit sieht Mohammed heiter und gelassen aus. Zwar ist er innerlich angespannt und ner-

Mohammed im Kreis seiner Freunde, türkische Buchmalerei, 16. Jh.

Seine Gefährten, unter ihnen auch Frauen, tragen die elegante türkische Kleidung ihrer Zeit.

vös. Doch eine besondere Würde scheint von ihm auszugehen. Seine Augen leuchten trotz der dunklen Schatten, die auf mangelnden Schlaf hindeuten. »Er hat zu mir gesprochen!«, murmelt er. Seine Stimme ist nicht mehr als ein raues Wispern. »Der Eine Gott hat zu mir gesprochen!«
Chadidja schaut ihren Mann prüfend an. Könnte er Fieber haben? Oder ist er womöglich durch fehlenden Schlaf und den Hunger überreizt? »Du fühlst dich doch wohl?«
»Noch nie im Leben habe ich mich so wunderbar gefühlt wie heute!« Mohammed spricht mit zitternder Stimme. »Der Eine Gott hat durch seinen Engel mit mir gesprochen, hat mich auserwählt!«
Er scheint zu frieren. »Decke mich zu!«, flüstert er heiser. Chadidja hüllt ihn fest in eine Decke.

»Ich war eingeschlafen«, beginnt Mohammed.
»Da trat der Engel Gabriel zu mir mit einem Tuch aus Brokat, worauf etwas geschrieben stand, und er sprach:
›Lies!‹[1]
›Ich kann nicht lesen!‹, erwiderte ich.
Da presste er das Tuch auf mich, sodass ich dachte, es wäre mein Tod. Dann ließ er mich los und sagte wieder:
›Lies!‹
›Ich kann nicht lesen!‹, antwortete ich.
Und wieder würgte er mich mit dem Tuch, dass ich dachte, ich müsste sterben.
Und als er mich freigab, befahl er erneut:
›Lies!‹
Und zum dritten Mal antwortete ich:
›Ich kann nicht lesen!‹
Als er mich noch einmal fast zu Tode gewürgt und mir wieder zu lesen befahl, fragte ich aus Angst, er könnte es noch einmal tun:
›Was soll ich lesen?‹
Da sprach er:
›Lies im Namen deines Herrn, des Schöpfers, der den Menschen schuf, er schuf ihn aus geronnenem Blut![2] *Lies! Und der Edelmütigste ist dein Herr. Er, der das Schreibrohr*[3] *zu brauchen lehrte, der die Menschen lehrte, was sie nicht wussten.‹*
Ich wiederholte die Worte, und als ich geendet hatte, entfernte er sich von mir.
Als ich erwachte, war mir, als seien die Worte mir ins Herz geschrieben.
Sodann machte ich mich auf, um auf den Berg zu steigen, doch auf halber Höhe vernahm ich eine Stimme vom Himmel:
›O Mohammed, du bist der Gesandte Gottes und ich bin Gabriel.‹
Ohne einen Schritt vorwärts oder rückwärts zu wagen, blieb ich stehen und blickte zu ihm. Dann begann ich mein Gesicht von ihm abzuwenden und zum Horizont schweifen zu lassen, doch in welche Richtung ich blickte, immer sah ich ihn auf die gleiche Weise. Den Blick auf ihn gerichtet, verharrte ich, ohne mich von der Stelle zu rühren. Schließlich wich die Erscheinung von mir und ich machte mich auf den Rückweg zu euch.«

Mohammed schmiegt sich näher an Chadidja. Er fröstelt und sieht erschöpft aus. »Wärme mich. Ich fühle mich eiskalt.«
»Kein Wunder!«, denkt Chadidja. »Wenn das wirklich wahr ist: Ist es vorstellbar, dass Gott wirklich zu Mohammed gesprochen hat?«
Sie muss unbedingt mit jemandem darüber reden. Mohammed ist inzwischen übermüdet am Feuer eingeschlafen, als Chadidja leise das Haus verlässt, um mit ihrem Vetter Waraqa ibn Naufal zu reden.

Monika Tworuschka

1 Mit dem ersten Offenbarungswort wird Mohammed zum Lesen aufgefordert. Schon hier erscheint der Islam als Buchreligion. Die biblischen Propheten werden meist mit »Höre« angesprochen. Der Text entspricht fast wörtlich der 96. Sure.

2 Gott hat den Menschen aus Blut (Sitz des Lebens) geschaffen. Hinweis auf die Schöpfung.

3 Mit dem Schreibrohr, das nicht materiell verstanden werden darf, fertigt Gott den heiligen Text (Koran) an und offenbart den Menschen Dinge, die sie bisher nicht gewusst haben. Darin erweist er sich von allem Anfang an als der Gnädige.

224
Der Islam kennt 99 Namen Gottes. Sie alle werden im Koran genannt. Der hundertste Name Gottes ist unaussprechlich.
Man kann die Namensliste in der Klasse verteilen lassen und folgende Aufgaben stellen:

- Welche 5 (10) Namen gefallen dir am besten? Warum?
- Welche Namen verstehst du nicht?
- Welchen Namen möchtest du hinzufügen?
- Welchen Namen, den Jesus oft für Gott verwendet, vermisst du? (Vater) Warum fehlt er in der Aufstellung? (Gott hat keinen Sohn, Ablehnung der Dreifaltigkeit)

»Es gibt keinen Gott außer Allah«, islamische Kalligraphie (Schönschreibkunst).

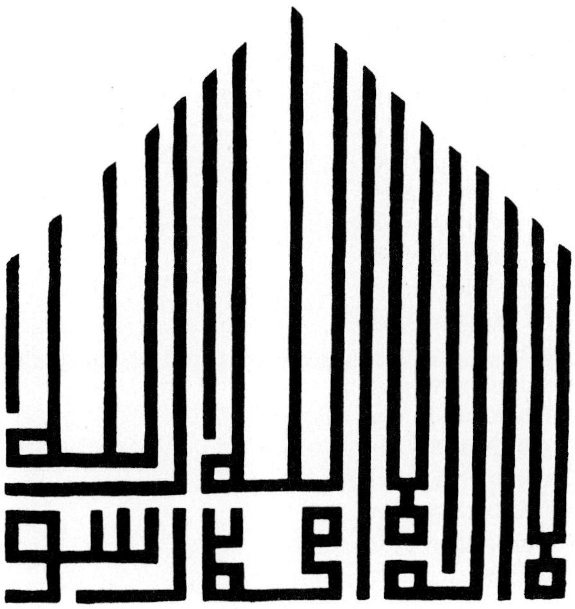

224. Die schönsten Namen Gottes

Gott,
der Erbarmer, der Barmherzige,
der König, der Heilige, das Heil,
der, der Gewissheit gibt, der Beschützer, der Mächtige
der Gewaltige, der Stolze,
der Schöpfer, der Erschaffer, der Gestalter,
der Verzeihende, der Besiegende, der Freigebige, der Versorgende,
der Ebnende
der Wissende, der, der eng macht, der, der weit macht,
der, der erniedrigt, der, der erhöht,
der, der Macht verleiht, der, der demütigt,
der Hörende, der Sehende,
der Richter, der Gerechte
der Feinfühlige, der Kluge, der Kundige, der Milde, der Großartige,
der Vergebende, der Dankbare,
der Erhabene, der Große,
der Hüter, der Ernährer, der Abrechnende,
der Ehrwürdige, der Vortreffliche,
der Bewacher, der Erhörende,
der Umfassende, der Weise, der Liebreiche,
der Glorreiche, der Wiedererweckende,
der Zeuge, der Wahrhaftige, der Sachwalter,
der Starke, der Standhafte, der Freund,
der, der des Lobes würdig ist,
der Erfassende (Aufzeichnende),
der beim ersten Mal erschaffen hat, der wieder erschaffen wird,
der Lebensspendende, der, der sterben lässt,
der Lebendige, der in sich Bestehende,
der ins Dasein Rufende, der Edle,
der Eine,
der Souveräne, der Mächtige, der Allmächtige,
der, der die Dinge früher schickt, der, der die Dinge später schickt,
der Erste, der Letzte,
der Offenbarte, der Verborgene,
der Herrschende, der Transzendente,
der Gütige, der Gnädige, der Rächer,
der Nachsichtige, der Mitleidige,
der, der die Königsherrschaft besitzt,
der, der die Majestät und die Verehrung besitzt,
der gerecht Handelnde, der Versammelnde,
der Reiche, der reich Machende,
der Verbietende,
der, der Schaden schickt, der, der Nutzen schickt,
das Licht, der Rechtleitende,
der ohnegleichen Schaffende,
der Bleibende, der alles Erbende,
der, der auf den rechten Weg bringt,
der Geduldige.

Islamisches Gebet

225. Ein ägyptisches Mädchen lernt die Gebete

Es war Tante Nimat, die Tante meiner Freundin Raga, die mich in die Gemeinde der Gläubigen einführte und mich als Erste das Beten lehrte. Ragas Tante war sehr konservativ, trug ausschließlich lange Kleider, die ihre Arme und Beine bedeckten, und schlang sich stets ein Tuch um den Kopf, unter dem sie ihre Haare versteckte. Da diese Bekleidung mich schon lange faszinierte, weil meine eigene Familie nicht so konservativ war, stimmte ich freudig zu, als Raga mir eines Nachmittags vorschlug, bei ihrer Tante Tee zu trinken. Damit begann eine Reihe nachmittäglicher Zusammenkünfte, bei denen ich zu meiner Identität als Muslima und wahre Gläubige fand.
Ein großer Teil von Tante Nimats religiösen Unterweisungen war mir zwar schon bekannt, aber ich war noch nicht alt genug gewesen, um die Schriften des Korans wirklich in mich aufzunehmen und zu verstehen. Ich wusste, zum Beispiel, dass der Koran das Wort Allahs enthielt, wie es der Engel Gabriel dem Propheten Mohammed im Jahre 610 n. Chr. offenbart hatte, und dass im Koran Allah selber sprach. Ich kannte auch die fünf Säulen meiner Religion, die Rituale und Moralgesetze des Islam, die niemals gebrochen werden durften: das Bekenntnis des Glaubens an Einen Gott, das Gebet, die Wohltätigkeit, das Fasten und die Pilgerfahrt nach Mekka für jene, die es sich finanziell leisten konnten, denn Allah in seiner Barmherzigkeit entband alle, die zu arm oder zu schwach waren, von der Pflicht zu einer solchen Reise.
Schon als Kind hatte ich stets möglichst viele von diesen Pflichten erfüllt. Was ich von Tante Nimat jetzt jedoch lernte, war das muslimische Ritual des Gebets. Das Gebet ist eine fundamentale Pflicht des Islam, so wichtig, dass es als »Schlüssel zum Paradies« bezeichnet wird. Kein Muslim wird je von der Gebetspflicht befreit. Die Kranken, die nicht in der Lage sind, die Gesten des Gebets auszuführen, dürfen im Sitzen beten. Vollkommen Gelähmte, die nicht einmal sprechen können, dürfen mit den Augen beten. Wer sich auf der Reise oder bei einer Besprechung befindet und daher die fünf einzelnen Rufe zum Gebet nicht befolgen kann, darf am Abend alle fünf Gebete auf einmal sprechen. Doch jeder Gläubige *muss* beten. Im Laufe der Zeit, da ich von Tante Nimat die streng vorgeschriebenen Stufen des Gebets erlernte, nahm meine Religion für mich eine ganz neue, tiefere Bedeutung an, wurde mir zur seelischen Offenbarung.
Wir gingen zum Beten nicht in die Moschee. Das war nicht notwendig und es gehörte auch nicht zur Tradition. Obwohl der Prophet den Frauen nicht ausdrücklich verbot, in der Moschee zu beten, riet er uns dennoch, unser Gebet in der Zurückgezogenheit des Hauses zu verrichten. Wenn Frauen trotzdem in der Moschee beten wollten, taten sie es von den Männern getrennt im Hintergrund, denn wenn ihre Kleider auch bis zu den Knöcheln reichten, wollten sie sich beim Beten nicht schamlos vorkommen. Ich zog es vor, allein oder mit meiner Familie zu Hause zu beten. Mein Glaube an Gott war sehr persönlich. Und das Gebetsritual war überall gleich.
Zuallererst lernten wir von Tante Nimat Reinlichkeit, denn von einem Menschen, der unrein und schmutzig ist, nimmt Allah keine Gebete an. In den Moscheen gab es große *hanafiyas* – Wasserhähne, an denen die Männer vor dem Gebet ihre Waschungen vollzogen. In den meisten Häusern – wie auch im Haus von Tante Nimat – gab es für das Reinigungsritual im Bad ein kleines *hanafiya* aus verzinktem Kupfer. Falls kein Wasser vorhanden war, durfte der Gläubige zur Gebetsstunde in der Wüste statt Wasser zum Beispiel Staub oder Sand verwenden.

225
Die ägyptische Schriftstellerin Jehan Sadat (→ ZdF S. 261 f), Frau des ägyptischen Ministerpräsidenten Anwar al Sadat, erzählt hier, wie sie bei der Tante ihrer Freundin die Gebete des Islam kennen lernt. Dabei erfährt sie etwas über die Waschungen, die Worte, die Handhaltungen und Positionen beim Beten.

- Beschreibt, wo das Gebet der Muslime stattfindet, welche Zeremonien vorausgehen, welche Haltungen üblich sind und was diese Haltungen bedeuten.
- Vergleicht das Gebet der Muslime mit dem Beten der Christen.

Schüler in einer Koran-Schule in Oman, Arabien.

Auf Roda hatten wir natürlich reichlich Wasser. Und wir waren eifrige Schülerinnen. An jedem Nachmittag gingen Raga und ich zunächst mit Tante Nimat ins Bad und sahen zu, wie sie sich dreimal die Hände wusch, sich dreimal mit Wasser aus der rechten Hand den Mund spülte, die Nase reinigte, das Gesicht, die Arme bis zu den Ellbogen, den Kopf, die Ohren, den Hals und zuletzt die Füße bis zu den Knöcheln hinauf. Das alles dauerte bei ihr höchstens zwei Minuten, während Raga und ich uns noch sehr viel mehr damit abplagen mussten und wesentlich länger brauchten. Zum Glück für uns wurden diese Reinigungen, solange wir seit der letzten Waschung nicht bewusst eine unreine Handlung vollzogen hatten, nicht vor jedem der fünf Gebete des Tages verlangt.

Wenn wir all diese Körperteile dreimal gewaschen hatten, ging Tante Nimat mit uns in ihr Schlafzimmer, wo wir barfuß und mit dem Gesicht nach Mekka zu beten begannen. Wir beide standen stets ein paar Schritte hinter ihr. Aufgrund ihres Alters und ihre Kenntnisse war sie der Imam, der Vorbeter, und verantwortlich für den Ablauf der Bewegungen aller übrigen Gläubigen, in diesem Fall zweier kleiner Schulmädchen in grünen Pullovern. Die flachen Hände rechts und links ans Gesicht gelegt, riefen wir gemeinsam »*Allahu Akbar*« – Allah ist groß – und begannen mit dem Nachmittagsgebet. Die übrigen Gebete wurden kurz nach Sonnenuntergang, bei Einbruch der Nacht, wenn es ganz dunkel war, unmittelbar vor Tagesanbruch und kurz nach zwölf Uhr mittags gesprochen. Keines der Gebete durfte jedoch genau bei Sonnenaufgang oder -untergang beginnen, denn das sind die Zeiten, zu denen die Heiden die Sonne angebetet hatten. Nach jedem Gebet sprachen die frömmsten Muslime noch zwei weitere, freiwillige. Raga und ich begannen an diesen Nachmittagen allerdings überhaupt erst damit, wahrhaft unserem Glauben zu folgen.

»Islam« bedeutet auf Arabisch Unterwerfung, und »Muslim« ist einer, der sich unterwirft. Diese Definitionen erhielten für mich eine ganz neue Bedeutung, wenn wir, nach dem gemeinsamen Lesen einiger weiterer Passagen der Heiligen Schrift, Tante Nimats Niederwerfungen nachahmten. Ein Teil der Kraft eines Gebets entspringt der Disziplin bei diesen Prostrationen (Niederwerfungen), die auch den Glauben stärkt. Indem er sich nach Mekka wendet und mit der Stirn den Boden berührt, bezeugt der Gläubige symbolisch seine Verpflichtung, sich Allah zu unterwerfen. Ganz ähnlich symbolisieren die Waschungen vor dem Gebet unser Bedürfnis, im Dienste Allahs sauber und rein zu bleiben. Die Häufigkeit der Gebete mahnt uns überdies daran, dass wir den Glauben niemals aus den Gedanken verlieren dürfen, denn dadurch, dass wir alle drei bis vier Stunden innehalten und Allahs Worte sprechen müssen, sorgen wir dafür, dass wir uns niemals von Ihm entfernen.

Wie einfach sahen bei Tante Nimat die Niederwerfungen aus! Mit einer einzigen, geschmeidigen Bewegung verneigte sie sich aus der Hüfte, richtete sich auf, glitt auf die Knie und berührte mit Nase und Stirn den Boden, während sie zugleich in jeder Stellung dreimal betete: »Allah ist der Größte. Ich preise die Vollkommenheit meines Herrn, des Höchsten.« Dann wie-

derholte sie ihre Niederwerfungen noch zweimal, während wir ihrem Beispiel zu folgen versuchten. Wenn wir dann wieder aufrecht standen, sprachen wir gemeinsam das Glaubensbekenntnis: »Es gibt keinen Gott außer Allah, und Mohammed ist Sein Prophet.«
Wir beendeten das Ritual, indem wir erst zu rechten und dann zur linken Schulter blickten und dabei jeweils zu den Schutzengeln sagten, die über uns wachen: »Friede sei mit dir und die Gnade Allahs.«
Diese Nachmittage bei Ragas Tante waren für mich eine wahrhafte religiöse Geburt, die in mir das Bedürfnis weckte, noch mehr zu lernen.

Jehan Sadat

226. Zakat und Saum – Pflichtabgabe und Fasten

226
Ein Muslim erzählt seinen Kindern von der dritten und vierten Säule des Islam

- Gibt es ähnliche Abgaben auch für Christen?
- Warum fasten Muslime, Christen und nichtreligiöse Menschen?

→ T. 182

Der Vater erzählt Hassan und Leila:
»In vielen Ländern, wo Muslime wohnen, gibt es Kamele. Diese Tiere sind sehr nützlich und auch wertvoll. Man muss alle Tiere gut behandeln. Die Kamele tragen schwere Lasten. Sie können viele Tage ohne Wasser auskommen. Darum trinken sie an anderen Tagen umso mehr. Die Muslime, die in der Wüste lebten, haben aus der Kamelwolle auch Stoffe und Zelte gemacht. Das Fleisch haben sie gegessen.
Wer früher mehr als 25 Kamele hatte, musste den Armen ein ganz großes Kamel geben. Wer mehr als 76 Kamele hatte, musste den Armen zwei Kamele geben.
Heute haben die meisten Muslime nicht mehr so viele Kamele. Aber alle geben von ihrem Besitz den Armen. Das, was wir geben, nennt man Zakat, d. h. Pflichtabgabe.«

Leila und Hassan fragten ihren Onkel Ismail: »Warum fasten wir eigentlich?«
»Nun«, antwortete der Onkel, »durch das Fasten lernen wir viele Dinge. Zuerst lernen wir, wie gut Allah für uns Menschen sorgt. Das ganze Jahr über haben wir genug zu essen. Darum erinnern wir uns im Monat Ramadan daran, dass wir Allah für unsere Nahrung dankbar sein sollen.« Leila dachte nach. »Das stimmt wirklich. Wenn ich jeden Tag so viele Süßigkeiten esse, wie ich nur bekommen kann, und dann aber ein paar Tage keine Süßigkeiten habe, dann merke ich erst, wie gut sie schmecken.«
Onkel Ismail fuhr fort: »Es gibt noch andere Gründe zum Fasten. Wenn wir fasten, lernen wir auch einmal einen Tag ohne Essen auszukommen. Das ist sehr nützlich. Man weiß dann, dass man es aushalten kann. Wenn es dann wirklich geschieht, dass man einen Tag nichts zu essen hat, bekommt man nicht so schnell Hunger und ist auch nicht so verzweifelt.« »Ja«, rief Hassan, »das verstehe ich.« »Aber es gibt noch einen besseren Grund zum Fasten«, sagte Onkel Ismail. »Wenn wir nichts essen, denken wir an die Menschen, die arm und in Not sind und nichts zu essen haben.«
Hassan wurde traurig. Er konnte sich gar nicht vorstellen, dass man nichts zu essen haben kann. Aber er hatte schon davon gehört, dass es viele Kinder auf der Erde gibt, die jeden Tag hungern. Onkel Ismail erklärte dann weiter: »Wenn wir fasten, denken wir an die Leute, die nichts zu essen haben. Das, was wir dabei sparen, sollen wir den Armen geben, die hungern.«
»Das ist eine gute Idee«, riefen Hassan und Leila. Und sie freuten sich, dass sie auch als Kinder mit dem Fasten schon ein bisschen anfangen durften. »Später, wenn wir älter sind, können wir den ganzen Monat fasten.«

227
Onkel Ismail und Tante Fatima erzählen ihrer Nichte Leila und ihrem Neffen Hassan von ihrer Pilgerfahrt nach Mekka, der fünften Säule des Islam.

- An welche wichtigen Stationen kommen die Pilger auf ihrer Fahrt?
- Welche Bedeutung hat die Wallfahrt nach Mekka für die Muslime?
- Haben Christen eine ähnliche Pflicht zur Wallfahrt? Warum und wohin pilgern sie?

227. Hadsch – die Wallfahrt nach Mekka

Onkel Ismail und Tante Fatima waren vor kurzem in Mekka zum Hadsch. Hadsch ist das arabische Wort für Pilgerfahrt. Onkel Ismail erzählte: »Dort in Mekka waren viele, viele Menschen. Sie sind aus allen Ländern gekommen.«
»Ja«, sagte Tante Fatima, »es waren Männer und Frauen. Sie sind alle gekommen, weil es im Koran geschrieben steht. Islam bedeutet ja, dass man die Schahada sprechen soll, dass man fünfmal am Tag betet, im Monat Ramadan fastet, den Armen Zakat gibt und dass man nach Mekka pilgert.«
»Und was habt ihr da gemacht?«, fragte Leila.
»Wir haben die Pilgerfahrt gemacht, wie es uns der Prophet Muhammad gesagt hat«, erklärt Onkel Ismail. »Zuerst sind wir zu einem kleinen Berg gegangen, bei Arafat. Dort haben wir den ganzen Tag lang gewartet und zu Allah gebetet. Dann, am Abend, sind wir weitergegangen in ein Tal. Dort haben wir ein paar Steinchen gesammelt. Am nächsten Tag sind wir nach Mina gekommen. Mina ist ein Dorf in der Nähe von Mekka. Dort stehen drei hohe Steine. Da haben wir die kleinen Steinchen hingeworfen, die wir in der Nacht gesammelt hatten. Dabei haben wir gedacht: Jetzt werfen wir auf den Iblis (der Teufel) mit Steinen, damit er uns in Ruhe lässt. Dann haben wir ein Schaf geschlachtet.«
»Halt«, rief Hassan, »das ist in Erinnerung an den Propheten Ibrahim.«
»Richtig«, sagte Tante Fatima, »du weißt ja sehr gut Bescheid. Nachher erzählst du mir noch einmal die Geschichte vom Propheten Ibrahim, ja?«
Dann berichtete Onkel Ismail weiter: »Später sind wir nach Mekka gegangen. Dort in der Moschee steht die Ka'ba. Die Ka'ba ist ein großes Haus aus Steinen, ohne Fenster und mit einem flachen Dach. Sie sieht wie ein riesiger Würfel aus. Um die Ka'ba sind wir siebenmal herumgegangen.«
»Es war der Prophet Ibrahim und sein Sohn Ismail, die haben die Ka'ba gebaut«, sagte Leila.
»Ja«, sagte Tante Fatima, »aber weißt du auch warum?«
»Nun«, erklärte Onkel Ismail, »sie haben ein großes Steinhaus gebaut, weil sie Propheten waren und von Allah Worte gehört hatten. Auf diese Worte von Allah haben sie gehört. Sie wollten, dass die Menschen sich immer an Allah erinnern, wenn sie an diesem Haus vorbeikommen. Darum haben sie das Haus gebaut, und darum gehen die Muslime immer zur Pilgerfahrt.«
»Kann man auch in das Haus hineingehen?«, wollte Leila wissen.
»Das braucht man nicht«, sagte Onkel Ismail. »Es ist ja kein richtiges Haus. Es genügt ja, wenn man es von außen sieht. Wenn man um die Ka'ba herumgeht, dann wird man daran erinnert, dass Allah den Propheten immer Worte geschickt hat, die sie den Menschen sagen sollten. Damit man sich daran erinnert, dazu ist das Haus da. Allah hat den Menschen sehr viele Propheten gesandt. Der erste war ja Adam. Und Muhammad war der letzte. Alle Propheten haben den Menschen gesagt: Ihr sollt nur an Allah glauben. Er hat euch geschaffen und die Pflanzen und die Tiere, damit ihr zu essen habt. Ihr sollt nur zu Allah beten und das Gute tun.«
Noch lange erzählten Tante Fatima und Onkel Ismail von Mekka. Sie sprachen davon, wie viele verschiedene Menschen dort hinkommen, manche mit ganz schwarzer Hautfarbe, andere mit weißer oder mit schöner brauner. Aber alle sind wie Geschwister. Denn sie sind ja Muslime, die an Allah glauben und das tun, was ihnen der Prophet Muhammad gesagt hat.
Wenn ich mal groß bin, dachte Hassan, dann mache ich auch eine Pilgerfahrt nach Mekka.

Ahmed von Denffer

228. Diese lausigen Teppiche

Die türkischen Gastarbeiter waren froh, dass sie eine Wohnmöglichkeit gefunden hatten. Der Besitzer einer größeren Wohnung in Kreuzberg hatte seine Zimmer mit Betten vollgestellt und für viel Geld an sie vermietet. Nur in der Küche konnte man sich noch einigermaßen bewegen. So entrollten die Männer hier ihre Gebetsteppiche, um die vom Koran vorgeschriebenen Gebete in Richtung Mekka zu verrichten. Als sie beginnen wollten, betrat der Wohnungsinhaber den Raum, stieß die Teppiche mit dem Fuß zur Seite und sagte: »Was soll der Quatsch? Schafft diese lausigen Teppiche raus!«

Udo Kelch

228
Ein deutscher Vermieter in Berlin zeigt völliges Unverständnis für muslimisches Beten.

- Könnt ihr dem Vermieter einen Brief schreiben?

229. Ibrahim und Ismail

Ibrahim und Sara wurden alt, aber sie hatten keine Kinder, obwohl sie sich sehr Kinder wünschten und Allah versprochen hatte, Ibrahim zum Stammvater eines großen Volkes zu machen. Als sie eines Tages traurig daran dachten, wie schön es doch wäre, wenn sie wenigstens ein Kind hätten, sprach Sara: »Warum heiratest du nicht Hagar als zweite Frau? Sie ist eine gute Frau, und vielleicht bekommt sie Kinder.«
So geschah es dann auch. Ibrahim heiratete Hagar und nach einiger Zeit wurde ein Sohn geboren, den sie Ismail nannten.
Zu dieser Zeit befand sich Ibrahim mit seiner Familie auf der Reise nach Süden, die alte Karawanenstraße nach Jemen entlang. Dort, wo heute Mekka liegt, hatte Adam einst Hawwa (Eva) wiedergetroffen. Er hatte die Offenbarung erhalten und das erste Gebetshaus für die Menschen gebaut. Nun aber gab es dort nichts als kahle, wasserlose Wüste.
Dennoch befahl Allah Ibrahim, seine Frau Hagar und seinen kleinen Sohn Ismail an dieser Stelle zurückzulassen, damit durch sie der Ort wieder bewohnt würde. Im Vertrauen darauf, dass Allah für die beiden sorgen würde, zog Ibrahim allein weiter, wobei er betete: »Mein Herr, mache aus diesem Platz einen Ort der Sicherheit, und gib seinen Bewohnern Nahrung und Früchte, soweit sie an Allah und den Tag der Auferstehung glauben.« Allah erwiderte: »Auch diejenigen, die nicht glauben, will ich eine Zeit lang in Frieden leben lassen, aber dann will ich ihnen ihre Strafe zuteilen, und Verderben ist das Ziel ihres Weges.« Da saßen Mutter und Kind mitten in der Wüste, ohne einen Baum oder Strauch in der Nähe, wo sie Schatten hätten finden können. Nicht einmal einen Brunnen gab es dort. Ja, wo sollten sie denn überhaupt Wasser finden? Unbarmherzig brannte die Sonne vom wolkenlosen Himmel herab und schon fing der kleine Ismail an, vor Durst zu weinen. Die Mutter lief verzweifelt zwischen den Hügeln hin und her, um zu sehen, ob sie nicht irgendwo eine Spur von Wasser entdecken könnte. Da erschien ein Engel und sprach zu ihr: »Hab keine Angst! Allah hat schon für dich und dein Kind gesorgt.« Und richtig, wo der kleine Ismail lag, sprudelte eine Quelle aus dem Boden hervor, so dass die beiden davon trinken konnten. Diese Quelle gibt es bis heute, es ist der Brunnen Zamzam.
Nicht lange darauf kam eine Karawane vorbei. Die Leute waren überrascht, an dieser verlassenen Stelle nicht nur eine Quelle, sondern auch eine Frau mit einem kleinen Jungen zu finden. Sie hielten an, um Rast zu halten, und einige beschlossen sogar, an der Quelle ihre Zelte aufzuschlagen und dort wohnen zu bleiben. Als Ibrahim nach einiger Zeit wiederkam, traf er nicht nur Frau und Sohn wohlbehalten an, sondern fand eine ganz neue Stadt vor.

229
Die Muslime erzählen die Geschichten von Ibrahim, Sara, Isaak, Hagar und Ismail anders als die Bibel.

- Was und wie erzählt die Bibel von Abraham, Sara, Isaak, Hagar und Ismael? Lest dazu Gen 16, 1-15; 17,23-27; 21,9-21.
- Nach der Bibel soll Abraham nicht Ismael, sondern Isaak opfern. Warum sehen das die Muslime anders als die Juden? (Für die Juden ist Isaak ist der Stammvater des jüdischen Volkes, Ismael der Urahn der Araber.)

→ T. 61

Biblische Namen	Islamische Namen
Eva	Hawwah
Abraham	Ibrahim
Ismael	Ismail
Josef	Yussuf
Jesus	Isa
Maria (Mirjam)	Marjam

Denn die reisenden Kaufleute waren froh, mitten auf ihrem weiten Weg einen angenehmen Rastplatz zu finden, und manche tauschten ihre Waren schon hier oder siedelten sich in diesem Tal an. So entstand die Stadt Mekka.
Bis heute laufen die Pilger siebenmal zwischen den Hügeln Safa und Marwa hin und her und denken dabei an Ismail und seine Mutter, und später trinken sie Wasser aus dem Brunnen Zamzam.
Nun war es bekannt, dass Ibrahim Allahs Freund war und Ihn mehr liebte als alles in der Welt. Er liebte sicher auch seine Familie, ja sogar seinen ungläubigen Vater, und seinen kleinen Sohn Ismail liebte er noch mehr. Aber Allah wollte vor der ganzen Welt zeigen, dass Ibrahim Allah noch weit mehr liebte als seinen einzigen Sohn. Als daher Ismail alt genug war, um mit seinem Vater reisen zu können, befahl Allah Ibrahim im Traum, Ismail zu opfern.
Am nächsten Morgen sprach Ibrahim zu Ismail: »Mein lieber Sohn, Allah hat mir befohlen, dich zu opfern. Was meinst du dazu?«
Und der Junge sprach: »Vater, tu, was Allah dir befohlen hat, und ich will mir Mühe geben, standhaft zu sein.«
Da sprach Ibrahim zu Hagar: »Zieh Ismail die besten Kleider an, denn wir wollen einen lieben Freund besuchen gehen.« Dann nahmen sie Abschied von der Mutter und wanderten, bis sie an einen bestimmten Berg kamen.
Unterwegs aber lauerte der Teufel. Der hatte sich schon lange geärgert, dass er Ibrahim nicht von seinem Glauben abbringen und nicht einmal falsche Gedanken einflüstern konnte. Nun meinte er, Ibrahim hätte nach diesem schweren Beschluss, seinen einzigen Sohn zu opfern, vielleicht Zweifel in seinem Herzen. Er sprach zu Ismail: »Wo gehst du hin? Du bist doch noch viel zu jung zum Sterben«, und zu Ibrahim sprach er: »Das kann doch wohl nicht richtig sein. Wie kann Allah einen so unmenschlichen Befehl geben, und noch dazu seinem Freund?«
Aber Ibrahim und Ismail wussten mit Gewissheit, dass Allah das Beste für die Menschen vorhat, und dass Er sie ebenso liebte wie sie Ihn. Mit Steinen vertrieben sie den Verführer und er verschwand.
Endlich gelangten sie auf den Berggipfel und Ibrahim legte Ismail auf einen Stein und zog sein Messer heraus, um ihn zu töten. Aber das Messer konnte mit einem Mal nicht schneiden und Allah sprach zu Ibrahim: »Ibrahim! Du hast deine Mission schon erfüllt. Dies war in Wirklichkeit eine Prüfung.« Und als Ibrahim seinen Sohn freigelassen hatte, fanden sie im nahen Gebüsch ein Schaf. Das opferten sie an Ismails Stelle.
Zur Erinnerung an diese Geschichte feiern die Muslime jedes Jahr das Opferfest (Id al-Adha). Viele Tausende von ihnen befinden sich zu dieser Zeit in Mekka, wo Ibrahim und Ismail damals lebten. Wer es kann, schlachtet ein Schaf und verteilt das Fleisch an die Armen und an Freunde und Verwandte.
Ibrahim ist ein Beispiel für die Menschen, wie im Koran zu lesen ist. Seine Liebe zu Allah ist der wahre Islam. Und wer ist ein besserer Freund als Allah?

Halima Krausen

230. Der Geist geht zu Fuß

Ein hochbetagter, strenger Muslim ließ sich zur Pilgerzeit dazu bewegen, diesmal statt des beschwerlichen Fußwegs nach Mekka das Flugzeug zu besteigen. Zurückgekehrt und befragt, wie es denn gewesen sei, meinte der Alte: »Ich weiß es nicht. Mit dem Geist bin ich nicht in Mekka gewesen. Denn der Geist geht zu Fuß.«

Jürgen Habermas

231. Das Beiramfest

Wir wohnen in Berlin, in einem großen Mietshaus mit vielen Wohnungen. Seit einem halben Jahr wohnt auch eine türkische Gastarbeiterfamilie in diesem Haus. Sie sind Muslime. Sie glauben an Allah und leben nach den Lehren des Propheten Mohammed. Sie haben zwei Kinder. Der Junge heißt Halef, das Mädchen Mirjam. Wir haben uns schon etwas mit ihnen angefreundet. Am Weihnachtsabend hatten wir sie zu uns eingeladen. Sie kannten Weihnachten gar nicht. Über den Lichterbaum haben sie sehr gestaunt. Als wir ihnen unsere Geschenke gaben, waren sie ganz verlegen. Sie wussten nicht, wie sie sich bedanken sollten. Man merkte, dass sie sich freuten. Aber sie können erst sehr wenig Deutsch sprechen.
Später wurden wir von ihnen zum Beiramfest eingeladen. Beiramfest? Das war komisch. Davon hatten wir nie gehört. Wahrscheinlich ist es für uns genauso komisch wie Weihnachten für die Muslime.
Halef erklärte es uns: »Wir Muslime einmal im Jahr fasten. Gar nicht essen und trinken. Einen Monat lang. Monat heißt Ramadan.«
Barbara, meine Schwester – ich heiße übrigens Michael, konnte sich das gar nicht vorstellen. »Einen ganzen Monat lang? Muss man da nicht verhungern?« Halef musste lachen: »Ist nicht so schlimm. In der Nacht wir dürfen essen. Nur am Tag nicht!«
»Musst du auch fasten, Halef?«, wollte meine Schwester wissen. »Ich nicht«, sagte er, »nicht Kinder, nicht alte Leute, nicht kranke Leute, nicht Leute auf der Reise.«
»Und wenn der Monat zu Ende ist … wie heißt der noch? (Ramadan – Barbara kann so was aber auch gar nicht behalten.) Und was ist dann?«, fragte Barbara. »Dann ist Beiramfest«, sagte Halef, »dann ist Ende von Fasten, dann warten wir auf Dunkelheit.«
»Und dann, wie feiert ihr? Auch mit einem Lichterbaum, auch mit Geschenken?«
Halef machte ein geheimnisvolles Gesicht: »Ich verrate nicht!«
Dann war es soweit. Ich durfte mit Halef und seinem Vater zusammen in die Messehallen am Funkturm fahren. Dort sollte für die türkischen Gastarbeiter der große Gottesdienst gehalten werden. Tausende von Männern knieten in langen Reihen in der großen Halle. Alle hatten das Gesicht in eine Richtung gewendet – nach Mekka. Mekka in Arabien ist ihre heilige Stadt. Aus Mekka ist ihr Prophet Mohammed gekommen. Dort gibt es die Kaaba mit einem heiligen schwarzen Stein. Sie machen immer Wallfahrten dorthin.
Von den Gebeten und der Predigt habe ich nichts verstanden. Aber etwa kann ich nicht vergessen. Sie hatten einen Vorbeter. Der sang mit mächtiger Stimme. Und immer, wenn er »Allahu akbar« sang (das bedeutet: Gott ist groß), dann knieten alle nieder und berührten mit dem Kopf die Erde. Immer wieder tönte dieses »Allahu akbar« durch die weite Halle und wie ein Mann beugte sich die Menge zur Erde nieder.
Zum Schluss des Gottesdienstes verneigten sich alle zuerst nach rechts und dann nach links und wünschten sich dabei gegenseitig den Frieden und das Erbarmen Gottes. – So hat es mir Halef später erklärt.

231
Barbara und Michael, zwei deutsche Kinder aus Berlin, laden türkische Kinder zum Weihnachtsfest ein. Sie werden später von diesen zum Beiramfest eingeladen, das den Fastenmonat Ramadan beschließt.

- Warum sollten Muslime christliche Feste und Christen muslimische Feste kennen lernen und daran teilnehmen?
- Habt ihr selbst auch eine Möglichkeit dazu?

Die Qiblawand gibt die Ausrichtung nach Mekka vor.

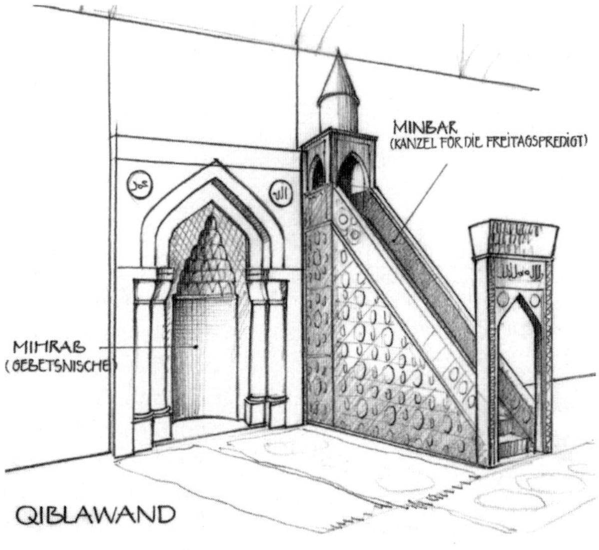

Danach standen alle auf und in freudiger Stimmung strömten wir zur U-Bahn, um möglichst schnell nach Hause zum großen Festmahl zu kommen. In der Bahn fiel mir auf, dass alle Türken neue, festliche Kleidung trugen. Ich machte Halef darauf aufmerksam. »Das ist so bei Beiramfest«, sagte er, »da wir alle haben neue Kleider.«
Zu Hause waren schon viele Verwandte und Freunde versammelt, die nun stürmisch begrüßt wurden. Alle umarmten sich, wünschten sich Glück und beschenkten sich mit kleinen Aufmerksamkeiten. Bald darauf setzten wir uns um den großen Tisch und Halefs Mutter trug auf einer schönen Platte einen prächtigen Hammelbraten herein. Wir ließen ihn uns schmecken. Dann erinnerte der Hausvater an die alte Sitte, zum Beiramfest armen Glaubensgenossen eine Freude zu machen. Es wurden Päckchen gepackt und von einigen Männern zu Landsleuten gebracht, die ohne Arbeitserlaubnis nach Berlin gekommen waren und die in großer Not lebten.
Immer mehr Freunde und Bekannte kamen und gingen. Auch unsere Eltern wurden eingeladen. Unsere Mutter wollte zuerst nicht, aber Vater hat sie dann doch noch überreden können. Es wurde gesungen, gelacht und getanzt. Einige Männer zeigten einen alten türkischen Tanz. Mit ausgebreiteten Armen drehten sie sich dabei langsam im Kreis. Das sah sehr lustig aus. Wir waren begeistert und klatschten im Takt mit.

Udo Kelch

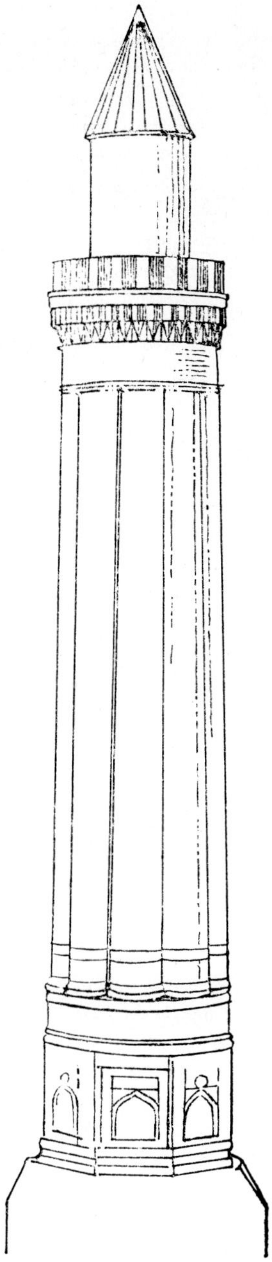

Minarett einer Moschee in Antalya, 13. Jh.

232. Islamische Nächstenliebe

Wer unter euch sind die Bösesten?

• Soll ich mitteilen, wer unter euch die Bösen sind? Sie sagten: O ja, Gesandter Gottes.
Er sagte: Der Böseste unter euch ist derjenige, der allein sitzt, der seine Sklaven geißelt und das Spenden meidet.
• Soll ich euch mitteilen, wer noch schlimmer ist?
Sie sagten: O ja, wenn du willst, Gesandter Gottes.
Er sagte: Wer die Menschen hasst und wen die Menschen hassen.
• Soll ich euch auch mitteilen, wer noch schlimmer ist?
Sie sagten: O ja, wenn du willst, Gesandter Gottes.
Er sagte: Diejenigen, die den Stolpernden nicht hoch helfen, die keine Entschuldigung annehmen und keine Verfehlung vergeben.
• Und soll ich euch auch mitteilen, wer noch schlimmer ist?
Sie sagten: O ja, wenn du willst, Gesandter Gottes.
Er sagte: Der, von dem keiner Gutes erhofft und vor dessen Bosheit keiner sich sicher fühlt.

O Kind Adams

Gott, der Hohe und Erhabene, wird am Tage der Auferstehung sagen:
• *O Kind Adams, ich bin krank gewesen, und du hast mich nicht besucht.*
Er wird sagen: O mein Herr, wie kann ich dich besuchen, wo du doch der Herr der Welten bist?
Er wird sagen: Mein Diener so und so war krank, und du hast ihn nicht besucht. Hättest du ihn besucht, hättest du mich bei ihm gefunden; wusstest du es nicht?
• *O Kind Adams, ich habe dich um etwas zu essen gebeten, und du hast mir nichts zu essen gegeben.*
Er wird sagen: O mein Herr, wie kann ich dir zu essen geben, wo du doch der Herr der Welten bist?

232
Auch im Islam ist Nächstenliebe ein wichtiges Gebot.

- Wie denken Juden und Christen von der Nächstenliebe?
- Vergleicht den Text mit den Worten Jesu: Mt 25,31-46

Er wird sagen: Mein Diener so und so hat dich um etwas zu essen gebeten, und du hast ihm nicht zu essen gegeben. Hättest du ihm zu essen gegeben, hättest du es bei mir gefunden; wusstest du es nicht?

• *O Kind Adams, ich habe dich um etwas zu trinken gebeten, und du hast mir nichts zu trinken gegeben.*

Er wird sagen: O mein Herr, wie kann ich dir zu trinken geben, wo du doch der Herr der Welten bist?

Er wird sagen: Mein Diener so und so hat dich um etwas zu trinken gebeten, und du hast ihm nicht zu trinken gegeben. Hättest du ihm zu trinken gegeben, hättest du es bei mir gefunden; wusstest du es nicht?

Islamische Überlieferung

Muezzin auf dem Minarett.

233. Unser Gast aus Kairo

Wir haben heute einen besonderen Gast beim Mittagessen. Es ist Herr Hassan aus Kairo, ein neuer Geschäftsfreund meines Vaters. Mutter gibt sich darum auch besondere Mühe mit dem Essen. Ein köstlicher Schweinebraten brutzelt im Herd. Vater bittet in der Zwischenzeit Herrn Hassan ein Gläschen Wein an. Aber unser Gast lehnt ab. Vater ist etwas verlegen und fragt, ob er lieber ein Glas Orangensaft trinken möchte. Erfreut nickt unser Gast. Bald darauf kommt Mutter mit der Bratenschüssel herein und wünscht guten Appetit.

Vater möchte dem Gast das schönste Stück vom Braten vorlegen, aber Herr Hassan dankt und legt sich nur ein paar Kartoffeln mit Gemüse auf den Teller. Wir sind alle verlegen. Mutter ist sogar ärgerlich geworden und sagt: »Dabei ist das ein so schöner Braten und ich habe mir so viel Mühe gegeben.« Herr Hassan wird über und über rot und blickt beklommen auf das Tischtuch. Eine peinliche Situation. Ich möchte am liebsten unter den Tisch kriechen, denn mir ist eben eingefallen, was ich bei Karl May gelesen habe, dass Muslime keinen Wein trinken und kein Schweinefleisch essen dürfen. Vater versucht die Situation zu retten: »Sicherlich isst Herr Hassan überhaupt kein Fleisch. Nicht wahr, Sie sind Vegetarier.« Und ehe unser Gast antworten kann, ruft Mutter erleichtert aus: »Natürlich, da werde ich Ihnen aber jetzt schnell ein paar Eier in der Küche braten.« Und schon ist sie zum Zimmer hinaus. Die Stimmung ist verdorben und das Gespräch will nicht mehr in Gang kommen. Da fällt zu allem Überfluss Herrn Hassan noch die Gabel herunter. Vater schickt mich in die Küche, um eine neue zu holen. Dort erkläre ich meiner Mutter, was mir vorhin eingefallen ist. Wenig später betritt Mutter wieder das Esszimmer. Sie sieht Herrn Hassan groß an und beginnt zu sprechen: →←

Herr Hassan ist danach wie ausgewechselt. Am Nachmittag, beim Kaffeetrinken, hat er noch sehr viel von den Sitten und Gebräuchen seiner Heimat erzählt.

Was wird die Mutter in ihrer kleinen Rede gesagt haben?

Was würdet ihr von Herrn Hassan über seine Religion wissen wollen?

Udo Kelch

233

Deutsche Gastgeber setzen einem muslimischen Besucher Schweinefleisch und Wein vor. Sie schaffen damit eine peinliche Situation, die sich aber am Schluss wieder aufhellt, als klar wird, welcher Fehler gemacht wurde.

• Beantwortet die beiden letzten Fragen.

234
Ein muslimisches Kind erlebt in Deutschland viele Dinge, die ihm merkwürdig vorkommen.

- Sich selbst mit anderen Augen sehen – warum ist das so wichtig?
- Andere so sehen, wie sie sich selbst sehen – warum ist das so wichtig?

234. Die Deutschen sind arme Menschen

Die Deutschen! Das Seltsamste an Deutschland ist, dass hier Männer Kinderwagen schieben, dass Radios so billig und Teppiche so teuer sind und dass dauernd Kirchenglocken bimmeln.
In Deutschland gibt es Leute, die haben Geld und sehen trotzdem traurig auf die Erde. Sollen sie doch den Kummer denen überlassen, die kein Geld haben.
Die Deutschen sind pünktlich wie die Eisenbahn. Das kommt daher, dass sie nur ein Gleis kennen, nie vom Wege abgehen, kein Unkraut, keine Blumen in den Seitenwegen pflücken. Sie fahren immer geradeaus, sind pünktlich wie die Eisenbahn und nehmen nichts wahr.
In Deutschland bekommen die Frauen das Haushaltsgeld, das ist unmöglich. Bei uns behält der Mann das Geld. In Deutschland sind die Frauen aber trotzdem arm, arm im Herzen. Sie haben nicht genug Liebe.
Die Deutschen glauben, sie verstehen alles, aber sie verstehen eigentlich nichts. Sie haben Angst vor dem Leben, verstehen so viel von der Liebe wie Steine – eigentlich sind sie arme Menschen, die immer arbeiten, sparen, Häuser bauen. Sie verstehen nicht zu lachen. Sie tun mir so Leid.
Die Deutschen haben Angst vor dem Leben, Angst vor der Natur, Angst vor Afrika. Gott schenkt den Deutschen keine Sonne. Jeden Tag bete ich in Deutschland mit meiner Flöte, damit am nächsten Tag die Sonne kommt.
In Deutschland gibt es viel Reklame. Zu Hause beginnen wir das Leben mit dem Koran, in Deutschland beginnt es mit Reklame. Das ist ein weiter Unterschied.
In Deutschland ist es verboten, nach Ladenschluss noch zu kaufen. Bei uns zu Hause würde die Polizei kommen, wenn die Geschäfte schon spät nachmittags schließen wollten.

Mustapha el Hajaj

235
Der Text erzählt, wie hochachtungsvoll die Muslime von Jesus (Isa) und seiner Mutter Maria (Marjam) sprechen.

- Was glauben die Muslime von Jesus und seiner Mutter?
- In welchen Punkten sind sie der Bibel nahe?
- In welchen Punkten weichen sie davon deutlich ab?

235. Der Prophet Isa

Die Mutter des Propheten Isa (Jesus) hieß Marjam. Manche Leute sagen auch Maria zu ihr. Marjam war sehr fromm. Einmal kam der Engel von Allah zu ihr und sagte: »Bald wirst du einen Sohn bekommen.«
Marjam fragte: »Wie soll ich einen Sohn bekommen? Ich habe ja keinen Mann und bin nicht verheiratet.«
Da sagte der Engel: »Allah ist allmächtig. Wenn Er etwas will, dann wird es geschehen. Du wirst einen Sohn bekommen. Auch Adam hatte ja keinen Vater.«
Marjam glaubte an Allah, und sie wusste, dass Allah allmächtig ist. Der Engel hatte ihr auch gesagt, dass der Name ihres Sohnes Isa sein sollte. Und er hatte gesagt, dass Isa ein großer Prophet sein würde.
Als Isa geboren wurde, war Marjam ganz allein. Sie war sehr traurig und hatte gar nichts zu essen. Aber Allah half ihr. Er ließ einen Bach bei ihr vorbeifließen und gute Früchte auf einem Baum wachsen, der neben ihr war. So brauchte sie nicht Hunger und Durst zu leiden.
Später ging Marjam zu ihrer Familie zurück. Da fragten die Leute: »Woher hast du denn das Kind?« Doch Marjam antwortete ihnen nicht, sondern deutete nur auf ihr Kind. Da fragten die Leute. »Wie können wir mit einem Kind sprechen, das noch in der Wiege ist?«
Darauf sagte das Kind Isa: »Ich bin der Diener Allahs. Er hat mir die Schrift

gegeben und mich zum Propheten gemacht. Wir Menschen sollen zu Allah beten und sollen den Armen helfen und ihnen von unserem Geld geben.«
Auch als Isa schon erwachsen war, hat er oft zu den Menschen gesprochen. Er hat ihnen das gesagt, was Allah ihm offenbart hat. Er hat ihnen von den früheren Propheten erzählt und gesagt: »Auch ich bin ein Prophet Allahs. Ich bin ein Mensch wie alle anderen Propheten. Ihr sollt an Allah glauben und zu niemand anderem beten als nur zu Ihm. Und ihr sollt gut zueinander sein und euch gegenseitig helfen.«
Manche Leute nennen Isa auch Jesus. Sie sagen, dass Allah der Vater von Jesus ist. Aber Isa hat den Leuten selbst gesagt, dass er nur ein Prophet ist, auch wenn er keinen Vater hat. Allah hat keinen Sohn. Nur die Menschen haben Söhne und Töchter.
Isa hat den Menschen auch ein Buch gebracht. Das Buch heißt Indschil. Allah hat dieses Buch dem Propheten Isa gegeben. Es stehen viele Geschichten darin. Und es steht auch darin, dass die Menschen nur zu Allah beten sollen.
Allah hat den Propheten Isa reich gesegnet. Er hat gemacht, dass Isa vielen Menschen helfen konnte. So hat Isa viele Kranke wieder gesund gemacht, so dass sie sehr dankbar waren und auf Allahs Worte hörten und zu Ihm beteten. Allah hat Isa auch geholfen, dass er Tote wieder lebendig machen konnte. Da waren die Menschen sehr froh und beteten zu Allah und dankten ihm. Das alles konnte Isa mit Allahs Hilfe tun.
Der Prophet Isa hat den Leuten auch gesagt, dass später noch ein Prophet kommen wird und dass dieser Prophet Ahmad heißen wird. Es war Allah, der den Propheten Isa zu den Leuten geschickt hat, damit er ihnen sagen konnte, dass der Prophet Muhammad kommen wird.
Es hat viele Menschen gegeben, die an den Propheten Isa geglaubt haben und die zu Allah gebetet haben, wie es der Prophet Isa ihnen gesagt hat. Aber manche Leute wollten nicht auf den Propheten Isa hören und sie wollten ihn schließlich sogar töten. Die bösen Menschen haben immer schon versucht, die Propheten Allahs zu verfolgen und zu töten. Das wissen wir ja schon aus den Geschichten von Ibrahim und Yussuf und vielen anderen Propheten.
Diese bösen Menschen wollten Isa also töten. Aber Allah hat Isa geholfen, wie er auch den anderen Propheten immer geholfen hat, wenn sie in Not waren.
Es stimmt also nicht, wenn manche Menschen sagen, dass der Prophet Isa von seinen Feinden an ein Kreuz genagelt worden ist und dass sie ihn auf diese Weise getötet haben. Allah hat den Propheten Isa beschützt, und so konnten die bösen Leute ihre schlimmen Absichten nicht ausführen.
Allah hat zu Isa gesagt: »Ich werde dich friedlich sterben lassen und dann werde ich dich zu Mir erheben und du darfst bei Mir sein. Und auch die, die dir folgen und nur zu Mir beten und das Gute tun, sollen dereinst zu Mir erhoben werden. Für alle wird es die schönste Belohnung geben, weil sie gehorsam sind.«
So hilft Allah Seinen Propheten, wenn sie in Not sind, und Er hilft auch denen, die den Propheten folgen und an Allah glauben und Gutes tun.

Ahmed von Denffer

236
Papst Johannes Paul II. besucht eine bedeutende Moschee und spricht anerkennend und hochachtungsvoll vom Islam und den Muslimen.

- Stellt auf eurer biblischen Landkarte fest, wo Damaskus liegt und erzählt, was ihr aus der christlichen Geschichte dieser Stadt wisst.
- Welche Gedanken des Papstes erscheinen euch wichtig?
- In welchen Punkten erkennt er eine Verwandtschaft mit dem Christentum?
- Wie sollen Menschen sich nach der Meinung des Papstes verhalten, wenn sie an Gottesdiensten der anderen Religion teilnehmen? Findet ihr Gründe für die Meinnung des Papstes?

»Gott sei gelobt«, islamische Kalligraphie (Schönschreibkunst).

236. Der Papst besucht die Omajaden-Moschee

Als erster Papst in der Geschichte hat Johannes Paul II. eine Moschee betreten. Er besuchte am 6. Mai 2001 in Damaskus die Große Omajaden-Moschee und hielt dort vor Muslimen eine Ansprache. Er wurde von dem Großmufti, Scheich Ahmad Kuftaro, begleitet, zog wie alle anderen die Schuhe aus und ließ sich Pantoffeln überstreifen. Im inneren Gebetsraum verweilte er auf seinen Stock gestützt im Gebet vor dem Grabmal Johannes' des Täufers, dessen Gebeine der Überlieferung nach dort bestattet sind.

Liebe muslimische Freunde,
… Meine Jubiläums-Pilgerfahrten waren gekennzeichnet durch wichtige Begegnungen mit islamischen Führern in Kairo und Jerusalem. Und jetzt bewegt es mich tief, hier in der an religiöser Geschichte so reichen Omajaden-Moschee zu sein. Ihr Land ist den Christen teuer: Hier geschahen für unsere Religion wichtige Momente ihres Wachstums und ihrer Lehrentwicklung. Hier gibt es christliche Gemeinschaften, die seit vielen Jahrhunderten in Frieden und Harmonie mit ihren muslimischen Nachbarn leben. …
Beide, Christen und Muslime, rühmen ihre Gebetsstätten als Oasen, wo sie dem allbarmherzigen Gott auf ihrer Reise zum ewigen Leben begegnen und wo sie ihre Brüder und Schwestern im Band der Religion treffen. Wenn Christen oder Muslime etwa bei Hochzeiten oder Beerdigungen oder anderen Feiern angesichts der Gebete der anderen in schweigendem Respekt verharren, dann geben sie Zeugnis von dem, was sie eint, ohne dass die trennenden Elemente versteckt oder verschwiegen werden. ... In den Moscheen und in den Kirchen schaffen die muslimischen und die christlichen Gemeinschaften ihre Identität. Und hier erhalten die jungen Menschen einen wichtigen Teil ihrer religiösen Erziehung. Welches Gefühl der Identität wird den jungen Christen und jungen Muslimen in unseren Kirchen und Moscheen gegeben? Es ist mein sehnsüchtigster Wunsch, dass muslimische und christliche Führer und Lehrer unsere beiden großen religiösen Gemeinschaften als Gemeinschaften des respektvollen Dialogs und niemals mehr als Gemeinschaften im Konflikt darstellen. Es ist absolut notwendig, dass junge Menschen Respekt und Verständnis lernen, so dass sie niemals dazu verführt werden, die Religion zur Förderung oder sogar zur Rechtfertigung von Hass und Gewalt zu missbrauchen. ...
Mögen die Herzen von Christen und Muslimen sich einander in Brüderlichkeit und Freundschaft zuwenden, auf dass uns der Allmächtige mit dem Frieden segne, den nur der Himmel geben kann. Gepriesen und verherrlicht sei der eine barmherzige Gott in Ewigkeit. Amen.

Johannes Paul II.

Register

In dieser »Fundgrube« sind die einzelnen Texte den jeweiligen Kapiteln im Unterrichtsbuch »Zeit der Freude« zugeordnet. Manche Texte können aber auch bei der Arbeit mit anderen Kapiteln verwendet werden.

Textverzeichnis

1. © Peter Spangenberg, Achtrup.
2. © Dietrich Steinwede, Bonn.
4. Adolf Exeler, Gott, der uns entgegenkommt, © Herder Verlag, Freiburg 21981.
5. Stephan Reimund Senge, Geschichten vom Kleinen Mann und der Kleinen Frau, Verlag Himmerod Drucke, 1989.
6 © Josef Guggenmos.
7. Leo Lionni, Frederick, © Middelhauve Verlags GmbH, München.
8. © Gina Ruck-Pauquèt.
10. Johannes Niederer, Ein paar Zeilen zum Verweilen 1, Verlag Schweizer Kongregationszentrale, Zürich 1973, 11f.
11. Siegfried Lenz, Nacht im Hotel, in Gesammelte Erzählungen, © 1970 by Hoffmann und Campe Verlag, Hamburg.
12. aus: Ursula Wölfel, 29 Verrückte Geschichten, © 1974 by Thienemann Verlag (Thienemann Verlag GmbH) Stuttgart-Wien.
14. © Max Bolliger, Weesen.
15. © Max Bolliger, Weesen.
16. © Markus Hartenstein, Stuttgart.
17. Paul Maar, Der Tag, an dem Tante Marga verschwand, Friedrich Oetinger Verlag Hamburg 1986.
18. Claudia Höly, in: Hans-Joachim Gelberg (Hrsg.) Was für ein Glück, 1993 Beltz Verlag, Weinheim und Basel, Programm Beltz & Gelberg, Weinheim.
19. Nach: Anne Frank Tagebuch, Fassung von Otto H. Frank und Mirjam Pressler, Fischer Taschenbuch Verlag, Frankfurt 2001.
20. Susanne Kilian, Kinderkram (Gulliver Tb), 1987 Beltz Verlag, Weinheim und Basel, Programm Beltz & Gelberg, Weinheim.
22. James Krüss, James' Tierleben, Lied des Menschen, © alle deutschen Rechte beim Carlsen Verlag GmbH, Hamburg.
24. Peter Bichsel, Kindergeschichten, © Suhrkamp Verlag, Frankfurt 1997.
25. Michael Ende, Die unendliche Geschichte, © 1979 by Thienemann Verlag, Stuttgart-Wien.
26. © Karlhans Frank, Gelnhaar.
27. © Gina Ruck-Pauquèt, Bad Tölz.
28. © Gudrun Pausewang, Schlitz.
29. aus: Leo Lionni, Das größte Haus der Welt, © Middelhauve Verlags GmbH, München.
30. Aus: Frei und gleich geboren, Ein Menschenrechte-Lesebuch, © Sauerländer 1998, Aarau/Frankfurt/Salzburg.
31. Aus: Reiner Engelmann / Urs M. Fiechtner (Hrsg). Der Menschen Würde, Ein Lesebuch, © 2001 Sauerländer, Aarau / Frankfurt.
33. Aus: Hans-Joachim Gelberg (Hrsg.), Geh und spiel mit dem Riesen, 1971, 1990 Beltz Verlag, Weinheim und Basel, Programm Beltz & Gelberg, Weinheim.
34. Bertolt Brecht, Werke. Große kommentierte Berliner und Frankfurter Ausgabe, Bd. 14, © Suhrkamp Verlag, Frankfurt 1993.
35. James Krüss, James Tierleben, Der Sperling und die Schulhof-Kinder, © alle deutschen Rechte beim Carlsen Verlag GmbH, Hamburg.
36. © Rainer Hohmann, Eibelhausen.
37. Axel Kühner, Hoffen wir das Beste, Aussaat Verlag, Neukirchen-Vluyn 52001, 121.
38. Ursula Wölfel, Feuerschuh und Windsandale, © 1961 by Thienemann Verlag (Thienemann Verlag GmbH), Stuttgart-Wien.
39. Aus: Ingo Baldermann, Gottes Reich - Hoffnung für Kinder, Neukirchen 1991
40. Nach: WAOW, We are one world, Das Eine-Welt-Magazin der Kindernothilfe, Februar 1994, 12.
41. © Max Bolliger, Weesen.
42. © Gudrun Pausewang, Schlitz.
43. Aus: Hans-Joachim Gelberg (Hg.), Geh und spiel mit dem Riesen 1971, 1990 Beltz Verlag, Weinheim und Basel, Programm Beltz & Gelberg, Weinheim.
44. © Jutta Modler, Wien.
45. © Gudrun Pausewang, Schlitz.
47. Aus: Spurenlesen 5/6 Calwer Verlag, Stuttgart/Ernst Klett Schulbuchverlag Verlag, Stuttgart 1997, 56.
49. Rechteinhaber unbekannt.
50. Michael Ende, Die unendliche Geschichte, © 1979 by Thienemann Verlag, Stuttgart-Wien.
52. Michael Ende, Momo, © 1973 by Thienemann Verlag (Thienemann Verlag GmbH), Stuttgart-Wien
53. Johann Peter Hebel, Politische Werke, Schatzkästlein des Rheinischen Hausfreundes, © Winkler Verlag, München 1961.
54. Öser D. Bünker, Die Güte des Meisters wiegt mehr als ein Berg, Weisheitsgeschichten, © Herder Verlag, Freiburg 1998.
55. Phaidros 274D-275B, übers. von Werner Trutwin.
56. Gotthold Ephraim Lessing, Die Erziehung des Menschengeschlechts und andere Schriften, Stuttgart 1972.
57. Marie Luise Kaschnitz, Steht noch dahin, © Insel Verlag, Frankfurt 1982.
58. © Dietrich Steinwede, Bonn.
59. Renate Günzel-Horatz, Vergiß die weißen Träume, © Patmos Verlag, Düsseldorf.
60. Otto Zierer, Sternstunden der Weltgeschichte, © Arkaden Verlag GmbH, Gröbenzell.
62. Fred Denger, Der große Boss, So streng sind hier die Bräuche, © Eichborn AG, Frankfurt am Main, Januar 1984.
63. © Max Bolliger, Weesen.
64. Aus: Micha Josef bin Gorion, Der Born Judas, Das Bildnis, © Insel Verlag, Frankfurt 1959.
65. T. S. Eliot, Gesammelte Gedichte, Wie heißen die Katzen? © Suhrkamp Verlag 1988.
68. Werner Laubi, Baal und Aschera, Erzählbuch zur Bibel 1, © Ernst Kaufmann Verlag, Lahr.
71 Aus: Micha Josef bin Gorion, Der Born Judas, Das geliehene Ei, © Insel Verlag, Frankfurt 1959.
72. Aus: ebd.
74. Michael Ende, Das Schnurpsenbuch, 1979 by Thienemann Verlag, Stuttgart-Wien.
75. Stephan Reimund Senge, Flöße und Zitronenfalter, © Verlag Himmerod Druck 1989.
76. Aus: ebd.
77. Fynn, Hallo Mister Gott, hier spricht Anna, © 1975 alle deutschsprachigen Rechte by Scherz Verlag, Bern – München – Wien.
78. Anthony de Mello, Lichtenauer (Hrsg.), Gib deiner Seele Zeit, Inspirationen für jeden Tag, © Herder Verlag, Freiburg 52002.
79. Aus: Friderun Krautwurm, Markus kann keinen Regen gebrauchen, Dietrich Steinwede und Sabine Ruprecht, Vorlesebuch Religion 2, © Ernst Kaufmann Verlag, Lahr.
80. Anthony de Mello, Lichtenauer (Hrsg.), Gib deiner Seele Zeit, Inspirationen für jeden Tag, © Herder Verlag, Freiburg 52002.
81. Aus: Anna 7 Jahre, Almquist & Wiksell Läromdel AB, Schweden, übers. Angelika Kutsch, Hamburg.
82. Axel Kühner, Hoffen wir das Beste, Aussaat Verlag, Neukirchen-Vlyn, 52001, Seite 110.
83. Fynn, Hallo Mister Gott, hier spricht Anna, © 1975 alle deutschsprachigen Rechte by Scherz Verlag, Bern, München, Wien.
84. Aus: Dietrich Steinwede/Sabine Ruprecht (Hrsg.), Vorlesebuch Religion 1, 1985, 350f.
85. Leo Leonni, Fisch ist Fisch (Nacherz.), © Middelhauve Verlags GmbH, München
86. Bertolt Brecht, Große kommentierte Berliner und Frankfurter Ausgabe, Band 14, © Suhrkamp Verlag, Frankfurt 1995.
88. Stephan Reimund Senge, Flöße und Zitronenfalter, © Verlag Himmerod Druck 1989.
89. Lene Mayer-Skumanz, Jakob und Katharina, © Herder Verlag, Freiburg 162002.
90. © Marieluise Bernhard-von Luttitz.
91. Walter Neidhart, Erzählbuch zur Bibel 1, © Ernst Kaufmann Verlag, Lahr.
92. © Hans Grewel.
93. Jörg Zink, Deine Zeit und alle Zeit, © Kreuz Verlag, Stuttgart 1964, 90f.
94. Renate Günzel-Horatz, Vergiß die weißen Träume, © Patmos Verlag Düsseldorf.
95. Aus: G. Fortune, Nhango und Ndyaringo in Zambezia 3 (1974) No. 2, 47, Gott der ganz andere.
97. © Dietrich Steinwede, Bonn.
98. Dietrich Steinwede, Der Tempel, Erzählbuch zur Bibel, © Ernst Kaufmann Verlag, Lahr.
100. © Dietrich Steinwede, Bonn.
101. Renate Günzel-Horatz, Vergiss die weißen Träume, © Patmos Verlag, Düsseldorf.
104. © Heribert Haberhausen, Iserlohn.
105. Quelle unbekannt.
106. © Leonore Richter-Stiehl, Mainz.
107. © Mira Lobe.
108. © Bruno Horst Bull, München.
109. Robert Gernhardt, Wir halten uns an den, der Geld hat, Frankfurter Allgemeine Zeitung, Frankfurt, vom 25.01.2002, 49.
110. Übers. von H. B. Wagenseil.
111. © Heribert Haberhausen, Iserlohn.
112. Walter Neidhart, Erzählbuch zur Bibel 1, © Ernst Kaufmann Verlag, Lahr.
115. Stephan Reimund Senge, Geschichten vom Kleinen Mann und der Kleinen Frau, Verlag Himmerod Drucke, 1989.
116. © Willi Fährmann, Xanten.
117. © Heribert Haberkausen, Iserlohn.
118. © Dietrich Steinwede, Bonn.
119. Nach: Ökumenisches Heiligenlexikon (im Internet).
120. Josef Quadflieg, Jesus, Geschichte eines Lebenden, © Patmos Verlag, Düsseldorf.
121. Nach: Ökumenisches Heiligenlexikon (im Internet).
122. Nach: ebd.
123. Renate Günzel-Horatz, Vergiß die weißen Träume, © Patmos Verlag, Düsseldorf.
124. Nach: Angaben aus dem Internet.
125. Nach: Ökumenisches Heiligenlexikon (im Internet).
126. Walter Neidhart, Erzählbuch zur Bibel 2, © Ernst Kaufmann Verlag, Lahr.
127. Aus: Georg Popp (Hrsg.), Die Großen der Kirche, Männer und Frauen der Kirche, die jeder kennen sollten, © 1960 by Arena Verlag GmbH, Würzburg.
128. Damian Deveuster, Beten Sie für uns Aussätzige, Briefe der letzten Jahre (1885–1889), Nettetal 1990.
129. © Franz W. Niehl, Trier.
130. © Heinz Rein.
131. © Dietrich Steinwede, Bonn.
132. © Dietrich Steinwede, Bonn.
133. © Dietrich Steinwede, Bonn.
134. Nach: Das Ökumenische Heiligenlexikon (im Internet).
135. Nach: ebd.
136. Nach: ebd.
137. Nach: ebd.
138. © Dietrich Steinwede, Bonn.
139. Nach: Das Ökumenische Heiligenlexikon (im Internet).
140. © Dietrich Steinwede, Bonn.
142. Rechteinhaber unbekannt.
143. Ursula Wölfel, 16-Warum-Geschichten, © by Thienemann Verlag, Stuttgart-Wien.
144. Jörg Zink, Der Morgen weiß mehr als der Abend, © Kreuz Verlag, Stuttgart, 1981, 166f.
145. Peter Klever, Uns umgibt Wärme, © Ernst Kaufmann Verlag, Lahr.
147. Nach Elke Polewsky, Osnabrück.
150. Vgl.: Alfred Läpple, Report der Kirchengeschichte, München 1968, 76ff, (gek. und vereinfacht).
151. Roman Mensing, Nikolaus von Myra, © 2001 Patmos Verlag, Düsseldorf.
152. © Gisela Klingler, Moers.
153. Roman Mensing, Kirchengeschichte, © Patmos Verlag, Düsseldorf.
154. Otto Zierer, Sternstunden der Menschheit, © Arkaden Verlag GmbH, Gröbenzell.
155. Willibald, Vita Bonifati in: Das Frankenreich nach zeitgenössischen Quellen, hrsg. von J. Bühler, Leipzig 1923, 420ff, i. A. u. vereinfacht.
156. Aus: Wilhelm Hentze (Hrsg.), De Karolo rege et Leone papa, © 1999 Bonifatius Verlag, Paderborn.
157. Roman Mensing, Kirchengeschichte, © Patmos Verlag, Düsseldorf.
158. Einhard, Leben Karls des Großen, c. 27-28, in: Geschichtsschreiber der deutschen Vorzeit, Bd. 16, Leipzig 1893..

160. © Alfred Otto Schwede
161. Otto Zierer, Sternstunden der Menschheit, © Arkaden Verlag GmbH, Gröbenzell.
162. Renate Schupp, Kruzifix, aus: Domay, Vorlesebuch Symbole, © Ernst Kaufmann Verlag, Lahr.
164. Peter Bichsel, Eigentlich möchte Frau Blum den Milchmann kennenlernen, Der Milchmann, © Suhrkamp Verlag, Frankfurt 1993.
165. Rudyard Kipling, Die kleine Schraube, © Paul List Verlag, München.
168 Markus Hartenstein. Rechteinhaber und Quelle unbekannt.
169. Wilhelm Willms, Mitgift, eine Gabe, mitgegeben in die Ehe, © Butzon & Bercker Verlag, Kevelaer [10]1996.
170. Johannes Thiele, Phantasie für die Schöpfung, © Herder Verlag, Freiburg 1990.
171. Quelle unbekannt.
172. Lothar Zenetti, Lieder vom neuen Leben, Segne dieses Kind, © Fidula Verlag, Boppard/Rhein und Salzburg.
173. Klaus Breuning. © Patmos Verlag, Düsseldorf.
174. Klaus Breuning. © Patmos Verlag, Düsseldorf.
176. Hubertus Halbfas. © Patmos Verlag, Düsssseldorf.
177. Wolfgang Borchert, Das Gesamtwerk, Das Brot, © 1949 by Rowohlt Verlag GmbH, Hamburg.
178. Nach: P. Eismann/J. Wigger (Hrsg.), Vorlesebuch zum katholischen Katechismus 2, München 1955, 322.
179. Leonardo Boff, Kleine Sakramentenlehre, © Patmos Verlag, Düsseldorf.
180. Renate Günzel-Horatz, Vergiß die weißen Träume, © Patmos Verlag, Düsseldorf.
181. Michael Höhn, Schuld und Versöhnung, Conrad, Das Vaterunser, © Ernst Kaufmann Verlag, Lahr.
182. Quelle unbekannt.
186. © Rudolf Otto Wiemer Erben, Hildesheim.
187. Quelle unbekannt.
188. © Heribert Haberkausen, Iserlohn.
189. Bertolt Brecht, Werke, Große kommentierte Berliner und Frankfurter Ausgabe, Band 14. © Suhrkamp Verlag, Frankfurt 1993.
190. Gisela Schütz, Wer hat Recht?, Vorlesebuch Religion 3, © Ernst Kaufmann Verlag, Lahr, Vandenhoeck & Ruprecht, Patmos + TVZ.
191. Johann Peter Hebel, a.a.O.
192. Nach: Angaben aus dem Internet.
193. Nach: Angaben aus dem Internet.
194. Ursula Hoverath/Friederike Maier, Vorlesebuch Ökumene, © Ernst Kaufmann Verlag, Lahr, Butzon & Bercker, Kevelaer.
195. © Heribert Haberhausen, Iserlohn.
196. © Gina Ruck-Pauquèt, Bad Tölz.
197. Michael Ende, Momo, © 1973, by Thienemann Verlag, Stuttgart-Wien.
198. K. D. Uschinskij, übers. von Manfed von Busch.
199. Lothar Zenetti, Manchmal leben wir schon, © Lothar Zenetti.
201 © Manfred Mai, Winterlingen.
202. Anthony de Mello, Lichtenauer (Hrsg.), Gib deiner Seele Zeit, © Herder Verlag, Freiburg [5]2002.
203. Aus: Die Brüder Karamasow, 7. Buch, 3. Kap.
204. Rechteinhaber unbekannt.
205. Johann Peter Hebel, a.a.O.
206. Erich Fried, und Vietnam und ..., Erich Fried Gesammelte Werke, © 1966 Klaus Wagenbach Verlag, Berlin.
207. Johann Peter Hebel, Poetische Werke, Winkler Verlag, München 1961.
208. Rolf Krenzer, Kurze Geschichten, Wird er wiederkommen? © Ernst Kaufmann Verlag, Lahr, Kösel Verlag, München.
209. Erich Kästner, Die Schildbürger, © Atrium Verlag, Zürich.
210. © Hildegard Goss-Mayr.
211. Reiner Kunze, Das Kätzchen, © S. Fischer Verlag, Frankfurt am Main 1979.
212. Josef Guggenmos, aus: Hans-Joachim Gelberg (Hrsg.), Überall und neben dir, 1986 Beltz Verlag, Weinheim und Basel, Programm Beltz & Gelberg.
213. Margarete Kubelka, Der Clochard, Leiden und Hoffen, Lesebuch für die Gemeinde, Kaiser, © Ernst Kaufmann Verlag, Lahr.
214. © Gudrun Pausewang, Schlitz.
216. © Eva Rechlin-Bartuschek.
218. Aus. »Nachlaß 1« von Wolf Biermann, © 1977 by Verlag Kiepenheuer & Witsch Köln.
219. © Jo Hanns Rösler.
221. © Charles Singer. Quelle unbekannt.
222. Monika Tworuschka, Mohammed, Die Geschichte des Propheten, © Patmos Verlag, Düsseldorf 2000.
223. Ebd.
225. Jehan Sadat, Ich bin eine Frau aus Ägypten, © 1989 alle deutschsprachigen Rechte by Scherz Verlag, Bern – München — Wien.
226. Islam für Kinder, Islamischen Zentrum, Aachen 1977, 138, 104-106, mit kleinen Änderungen.
227. Ahmed von Denffer, aus: Islam für Kinder, Islamisches Zentrum, Aachen 1977,116ff.
228. Udo Kelch, in: Dietrich Steinwede/Sabine Ruprecht (Hrsg.), Vorlesebuch Religion 3, © Kaufmann Verlag, Lahr, V & R, Patmos, Düsseldorf
229. Halima Krause, Geschichten der Propheten aus dem Koran, hrsg. vom Islamischen Zentrum, Hamburg 1982.
230. Die Episode wird – unter Bezug auf Hans Freyer – von Jürgen Habermas berichtet. Vgl. J. Habermas, Notizen zum Missverhältnis von Kultur und Konsum in: Merkur, 10. Jg., H. 3, 1956, 216.
231. Udo Kelch, in: Dietrich Steinwede/Sabine Ruprecht (Hrsg.), Vorlesebuch Religion 2, © Ernst Kaufmann, Lahr, Vandenhoeck & Ruprecht, Patmos + TVZ.
232. Monika Tworuschka, Der Prophet Gottes, © Gütersloher Verlagshaus GmbH, Gütersloh.
233. Udo Kelch, in: Informationen - Ev. Religionsunterricht in Berlin, hrsg. vom Amt für Religionsunterricht 2. Jg., H. 1, Juni 1972.
234. Quelle unbekannt.
235. Ahmed von Denffer, aus: Islam für Kinder, Islamisches Zentrum, Aachen, 74.ff

Abbildungsverzeichnis

Umschlagabbildung: Henri Matisse, Weihnacht, Entwurf eines Glasfensters für die Zeitschrift »Life« 1952, The Museum of Modern Art, New York, © Succession H. Matisse / VG Mild-Kunst, Bonn 2002.

10 © Ivan Steiger, München.
12 Stephan Reimund Senge, Geschichten vom Kleinen Mann und der Kleinen Frau, Himmerod Drucke, Himmerod 1989, Umschlagabbildung, Motiv und Gestaltung: Ursula Hess.
17 Foto: Oscar Gustav Rejlander, zwischen 1846–1862.
18 Edvard Munch, Der Schrei, um 1893. © The Munch Museum / The Munch Ellingsen Group / VG Bild-Kunst, Bonn 2002.
23 © Ivan Steiger, München.
24 Pablo Picasso, Claude und Paloma, 1950, © Succession Picasso / VG Bild-Kunst, Bonn 2002.
25 Paul Klee, es will nicht hinein, 1939, 86 (K 6), 27 x 21,5 cm, Kreide auf Papier mit Leimtupfen auf Karton, Privatbesitz, Schweiz, © VG Bild-Kunst, Bonn 2002.
26 Paul Klee, es wurmt, 1938, 53 (E 13), 17,8 x 28 cm, Kleisterfarbe auf Papier mit Leimtupfen auf Karton, Paul-Klee-Stiftung, Kunstmuseum Bern, © VG Bild-Kunst, Bonn 2002.
28 © PIB, Copenhagen / Dänemark.
30 © Gesellschaft für Verlagswerte, Kreuzlingen.
32–33 © Gesellschaft für Verlagswerte, Kreuzlingen.
32 (u.) © beim Künstler.
34 © Barbara Klemm, Frankfurt.
37 © Gerhard Mester, Wiesbaden.
38 © PIB, Copenhagen / Dänemark.
39 © PIB, Copenhagen / Dänemark.
40 Otto Dix, Der Größte im Himmelreich, 1960, © VG Bild-Kunst, Bonn 2002.
41 © Gesellschaft für Verlagswerte, Kreuzlingen.
43 © Gesellschaft für Verlagswerte, Kreuzlingen.
46 Marc Chagall, Der Lehrer, © VG Bild-Kunst, Bonn 2002. Aus: Bella Chagall, Brennende Lichter. Erste Begegnung, Übersetzung ins Deutsche Lia Bernstein u. a., © 1966, 1971 by Rowohlt Verlag GmbH, Reinbek bei Hamburg.
47 © Ivan Steiger, München.
48 Otto Dix, Die Tochter des Jairus, 1960, © VG Bild-Kunst, Bonn 2002.
55 Marc Chagall, Mirjam tanzt mit den Frauen zur Feier der Errettung Israels, 1956, © VG Bild-Kunst, Bonn 2002.
56 Marc Chagall, Mose, 1956, (114), © VG Bild-Kunst, Bonn 2002.
57 Paul Klee, Katzenkopf, 1939, 232 (S 12), 12,8 x 20,9 cm, Bleistift auf Papier mit Leimtupfen auf Karton, Paul-Klee-Stiftung, Kunstmuseum Bern, © VG Bild-Kunst, Bonn 2002.
58 Marc Chagall, Mose empfängt die Gesetzestafeln, © VG Bild-Kunst, Bonn 2002.
61 Marc Chagall, David besiegt Goliath, 1956, © VG Bild-Kunst, Bonn 2002.
62 Marc Chagall, Salomos Urteil (1 Kön 3, 23-27), 1956, © VG Bild-Kunst, Bonn 2002.
69 Marc Chagall, Detail aus einer Zeichnung zum Hohenlied Salomos V. © VG Bild-Kunst, Bonn 2002.
71 Randy Rossmeisl, Schülerzeichnung.
74 © Siegfried Macht, Bayreuth.
76 Aus: Graham Jeffery, Die Bibel des Bruders Barnabas, © Jeffery, Brighton.
82 Otto Dix, Die Taufe Jesu, 1960, © VG Bild-Kunst, Bonn 2002.
88 Otto Pankok, Die Geburt, Kohlebild, aus : »Die Passion«, 1933. © Otto Pankok Museum, Hünxe.
90 Käthe Kollwitz, Eltern am Weihnachtsbaum, 1917, VG Bild-Kunst, Bonn 2002.
91 © Gesellschaft für Verlagswerte, Kreuzlingen.
93 Otto Dix, Drei Könige, 1960, VG Bild-Kunst, Bonn 2002.
94 © Nachrichtenagentur Reuters, Berlin.
103 Pablo Picasso, Hahn, 1938, © Succession Picasso / VG Bild-Kunst, Bonn 2002.
104 Otto Dix, Die Berufung des Petrus, 1960, © VG Bild-Kunst, Bonn 2002.
114 © Ivan Steiger, München
115 Baumann Pressefoto, Ludwigsburg.
116 Aus: Graham Jeffery, Die Bibel des Bruders Barnabas, © Jeffery, Brighton.
119 © Erich Lessing / Magnum, Focus Hamburg.
145 Otto Dix, Kreuzigung (Studie) 1960, © VG Bild-Kunst, Bonn 2002.
154 Käthe Kollwitz, Brot, 1924, © VG Bild-Kunst, Bonn 2002.
156 Otto Dix, Das Abendmahl, 1960, © VG Bild-Kunst, Bonn 2002.
158 Käthe Kollwitz, über fahren, © VG Bild-Kunst, Bonn 2002.
159 © Hans-Jürgen Press.
171 © dpa, Hamburg.
175 © PIB, Copenhagen / Dänemark.
176–177 © Gesellschaft für Verlagswerte, Kreuzlingen.
178–179 © Gesellschaft für Verlagswerte, Kreuzlingen.
183 Henri Matisse, Studie für das Altartuch in der Chapelle du Rosaire in Vence, 1949, © Succession Matisse / VG Bild-Kunst, Bonn 2002.
184 Gerhard Marcks, Katzen und Mäuse, Holzschnitt, © Gerhard MarcksHaus, Bremen.
185 © PIB, Copenhagen / Dänemark.
186 © Walter Hanel, Bergisch-Gladbach.
189 © Gesellschaft für Verlagswerte, Kreuzlingen.
200 Traugott Wöhrlin, aus: Im Haus des Islam, Horizonte Materialheft 15, IRP Freiburg 2000.